무료로, 설치 없이, 무제한으로 디자인하라!

콘텐츠 디자인은 피그마

리디드로우(김선영) 지음

저자가 소개하는 《콘텐츠 디자인은 피그마 with AI》

"디자인을 모르는 분들이 직접 만들 수 있게 해드리고 싶었어요."

디자이너로 일하며 브랜드 디자인, 웹사이트, 모바일 UI, 상세페이지까지 수많은 작업을 해왔습니다. 그런데 셀러로 활동하면서 완전히 다른 세상을 마주하게 되었죠. 제품을 가장 잘 아는 사람은 바로 그걸 직접 판매하고 마케팅하는 분들이었고, 그분들이 디자인 앞에서 늘 막막해 한다는 걸 알게 됐습니다.

'도구는 낯설고, 외주는 비싸고, 수정은 느리고… 그냥 내가 만들 수 있다면 얼마나 좋을까?' 이 이야기를 정말 많이 들었습니다. 그래서 디자인을 전혀 몰라도, 디자인 도구를 처음 시작하는 사람도 직접 만들 수 있도록 돕는 유튜브 콘텐츠를 만들기 시작했고, 그 중심에 있던 도구가 바로 피그마Figma였습니다. 포토샵보다 가볍고 컴퓨터 사양에 구애받지 않는, 플러그인과 AI 기능까지 탑재된, 협업도 가능한 무료 디자인 도구! 디자인을 몰라도 누구나 쉽게 시작할 수 있다는 점에서 셀러와 마케터에게 꼭 필요한 도구라고 확신합니다.

그리고 최근, 드로우Draw 기능으로 브러시를 자유롭게 사용할 수 있고, AI 이미지 생성, 번역, 배경 제거 등 다양한 자동화 기능, 그리고 피그마 버즈Figma Buzz의 등장으로 디자인과 콘텐츠 제작이 훨씬 더 쉽고 유연해졌습니다.

이 책은 단순히 피그마 기능을 나열한 설명서가 아닙니다. '어디서부터, 어떻게 시작해야 하는지' 막막했던 그 출발점을 풀어주는, 실전에 꼭 필요한 '디자인의 감'과 '디자인 도구의 구조'를 알려주는 책입니다.

상세페이지, 배너 디자인, 마케팅 콘텐츠까지 실무에 필요한 거의 모든 이미지를 만들 수 있는 피그마! 이 책이 디자인을 몰라도 피그마를 시작할 수 있는 가장 쉬운 첫걸음이 되길 바랍니다.

2025년 여름

리디드로우(김선영)

책을 미리 읽은 전문가가 말합니다

이 책은 디자인에 감이 전혀 없는 사업자 혹은 일반인이라 하더라도 **피그마라는 툴을 통해 그 자리에서 즉석으로 상세페이지를 뚝딱 완성할 정도의 실력자로 만들어줍니다.** 이제 신세계가 펼쳐졌습니다. 디자인 알못도 바로 전문가 흉내를 낼 수 있는 피그마의 세계로 들어가보세요.

전효백 러닝아넥스 대표

유튜브 채널을 키우는 데 썸네일은 단순한 이미지가 아니라 조회수를 여는 열쇠입니다. 피그마는 머릿속 기획을 현실로 구현해내고, 그걸 통해 눈에 띄는 성과를 만들어내는 도구입니다. 1인 크리에이터라면 반드시 익혀야 할, 채널 성장에 필수인 툴이라고 생각합니다. **채널을 제대로 키우고 싶다면 이 책은 필독입니다.**

이주임 〈이주임의 회사 몰래 하는 부동산〉 유튜브 운영

자타공인 피그마 원탑 전문가인 저자가 심혈을 기울여 하나부터 열까지 떠먹여주는 책이 세상에 나와 너무나 반갑고 기쁩니다. 저자가 이 책을 위해 준비한 노력을 생각하면 피그마를 배우기 가장 적합한 책이 나올 거라고 기대합니다. **책에서 친절하게 하나씩 떠먹여주는 방법대로 적용해서 독자들의 매출이 크게 상승하기를 진심으로 기원합니다.**

박홍준 대한민국 브랜드 위탁 1타 강사

피그마는 포토샵급 퀄리티에 미리캔버스처럼 쉬운 디자인 툴입니다. 초보자도 따라 할 수 있도록 도와주는 이 책은 단순한 디자인 방법을 넘어, 템플릿 기반으로 결과물을 빠르게 완성할 수 있는 시스템까지 알려줍니다. **이 책을 먼저 본 사람과 나중에 본 사람의 격차는 분명 커질 겁니다.** 이 책과 함께 외주 없이 직접 고퀄리티 디자인을 만들어보세요.

한부장 대한민국 쿠팡 위탁 1타 강사

피그마 완벽 가이드! 이렇게 구성했어요

이 책은 디자인 왕초보를 위한 피그마 기본 사용법부터 구글 스프레드시트와 연동해서 사용하는 유용한 응용 기능까지 친절하게 소개합니다. 기능을 익히고 다양한 예제를 만들며 학습하다 보면 필요에 맞게 바로 응용해서 쓸 수 있는 다양한 콘텐츠 디자인 결과물을 얻게 될 거예요. 바쁜 일상에 꾸준히 공부할 시간을 낼 수 없다면 필요에 맞는 유형별 실습을 먼저 공부해보세요.

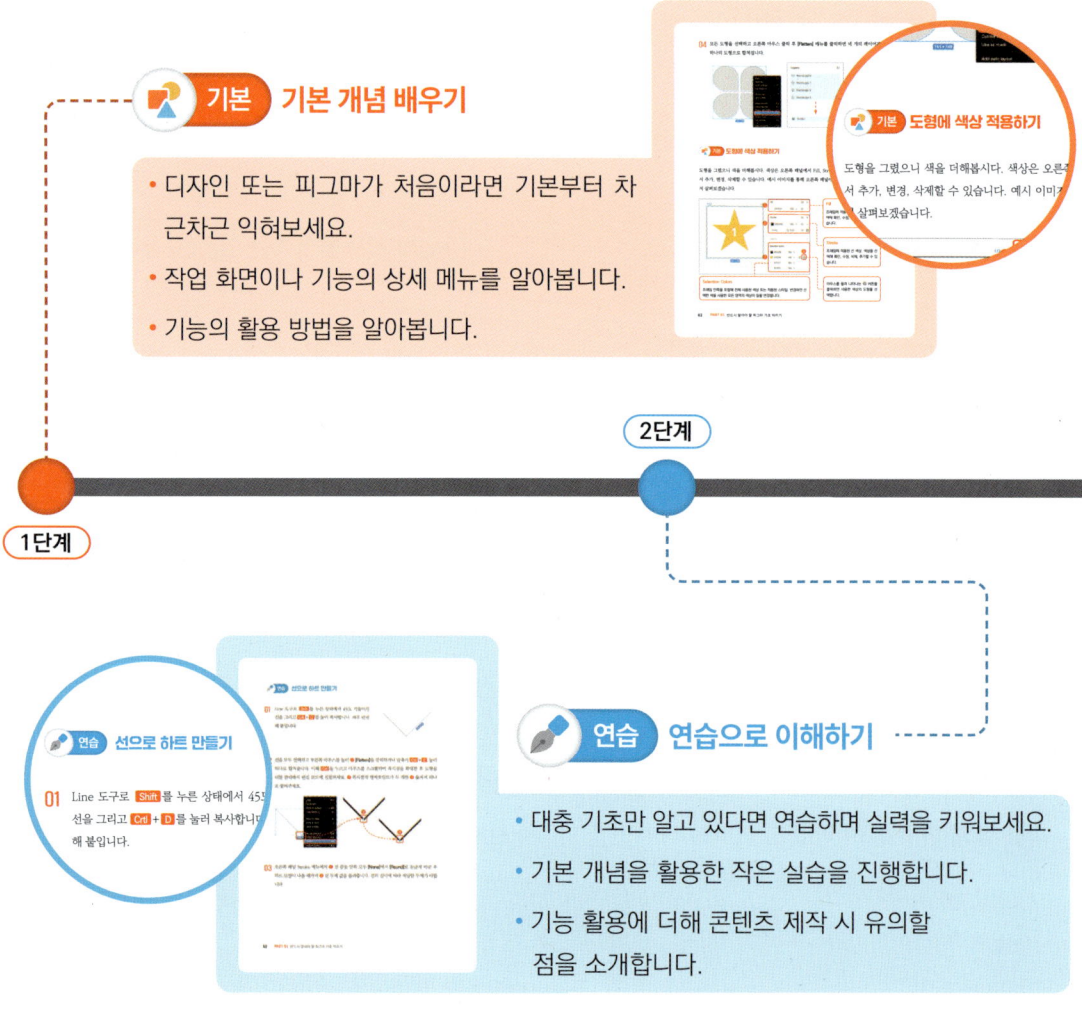

기본 기본 개념 배우기
- 디자인 또는 피그마가 처음이라면 기본부터 차근차근 익혀보세요.
- 작업 화면이나 기능의 상세 메뉴를 알아봅니다.
- 기능의 활용 방법을 알아봅니다.

1단계

2단계

연습 연습으로 이해하기
- 대충 기초만 알고 있다면 연습하며 실력을 키워보세요.
- 기본 개념을 활용한 작은 실습을 진행합니다.
- 기능 활용에 더해 콘텐츠 제작 시 유의할 점을 소개합니다.

AI로 레벨업하기

- AI 기능으로 더 빠르고 편하게 작업해보세요.
- 피그마에서 사용할 수 있는 AI 기능을 소개합니다.
- AI 기능은 유료 버전 구독시 사용할 수 있습니다.

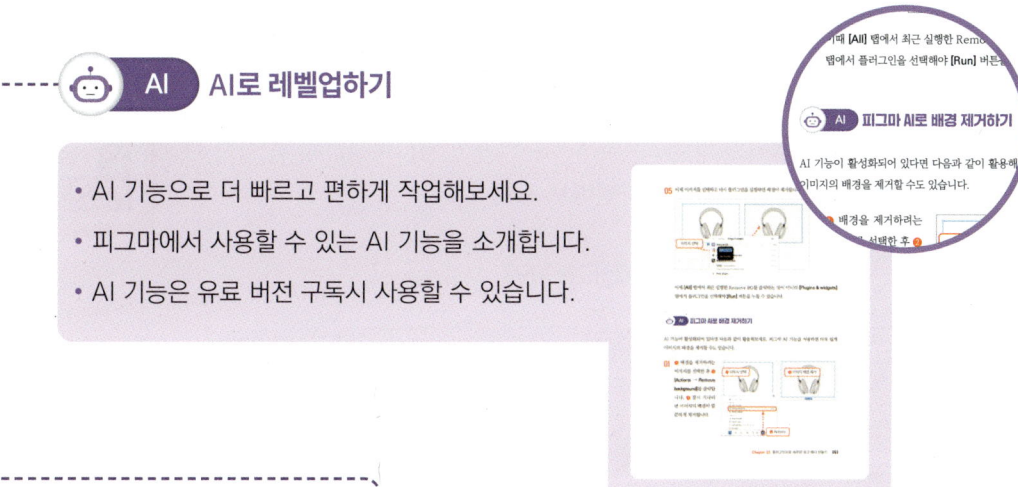

3단계

4단계

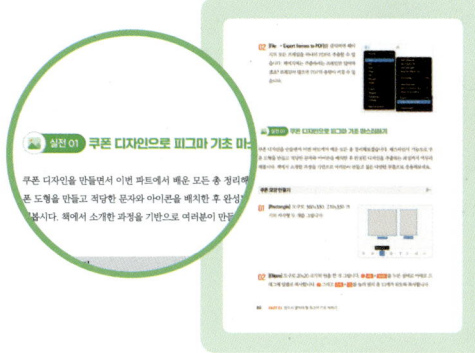

실전 디자인 만들기

- 바로 사용할 수 있는 실전 디자인을 만들어보세요.
- 총 16개의 실전 디자인을 제작합니다.
- 템플릿을 응용해서 필요에 맞게 활용할 수 있습니다.

생산성 200% 높이는 학습 가이드

 하나, 드라이브로 제공하는 실습 파일을 살펴보세요

실습 과정에서 필요한 예제 파일은 이곳에서 다운로드하세요. 드라이브의 파일을 압축 파일로 내 컴퓨터에 다운로드하여 피그마에서 불러오기하면 됩니다. 저자가 준비한 필수 영상 강의 목록도 확인해보세요!

- **독자 실습 자료 링크** : bit.ly/3EDdM92

 둘, 오픈카톡에서 함께 공부해요

궁금한 점이 있으면 저자가 입장해 있는 오픈카톡에서 바로 물어보세요. 오픈카톡에서 피그마 활용, 디자인, 기획 노하우를 다양하게 나누면서 실력을 높여보세요.

- **피그마 오픈카톡** : open.kakao.com/o/gemDO6Hh

셋, 저자 유튜브에서 영상으로 공부해요

누적 조회수 60만! 리디드로우 저자의 유튜브에서 영상으로 학습해보세요. 피그마 기본 기능 설명부터 다양한 디자인 꿀팁을 무료로 만날 수 있습니다.

- **저자 유튜브** : youtube.com/@rddraw

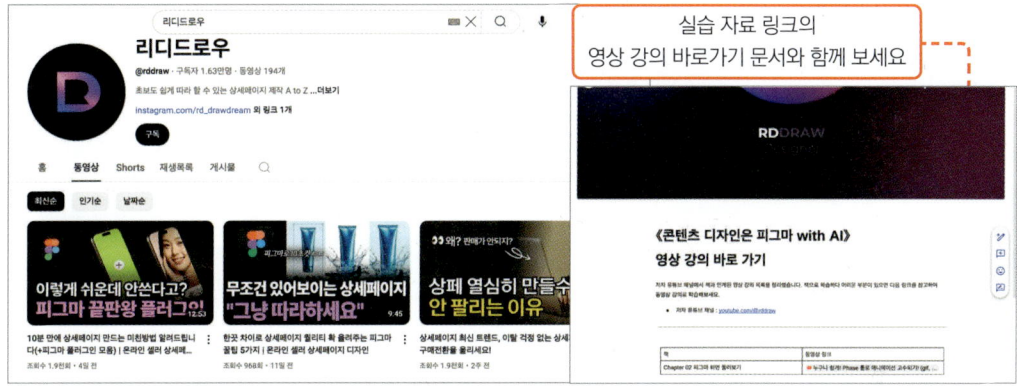

 ### 넷, 저자의 상세페이지 제작 비법 강의도 참고하세요!

피그마로 만들 수 있는 다양한 콘텐츠 중 가장 관심을 많이 받는 것은 제품 상세페이지입니다. 우리 책에도 최대한 다양한 상세페이지 제작 노하우와 방법을 실었지만 조금 더 상세페이지 제작에 집중에서 학습하고 싶은 독자들을 위해 저자가 진행하는 러닝아넥스의 유료 강의도 소개합니다. 관심이 있다면 둘러보세요.

- **저자 상세페이지 강의** : bit.ly/45cwMWo

작업 속도를 2배로! 피그마 치트 시트

피그마를 더 빠르고 효율적으로 사용하는 필수 단축키를 소개합니다. 레이어를 이동하거나 선택할 때 단축키를 사용하면 작업이 빠르고 편해지며, 특히 디자인이 복잡해질수록 원하는 걸 금방 찾아 수정할 수 있어 시간도 절약되고 실수도 줄일 수 있습니다.

자주 사용하는 필수 단축키

기능	단축키
복사하기	Ctrl + C
붙여넣기	Ctrl + V
오려두기	Ctrl + X
선택/이동	V
텍스트	T
원	O
사각형	R
프레임	F
비율로 줄이기	K
색 선택	I
검색박스	Ctrl + /
캔버스 내 이동	Space + 드래그
캔버스 확대/축소	+ , -
그룹 만들기 / 해제	Ctrl + G / Shift + Ctrl + G / Ctrl + BackSpace
프레임으로 만들기 / 해제	Alt + Ctrl + G / Ctrl + BackSpace
오토 레이아웃 만들기	Shift + A
컴포넌트 만들기	Alt + Ctrl + K
인스턴스 해제하기	Alt + Ctrl + B
한 번에 레이어 잠금	Shift + Ctrl + L
한 번에 잠금 레이어 해제	Alt + Shift + Ctrl + L

정렬 단축키

왼쪽 정렬	Alt + A
오른쪽 정렬	Alt + D
상단 정렬	Alt + W
하단 정렬	Alt + S
수평 중앙 정렬	Alt + H
수직 중앙 정렬	Alt + V

글자 옵션 단축키

왼쪽 정렬	Ctrl + Alt + ⟨ , ⟩
오른쪽 정렬	Ctrl + Shift + ⟨ , ⟩
수직 중앙 정렬	Alt + ⟨ , ⟩

피그마 키보드 단축키 패널을 열어 더 많은 단축키들을 확인할 수 있습니다. ❶ 오른쪽 하단 [? → Keyboard shortcuts] 버튼을 클릭하거나, ❷ 상단 로고를 클릭해 [Preferences → Keyboard layout] 버튼을 클릭하면 확인할 수 있습니다.

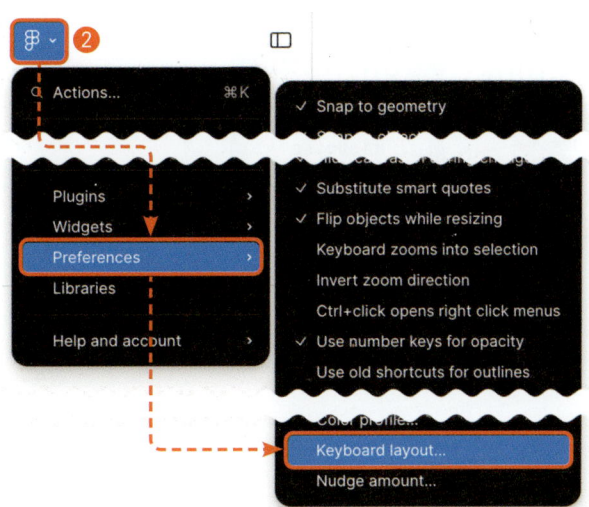

피그마로 만드는 16가지 콘텐츠 디자인

다음과 같은 예제를 직접 만들어보며 피그마의 다양한 기능을 익혀봅니다! 모든 결과물은 실습 자료에서 확인할 수 있습니다.

실전 01

▲ 쿠폰 디자인으로 피그마 기초 마스터하기

실전 02

▲ 글래스모피즘 스타일 배너 만들기

실전 06~08

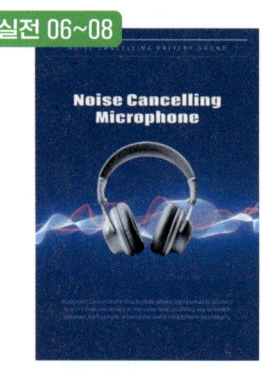

플러그인으로 세련된 광고 배너 만들기 ▲

실전 03~05

▲ 플러그인으로 귀여운 광고 배너 만들기

실전 09

▲ 광고 배너에 내용과 색상까지 자동 설정하기

상세페이지 옵션별 이미지 한 번에 넣기 ▼

실전 10

실전 11 ◀ 템플릿을 활용한 카드뉴스 만들기

실전 12

▲ 버즈와 구글 시트로 일괄 적용하기

실전 13   실전 14   실전 15

▲ 편지 봉투 쿠폰 배너 만들기   ▲ 타이포 디자인 배너 만들기   ▲ 효율성 업그레이드 배너 만들기

▼ 스마트스토어 프로모션 배너 만들기

실전 16

실전 18

◀ 공식 판매처 빛 애니메이션 만들기

실전 17

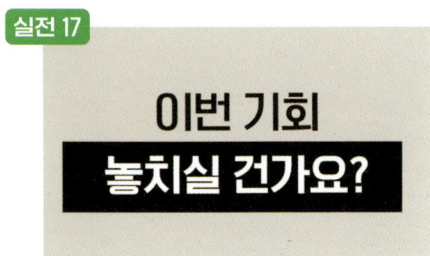

▲ 제목 강조 애니메이션 만들기

실전 19

▲ 피그마 프로토타입을 활용한 GIF 만들기

실전 20

▲ 내 상품 태그 만들기

목차

PART 00 — 누구나 할 수 있다, 피그마 시작하기

Chapter 01 피그마의 세계로 오신 걸 환영합니다 ·········· 20
- 기본 피그마로 무엇을 할 수 있나요? 21
- 기본 피그마, 이런 점이 좋아요 22
- 기본 기본은 무료, 필요하면 유료, 피그마 결제 유형 살펴보기 23
- 기본 검색해서 클릭하면 끝! 피그마 설치하기 24
- 기본 새 파일 만들고 불러오고 저장하기 28
- 기본 파일 복제하고 버전 관리하기 33

Chapter 02 피그마 화면 둘러보기 ·········· 34
- 기본 피그마 홈 화면 살펴보기 35
- 기본 피그마 작업 화면 살펴보기 38
- 기본 오른쪽 디자인 패널 살펴보기 41
- 기본 단순하고 쉬운 피그마 툴바 살펴보기 44
- 기본 작업 영역 살펴보기 48

Chapter 03 디자인의 시작, 프레임 만들기 ·········· 50
- 기본 디자인의 시작, 프레임 만들기 51
- 기본 프레임과 프레임 속 개체의 관계 이해하기 52

PART 01 — 반드시 알아야 할 피그마 기초 익히기

Chapter 04 그리면서 익히는 피그마 핵심 기능 ·········· 58

[기본] 피그마로 기본 도형 그리기　59
[기본] 펜 도구로 자유 도형 그리기　63
[연습] 디자인에 활용하는 다양한 도형 그리기　64
[기본] 도형에 색상 적용하기　66
[연습] 원 그래프로 색상 연습하기　68
[기본] 도형에 선 적용하기　70
[연습] 선으로 하트 만들기　72
[기본] 피그마 드로우로 손 그림 효과 만들기　74

Chapter 05 도형 자유롭게 수정하고 정렬하기 ······ 76

[기본] 도형을 만들고 수정하는 편집 모드 알아보기　77
[기본] 마음대로 도형 합치고 뚫기, 패스파인더 사용법　80
[기본] 디자인을 깔끔하게 만드는 정렬 알아보기　83
[연습] 방사형 반복과 도형 생성기로 꽃 모양 만들기　87

Chapter 06 도형을 채우는 다양한 방법 ······ 90

[기본] 그라데이션 활용하기　91
[기본] 이미지, 비디오 불러오기　93
[기본] 패턴 활용하기　97
[AI] 피그마 AI로 도형에 이미지 채우기　99
[기본] 이미지 크기 조절하고 편집하기　101

Chapter 07 문자 사용법 알아보기 ······ 103

[기본] 문자 도구 기본 속성과 사용법 알아보기　104
[연습] 그라데이션과 이미지로 문자 꾸미기　107
[연습] 패스 따라 문자 적용하기　108

Chapter 08 이미지 추출하기 ······ 110

- 기본 피그마로 만든 이미지 추출하기　111
- 기본 원하는 부분만 선택해서 추출하기　112
- 기본 PDF로 일괄 추출하기　113
- 기본 작업한 파일 공유하기　113
- 실전 01 쿠폰 디자인으로 피그마 기초 마스터하기　114

PART 02 핵심 기능으로 피그마 200% 활용하기

Chapter 09 디자인을 풍부하게 만드는 효과와 블렌드 모드 ······ 120

- 기본 그림자부터 유리까지 7가지 효과 알아보기　121
- 연습 마스크, 질감을 활용한 배너 만들기　125
- 기본 블렌드 모드를 활용한 레이어 혼합 방법 알아보기　129
- 실전 02 글래스모피즘 스타일 배너 만들기　131

Chapter 10 피그마의 꽃! 자동 정렬과 스타일 사용하기 ······ 138

- 기본 오토 레이아웃으로 콘텐츠, 문자 자동 정렬하기　139
- 연습 오토 레이아웃 그리드로 콜라주 이미지 만들기　143
- 기본 자주 쓰는 색상, 서식 스타일로 설정하기　148

Chapter 11 컴포넌트로 흩어진 디자인 한 번에 수정하기 ······ 154

- 기본 컴포넌트와 인스턴스 이해하기　155
- 기본 베리언트로 다양한 버전의 디자인 만들기　159
- 연습 수정하기 편한 카드 뉴스 디자인 만들기　162

Chapter 12 디자인 끝까지 프로처럼 마무리하기 ·········· 165
- 기본 단축키로 레이어 정리하기　166
- 연습 복잡한 레이어 하나의 이미지로 합치기　168
- 기본 파일 커버 적용하기　171

PART 03 플러그인으로 디자인 퀄리티 끌어올리기

Chapter 13 처음 만나는 피그마 플러그인 ·········· 176
- 기본 플러그인 사용하기　177
- 기본 커뮤니티에서 플러그인 탐색하기　178

Chapter 14 플러그인으로 귀여운 광고 배너 만들기 ·········· 182
- 실전 03 클릭 한 번으로 입체 글자 만드는 플러그인　183
- 실전 04 이벤트 배너에 딱! 폭죽 패턴 만들기 플러그인　185
- 실전 05 초간단 목업 생성 플러그인　189

Chapter 15 플러그인으로 세련된 광고 배너 만들기 ·········· 192
- 실전 06 이미지의 배경을 제거하는 플러그인　193
- AI 피그마 AI로 배경 제거하기　195
- 실전 07 제품을 돋보이게 하는 그래픽 만들기　196
- 실전 08 그림자 플러그인으로 합성한 이미지 더 자연스럽게 만들기　200

Chapter 16 플러그인으로 이미지 보정하기 ·········· 203
- 연습 포토피아 플러그인 시작하기　204

- 연습 이미지의 필요 없는 부분 지우기   205
- 연습 모델 다리 길이 늘리기   207
- 연습 얼굴 잡티 지우기   209

PART 04 효율UP 3대장! 자동화, 템플릿, AI 활용하기

Chapter 17 구글 시트로 디자인 자동화하기 ········ 216
- 연습 구글 시트로 카드 뉴스에 내용 자동 입력하기   217
- 실전 09 광고 배너에 내용과 색상까지 자동 설정하기   223
- 실전 10 상세페이지 옵션별 이미지 한 번에 넣기   227

Chapter 18 피그마 버즈로 콘텐츠 디자인하기 ········ 230
- 기본 버즈 작업 화면 살펴보기   231
- 실전 11 템플릿을 활용한 카드 뉴스 만들기   236
- 기본 내가 만든 템플릿 게시하기   241
- 실전 12 버즈와 구글 시트로 일괄 적용하기   244

Chapter 19 피그마 AI와 함께 디자인하기 ········ 249
- AI 원클릭 배경 제거하고 효과 넣기   250
- AI 프롬프트로 디자인 초안 만들기   252
- AI 이미지 생성하고 편집하기   254
- AI AI로 콘텐츠 내용 구성하기   260

PART 05 — 필요에 따라 골라 쓰는 유형별 디자인

Chapter 20 실전에서 사용하는 다양한 배너 만들기 · 266

- 실전 13 편지 봉투 쿠폰 배너 만들기   267
- 실전 14 타이포디자인 배너 만들기   271
- 실전 15 효율성 업그레이드 배너 만들기   274
- 실전 16 스마트스토어 프로모션 배너 만들기   278

Chapter 21 잘 만든 상세페이지 노하우 알아보기 · 283

- 연습 상세페이지에 적합한 글자 크기   284
- 연습 가독성을 고려한 상세페이지 레이아웃   286
- 연습 추가, 삭제, 재사용하기 편한 상세페이지 만들기   289
- AI 스타일은 유지한 채 주요 이미지만 AI로 변경하기   293
- 연습 상품 옵션 오토 레이아웃 가이드   295

Chapter 22 움직이는 GIF 이미지 만들기 · 303

- 실전 17 제목 강조 애니메이션 만들기   304
- 실전 18 공식 판매처 빛 애니메이션 만들기   307
- 실전 19 피그마 프로토타입을 활용한 GIF 만들기   311

Chapter 23 피그마로 만드는 인쇄용 디자인 · 316

- 연습 인쇄용 리플렛 만들기   317
- 실전 20 내 상품 태그 만들기   320

찾아보기 · 325

PART 00

누구나 할 수 있다!
피그마 시작하기

학습목표

피그마가 무엇인지 이해하고 설치부터 요금제, 필수 메뉴, 기능까지 기본을 익혀봅시다. 인터넷과 컴퓨터만 있다면 어디서나 필요한 작업을 할 수 있는 웹 기반 UI 디자인 플랫폼 피그마를 시작하겠습니다.

#피그마 #피그마 설치하기 #피그마 도구

Chapter 01
피그마의 세계로 오신 걸 환영합니다

피그마는 인터넷만 연결되어 있다면 언제 어디서든 사용할 수 있는 웹 기반 무료 UI/UX 디자인 도구입니다. 복잡한 설치 없이 웹브라우저에서 바로 실행할 수 있고, 필요에 따라 데스크톱 앱으로 설치해 사용할 수도 있죠.

UI 디자인은 물론 기획, 상세페이지, 이벤트 배너, 애니메이션 작업까지 다양한 결과물을 만들 수 있으며, 구글 스프레드시트나 메이크Make ai와 같이 다른 도구들과 함께 사용하면 반복 작업도 훨씬 수월해집니다. 이런 장점 덕분에 피그마는 지금 가장 주목받는 디자인 도구로 자리잡았습니다.

이번 챕터에서는 피그마를 처음 시작하는 분들을 위해 피그마를 간단히 소개하고 설치부터 기본 설정, 파일 만들기, 글꼴 연결까지 꼭 알아야 할 핵심 내용을 하나씩 짚어볼 겁니다. 가벼운 마음으로 시작해보세요. 가장 쉽고 자유로운 디자인 툴 피그마의 세계에 오신 것을 환영합니다!

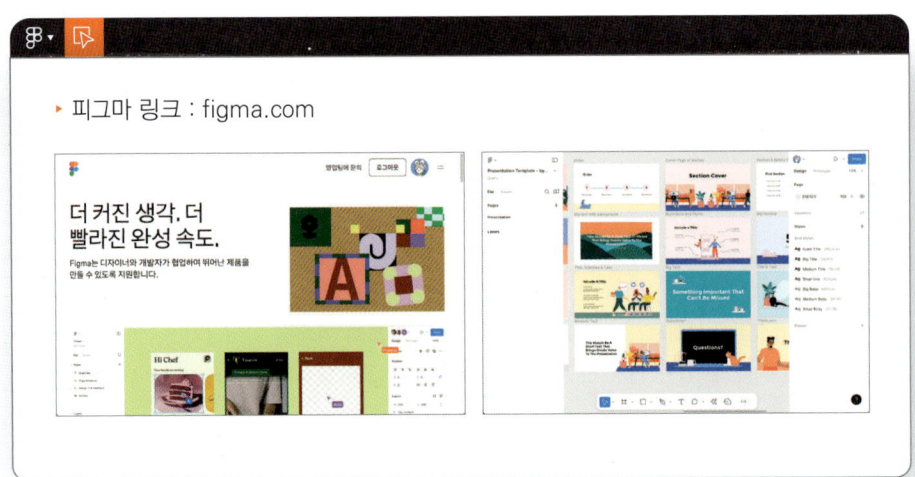

▶ 피그마 링크 : figma.com

기본 피그마로 무엇을 할 수 있나요?

피그마는 웹 기반의 무료 디자인 도구로 UI/UX 디자인은 물론 상세페이지, 배너, GIF 애니메이션, 프로토타입, 로고 등 다양한 웹 이미지를 만들 수 있습니다. 인쇄물이나 프레젠테이션까지 지원해 활용 범위가 넓고 '데브 모드'를 통해 필요할 때 개발자와 협업하기도 용이합니다.

피그마에서는 자료의 공유가 활발해서 디자인 템플릿과 플러그인, 아이콘 등을 자유롭게 활용할 수 있습니다. 파일은 클라우드 기반으로 자동 저장되기 때문에 버전 관리가 편리하고, 스프레드시트 등과 함께 사용해서 반복 작업을 한 번에 처리할 수도 있습니다.

피그마에서는 다음과 같이 6개 유형의 파일을 만들 수 있습니다. 책에서 주로 소개하고 사용할 파일 유형은 디자인 파일입니다. 다른 유형의 파일들은 필요할 때마다 소개하겠습니다. 지금은 각 유형별 특징만 간단히 이해하고 넘어갑시다.

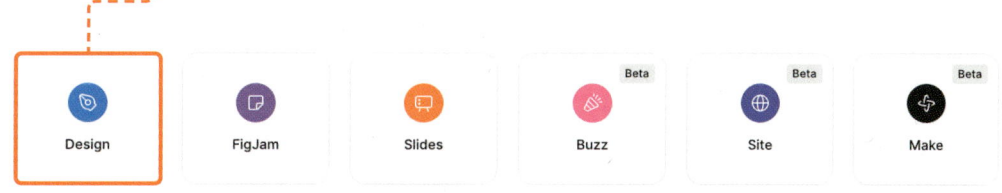

- **디자인**Design : 앱이나 웹사이트 화면처럼 실제로 보이는 디자인을 만들고 꾸밀 수 있는 기본 파일입니다.
- **피그잼**FigJam : 회의에 유용하게 쓸 수 있는 디지털 화이트보드입니다. 메모를 붙이거나 선을 그으며 자유롭게 생각을 정리할 수 있습니다.
- **슬라이드**Slides : 슬라이드를 만들고 발표까지 바로 할 수 있는 파일입니다.
- **버즈**Buzz : SNS 게시물, 광고 배너 같은 브랜드 콘텐츠를 빠르게 만들고 여러 버전으로 뽑아내기 유용한 파일입니다. 다양한 템플릿을 사용할 수 있습니다.
- **사이트**Site : 코딩 없이 피그마 안에서 웹사이트를 디자인하고 실제 인터넷에 올릴 수 있습니다.
- **메이크**Make : '버튼 있는 앱 만들어줘' 같은 프롬프트를 통해 아이디어를 디자인으로 구현할 수 있는 AI 기반 디자인 제품입니다.

기본 피그마, 이런 점이 좋아요

피그마의 장점을 통해 피그마의 특징을 더 자세히 알아봅시다.

디자인 입문자도 쉽게 쓸 수 있어요!

인터페이스가 직관적이고 웹 브라우저 기반으로 실행할 수 있어서 설치 부담이 없기 때문에 디자인을 처음 배우는 사람도 쉽게 시작할 수 있습니다. 또한 커뮤니티, 템플릿 등 공유된 파일이 많아 다양한 실무 예제를 보고 학습하기 좋습니다. 최근에는 AI 기능이 강화되어 이미지 생성, 배경 제거 같은 작업도 간편하게 처리할 수 있죠.

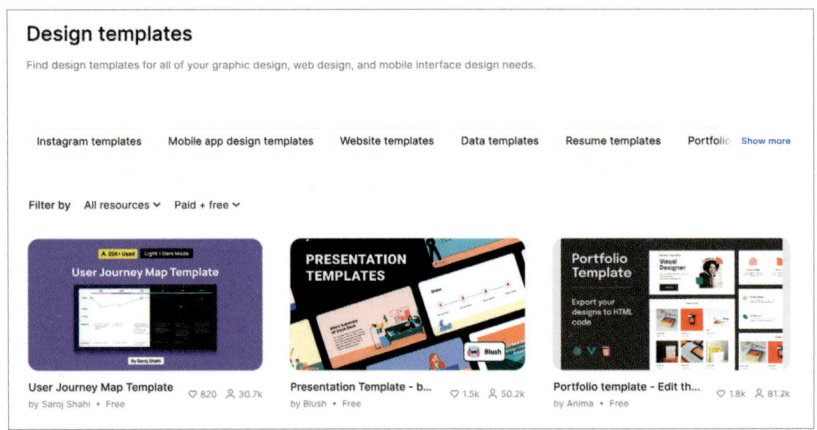

다양한 환경에 맞춰 디자인할 수 있어요!

화면 크기, 해상도, 플랫폼에 맞는 디자인을 쉽게 만들고 테스트할 수 있습니다. 특히 반응형 디자인 작업이 용이해 사용자의 실제 사용 환경을 고려한 디자인을 할 수 있습니다. 미러링 기능을 활용하면 휴대폰에 피그마 앱을 설치해 모바일 디자인을 실시간 확인할 수도 있죠.

데스크탑 화면

휴대폰 화면

실간으로 협업하기 편해요!

피그마는 협업에 최적화된 도구로 디자인과 개발 과정에서 필요한 다양한 협업 기능을 지원합니다. 링크로 쉽게 파일을 공유할 수 있고 동시 접속한 인원의 마우스 커서 움직임을 서로 볼 수 있습니다. 의견을 남기거나 실시간 대화가 필요하면 단축키 / 를 눌러 채팅을 남기는 커서챗 기능을 이용할 수 있습니다. 디자인에 쓰이는 핵심 색상이나 스타일을 공유하는 라이브러리 기능도 있습니다.

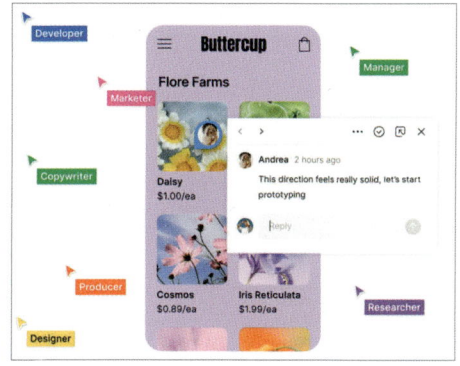

기본 기본은 무료, 필요하면 유료, 피그마 결제 유형 살펴보기

피그마는 무료로도 충분히 활용할 수 있지만, 여러 명과 협업하거나 고급 기능이 필요하면 유료 플랜을 선택할 수 있습니다. 총 4가지 플랜 중 '스타터'는 무료로 제공되며, 개인 사용자에게 적합한 구성입니다. '프로페셔널'은 가장 많이 사용되는 유료 플랜으로, 이 플랜부터 AI 기능을 사용할 수 있습니다. 기능 업데이트에 따라 플랜별 조건이 달라지므로 피그마 공식 홈페이지에서 더 자세한 정보를 확인해보세요.

- 피그마 결제 정보 링크 : figma.com/pricing

학생, 교사이거나 프로그램을 교육용으로 사용한다면 figma.com/education에 접속하여 교육용, 학생 인증을 통해 프로페셔널 플랜을 무료로 이용할 수 있습니다.

기본 | 검색해서 클릭하면 끝! 피그마 설치하기

피그마는 웹과 데스크톱 앱 두 가지 형태로 사용할 수 있습니다. 웹 검색창에 '피그마' 또는 'figma'를 검색하면 이미지와 같이 두 링크가 나옵니다. ❶ 링크를 누르면 피그마 웹사이트로 이동하며 피그마에 대한 다양한 정보를 얻을 수 있습니다. ❷ 다운로드 링크를 누르면 피그마 앱 다운로드 화면으로 진입합니다.

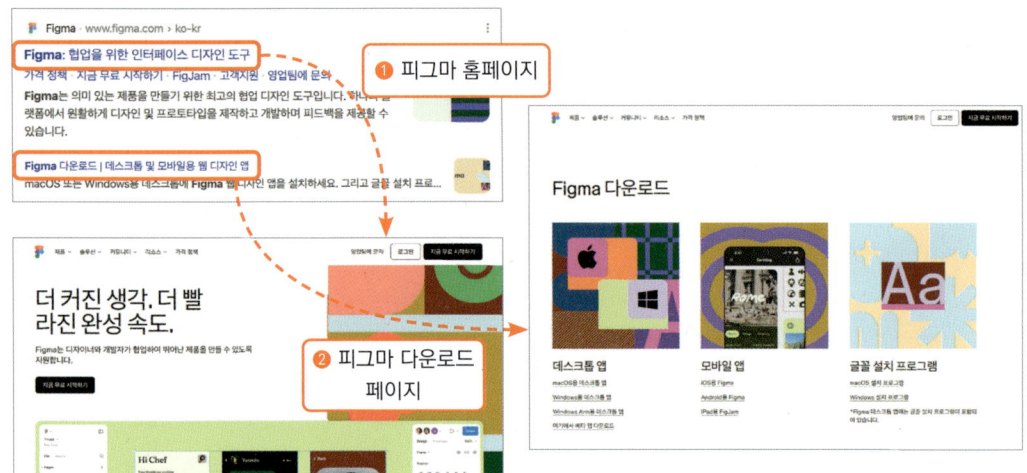

회원 가입 및 로그인하기

01 피그마 홈페이지의 오른쪽 위 ❶ **[로그인]**을 클릭합니다. ❷ 기존에 사용하던 구글 아이디로 빠르게 로그인을 하거나 ❸ 하단의 **[계정 만들기]** 버튼을 눌러 새롭게 회원 가입을 진행합니다.

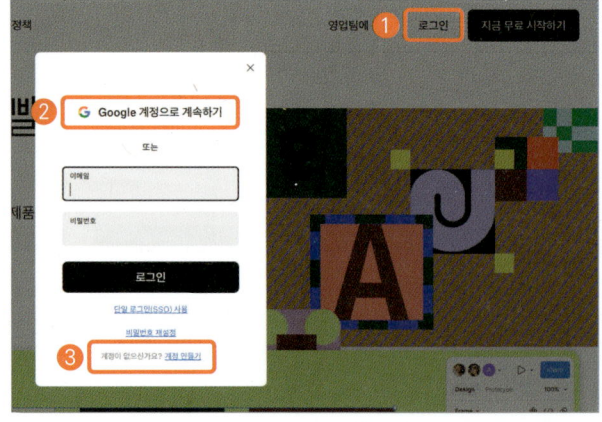

02 ❶ **[계정 만들기]**를 눌렀다면 사용할 아이디로 이메일 주소와 비밀번호를 입력하고 ❷ 이메일 인증을 하면 회원 가입이 완료됩니다.

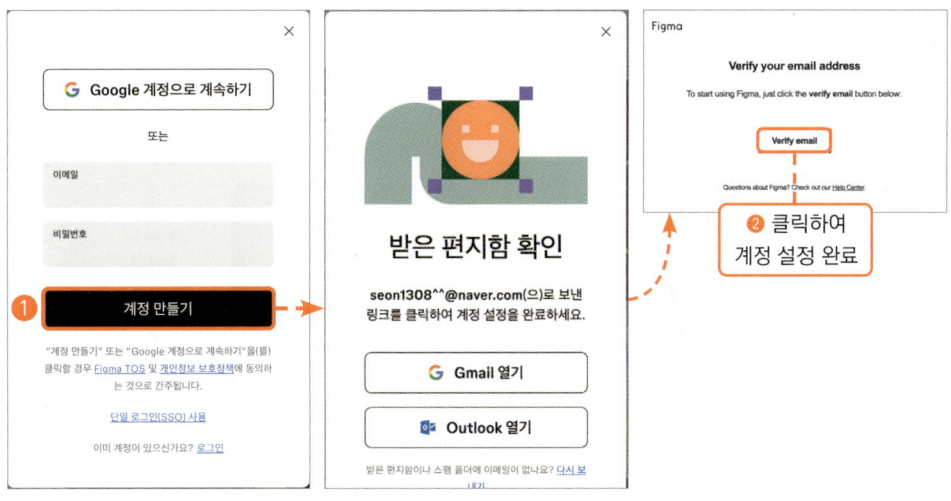

03 로그인 후 간단한 설문조사를 완료하면 피그마 웹 화면이 열립니다. 주요한 질문 몇 가지만 같이 살펴봅시다.

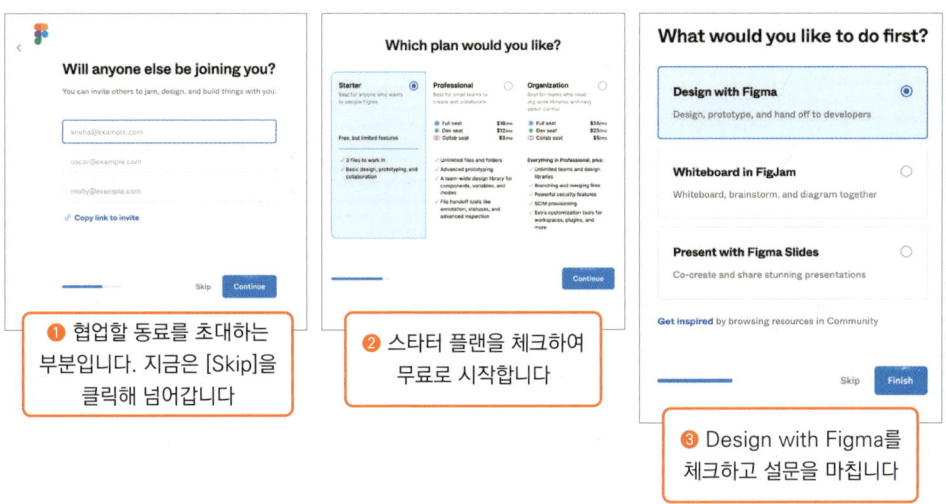

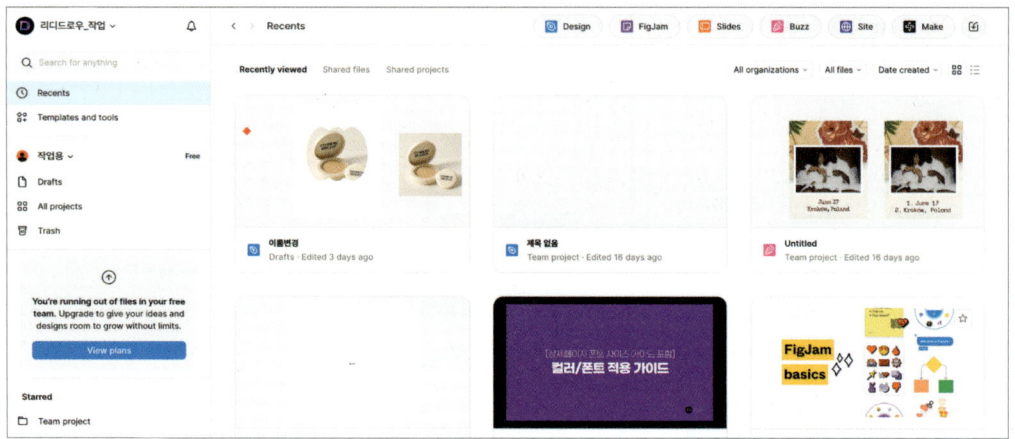

웹으로 피그마를 사용할 때는 내 컴퓨터에 있는 글꼴을 불러올 수 없기 때문에 별도의 글꼴을 불러올 수 있는 프로그램을 설치해야 합니다. 그 과정이 번거롭다면 아예 데스크톱 앱을 깔아서 사용해도 되죠. 차근차근 알아봅시다.

피그마 데스크톱 앱 설치하기

01 피그마 다운로드 페이지에서 데스크톱 앱 메뉴 중 각자의 컴퓨터 운영체제에 맞는 앱을 다운로드한 후 설치해주세요.

- 피그마 다운로드 링크 : figma.com/ko-kr/downloads

피그마 베타 앱을 다운로드하면 피그마에서 개발하고 있는 신기능을 미리 사용해볼 수 있습니다

모바일 피그마 설치하기

01 휴대폰의 앱 스토어에서 피그마를 검색해 다운로드합니다. 안드로이드에서는 'Figma-prototype mirror share'를 iOS에서는 'Figma'를 다운로드하세요. 데스크톱 앱에서 사용한 것과 같은 아이디로 로그인을 해야 실시간으로 수정 사항을 확인할 수 있습니다.

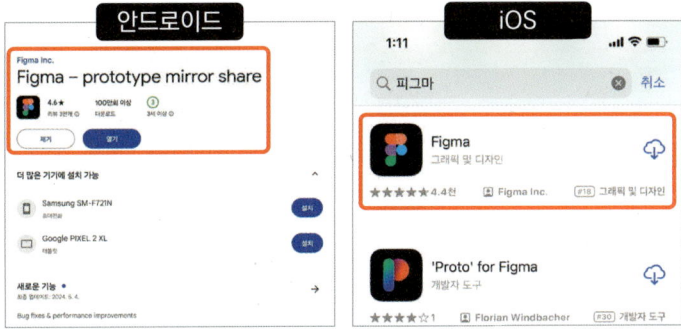

글꼴 설치 프로그램 설치하기

01 피그마 데스크톱 앱은 내 컴퓨터에 설치되어 있는 글꼴을 자동으로 불러오지만 웹 브라우저에서 피그마를 사용하려면 글꼴을 불러오기 위해 프로그램을 따로 설치해야 합니다. 내 컴퓨터의 OS에 맞는 메뉴를 선택해 설치해주세요.

>  **1분 꿀팁** 한글로 피그마를 사용하고 싶어요

피그마는 기본적으로 영어로 서비스가 제공되는데 원한다면 한국어로 변경하여 사용할 수 있습니다. 다음과 같이 ❶ 홈에서 화면 오른쪽 아래 ❷ ● 버튼을 클릭한 후 [Change language → 한국어 → Save]를 클릭하면 됩니다.

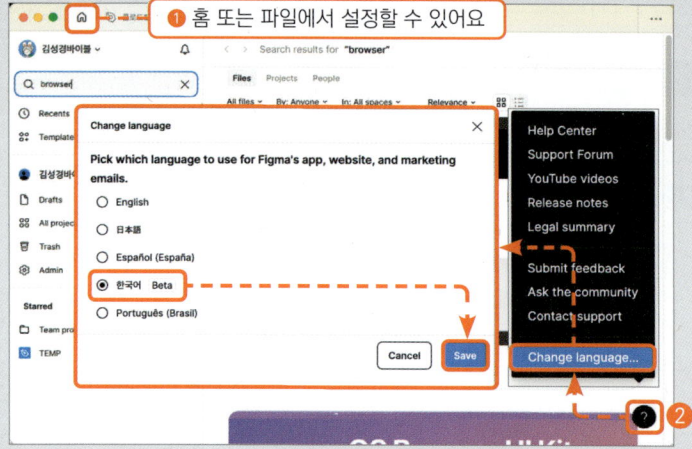

이 책에서는 기본 설정인 영문 버전으로 설명을 진행하고 필요할 때 한국어 메뉴 이름을 병기하겠습니다.

기본 새 파일 만들고 불러오고 저장하기

피그마에서 새 디자인 파일을 만드는 방법을 살펴보겠습니다. 디자인 작업을 시작하기 전에 필요한 기본 화면 구성과 기능을 간단히 익힐 수 있습니다.

웹 피그마에서 새 파일 만들기

01 피그마 홈 화면의 [Design] 버튼을 클릭하거나 링크(figma.com/new)로 새로운 파일을 만들 수 있습니다.

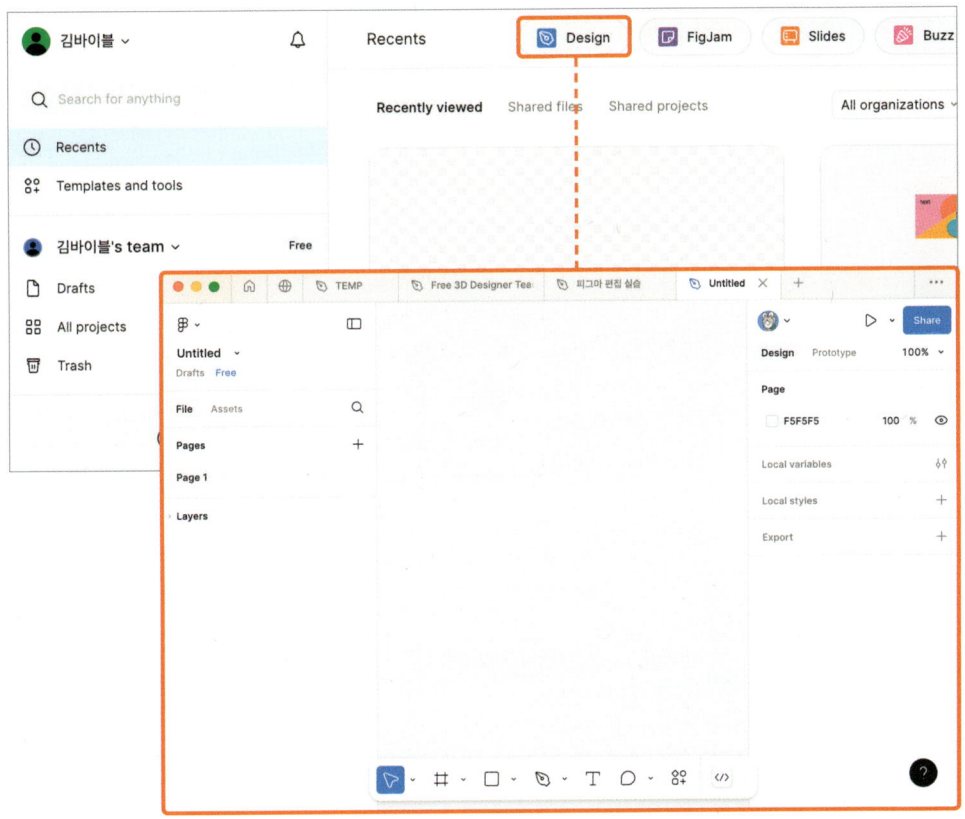

02 홈 화면으로 돌아가기 위해서는 왼쪽 상단 을 클릭해 [Back to files]를 클릭합니다.

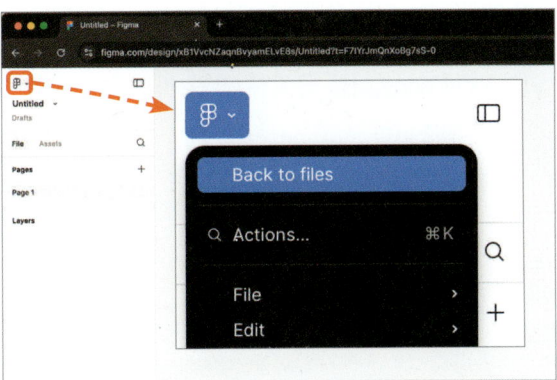

Chapter 01 피그마의 세계로 오신 걸 환영합니다

데스크톱 앱에서 새 파일 만들기

01 데스크톱 앱 피그마는 상단 탭으로 열린 문서를 관리할 수 있습니다. 웹과 마찬가지로 홈 화면의 [Design] 버튼을 눌러 새 파일을 만들 수 있고, 상단 탭에 있는 ❶ [+]버튼을 클릭해 나타나는 화면에서 ❷ [Design] 버튼을 클릭해 새로운 파일을 만들 수 있습니다. 단축키 `Ctrl` + `N`을 눌러 새로운 파일을 만들 수도 있습니다.

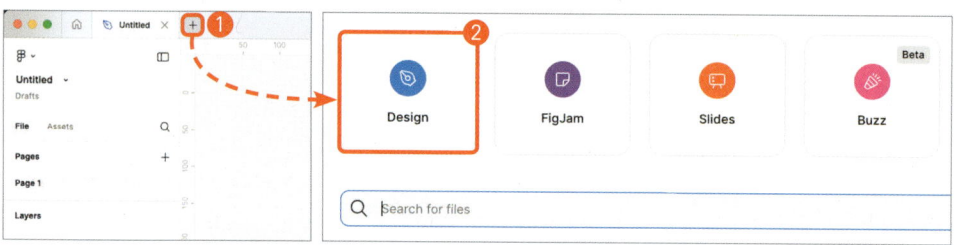

피그마 .fig 파일 저장하고 불러오기

피그마는 클라우드 기반으로 동작해 링크로 파일을 주고받는 것이 일반적이지만, 작업 파일을 .fig 형식으로 컴퓨터에 저장하거나 다시 불러올 수도 있습니다. 내 컴퓨터에 있는 피그마 파일을 저장하고 불러오는 방법을 알아보겠습니다.

01 화면 왼쪽 상단에 있는 [🔽 → file → Save local copy...]를 클릭해 작업 파일을 저장할 수 있습니다.

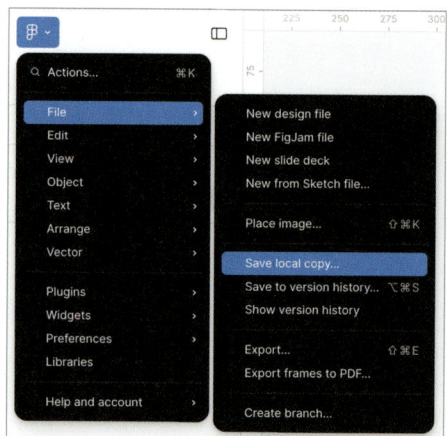

02 내 컴퓨터의 작업 파일을 불러오려면 홈 오른쪽 상단의 ❶ [☑ Import] 버튼을 클릭합니다. ❷ 팝업창의 [Import from computer]를 선택합니다. 피그마 파일 외에도 PDF, 스케치 파일, 이미지를 불러올 수 있습니다. 피그마 홈에 파일을 끌어 바로 불러올 수도 있는데 파일 크기에 따라 시간이 다소 소요될 수 있습니다.

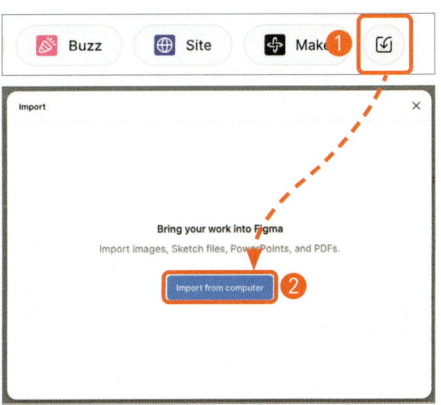

03 기능을 익힐 겸 앞으로 책을 학습하면서 활용할 피그마 실습 파일을 가져와보겠습니다. 다음 구글 드라이브 링크에 접속해서 ❶ 실습 파일을 전부 드래그하여 선택한 후 ❷ 다운로드하세요. 다운로드한 파일의 압축도 풀어주세요.

- **독자 실습 자료 링크 :** bit.ly/3EDdM92

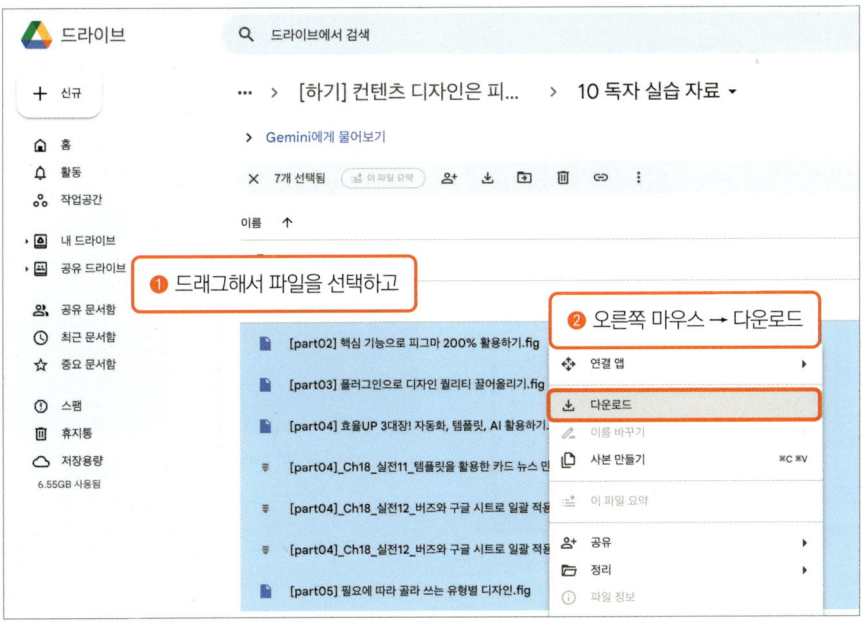

04 과정 02를 참고해 불러오기 팝업창을 열고 다운로드한 파일을 드래그합니다.

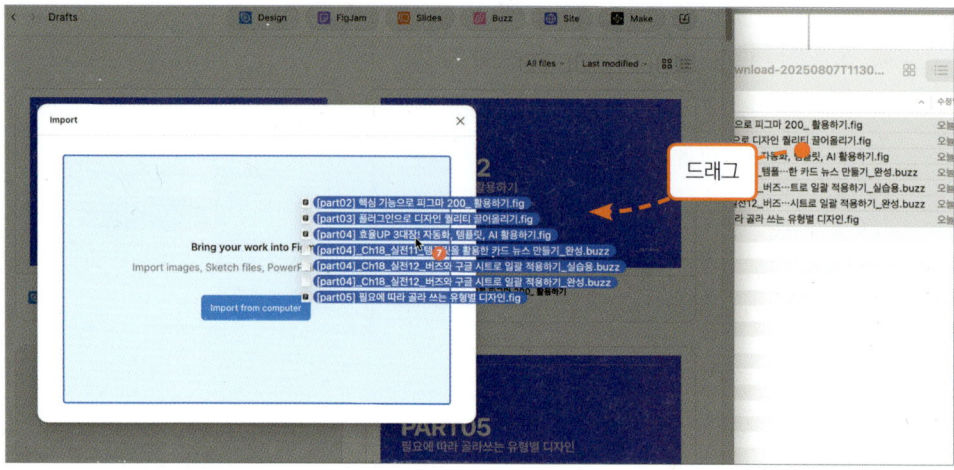

05 잠시 기다린 후 [Done] 버튼을 누르면 불러오기가 완료됩니다. 앞으로 파트에 맞게 각 파일들을 활용해서 학습을 진행하면 됩니다.

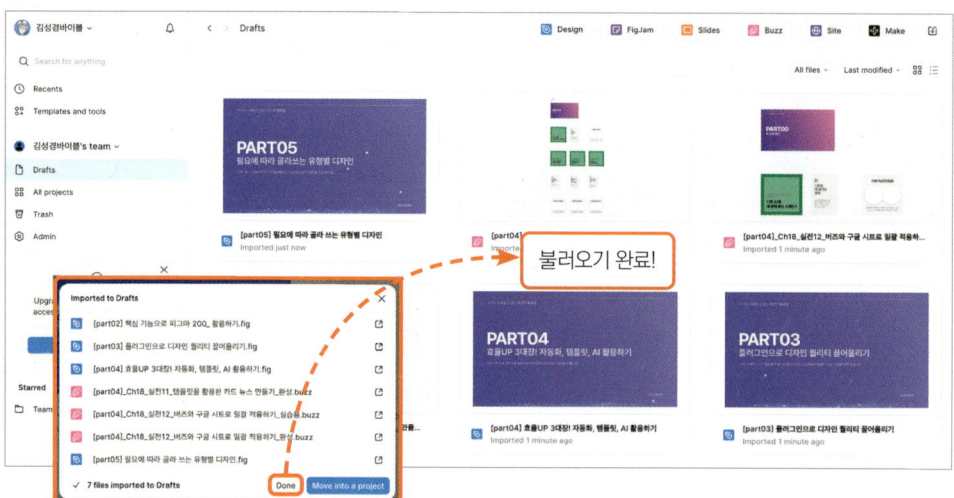

 **파일 복제하고 버전 관리하기**

파일을 만들고 작업을 하다보면 복제해야 하거나 수정하기 전의 파일로 돌아가고 싶을 수 있습니다. 복제와 버전 관리 방법을 알아보겠습니다.

01 화면 왼쪽 상단의 파일 이름 옆 ❶ [∨ → Show version history]를 클릭하면 화면 오른쪽에 Version history 메뉴가 생깁니다. ❷ 원하는 버전을 누른 후 ❸ ⋯ 아이콘을 눌러 앞 버전으로 되돌리거나 복제할 수 있습니다. ❹ [Dublicate] 버튼을 누르면 현재 파일이 복제됩니다.

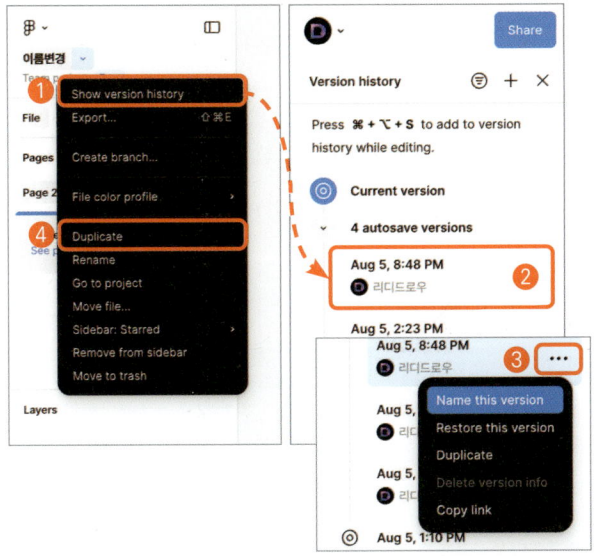

파일을 복제하고 이미지와 내용만 교체하면 새로운 파일로 관리할 수 있습니다. 많은 상세 페이지를 만들기 위해 이 기능을 유용하게 사용할 수 있으니 꼭 기억해두세요.

Chapter 02 피그마 화면 둘러보기

피그마를 둘러보며 디자인에 필요한 화면 영역과 도구를 알아보겠습니다. 직관적인 쉬운 구조로 되어 있으니 처음에는 위치만 살펴보고 실습을 하며 익혀보세요. 피그마는 전체 파일을 확인할 수 있는 홈 화면과 디자인 화면, 드로우 화면, 개발자를 위한 화면 이렇게 크게 네 가지로 나뉘어 있습니다. 여기서는 홈 화면과 디자인 화면을 위주로 보도록 하겠습니다.

지금 모든 화면과 기능을 다 외울 필요는 없습니다. 이 챕터는 사전처럼 두고 두고 참고할 부분이라고 생각해주세요. 구체적인 기능은 이후 실습을 따라하다보면 자연스럽게 익숙해질 겁니다.

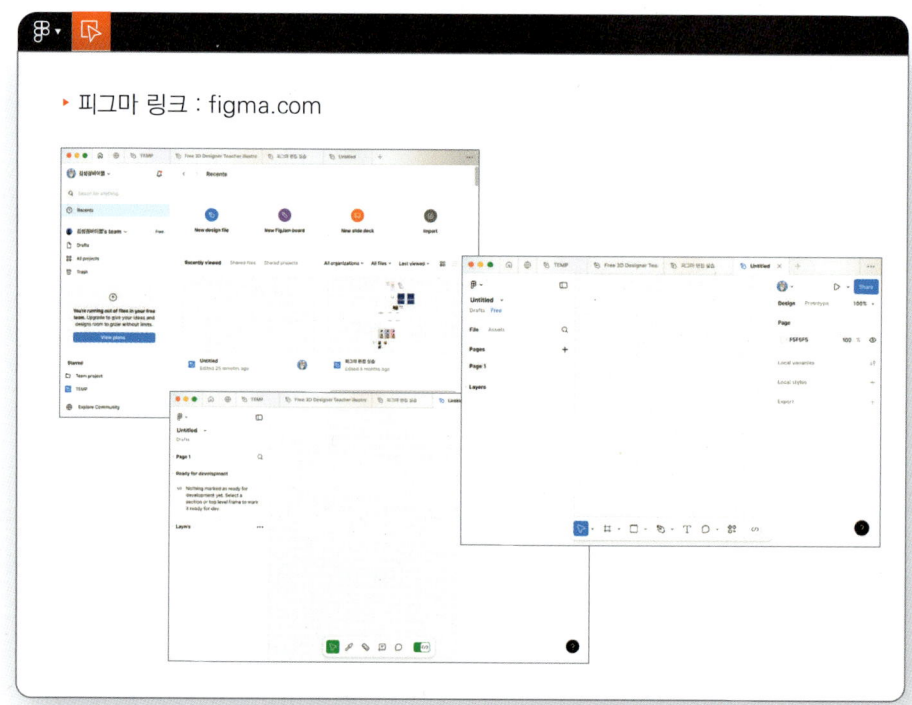

▶ 피그마 링크 : figma.com

기본 피그마 홈 화면 살펴보기

피그마 홈 화면은 크게 ❶ 왼쪽 메뉴 영역과 ❷ 오른쪽 콘텐츠 영역으로 나누어집니다. 여러분의 컴퓨터에 피그마 화면을 띄워놓고 비교해보세요.

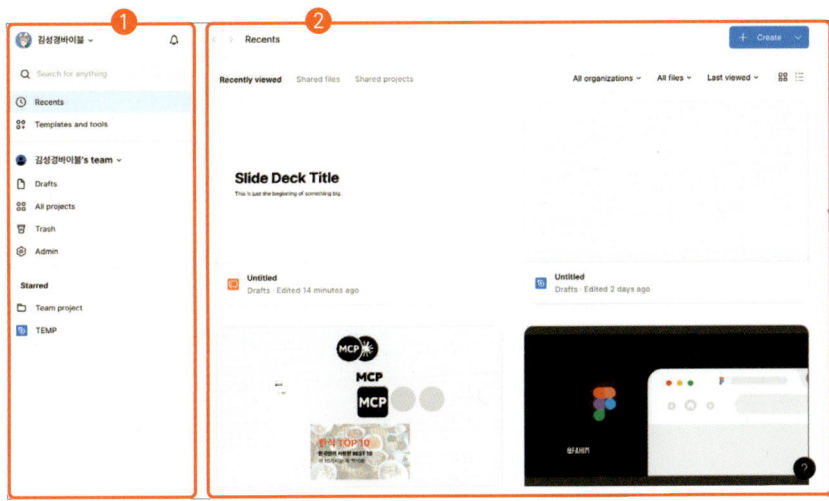

메뉴 영역

왼쪽 메뉴 영역을 먼저 살펴보겠습니다. 프로필, 알림, 검색, 최근 본 파일, 드래프트, 팀, 각 팀에 속해 있는 프로젝트, 파일, 멤버로 구성되어 있습니다.

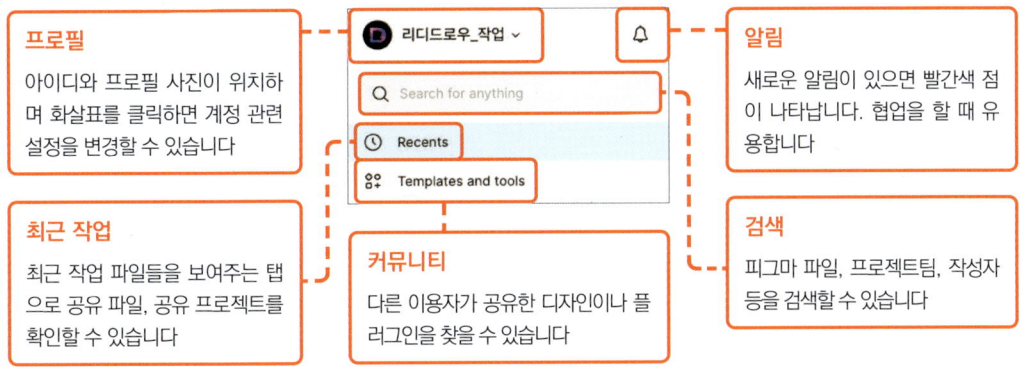

프로필
아이디와 프로필 사진이 위치하며 화살표를 클릭하면 계정 관련 설정을 변경할 수 있습니다.

최근 작업
최근 작업 파일들을 보여주는 탭으로 공유 파일, 공유 프로젝트를 확인할 수 있습니다.

커뮤니티
다른 이용자가 공유한 디자인이나 플러그인을 찾을 수 있습니다.

알림
새로운 알림이 있으면 빨간색 점이 나타납니다. 협업을 할 때 유용합니다.

검색
피그마 파일, 프로젝트팀, 작성자 등을 검색할 수 있습니다.

Chapter 02 피그마 화면 둘러보기

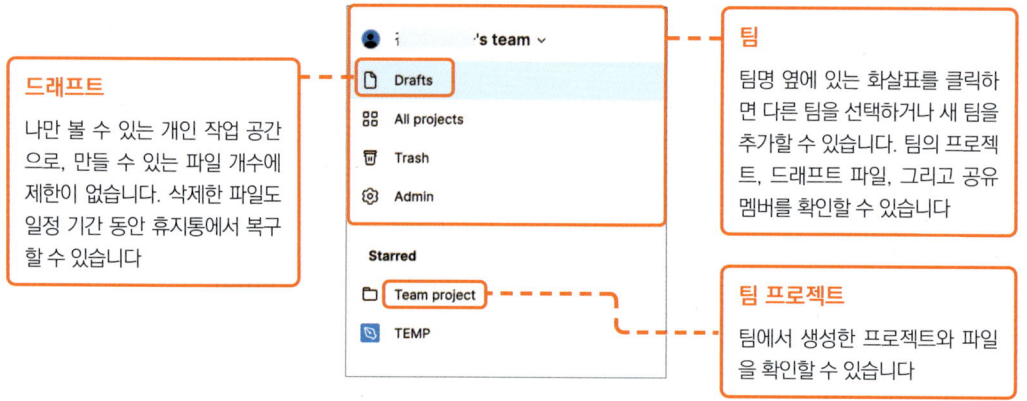

드래프트
나만 볼 수 있는 개인 작업 공간으로, 만들 수 있는 파일 개수에 제한이 없습니다. 삭제한 파일도 일정 기간 동안 휴지통에서 복구할 수 있습니다

팀
팀명 옆에 있는 화살표를 클릭하면 다른 팀을 선택하거나 새 팀을 추가할 수 있습니다. 팀의 프로젝트, 드래프트 파일, 그리고 공유 멤버를 확인할 수 있습니다

팀 프로젝트
팀에서 생성한 프로젝트와 파일을 확인할 수 있습니다

1분 꿀팁 무료 플랜을 사용하면 파일을 더 만들 수 없나요?

무료 버전의 피그마를 사용하면 팀을 추가로 생성할 수 없으며, 팀 프로젝트당 파일은 최대 3개까지만 만들 수 있습니다. 또한 파일에서 생성할 수 있는 페이지 수도 제한됩니다. 하지만 드래프트에서는 원하는 만큼의 파일과 페이지를 생성할 수 있습니다.

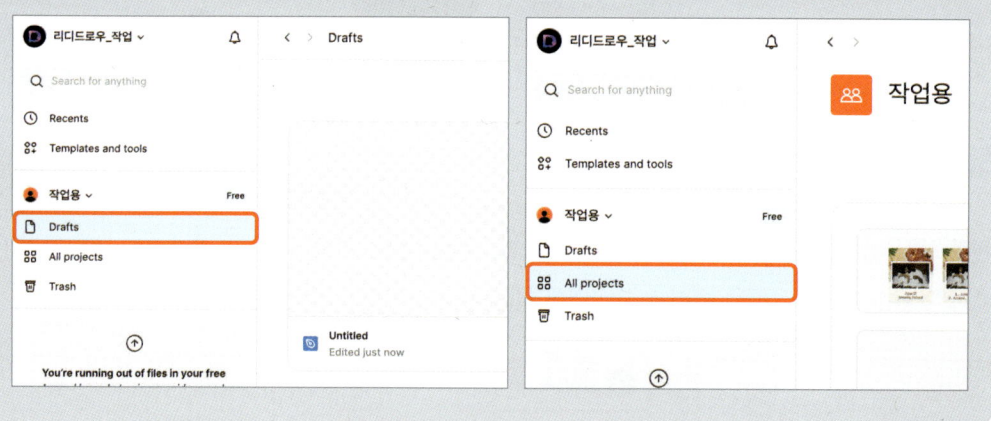

콘텐츠 영역

왼쪽 메뉴에 따라 오른쪽에 나오는 콘텐츠가 변경됩니다. 다음은 피그마를 시작했을 때 보이는 기본 화면입니다. 최근 작업했던 프로젝트가 보이고 오른쪽 위 버튼을 클릭하면 6 종류의 피그마 파일을 새로 만들거나 불러올 수 있습니다.

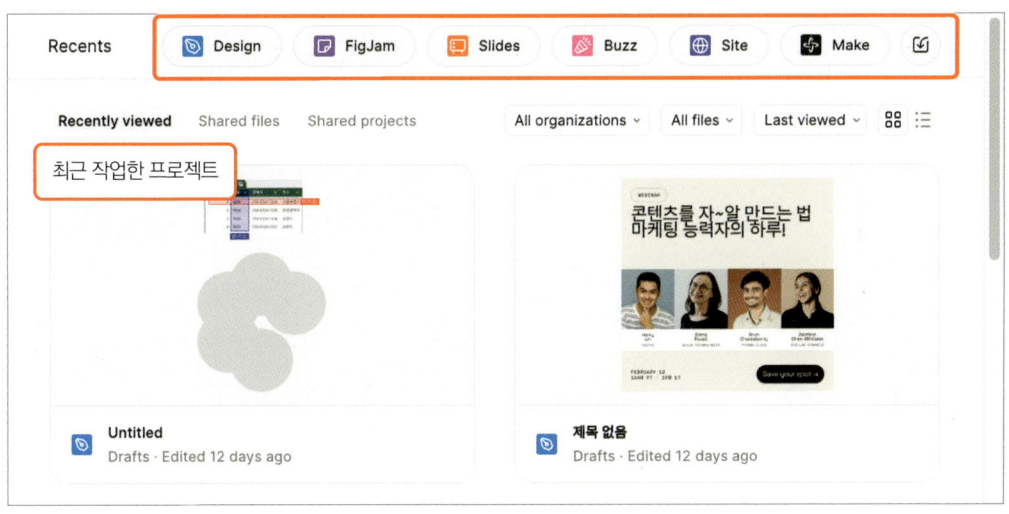

1분 꿀팁 파일을 잘못해서 삭제했다면 이곳에서 확인하세요

❶ 왼쪽 [Trash] 메뉴를 선택하면 오른쪽 영역에 삭제된 파일 또는 프로젝트가 나타납니다. 복구하려는 파일을 선택 후 오른쪽 마우스를 눌러 ❷ [Restore]를 클릭하면 원래 있던 위치로 파일이 복구됩니다.

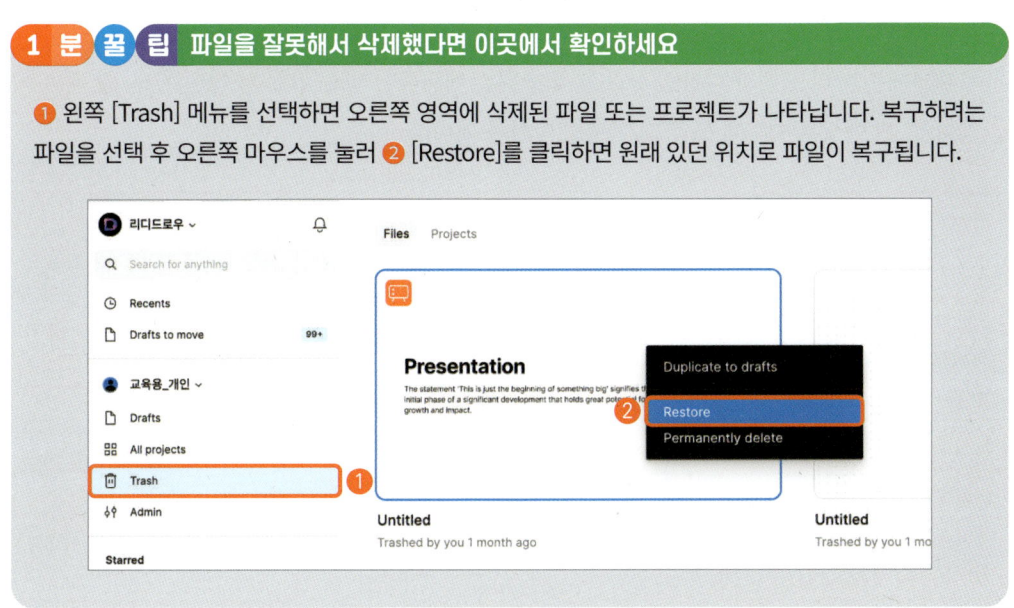

 피그마 작업 화면 살펴보기

디자인 파일을 생성하면 다음과 같은 화면이 보입니다. 왼쪽 패널, 오른쪽 패널, 툴바, 작업 영역으로 구성되어 있으며, 레이아웃이 단순하고 직관적입니다. 지금 어떤 위치에 어떤 메뉴가 있는지 모두 훑으면 가장 좋지만, 일단 실습을 시작하고 모르는 부분이 생기면 와서 꼼꼼히 메뉴를 살펴봐도 좋겠습니다.

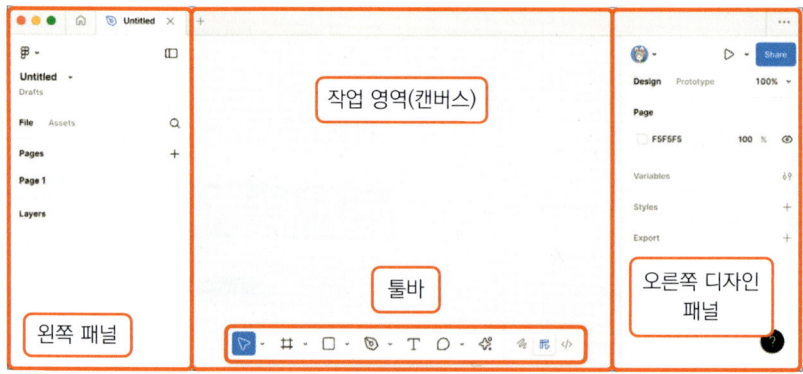

왼쪽 패널

왼쪽 패널에는 파일 구성과 디자인 요소 관리를 위한 메뉴들이 있습니다. ❶ 메인 메뉴, ❷ 페이지, ❸ 레이어, ❹ 에셋은 이후에 조금 더 자세히 알아볼 겁니다.

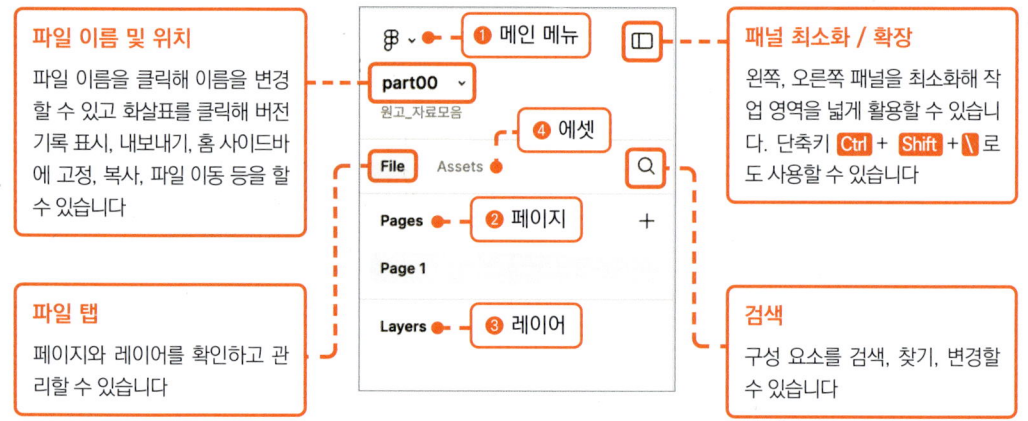

❶ **메인 메뉴** : 파일 관리, 설정 변경, 플러그인 활용 등 다양한 작업을 할 수 있습니다. 가장 바깥의 메뉴들만 먼저 소개하겠습니다. 자세한 메뉴는 피그마를 직접 사용하면서 알아가보세요.

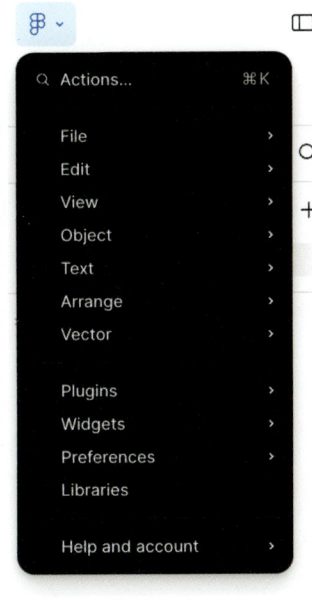

- **File(파일)** : 새로운 파일 열기, 가져오기, 내보내기, 로컬 저장하기 등 파일에 관련된 메뉴
- **Edit(편집)** : 실행 취소/재실행, 복사/붙여넣기, 찾기 관련 메뉴
- **View(보기)** : 레이아웃 그리드, 눈금자, 확대/축소 등 보기 설정과 관련된 메뉴
- **Object(개체)** : 그룹, 프레임, 회전, 마스크 등 개체에 적용하는 메뉴
- **Text(텍스트)** : 문자의 굵기, 기울임, 밑줄 등 문자와 관련된 메뉴
- **Vector(벡터)** : 편집 모드에서 활성화, 결합,삭제,복구 가능
- **Arrange(정렬)** : 정렬 등 개체를 정리하는 메뉴
- **Plugins(플러그인)** : 저장, 사용한 플러그인을 관리, 실행할 수 있는 메뉴
- **Widgets(위젯)** : 애플리케이션을 관리, 사용하는 메뉴
- **Preferences(기본 설정)** : 기본 설정, 테마, 간격 수치 등을 설정하는 메뉴
- **Libraries(라이브러리)** : 라이브러리를 사용할 수 있는 메뉴
- **Help and account(도움말 및 계정)** : 키보드 단축키, 도움 영상, 로그아웃 등의 메뉴

❷ **페이지** : 파일 내에서 여러 개의 페이지를 만들어 사용할 수 있으며 각 페이지별로 별도의 디자인을 할 수 있어 폴더 개념처럼 사용할 수 있습니다.

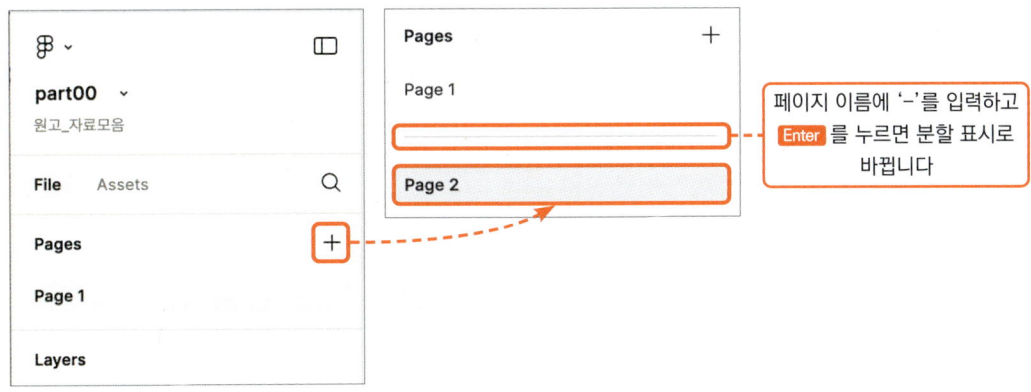

페이지 이름에 '-'를 입력하고 Enter 를 누르면 분할 표시로 바뀝니다.

[+] 아이콘을 클릭해 페이지를 추가할 수 있습니다. 페이지 이름은 더블 클릭하거나 오른쪽 마우스를 눌러 변경할 수 있습니다. 페이지 이름에 '-'를 입력하고 Enter 를 누르면 페이지 간 분할 표시를 할 수 있습니다.

> 무료 플랜에서는 팀 프로젝트 파일에 페이지를 3개까지 추가할 수 있습니다. 드래프트 파일은 필요한 만큼 페이지를 추가할 수 있습니다.

❸ **레이어** : 작업 영역에 만든 모든 프레임, 그룹, 개체가 표시됩니다. 유형에 따라 표시되는 아이콘이 달라지며, 마지막에 만든 개체가 가장 위의 레이어로 올라옵니다.

❹ **에셋** : 재사용할 수 있는 디자인 요소들로 반복되는 요소를 작업에 빠르게 사용할 수 있습니다. 직접 만든 요소뿐만 아니라 피그마에서 제공하는 기본 디자인 키트를 작업 영역으로 드래그해 사용할 수 있습니다.

 **기본** ## 오른쪽 디자인 패널 살펴보기

오른쪽 디자인 패널에는 디자인 탭과 프로토타입 탭이 있으며 파일의 권한과 개체의 유형 및 작업 영역의 선택에 따라 옵션이 다르게 나타납니다. 작업 영역에서 아무것도 선택하지 않으면 다음과 같이 ❶ 디자인 탭에는 페이지의 배경 색상, 변수, 스타일, 전체 페이지 내보내기 옵션이 나타나고 ❷ 프로토타입 탭에서는 프로토타입 디바이스와 배경색을 선택할 수 있습니다. 두 탭을 더 자세히 살펴봅시다.

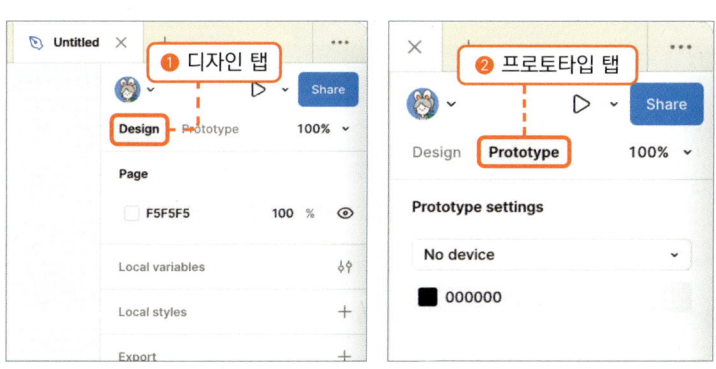

디자인 탭

레이어를 선택하면 나타나는 기본 탭으로 다양한 속성들이 나타나며 선택한 객체에 따라 보여지는 속성이 달라집니다.

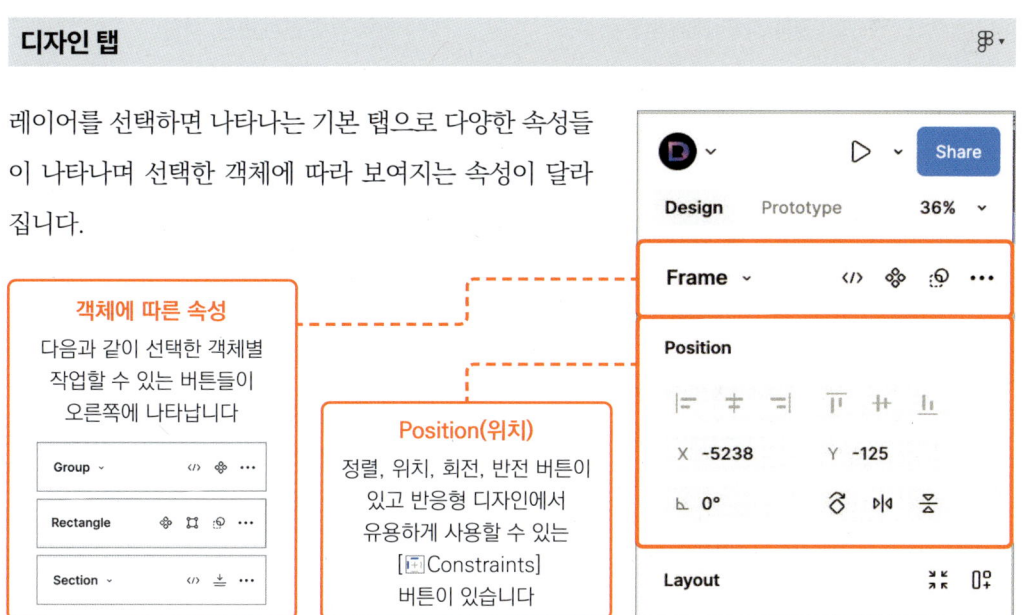

Chapter 02 피그마 화면 둘러보기 41

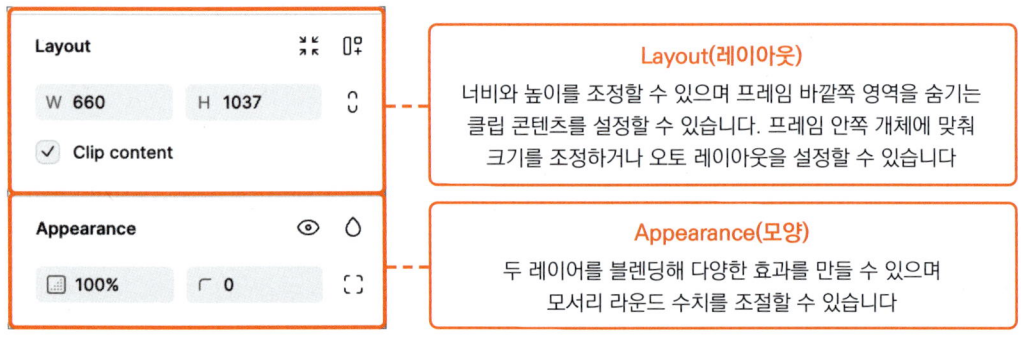

Layout(레이아웃)
너비와 높이를 조정할 수 있으며 프레임 바깥쪽 영역을 숨기는 클립 콘텐츠를 설정할 수 있습니다. 프레임 안쪽 개체에 맞춰 크기를 조정하거나 오토 레이아웃을 설정할 수 있습니다

Appearance(모양)
두 레이어를 블렌딩해 다양한 효과를 만들 수 있으며 모서리 라운드 수치를 조절할 수 있습니다

1분 꿀팁 　객체에 따른 상황별 도구

선택한 개체의 속성에 따라 활성화되는 버튼이 다르다고 앞서 설명했습니다. 다양한 기능을 빠르게 제공하는 버튼을 간단히 소개합니다.

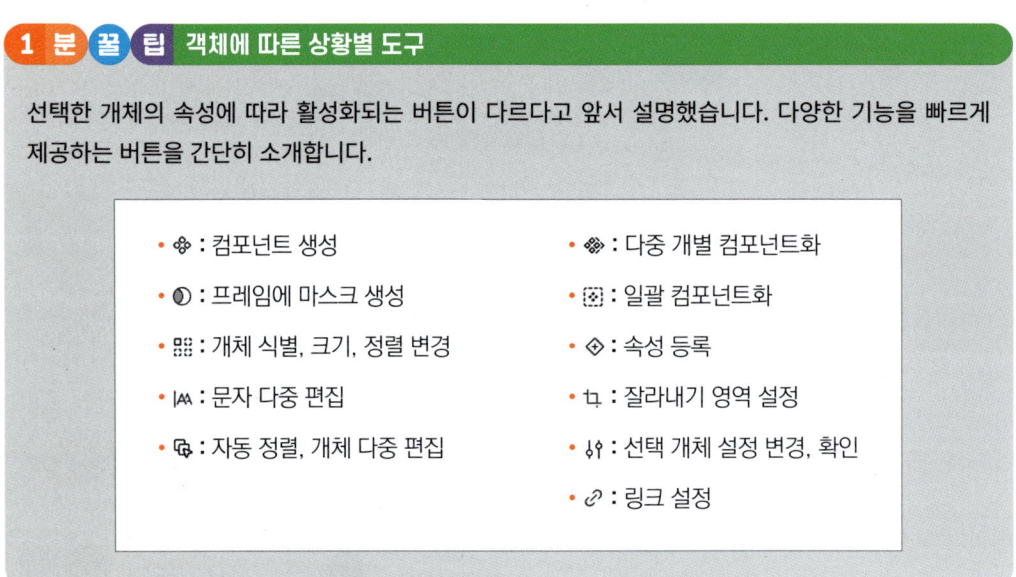

나머지 메뉴를 계속 알아봅시다. 여기서는 '프레임' 유형의 레이어를 선택했을 때 메뉴를 기준으로 소개하겠습니다. 선택한 레이어에 따라 활성화되는 메뉴가 다를 수 있습니다.

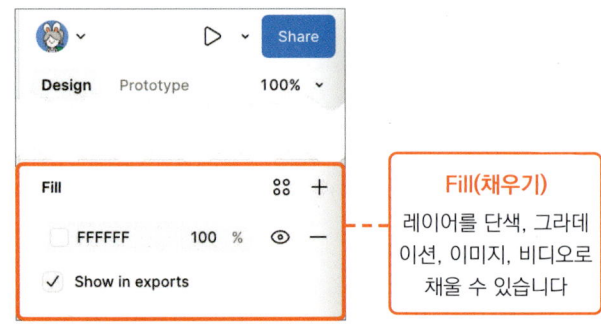

Fill(채우기)
레이어를 단색, 그라데이션, 이미지, 비디오로 채울 수 있습니다

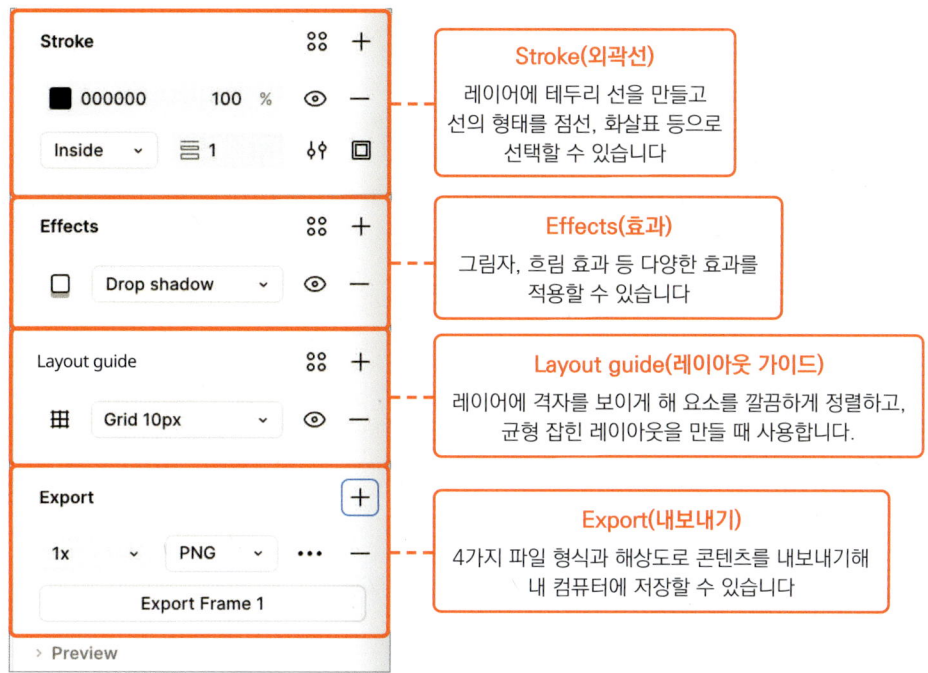

프로토타입 탭

피그마에는 디자인한 화면에 버튼 클릭, 화면 전환, 애니메이션 같은 동작을 미리 적용해서 볼 수 있는 '프로토타입' 기능이 있습니다. 프로토타입 탭에서는 해당 기능과 관련한 조작을 할 수 있습니다. 다음은 '프레임' 유형의 레이어를 선택했을 때 활성화되는 프로토타입 탭의 메뉴입니다.

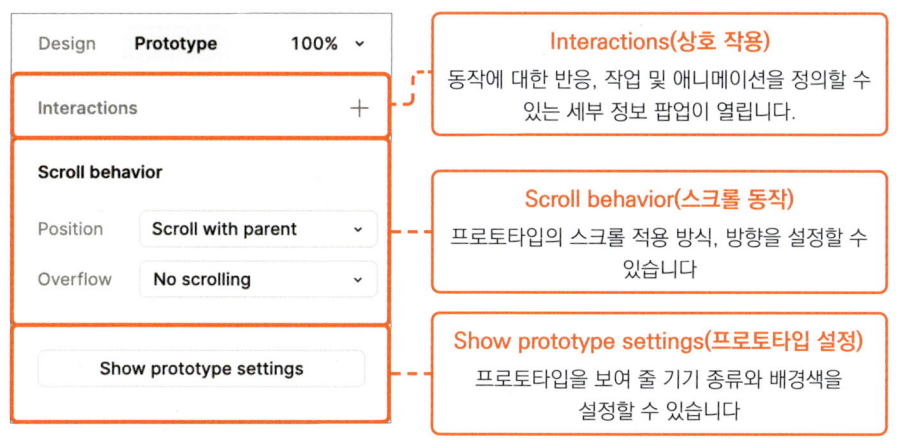

단순하고 쉬운 피그마 툴바 살펴보기

피그마는 일반적인 그래픽 도구에 비해 사용해야 하는 도구가 직관적이고 간단합니다. 화면 중앙 하단의 툴바를 살펴보며 피그마의 주요 도구를 종류별로 알아보겠습니다.

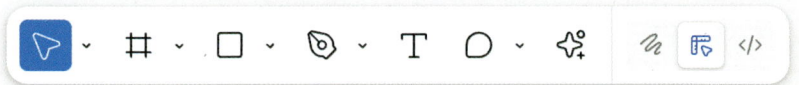

> 플랜 구독 여부, 베타 기능 활성화 여부에 따라 버튼이 조금씩 다를 수 있습니다. 주요 도구는 동일하기 때문에 주요 도구 위주로 학습하세요.

이동 / 선택 도구

기본 선택 도구입니다. 객체를 클릭하거나 드래그해 이동, 크기 조절, 선택할 수 있습니다.

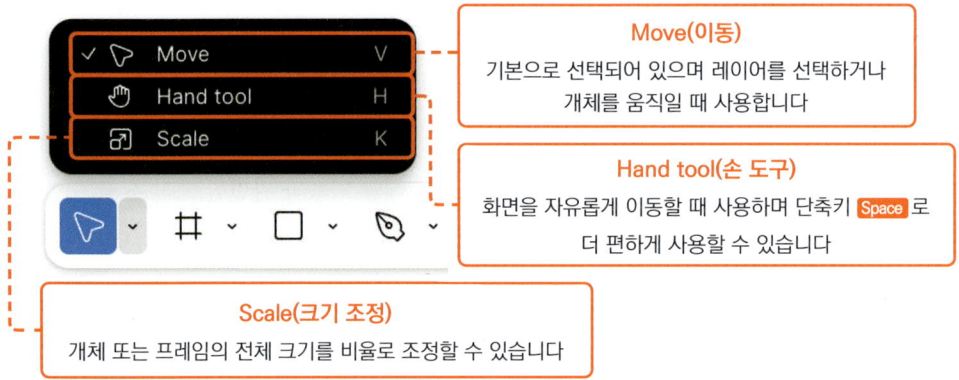

Move(이동)
기본으로 선택되어 있으며 레이어를 선택하거나 개체를 움직일 때 사용합니다

Hand tool(손 도구)
화면을 자유롭게 이동할 때 사용하며 단축키 Space 로 더 편하게 사용할 수 있습니다

Scale(크기 조정)
개체 또는 프레임의 전체 크기를 비율로 조정할 수 있습니다

프레임 도구

디자인할 화면 영역을 만들고 관리하는 데 사용하는 도구입니다.

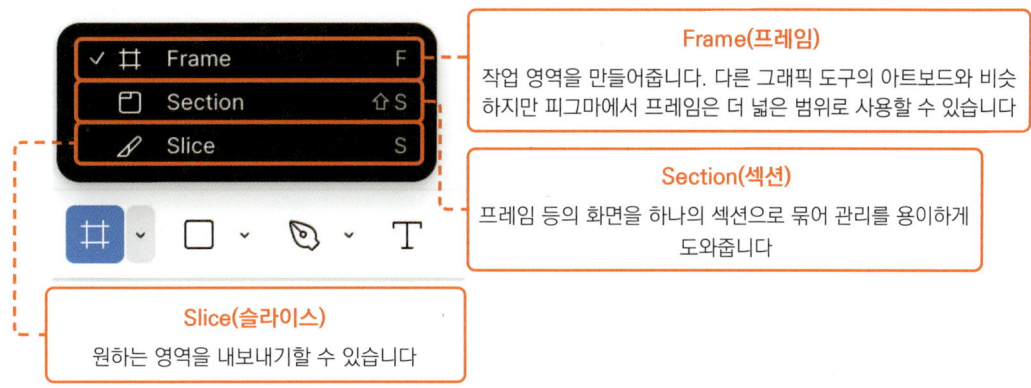

Frame(프레임)
작업 영역을 만들어줍니다. 다른 그래픽 도구의 아트보드와 비슷하지만 피그마에서 프레임은 더 넓은 범위로 사용할 수 있습니다

Section(섹션)
프레임 등의 화면을 하나의 섹션으로 묶어 관리를 용이하게 도와줍니다

Slice(슬라이스)
원하는 영역을 내보내기할 수 있습니다

도형 도구

사각형, 원, 선, 화살표 등을 만들 수 있습니다. 버튼이나 카드 배경 같은 디자인 구성 요소의 기초가 됩니다.

기본 도형을 그릴 수 있는 툴은 다음과 같은 종류가 있습니다.

- Rectangle(사각형)
- Line(선)
- Arrow(화살표)
- Ellipse(타원)
- Polygon(삼각형)
- Star(별)

Image/video(이미지/동영상 불러오기)
이미지, 동영상을 불러올 수 있습니다

> `Shift`를 누른 상태로 도형을 그리면 정사각형, 정원, 정삼각형, 별을 그릴 수 있습니다.

펜 도구

자유롭게 선이나 곡선을 그릴 수 있는 도구입니다. 아이콘이나 일러스트를 만들 때 사용합니다.

Pen(펜)
펜 도구로 직선, 곡선을 그리며 원하는 다양한 모양을 만들 수 있습니다

Pencil(연필)
손으로 쓴 듯한 자연스러운 선을 만들 수 있습니다

문자 / 댓글 도구

텍스트와 댓글 도구는 추가 선택 도구가 없는 단일 도구입니다. 이름 그대로 역할을 이해하면 됩니다.

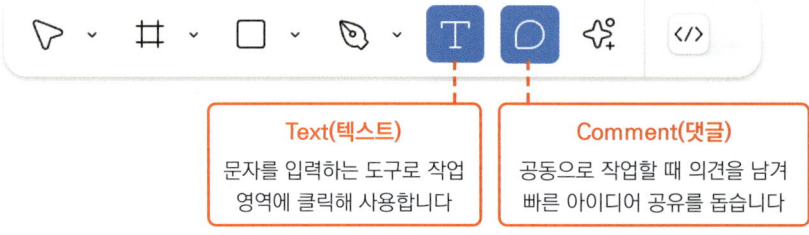

Text(텍스트)
문자를 입력하는 도구로 작업 영역에 클릭해 사용합니다

Comment(댓글)
공동으로 작업할 때 의견을 남겨 빠른 아이디어 공유를 돕습니다

액션 도구

AI 기능과 플러그인, 위젯 등을 관리하고 활용할 수 있는 도구입니다. AI 기능은 프로페셔널 플랜부터 사용할 수 있고, 플랜별 활용할 수 있는 양(크레딧)에 차이가 있습니다. 자세한 내용은 Chapter 19 피그마 AI와 함께 디자인하기에서 소개하겠습니다.

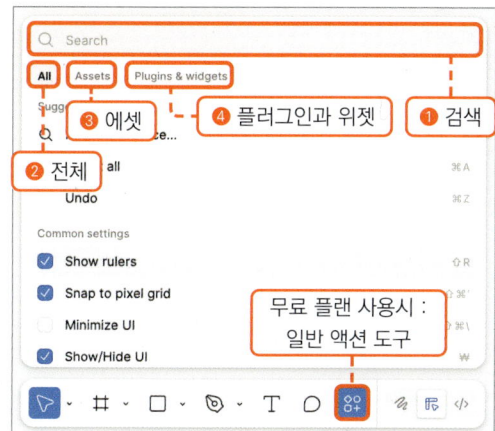
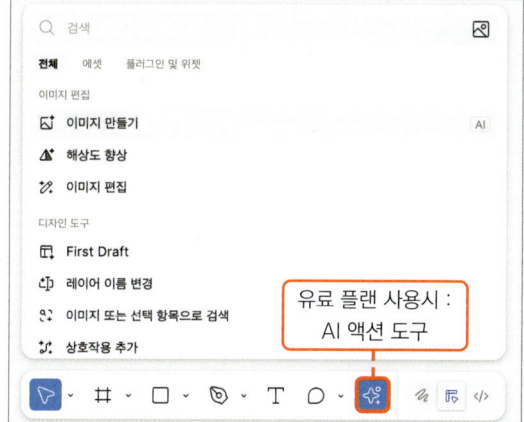

액션 도구에서 사용할 수 있는 기능은 다음과 같습니다.

❶ **Search(검색)** : 두 메뉴 모두 상단에는 검색 기능이 있어 사용하려는 플러그인, 위젯 등을 찾을 수 있습니다.

❷ **All(전체)** : 최근에 쓴 기능이나 위젯, 플러그인을 빠르게 쓸 수 있고 일반 액션 도구에서는 자주 사용하는 설정을, AI 액션 도구에서는 배경 제거, 이미지 생성, 언어 변환 등 다양한 AI 기능을 사용할 수 있습니다.

❸ **Assets(에셋)** : 왼쪽 패널에 있었던 에셋을 볼 수 있습니다.

❹ **Plugins&widgets(플러그인 및 위젯)** : 피그마의 기능을 확장해주는 플러그인과, 작업 효율을 높이는 위젯을 검색하고 선택할 수 있습니다.

> **1분 꿀팁** 개발자를 위한 피그마?
>
> 툴바 오른쪽 끝 토글 버튼을 통해 디자인 파일의 모드를 변경할 수 있습니다. 피그마의 디자인 파일은 다음과 같이 ❶ 기본적인 디자인 모드, ❷ 벡터 기반 일러스트를 그리기 용이한 드로우 모드, ❸ 개발자와 협업을 위한 개발자 모드, 총 3가지 모드를 사용할 수 있습니다.
>
> ❶ 디자인 모드 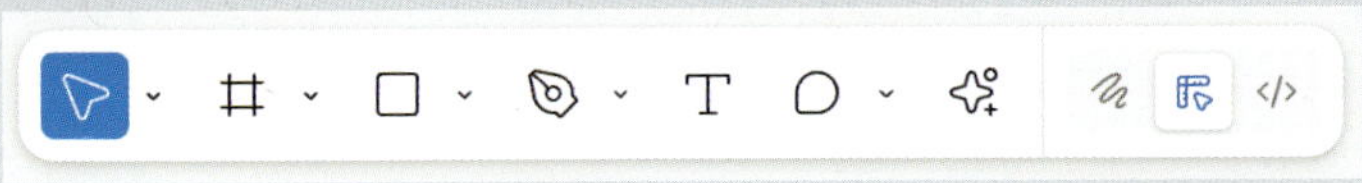
>
> ❷ 드로우 모드 
>
> ❸ 개발자 모드 
>
> 개발자 모드는 무료 플랜인 스타터 요금제에서는 사용할 수 없고 프로페셔널 요금제부터 사용할 수 있습니다. 우리 책에서는 디자인 모드를 중심으로 소개하고 드로우 모드의 기능이 필요할 때마다 부분 부분 설명하겠습니다.

 작업 영역 살펴보기

캔버스라고 부르는 작업 영역은 모든 프레임, 그룹, 등 레이어를 그려내는 영역입니다. 작업 영역의 크기는 제한이 없으므로 한 화면에 많은 내용을 담을 수 있습니다. 원하는 색상으로 배경을 변경할 수 있으며, 좌우 패널은 메뉴의 테마에서 다크와 라이트모드로 변경할 수 있습니다.

작업 영역 배경색을 변경할 수 있어요

메인 메뉴의 [Preferences → Theme]를 누르면 좌우 패널의 테마를 다크 모드와 라이트 모드 중 선택할 수 있습니다.

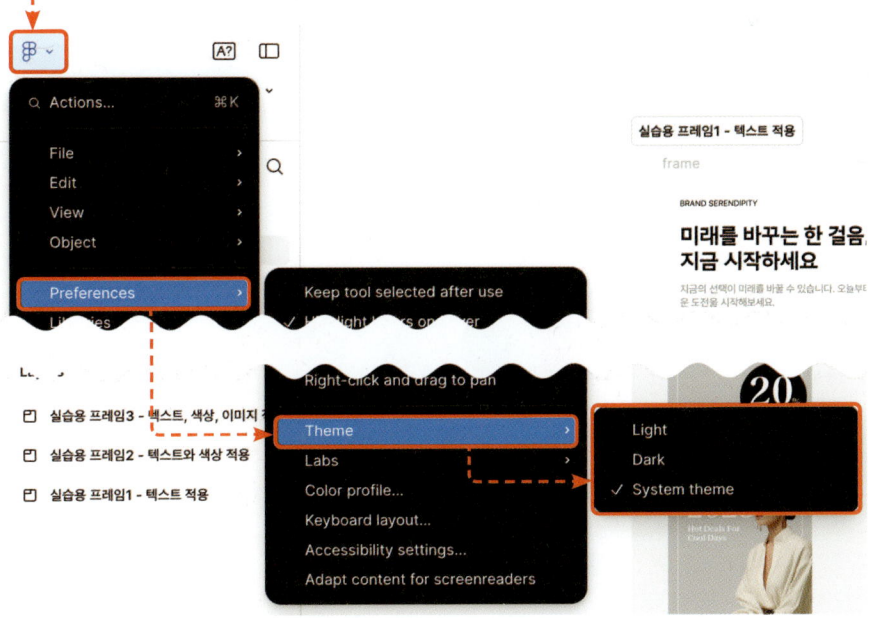

Chapter 03
디자인의 시작, 프레임 만들기

피그마 디자인의 시작은 바로 '프레임'을 그리는 것에서부터 출발합니다. 프레임은 말 그대로 화면의 틀을 만들어주는 요소로, 웹이나 앱 디자인에서 하나의 페이지, 혹은 화면 단위를 구성하는 기본 구조입니다. 피그마에서는 프레임을 자유롭게 만들고 조절할 수 있을 뿐 아니라, 그 안에 또 다른 프레임을 넣어 중첩하거나, 레이아웃 그리드나 자동 정렬 기능을 적용해 더욱 정돈된 디자인을 완성할 수 있습니다.

이 챕터에서는 프레임을 실제로 만들어보는 실습과 함께 프레임의 다양한 속성을 살펴보고 화면 크기를 자유자재로 조절하는 방법까지 차근차근 배워보겠습니다. 디자인의 큰 그림은 프레임부터 시작한다는 점, 잊지 마세요!

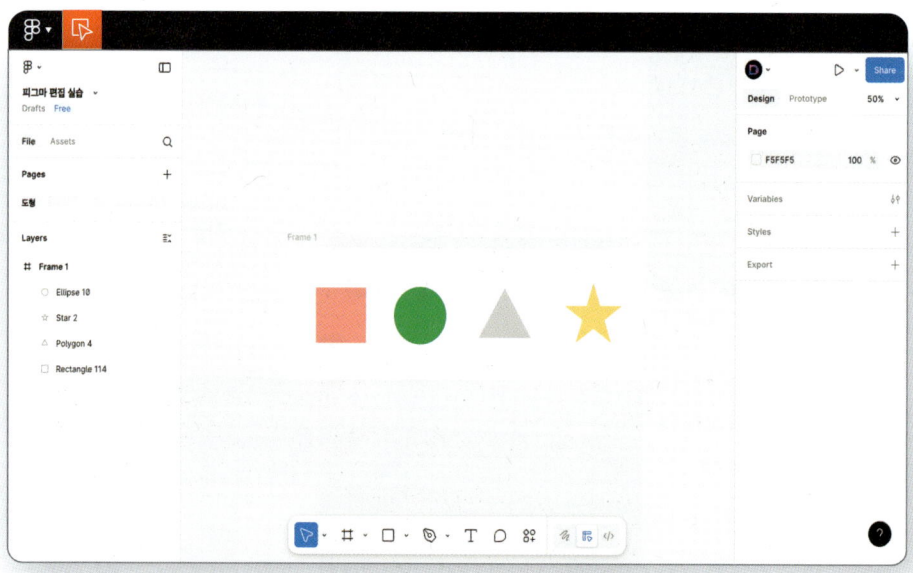

디자인의 시작, 프레임 만들기

피그마에서 디자인 작업을 하려면 가장 먼저 작업 영역에 프레임을 그려야 합니다. 프레임은 디자인의 기본 단위이자 화면의 영역을 만드는 틀입니다. 프레임은 중첩될 수 있고 프레임에 레이아웃 그리드, 자동 정렬 등 다양한 기능을 추가할 수 있습니다.

프레임 만들기

01 화면 아래 툴바에서 ❶ [⊞ **프레임**] 버튼을 클릭하거나 단축키 A 또는 F 를 눌러 프레임 기능을 활성화합니다. ❷ 빈 작업 영역에 드래그해서 프레임을 그립니다. ❸ 프레임이 만들어지면 왼쪽 레이어에도 ⊞ 아이콘으로 프레임이 생성됩니다.

프레임이 중첩되면 왼쪽 위에 표시되는 프레임 이름은 가장 바깥쪽 프레임의 이름이 표시됩니다. 만약 사각형 도형을 그려 프레임 대신 작업하면 작업 의도에 따라 문제가 발생할 수 있으니 **디자인 시작 화면은 꼭 프레임으로 그리기 바랍니다.**

프레임을 조작하는 주요 기능

프레임은 안에 배치한 모든 개체를 제어하거나 개체에 영향을 줄 수 있습니다. 프레임을 작업 영역에 그린 후 오른쪽 패널에서 프레임의 속성을 확인할 수 있습니다. Layout 메뉴에서 프레임을 조작하는 기능 몇 가지만 알아봅시다.

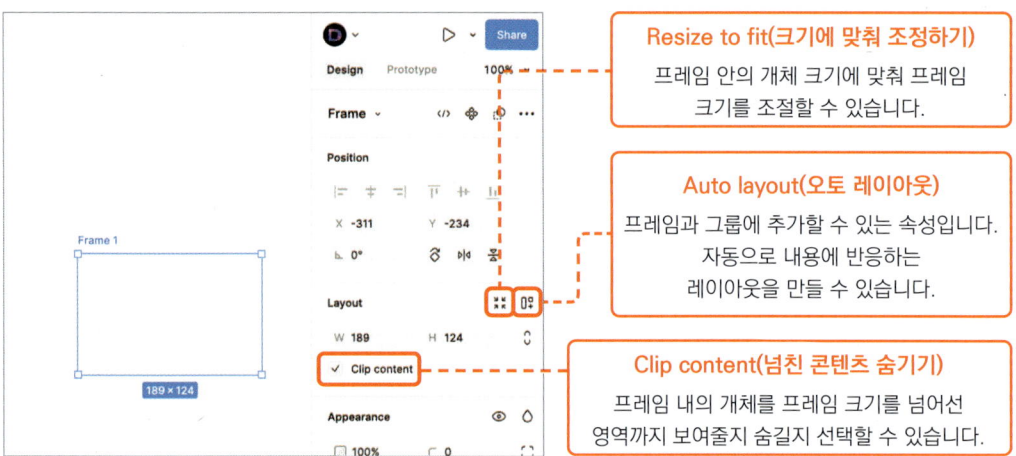

 **프레임과 프레임 속 개체의 관계 이해하기**

이제 이 프레임 위에 마음껏 디자인을 시작하면 됩니다. 일단 사각형을 하나 그려서 프레임과 프레임 속 개체의 관계를 이해하고 크기를 조절하는 다양한 방식을 알아봅시다.

프레임 크기 변경하기

01 ❶ [Rectangle] 도구를 선택한 후 ❷ 프레임 안에 원하는 범위를 드래그해 사각형을 그립니다. 그러면 왼쪽 ❸ 레이어의 프레임 안에는 Ractangle1이라는 도형 레이어가 생깁니다.

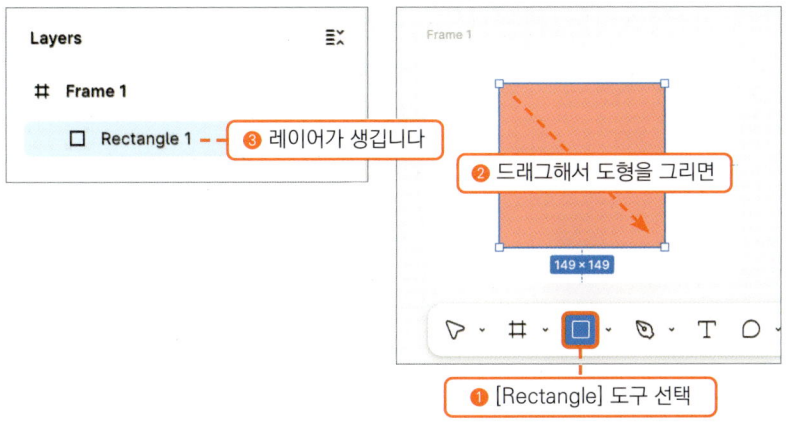

02 작업 영역의 크기를 변경하려면 오른쪽 Layout 패널의 W(너비), H(높이) 값을 직접 입력해 변경하거나, 화면에서 마우스로 변경할 수 있습니다.

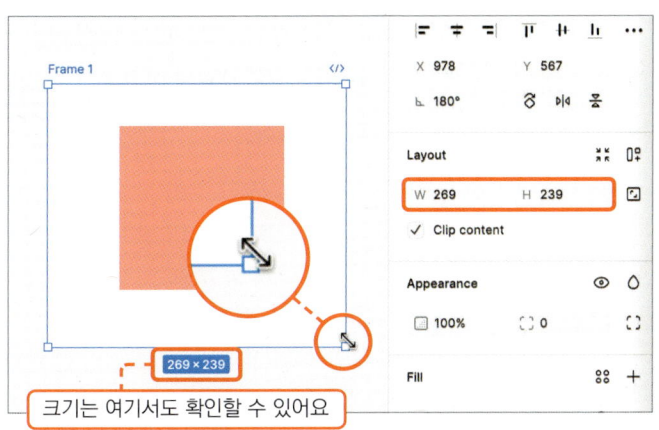

프레임 크기에 맞춰서 도형 크기 변경하기

프레임의 크기를 변경할 때 내부의 도형 크기도 같이 변경할 수는 없을까요? 피그마에서는 **[Constraints]** 버튼을 통해 프레임이 커지거나 줄어들 때 개체가 어디에 고정되어 있을지 설정할 수 있습니다. 가로 길이나 세로 길이를 따라가게 할 수도 있죠. 이 설정은 오른쪽 패널의 Position 메뉴에서 조절할 수 있습니다.

01 이번에는 프레임이 아닌 도형을 클릭해봅시다. 오른쪽 패널 Position 메뉴에서 개체의 고정 위치를 확인할 수 있습니다. 개체의 기본 고정 위치는 Left, Top으로 프레임 기준 왼쪽과 위의 여백이 고정됩니다.

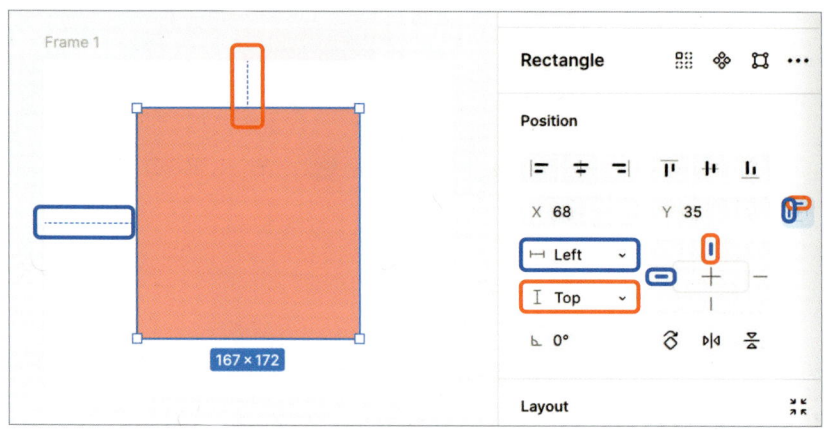

02 이때 프레임을 선택한 상태에서 Alt 를 누른 채로 프레임 안의 개체에 마우스를 올려놓으면 프레임 외곽선 기준 개체의 여백의 거리를 확인할 수 있습니다.

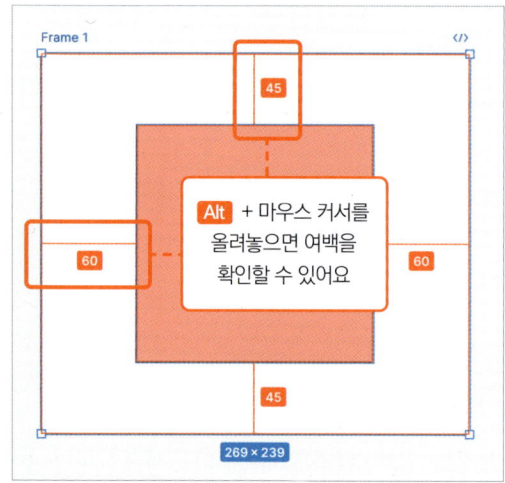

03 [Left]를 클릭해 [Left + Right]로 바꾸고, [Top]을 클릭해 [Top + Bottom]으로 바꾼 후 프레임의 크기를 다시 변경해봅시다. 이제는 도형의 상하좌우 여백이 모두 유지되면서 프레임 크기에 따라 도형도 같이 바뀌네요.

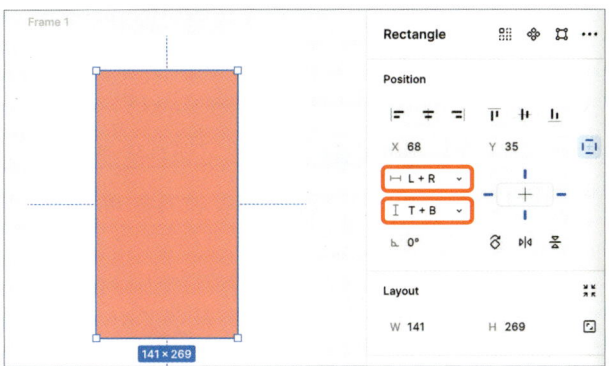

추후에 작업 중 프레임의 크기를 확대, 축소하거나 반응형 디자인을 만들 때 유용하게 사용할 수 있으므로 Constraints 설정을 잘 이해하고 넘어가기를 바랍니다.

1분 꿀팁 | Left+Right와 Scale의 차이

프레임 안의 도형을 프레임과 함께 늘리기 위해서 Constraints 설정값을 [Left + Right]와 [Top + Bottom]으로 바꾸는 대신 [Scale]로 바꿔도 됩니다. 두 설정값의 차이는 다음과 같습니다.

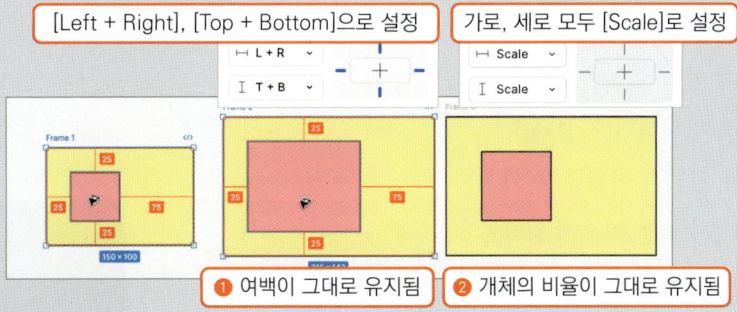

가장 왼쪽의 도형을 확대했을 때 ❶ [Left + Right]와 [Top + Bottom]으로 설정하면 프레임의 크기 변화와 상관없이 내부 도형의 여백은 그대로입니다. ❷ [Scale]로 설정하면 프레임 크기가 변했을 때 내부 도형의 비율이 그대로입니다. 지금은 이 차이가 유의미하게 느껴지지 않을 수 있지만 이 책을 다 읽고 다양한 디자인을 만들어본다면 어떤 기능을 언제 사용하는 것이 좋을지 감이 잡힐 겁니다.

Chapter 03 디자인의 시작, 프레임 만들기

비율 맞춰서 크기 변경하기

그러면 프레임 안의 개체가 많을 때는 일일이 Constraints를 설정해야 할까요? 배너의 다양한 크기 조정이나 오픈 마켓별 상세페이지 크기 변경처럼 전체 비율로 크기를 조절해야 할 때는 Scale 도구(확대/축소)를 사용하면 됩니다.

01 이번에는 더 다양한 도형을 그려보았습니다. 툴바의 도구 옆 버튼을 클릭하거나 단축키 K 를 누른 후 [Scale] 도구로 변경하세요. 이대로 바로 프레임 크기를 변경하면 안의 개체도 같은 비율로 늘어납니다.

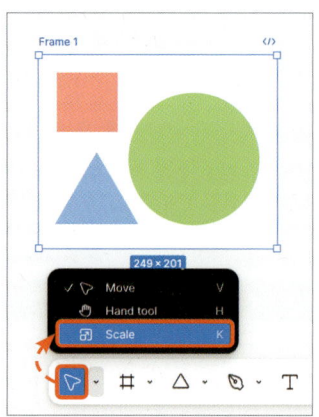 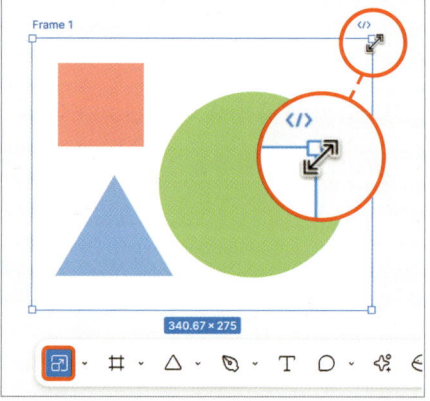

02 ❶ 오른쪽 패널 Scale 메뉴에 크기를 직접 입력하거나, [1x]를 눌러 배수로 크기를 변경할 수 있습니다. ❷ 중심축을 이동해 원하는 방향으로 크기를 변경할 수도 있습니다.

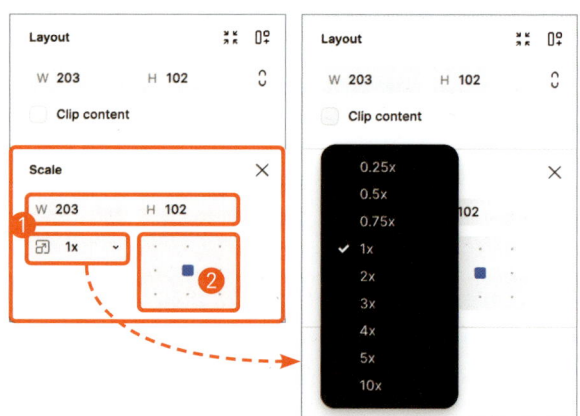

PART 01
반드시 알아야 할 피그마 기초 익히기

학습목표

피그마에서 디자인을 하기 위한 기초 사용법을 다룹니다. 문자, 색상, 이미지 추출 등의 기본적인 기능 사용법을 익히고 다양한 형태의 도형을 그리는 실습과 함께 간단한 쿠폰 만들기 실습도 함께 진행하겠습니다. 하나씩 따라 하다 보면 어느새 피그마에 익숙해진 자신을 발견할 거예요.

#기본 도형 그리기　#패스파인더　#이미지 채우기
#문자 꾸미기　#이미지 추출　#쿠폰 디자인

Chapter 04
그리면서 익히는 피그마 핵심 기능

이제 본격적으로 피그마의 핵심 기능을 하나씩 익혀볼 차례입니다. 처음에는 단순한 도형을 그리고 색을 입히는 것부터 시작하지만, 이 기본기가 쌓이면 다양한 디자인 작업으로 자연스럽게 확장됩니다.

이 챕터에서는 도형 그리기, 색상 적용, 선 그리기처럼 꼭 알아야 할 기능만 골라 실습을 통해 익혀볼 거예요. 피그마의 세부 기능이 궁금하다면 각 기능과 메뉴 설명을 유심히 살펴보세요. 반대로 복잡한 설명보다 손으로 직접 해보는 게 더 편하다면, 연습 위주로 따라 하며 자연스럽게 익숙해지는 것도 좋은 방법입니다.

실습 파일은 다음과 같이 활용하세요. ❶ 파트에 맞는 파일에서 ❷ 챕터에 맞는 페이지를 찾으면 됩니다.

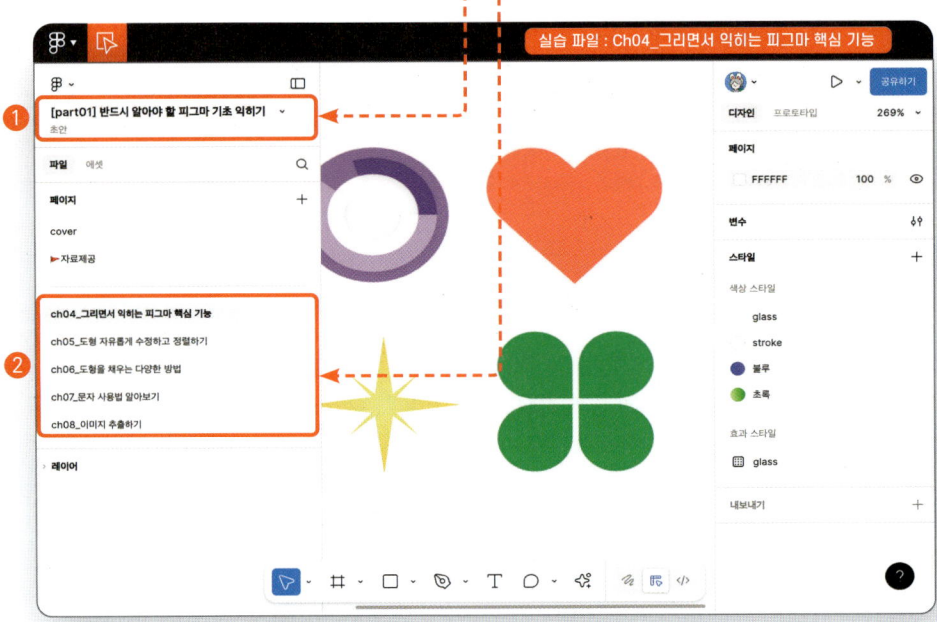

기본 피그마로 기본 도형 그리기

피그마에서 기본 도형을 그리는 방법은 아주 간단합니다. 도형 도구에서 원하는 모양의 도구를 선택하고 캔버스에 원하는 크기로 드래그해 그리면 됩니다. 그릴 수 있는 도형은 다음과 같이 여섯 가지입니다. 다양한 도형을 그려보면서 도형 도구에 익숙해져봅시다.

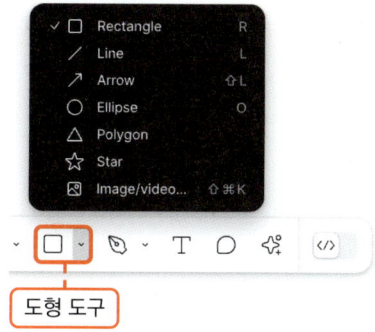

사각형 그리기

01 ① [Rectangle] 도구를 선택하거나 단축키 R 을 눌러 사각형 도구를 선택합니다. ② Shift 를 누른 상태로 그리면 정사각형을 그릴 수 있습니다. ③ 아래 중앙에 크기가 표시되며 ④ 가장자리의 점을 드래그해 크기를 조절할 수 있습니다.

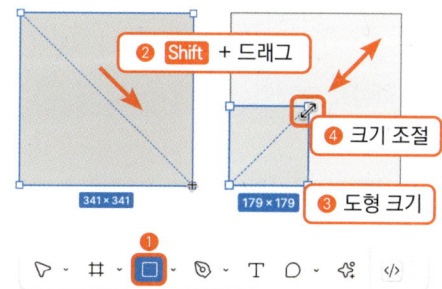

> Shift 를 누르고 도형을 그리면 정사각형, 원, 180도, 45도, 90도의 직선 등 딱 떨어지는 도형을 그릴 수 있습니다.

02 마우스를 모서리에 올리면 ① 안쪽에 4개의 원형 Radius 핸들이 나타납니다. 핸들을 조정해 모서리를 둥글게 만들 수 있습니다. ② 한쪽 모서리만 둥글게 하려면 Alt 를 누른 상태로 드래그합니다. 이 기능은 삼각형이나 별과 같이 다른 각진 도형에서도 똑같이 적용됩니다.

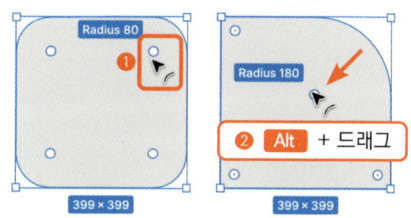

03 ❶ 도형을 선택한 뒤 오른쪽 패널 ❷ [Individual corners] 아이콘을 클릭하여 같은 효과를 줄 수 있습니다. 모서리 전체에 같은 크기의 둥근 효과를 주려면 ❸ [모서리 반경] 입력란에, 일부 모서리에만 주려면 ❹ [모서리 반경] 입력란에 값을 입력하세요.

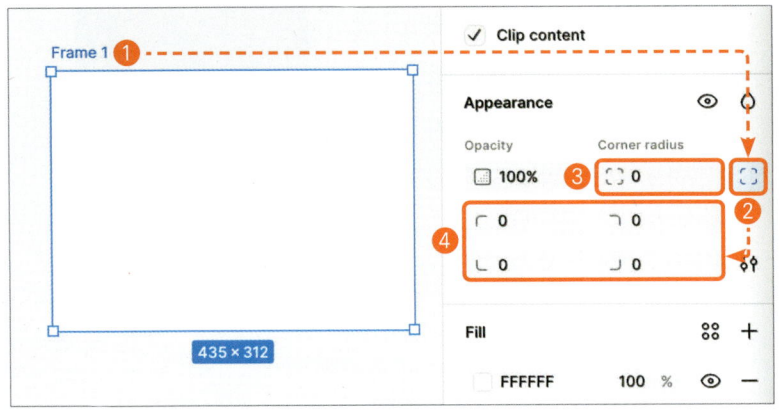

선, 화살표 그리기

01 [／ Line], [／ Arrow] 도구를 선택하거나 단축키 L , Shift + L 을 눌러 선과 화살표를 그릴 수 있습니다. Shift 를 누른 상태로 그리면 180도, 90도, 45도 각도를 유지하며 그릴 수 있습니다. 선의 끝에 마우스를 올리면 아이콘 모양에 따라 위치 이동과 회전을 할 수 있습니다.

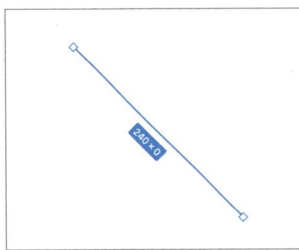 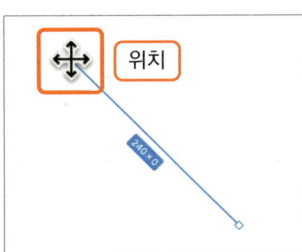 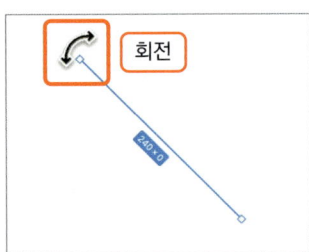

원 그리기

01 [◯ Ellipse] 도구를 선택하거나 단축키 O 를 눌러 타원을 그릴 수 있습니다. Shift 를 누른 상태로 그리면 정원을 그릴 수 있습니다. 원 위에 마우스를 올리면 오른쪽 안쪽에 ❶ Arc 핸들

이 나타납니다. 핸들을 움직여 그래프 모양을 만들고 중심의 ❷ Ratio 핸들을 움직여 링 모양을 만들 수 있습니다.

 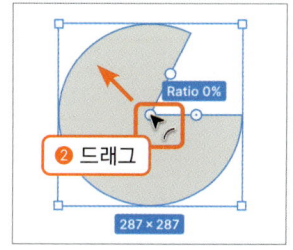 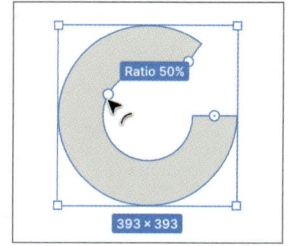

다각형 그리기

01 [△ Polygon] 도구를 선택해 다각형을 그립니다. 삼각형이 기본이며 개체에 점을 추가할 수 있습니다. 마우스를 올리면 상단 모서리에 가장자리를 둥글게 할 수 있는 ❶ Radius 핸들이 있고, 오른쪽 ❷ Count 핸들을 아래에서 위로 드래그하면 모서리 수를 늘릴 수 있습니다. 반대로 위에서 아래로 드래그하면 모서리의 수가 줄어듭니다.

> 모서리는 최소 3개부터 최대 60개까지 만들 수 있습니다.

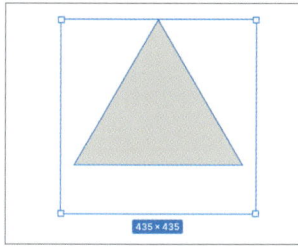 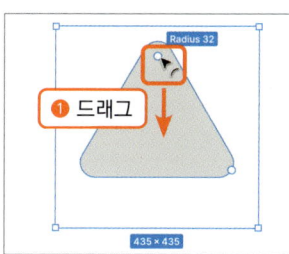 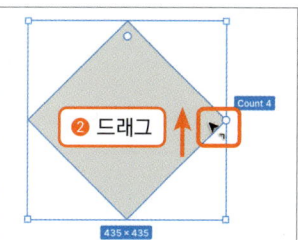

02 다각형의 Appearance(외형) 메뉴에 값을 입력해 도형을 변형할 수도 있습니다. 각 기능의 역할을 살펴보겠습니다.

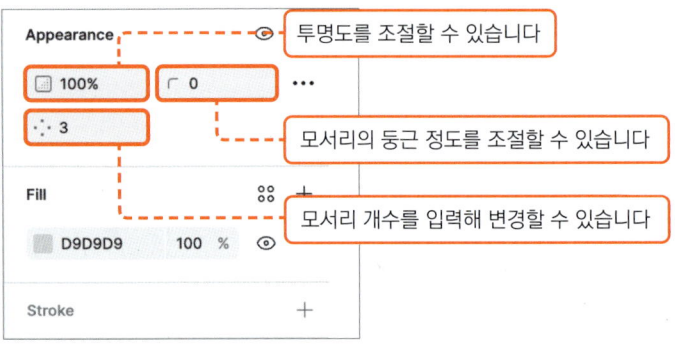

- 투명도를 조절할 수 있습니다
- 모서리의 둥근 정도를 조절할 수 있습니다
- 모서리 개수를 입력해 변경할 수 있습니다

별 그리기

01 [★Star] 도구를 선택해 별 모양의 다각형을 그릴 수 있습니다. 3개의 핸들이 나타나며 비율, 반경, 꼭짓점의 개수를 조정할 수 있습니다. 각 핸들의 위치와 커서 옆에 나타나는 도구의 모양을 확인해보세요.

Radius
바깥의 각을 둥글립니다

Ratio
중심에서 별 내부 거리를
조정해 얇거나 두꺼운 모양을 만듭니다

Count
꼭짓점의 개수를 조절할 수
있습니다

02 Appearance 메뉴에 값을 입력해 도형을 변형할 수 있습니다. 별을 선택하면 생기는 옵션을 살펴보겠습니다.

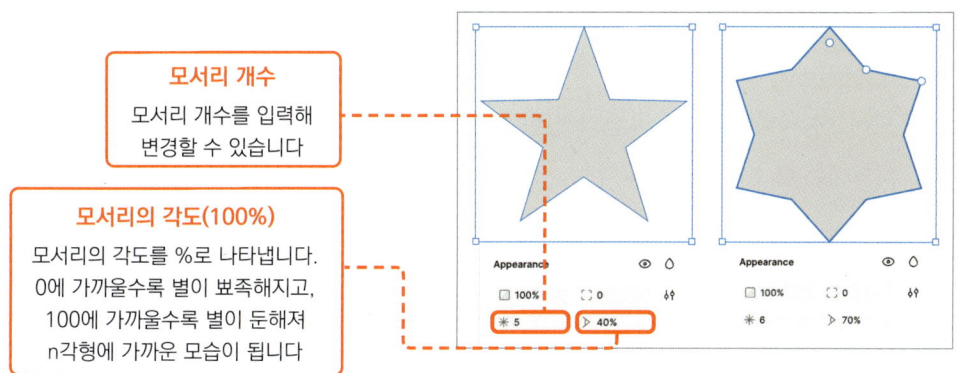

모서리 개수
모서리 개수를 입력해 변경할 수 있습니다

모서리의 각도(100%)
모서리의 각도를 %로 나타냅니다. 0에 가까울수록 별이 뾰족해지고, 100에 가까울수록 별이 둔해져 n각형에 가까운 모습이 됩니다

기본 펜 도구로 자유 도형 그리기

정형화되지 않은 모양의 도형을 그리고 싶거나, 도형을 더 섬세하게 수정하고 싶을 때는 펜 도구를 이용하면 됩니다.

직선과 곡선 그리기

01 ❶ [Pen] 도구를 선택하거나 단축키 `P`을 눌러 펜 도구를 활성화합니다. 마우스 커서가 펜 모양으로 바뀌면 작업 영역을 클릭해 점을 찍어 원하는 모양을 그립니다. ❷ 열린 도형을 그리고 싶으면 모양을 완성한 후 `Esc`를 눌러 빠져나오고 ❸ 닫힌 도형을 그리고 싶으면 시작점을 마지막으로 클릭합니다.

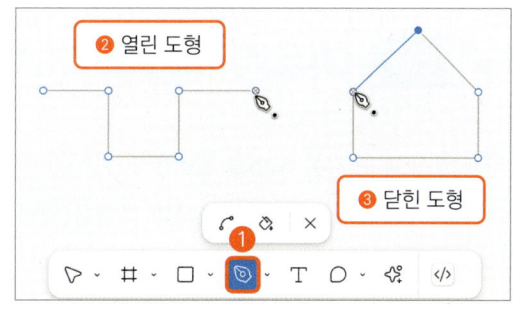

> 도형을 이루는 점을 기준점, 또는 앵커 포인트(Anchor Point)라고 합니다.

02 곡선을 그리고 싶다면 다음과 같이 ① 시작점을 클릭하고 ② 두 번째 기준점을 클릭한 채로 드래그합니다. 그러면 곡선의 방향과 강도를 나타내는 ③ 핸들이 생깁니다.

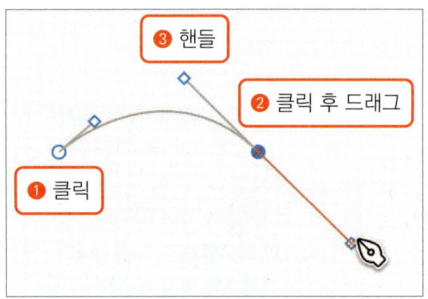

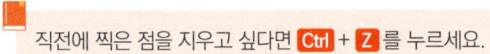
직전에 찍은 점을 지우고 싶다면 Ctrl + Z 를 누르세요.

03 곡선을 만들고 마우스를 떼지 않은 채 ① Alt 를 누르고 드래그하면 핸들의 방향이 변합니다. 핸들의 방향을 바꾸고 마우스를 떼었다가 ② 다시 기준점을 찍고 곡선을 그리면 다음과 같이 뾰족한 모양을 만들 수 있습니다.

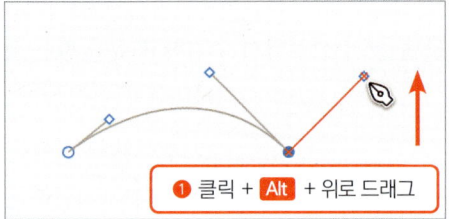 

 **디자인에 활용하는 다양한 도형 그리기**

이제 앞서 배운 기본 도형을 활용하여 디자인에 활용할 수 있는 다양한 도형들을 그려보겠습니다. 도형을 따라 그리면서 도형 도구의 특성을 익히고 반전, 도형 병합(flatten) 등 함께 자주 사용하는 기능들도 자연스럽게 알 수 있을 겁니다.

사각형을 이용한 꽃잎 만들기

01 사각형을 그린 후 세 모서리에 둥근 효과를 주어 말풍선 모양을 만들어줍니다. 수치는 사각형 크기에 따라 달라질 수 있으니 아주 큰 값을 넣어 완전히 둥근 형태를 만듭니다.

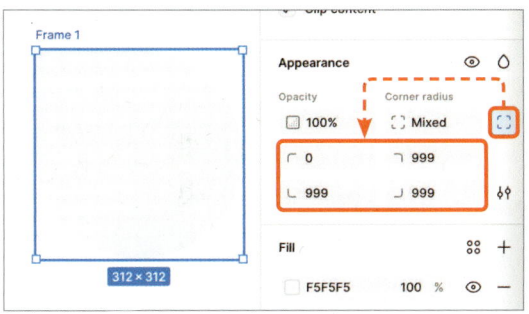

02 개체를 선택한 상태에서 단축키 Ctrl + D 를 누르면 제자리에 복사 붙여넣기됩니다. 오른쪽 패널 Position 메뉴의 ◁▷ 버튼을 클릭하거나 오른쪽 마우스 클릭 후 [Flip horizontal] 메뉴로 좌우 반전해 양쪽으로 배치합니다.

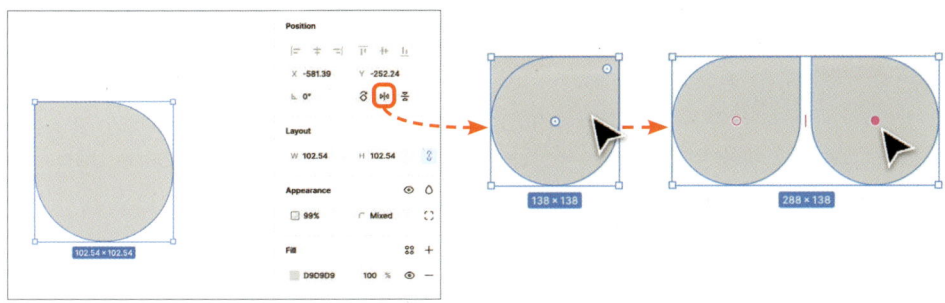

03 배치한 2개의 개체를 선택하고 다시 단축키 Ctrl + D 를 눌러 복사한 후 이번에는 Position 메뉴의 ⇧ 버튼을 클릭하거나 오른쪽 마우스 클릭 후 [Flip vertical] 메뉴를 클릭해 꽃처럼 배치합니다.

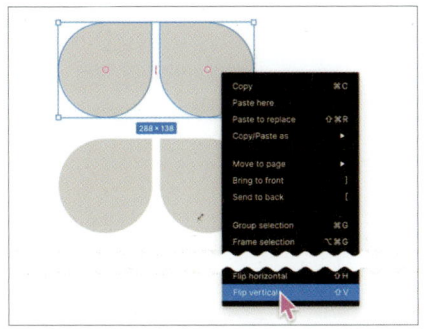
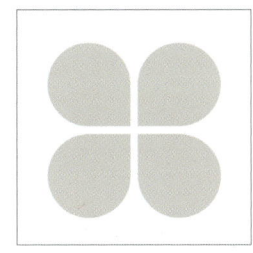

04 모든 도형을 선택하고 오른쪽 마우스 클릭 후 **[Flatten]** 메뉴를 클릭하면 네 개의 레이어가 하나의 도형으로 합쳐집니다.

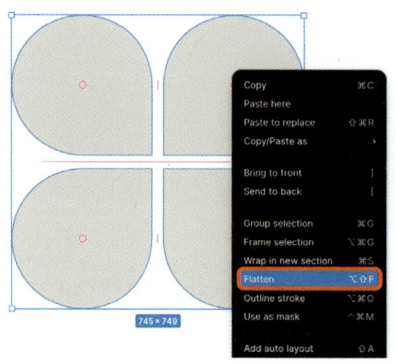
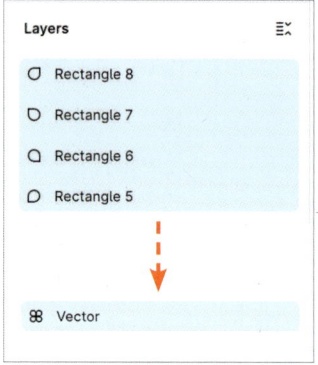

기본 | 도형에 색상 적용하기

도형을 그렸으니 색을 더해봅시다. 색상은 오른쪽 패널에서 Fill, Stroke, Selection Colors에서 추가, 변경, 삭제할 수 있습니다. 예시 이미지를 통해 오른쪽 패널에 나타나는 색상 적용 방법을 살펴보겠습니다.

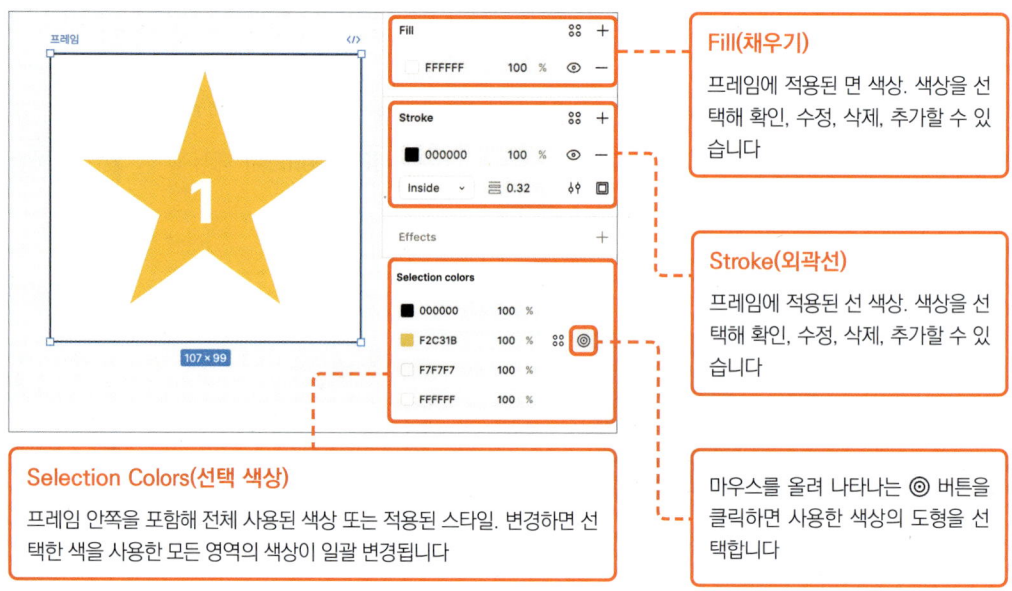

Fill(채우기)
프레임에 적용된 면 색상. 색상을 선택해 확인, 수정, 삭제, 추가할 수 있습니다

Stroke(외곽선)
프레임에 적용된 선 색상. 색상을 선택해 확인, 수정, 삭제, 추가할 수 있습니다

Selection Colors(선택 색상)
프레임 안쪽을 포함해 전체 사용된 색상 또는 적용된 스타일. 변경하면 선택한 색을 사용한 모든 영역의 색상이 일괄 변경됩니다

마우스를 올려 나타나는 ◎ 버튼을 클릭하면 사용한 색상의 도형을 선택합니다

색상 선택하기

색상을 클릭해 나오는 팔레트에서 원하는 채우기 색상을 선택할 수 있습니다. 어떤 기능이 있는지 먼저 살펴봅시다.

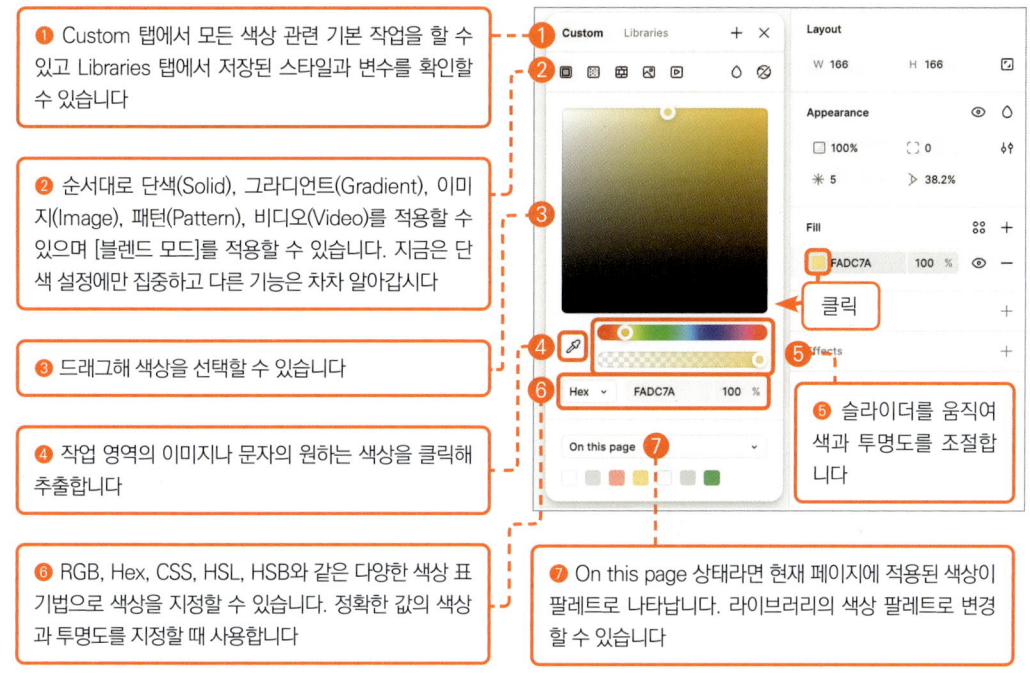

❶ Custom 탭에서 모든 색상 관련 기본 작업을 할 수 있고 Libraries 탭에서 저장된 스타일과 변수를 확인할 수 있습니다

❷ 순서대로 단색(Solid), 그라디언트(Gradient), 이미지(Image), 패턴(Pattern), 비디오(Video)를 적용할 수 있으며 [블렌드 모드]를 적용할 수 있습니다. 지금은 단색 설정에만 집중하고 다른 기능은 차차 알아갑시다

❸ 드래그해 색상을 선택할 수 있습니다

❹ 작업 영역의 이미지나 문자의 원하는 색상을 클릭해 추출합니다

❺ 슬라이더를 움직여 색과 투명도를 조절합니다

❻ RGB, Hex, CSS, HSL, HSB와 같은 다양한 색상 표기법으로 색상을 지정할 수 있습니다. 정확한 값의 색상과 투명도를 지정할 때 사용합니다

❼ On this page 상태라면 현재 페이지에 적용된 색상이 팔레트로 나타납니다. 라이브러리의 색상 팔레트로 변경할 수 있습니다

색상 추가, 삭제하기

여러 개의 채우기를 추가해 각각 개별로 수정하고 다양한 혼합 색상을 적용할 수도 있습니다. 색상 적용 방식은 모든 레이어에 적용할 수 있고 면 색과 선 색 모두 같은 방식으로 적용할 수 있습니다.

01 ❶ 채우기를 추가할 레이어를 선택한 후 ❷ Fill 메뉴에서 ⊞를 클릭하면 채우기를 추가하고 ❸ ⊟를 클릭해 채우기를 삭제할 수 있습니다.

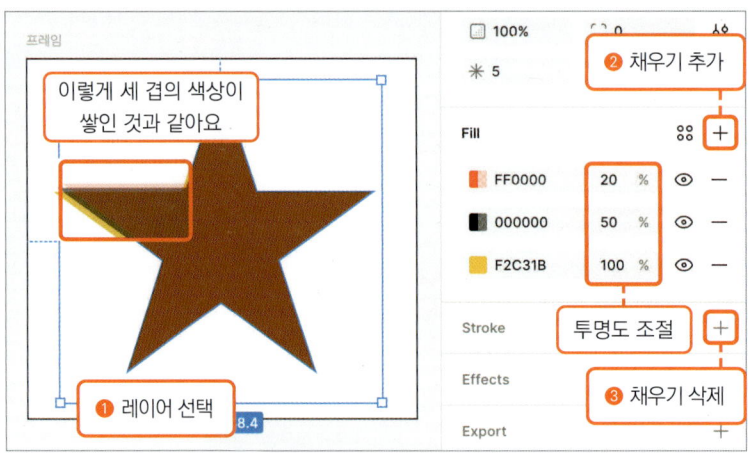

연습 원 그래프로 색상 연습하기

01 원 도구를 사용해서 다음과 같이 대문자 C 모양의 도형을 그린 후 단축키 Ctrl + D 를 눌러 복사합니다. 복사한 원을 선택해 색상을 변경합니다.

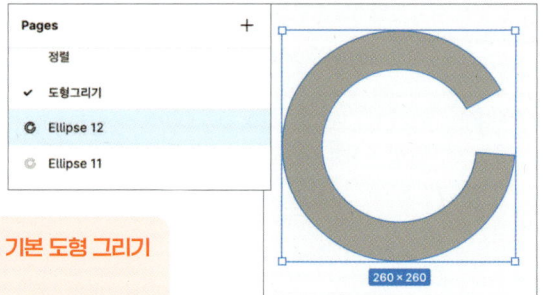

> C 모양을 만드는 방법은 앞서 [기본] 피그마로 기본 도형 그리기의 '원 그리기'에서 배웠습니다.

02 복사한 원을 ❶ Alt + Shift 를 누른 상태에서 확대해 레이어를 기존 원 아래로 배치합니다. ❷ 확대한 원을 선택하고 핸들을 이용해 틈을 메꿔줍니다.

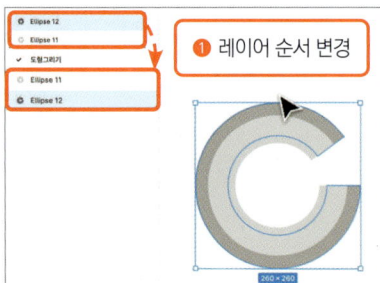
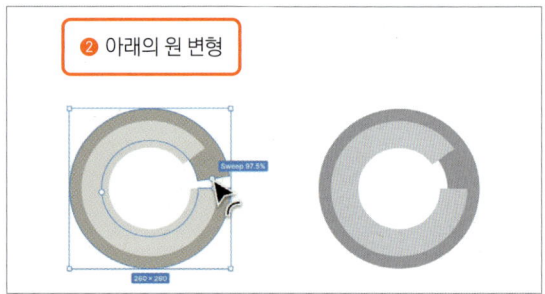

03 두 도형 레이어를 각각 원하는 색상으로 변경한 후 위의 도형에 그림자 효과로 입체감을 줄 겁니다. 오른쪽 패널의 Effects 메뉴에서 [+] 버튼을 클릭하면 'Drop shadow' 효과가 생깁니다.

그림자 설정값은 Blur 16, 색상 투명도 10%로 하여 은은한 효과를 만들었습니다.

04 ① 내부 그래프 모양을 Ratio 핸들로 두껍게 만든 후 Ctrl + D 를 눌러 복사합니다. 가운데 그래프의 색을 가장 진한 색으로 변경하고 레이어를 회전시켜 ②와 같은 모양을 만듭니다. ③ 그래프의 두께를 얇게 조절합니다.

05 가장 위에 있는 두꺼운 그래프를 선택하고 오른쪽 패널 Fill에서 색상을 흰색(#000000)으로 바꾼 후 투명도를 40%로 바꿔보세요. 깔끔하고 예쁜 그래프가 완성되었습니다!

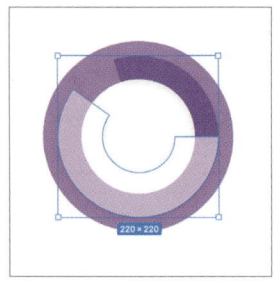 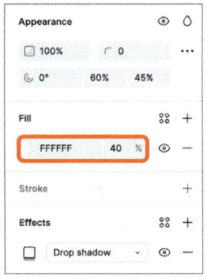 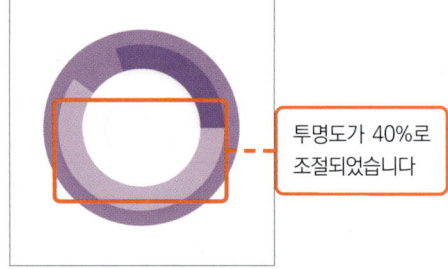

투명도가 40%로 조절되었습니다

기본 도형에 선 적용하기

디자인의 기초 요소 중 하나인 선을 만들고 색상, 두께, 점선, 끝점을 조정해 사용해봅시다. 문자, 개체의 테두리에 적용할 수 있고, 모양을 그리고 선과 화살표를 만들어 강조, 흐름 등 디자인에 다양하게 표현할 수 있습니다.

선의 위치 이해하기

선 또한 채우기와 같이 **[+]** 버튼으로 하나 이상의 색상을 추가할 수 있으며 각각 개별적으로 수정 및 적용할 수 있습니다. **여기서 추가는 선이 아닌 색상을 추가하는 것입니다.** 선은 내부, 외부, 중앙을 기준으로 위치시킬 수 있으며, 기본값은 내부로 지정되어 있습니다. 개체 선택 시 나타나는 파란색 선으로 쉽게 확인할 수 있습니다.

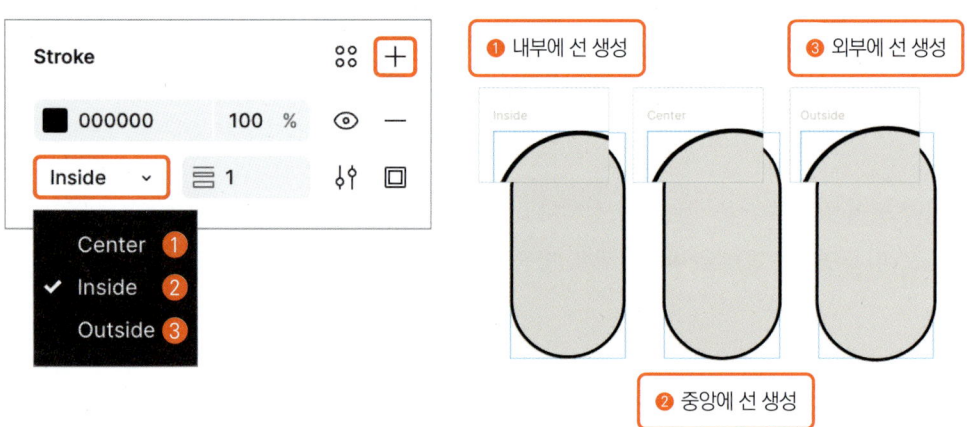

❶ 내부에 선 생성
❷ 중앙에 선 생성
❸ 외부에 선 생성

선의 두께와 스타일

선의 두께를 조정하고 점선과 선의 끝을 지정하는 방법 등의 선의 다양한 스타일 옵션을 살펴봅시다.

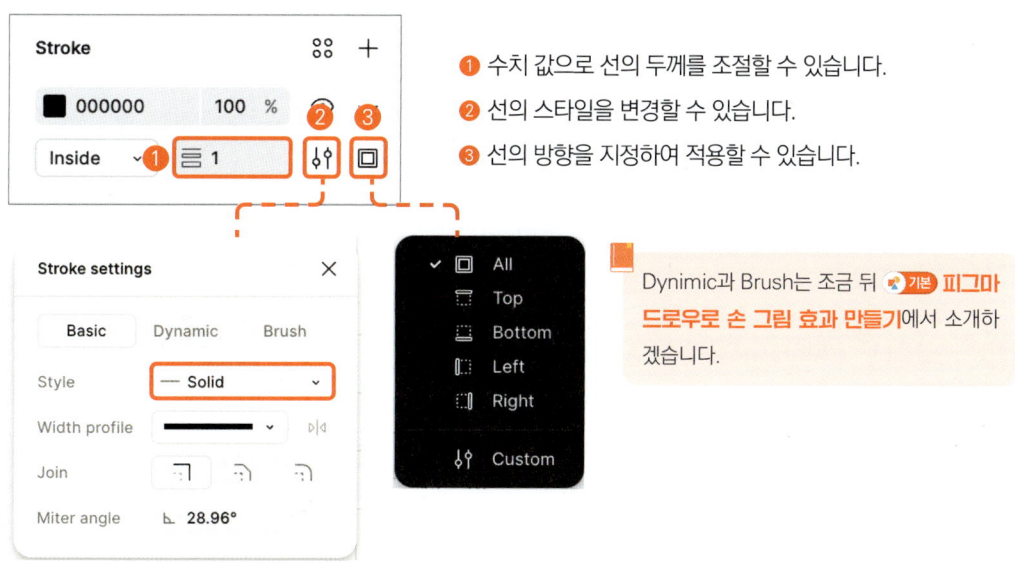

❶ 수치 값으로 선의 두께를 조절할 수 있습니다.
❷ 선의 스타일을 변경할 수 있습니다.
❸ 선의 방향을 지정하여 적용할 수 있습니다.

> Dynimic과 Brush는 조금 뒤 기본 피그마 드로우로 손 그림 효과 만들기에서 소개하겠습니다.

❷ 선의 스타일을 조금 더 자세히 알아봅시다. [Solid]를 선택해 실선을, [Dashed]를 선택해 점선을 만들 수 있고 점 간격과 두께, 끝 모양, 모서리 형태 등을 자세히 조정할 수 있습니다. [Custom]을 선택해 점선의 간격과 두께 등을 조정하여 원하는 점선을 만들 수 있습니다.

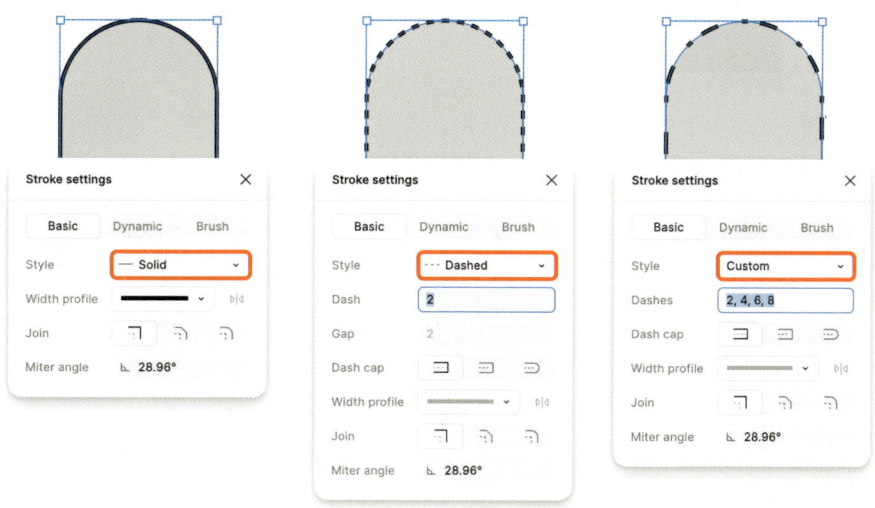

 **선으로 하트 만들기**

01 [Line] 도구로 Shift 를 누른 상태에서 45도 기울어진 선을 그리고 Ctrl + D 를 눌러 복사합니다. 오른쪽 마우스를 눌러 [Flip horizontal]을 클릭하여 좌우 반전해 붙입니다.

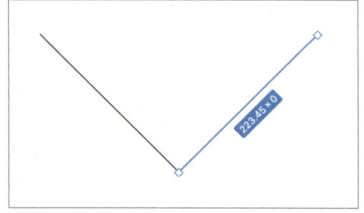

02 선을 모두 선택하고 오른쪽 마우스를 눌러 ❶ [Flatten]을 클릭하거나 단축키 Ctrl + E 를 눌러 하나로 합쳐줍니다. 이때 Ctrl 을 누르고 마우스를 스크롤하여 꼭짓점을 확대한 후 도형을 더블 클릭해서 편집 모드에 진입하세요. ❷ 꼭짓점의 앵커 포인트가 두 개면 ❸ 옮겨서 하나로 붙여주세요.

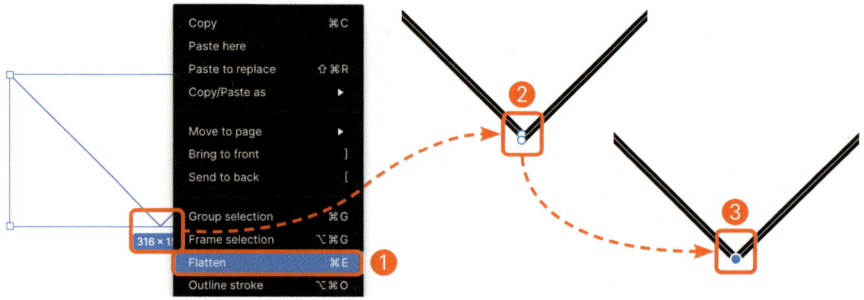

03 오른쪽 패널 Stroke 메뉴에서 ❶ 선 끝을 양쪽 모두 [None]에서 [Round]로 둥글게 바꾼 후 하트 모양이 나올 때까지 ❷ 선 두께 값을 올려줍니다. 선의 길이에 따라 적당한 두께가 다릅니다.

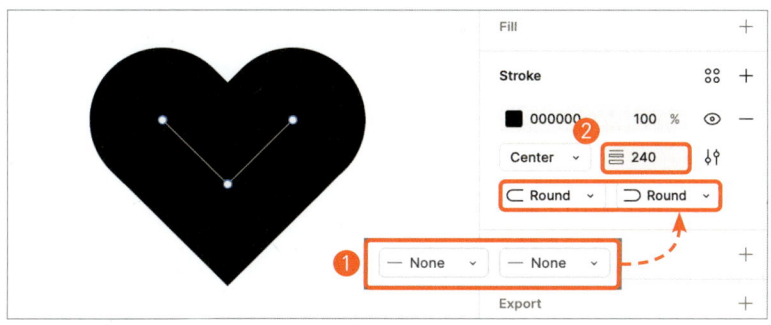

04 원하는 하트 모양을 완성했다면 면으로 변환하는 작업이 필요합니다. 현재 도형은 선 2개를 합친 것이라 크기를 조절하면 모양이 변형될 수 있습니다. 도형을 선택하고 오른쪽 마우스를 클릭 후 [Outline stroke]를 선택해 면으로 바꿔줍니다. 이제 크기를 바꿔도 모양이 변경되지 않습니다.

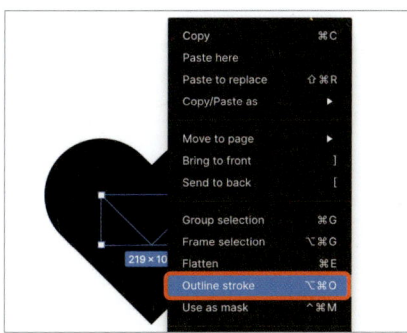 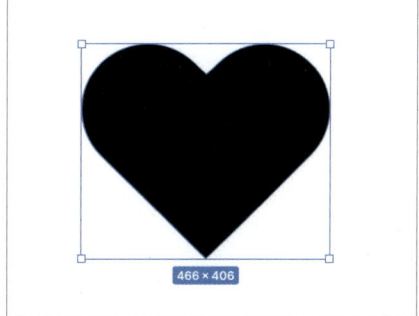

1분 꿀팁 Outline stroke를 더 알아봅시다

Outline stroke는 문자와 선을 면으로 변환하는 기능입니다. 이 작업을 하면 글꼴 파일이 없어도 디자인을 그대로 확인할 수 있고, 비율에 맞춰 크기를 변경할 수 있기 때문에 편집물의 최종 전달 단계에서 많이 사용합니다. 디자이너들은 이를 일명 '깬다'고 표현합니다. 단축키 Alt + Ctrl + O 로도 실행할 수 있습니다.

Chapter 04 그리면서 익히는 피그마 핵심 기능

주의할 점은 면으로 변환한 문자는 더 이상 내용을 수정할 수 없습니다. 따라서 변환 전에 원본을 별도로 저장해두는 것이 좋습니다.

기본 | 피그마 드로우로 손 그림 효과 만들기

피그마 드로우는 2025년 5월에 업데이트된 피그마의 새로운 기능입니다. 벡터 기반의 일러스트를 직접 그리고 조작할 수 있죠. 일러스트레이터에서 활용할 수 있는 주요한 기능을 이제 피그마에서도 구현할 수 있습니다. 선에 브러시, 펜, 연필, 질감 등을 적용해 손으로 그린 듯한 도형을 만들어봅시다.

01 피그마 디자인에서 ❶ 하단 툴바의 🖉 아이콘을 클릭하여 드로우 모드로 전환합니다. ❷ 왼쪽 레이어에 미리보기가 표시되고 ❸ 오른쪽 패널도 일러스트 전용 옵션으로 변경됩니다.

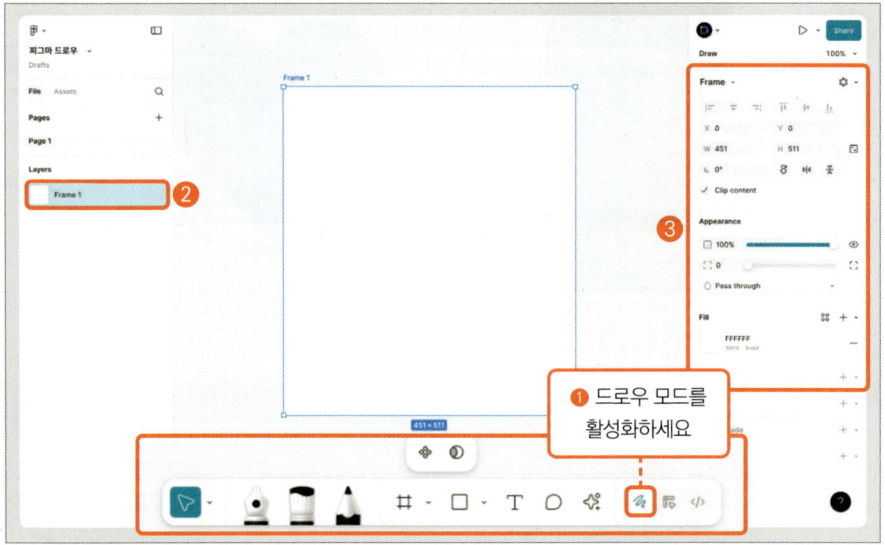

02 펜, 브러시, 연필 세 가지 도구를 선택할 수 있고 툴바 위의 슬라이더를 통해 굵기, 곡선의 부드러움 같은 값을 간편하게 조절할 수 있습니다. 브러시 도구를 선택한 후 캔버스에 원하는 도형을 그려보세요.

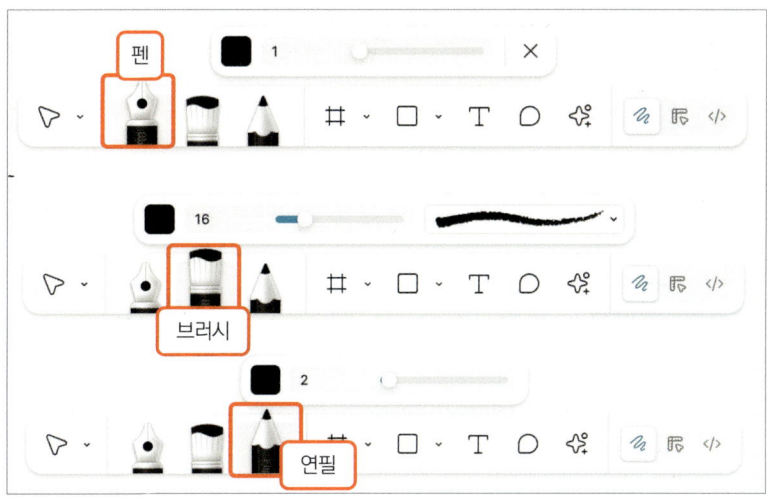

원하는 도형을 그린 후 오른쪽 마우스를 클릭해 메뉴에서 **[Create brush → Stretch brush]**를 누르면 나만의 브러시로 지정할 수 있습니다.

03 `Esc`를 눌러 브러시에서 빠져나온 후 다시 선을 클릭해 선택하세요. 오른쪽 속성 패널의 버튼을 클릭하면 선의 스타일을 다시 조정할 수 있습니다. ❶ 베이직, ❷ 다이나믹, ❸ 브러시 3가지 선의 스타일을 선택할 수 있으며, 각 옵션마다 선의 굵기나 느낌, 표현 방식을 바꿔서 다양한 스타일을 만들 수 있습니다.

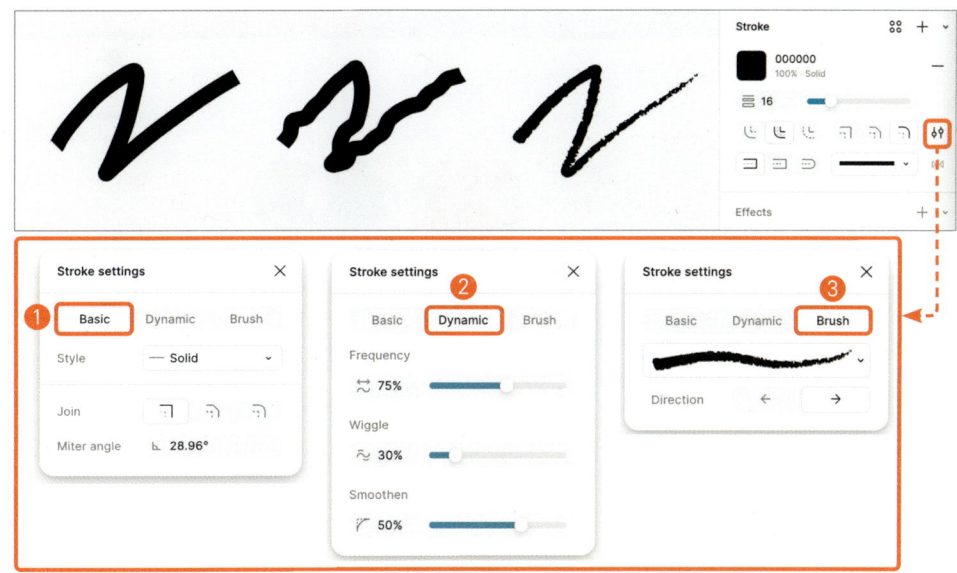

Chapter 04 그리면서 익히는 피그마 핵심 기능

Chapter 05
도형 자유롭게 수정하고 정렬하기

기본 도형을 만들 줄 안다면 이제는 그 도형을 자유롭게 다뤄볼 차례입니다. 단순한 사각형이나 원도 편집 모드에 들어가면 다양한 형태로 변형할 수 있고, 도형을 합치거나 뚫는 기능을 활용하면 훨씬 더 창의적인 디자인을 만들 수 있습니다. 이번 장에서는 도형을 수정하는 다양한 방법을 알아보고, 피그마에서 제공하는 패스파인더 기능을 활용해 복잡한 도형도 손쉽게 만드는 방법을 익혀봅니다. 또한 도형을 자유롭게 배치하려면 '정렬' 기능을 알아두는 것도 중요합니다. 정렬을 잘 활용하면 디자인의 균형과 일관성을 유지할 수 있어 작업이 한결 깔끔해지죠.

그리고 이 과정에서 '벡터'와 '비트맵'의 차이도 함께 살펴봅니다. 이 두 가지 개념을 이해하면 도형을 수정하거나 이미지를 다룰 때 어떤 방식이 더 유리한지 판단하는 데 큰 도움이 될 것입니다. 조금 더 자유롭게, 조금 더 유연하게 도형을 다루는 감각을 길러볼까요?

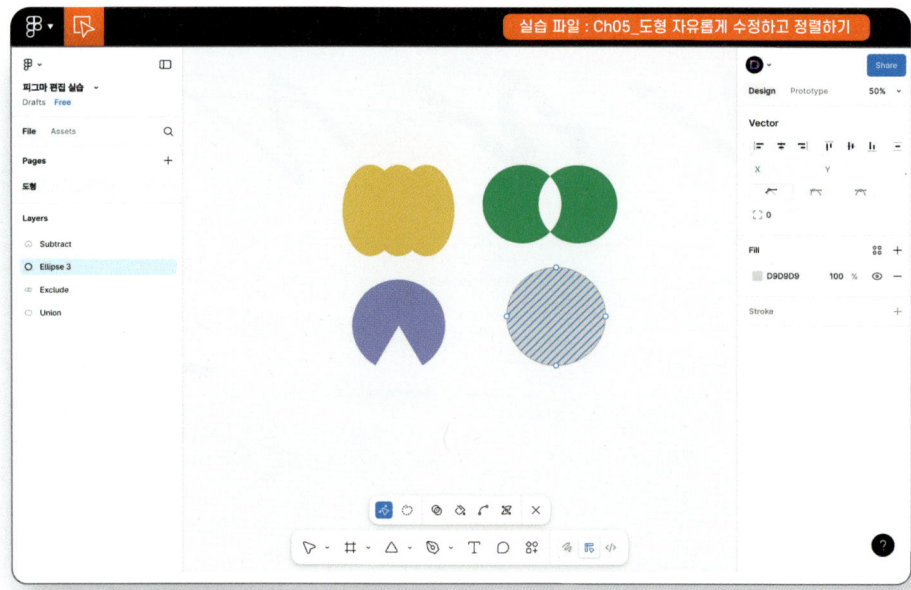

기본 도형을 만들고 수정하는 편집 모드 알아보기

피그마의 벡터 편집 모드를 활용하면 원하는 도형이나 아이콘을 만들고, 도형에 다양한 앵커 포인트를 수정, 추가, 변경해 형태를 조정할 수 있습니다. 앞서 🔗연습 **선으로 하트 만들기** 실습에서 도형을 더블 클릭하여 편집 모드에 들어가 도형의 앵커 포인트를 옮겼던 걸 기억하나요? 이 과정을 더 자세히 이해하면 훨씬 다양한 도형을 만들고 편집할 수 있습니다.

벡터와 비트맵 이해하기

본격적으로 실습을 시작하기 전에, '벡터'가 무엇인지 간단히 알아볼까요? **벡터는 수학적인 좌표와 선으로 만들어진 그림으로, 아무리 확대해도 깨지지 않는 것이 가장 큰 특징입니다.** 반면 우리가 흔히 보는 jpg, png 등의 이미지 파일이나 사진은 수많은 점(픽셀)으로 이루어진 '비트맵' 방식이라 확대하면 계단처럼 깨져 보일 수 있어요. 다음 그림을 통해 벡터와 비트맵 이미지의 차이를 확인해봅시다.

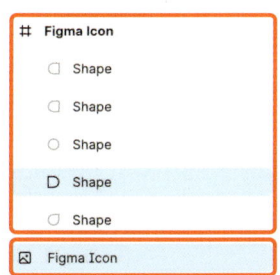
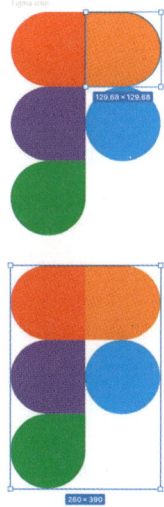

차이 01
레이어로 벡터 이미지와 비트맵 이미지를 확인하면 벡터는 도형 모양 그대로, 비트맵은 이미지로 아이콘이 나타납니다

차이 02
벡터 이미지는 도형이 하나하나 살아있어서 각각 선택할 수 있습니다. 반면 비트맵 이미지는 도형의 개별 수정이 어렵습니다

차이 03
벡터 이미지는 확대해도 깨지지 않습니다. 비트맵 이미지는 일정 범위를 넘어가면 계단처럼 깨져 보일 수 있습니다

이런 차이 덕분에 벡터는 아이콘, 로고, UI 요소처럼 크기에 따라 유연하게 쓰이는 디자인에 특히 유용합니다. 피그마는 벡터 기반 디자인 프로그램이므로 이렇게 도형을 만들고 자유롭게 형태를 바꾸는 작업을 할 수 있죠. 따라서 포토샵뿐만 아니라 일러스트레이터의 대체 도구로 활용하기도 좋습니다. 피그마로 더 직관적이고 가볍게 벡터 이미지를 편집해보세요.

편집 모드 진입하기

01 개체를 선택한 후 ❶ 오른쪽 패널 상단의 ⛶ 버튼을 클릭하거나 ❷ 개체를 더블 클릭해 편집 모드로 빠르게 진입할 수 있습니다. ❸ 개체를 선택 후 `Enter` 를 눌러도 됩니다.

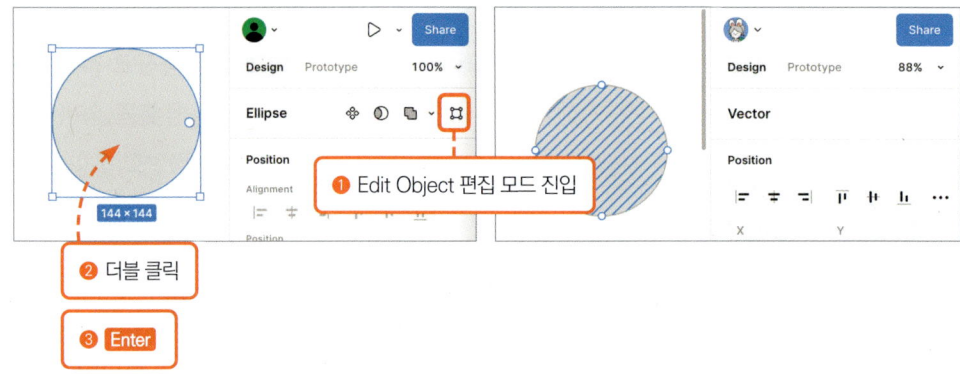

편집 모드에 진입 후 오른쪽 패널 옵션이 변경되며, 도형에 마우스를 올리면 사선 패턴이 나타납니다. 선택한 도형 외에 다른 개체를 선택할 수는 없습니다. 도형의 앵커 포인트를 움직여 도형을 수정할 수 있습니다.

02 다른 작업을 하려면 편집 모드를 나와야 합니다. 편집 모드를 종료하려면 ❶ 하단 도구 팝업의 ✕ 버튼을 클릭하거나, ❷ 작업 공간의 아무 곳이나 더블 클릭합니다. ❸ `Esc` 를 눌러 빠져나올 수도 있습니다.

편집 모드 도구 살펴보기

편집 모드에 진입하면 하단 툴바 위로 Move(이동), Lasso(올가미), Shape builder(도형 생성기), Paint bucket(페인트), Bend tool(구부리기), Variable width(변수 너비) 아이콘이 나타납니다. 이중 주요한 세 가지 도구를 소개하겠습니다.

01 Shape builder(도형 생성기)는 여러 도형을 하나로 합칠 수 있습니다. 여러 개의 도형을 한 번에 선택한 후 편집 모드로 들어와 **[Shape builder]**를 클릭합니다. 분리된 공간을 드래그하면 하나의 면으로 합쳐집니다.

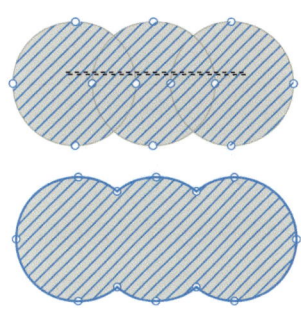

02 Paint bucket(페인트)는 면에 색상을 채우거나 제거할 수 있으며 오른쪽 패널의 Fill에서 속성을 변경할 수 있습니다. 도형이 비어 있으면 ❶과 같은 아이콘이, 채워져 있으면 ❷와 같은 아이콘이 나타납니다.

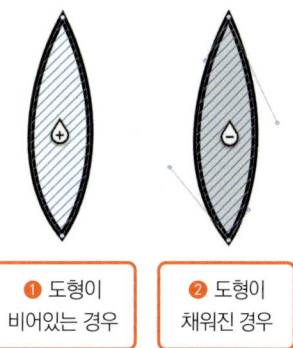

❶ 도형이 비어있는 경우
❷ 도형이 채워진 경우

03 Bend tool(곡선 도구)는 직선을 곡선으로 만드는 도구입니다. **[Bend tool]**을 클릭한 후 직선을 움직여 곡선으로 변경할 수 있습니다.

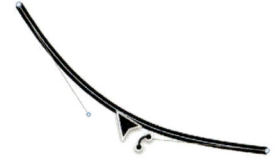

기본 마음대로 도형 합치고 뚫기, 패스파인더 사용법

피그마에서는 두 개 이상의 도형을 선택해 합치기, 빼기, 교차, 제외 4가지 방법으로 다양한 형태의 모양을 만들 수 있습니다. 이것을 패스파인더라고 하는데, 특히 로고를 만들 때 유용하며 마지막 단계에서는 벡터화 합치기를 통해 작업을 완성합니다.

패스파인더 4가지 기능 살펴보기

설명과 이미지를 연결해보면서 4가지 기능을 이해해보세요. 패스파인더는 다음과 같이 2개 이상의 도형을 선택하고 오른쪽 패널의 ⌄ 버튼을 눌러 사용할 수 있습니다.

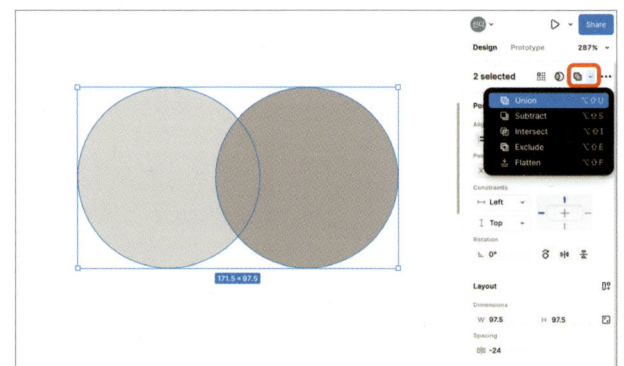

01 Union(합치기)는 선택한 도형을 하나로 합쳐줍니다. 위에 있는 레이어를 기준으로 색상이 변경됩니다.

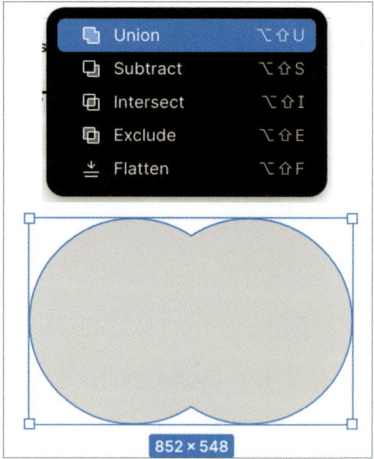

02 Subtract(빼기)는 두 개 이상의 겹친 도형 중 위 도형의 형태를 아래 도형에서 잘라냅니다. 겹친 부분을 제거하고 남은 아래 도형만 유지됩니다.

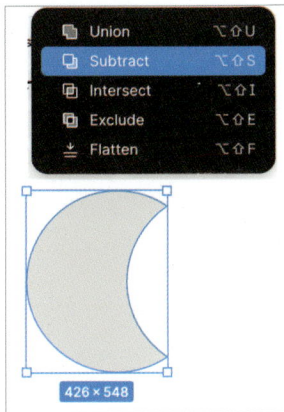

03 Intersect(교차)는 선택한 도형의 겹치는 영역만 남기고 나머지 영역을 제거합니다.

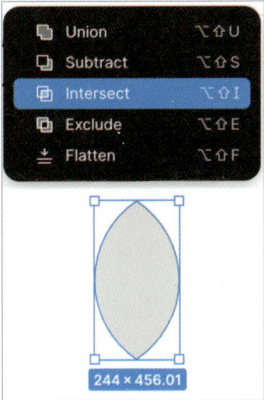

04 Exclude(제외)는 선택한 도형의 겹치는 영역만 제거합니다.

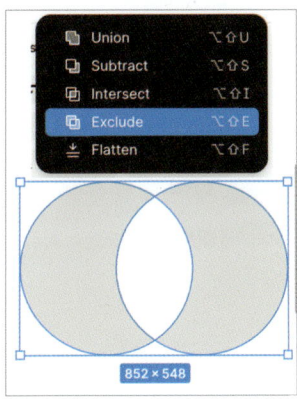

Chapter 05 도형 자유롭게 수정하고 정렬하기 **81**

벡터화 합치기

Flatten(벡터화 합치기)는 선택한 개체를 하나로 합치는 기능으로 오른쪽 마우스 클릭 후 **[Flatten]** 버튼과 같은 기능입니다. 이렇게 변경하면 원본으로 수정할 수 없습니다.

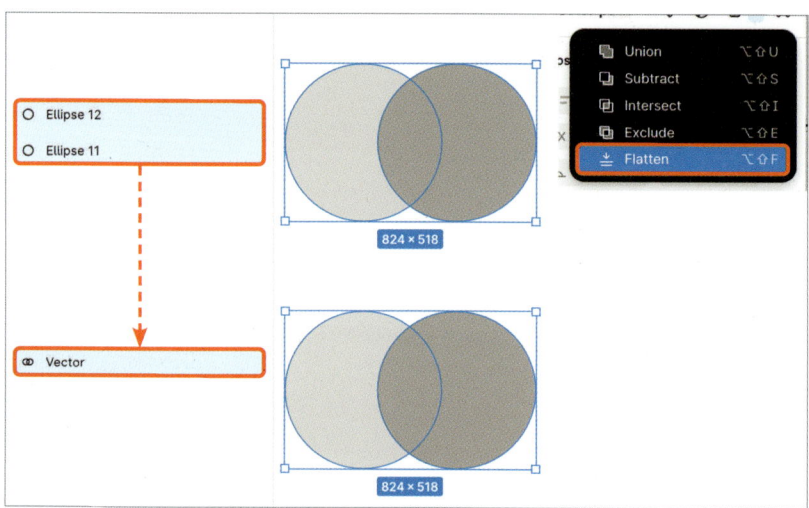

그렇다면 앞서 배운 합치기와 벡터화 합치기는 어떤 차이가 있을까요? 둘의 가장 큰 차이는 수정 가능 여부입니다. ❶ 합치기를 사용하면 왼쪽 패널 레이어에 개체 원본이 남아 있어 수정할 수 있습니다. 즉 개체들을 하나로 모아둔 형태이므로 언제든지 원본 상태로 되돌릴 수 있습니다. ❷ 벡터화 합치기는 레이어가 하나로 합쳐져 수정할 수 없습니다. 따라서 벡터화 합치기는 최종 작업 단계에서 진행하기를 권장합니다.

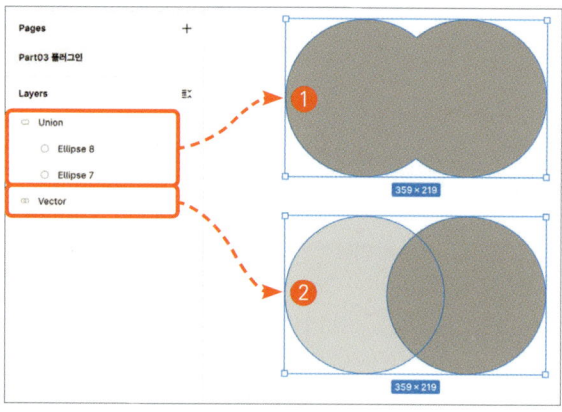

 패스파인더를 원본으로 되돌리고 싶어요

패스파인더 4가지 기능 모두 원본 레이어가 존재하기 때문에 원래 상태로 되돌릴 수 있습니다. ① 첫 번째 방법은 왼쪽 패널 레이어에서 안쪽에 있는 원본 레이어를 합친 도형 밖으로 이동하기이고 ② 두 번째 방법은 적용된 개체에서 오른쪽 마우스 클릭 후 [Ungroup]을 클릭하면 됩니다. 단축키는 `Ctrl` + `Backspace` 입니다.

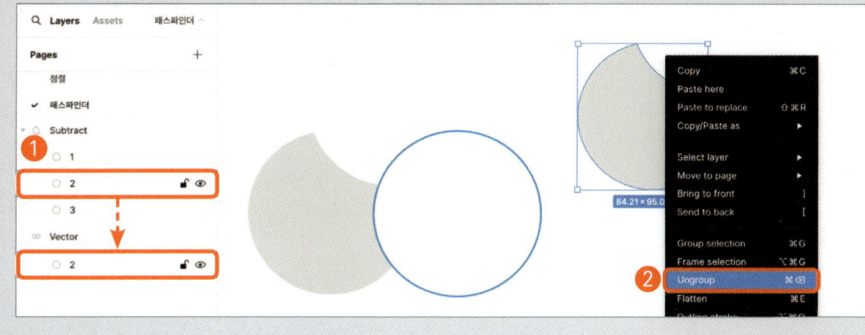

디자인을 깔끔하게 만드는 정렬 알아보기

정렬은 디자인의 완성도를 높이는 중요한 요소입니다. 깔끔하게 정리된 디자인은 보기 편하고 전문적으로 보입니다. 중요한 정보를 나열할 때도 정렬을 맞추면 가독성이 좋아지죠. 피그마의 정렬 기능을 살펴봅시다.

기본 정렬하기

오른쪽 디자인 패널 Position 메뉴의 정렬 아이콘으로 개체를 정렬할 수 있습니다. 그림과 같이 6개의 정렬 종류가 있고, 기준은 상위 레이어가 됩니다. 그림을 보면 쉽게 이해할 수 있을 겁니다.

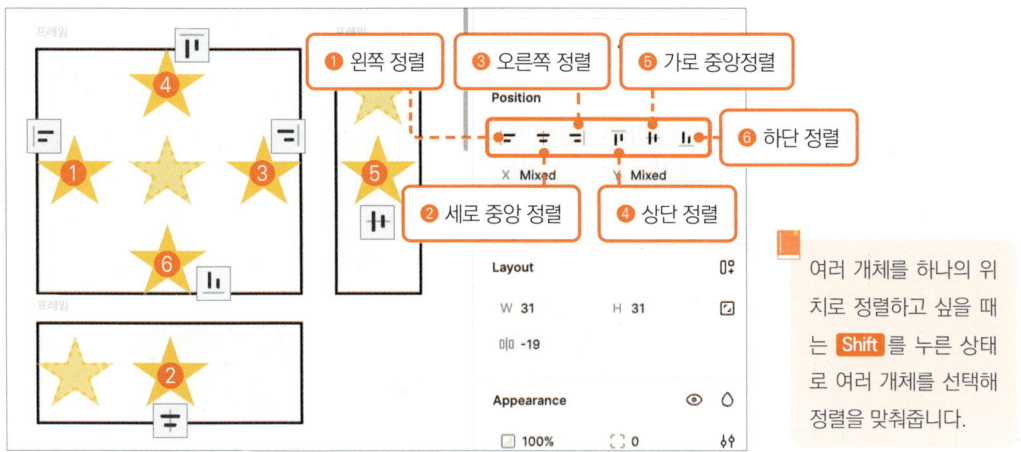

간격으로 정렬하기

선택한 레이어의 사이를 같은 간격으로 정렬합니다. 둘 이상의 레이어나 개체를 선택해야 사용할 수 있습니다. 간격 정렬은 Position 메뉴의 기본 정렬 옆 ⊞ 버튼을 눌러 선택할 수 있습니다.

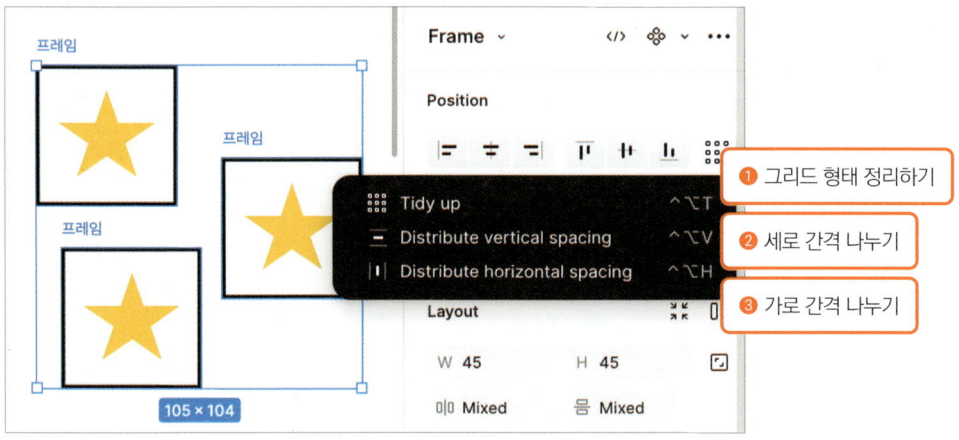

❶ 그리드 형태 정리하기는 선택 개체들 수직 및 수평 간격을 조정합니다. 선택한 항목의 왼쪽 위 모서리에 맞춰 모든 개체를 정렬합니다. 개체를 3개 이상 선택해야 사용할 수 있습니다.

❷ 세로 간격 나누기는 개체들의 수직 간격을 일정하게 맞춥니다.

❸ 가로 간격 나누기는 개체들의 수평 간격을 일정하게 맞춥니다.

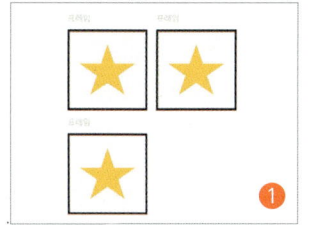

1분 꿀팁 드래그로 편하게 간격을 조절할 수 있어요

2개 이상의 개체를 선택한 후 개체 사이에 마우스를 올리면 그림과 같이 빨간 선이 나타납니다. 이 부분을 마우스로 드래그하여 간격을 조절할 수 있습니다. 이 간격은 오른쪽 패널 Layout 메뉴에서도 수치로 확인하고, 변경할 수 있습니다.

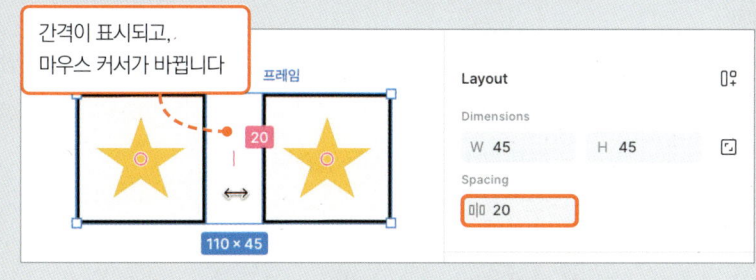

숫자를 입력해서 정렬하기

오른쪽 패널 Position 메뉴의 X, Y 값을 입력해서 위치를 정하거나 수식으로 위치를 수정할 수 있습니다. 다음 순서를 따라해보며 이해해봅시다.

01 개체의 위치는 프레임 왼쪽 위 꼭짓점을 기준으로 한 X, Y값으로 나타납니다. 다음과 같이 수치를 변경하면 개체의 위치도 바뀝니다.

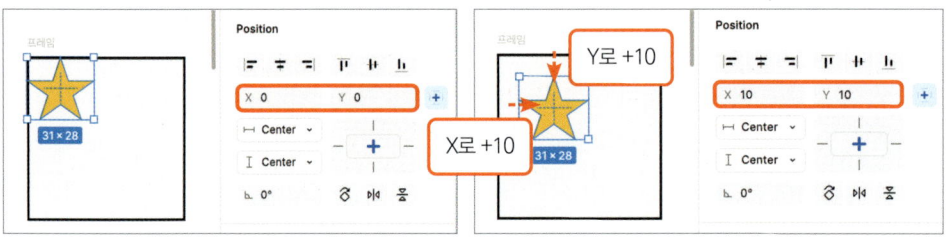

02 이 수치에 수식을 넣을 수도 있습니다. X의 값으로 '+20'을 작성하고 Enter 를 누르면 계산한 값이 입력되고 개체의 위치도 값에 맞게 변합니다.

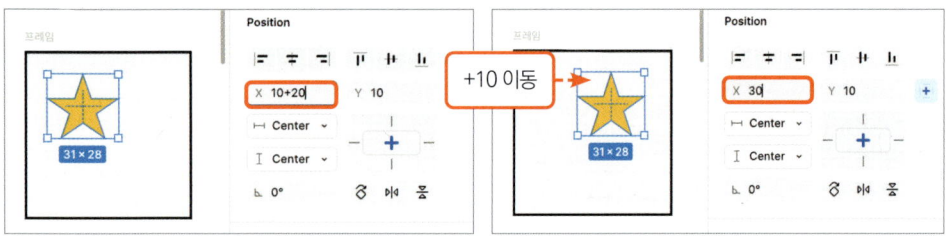

더하기, 빼기, 곱하기, 나누기 등 기본적인 수식은 전부 활용할 수 있고, 위치 뿐만 아니라 너비, 높이 등 숫자를 입력해 조정하는 부분에서는 모두 사용할 수 있습니다. 별도의 계산기가 없어도 피그마에서 원하는 값을 쉽게 계산할 수 있습니다.

03 숫자 값을 조정하는 데 한 가지 팁이 더 있습니다.
❶ 입력 필드 옆 레이블에 마우스를 올려 좌우 화살표 아이콘이 나타날 때 좌우로 드래그해보세요. 숫자를 직접 입력하지 않고도 값을 변경할 수 있습니다.

> 입력 필드 위에 Alt 를 누른 상태로 마우스를 올려도 좌우 화살표가 나타납니다.

 **방사형 반복과 도형 생성기로 꽃 모양 만들기**

드로우 모드를 활용하면 도형을 더 다양하게 편집할 수 있습니다. 여기서는 Radial repeat(방사형 반복)을 사용해서 도형의 간격, 정렬, 크기를 자유롭게 조절한 패턴을 만든 후, Shape Builder를 사용해서 겹친 도형의 일부를 합치거나 제거해 꽃 모양의 도형을 만들어보겠습니다.

01 드로우 모드로 변경한 후 원을 하나 그려주세요. 오른쪽 상단 [Radial repeat] 클릭하면 원이 복제되고 오른쪽 패널에 관련 메뉴가 생깁니다.

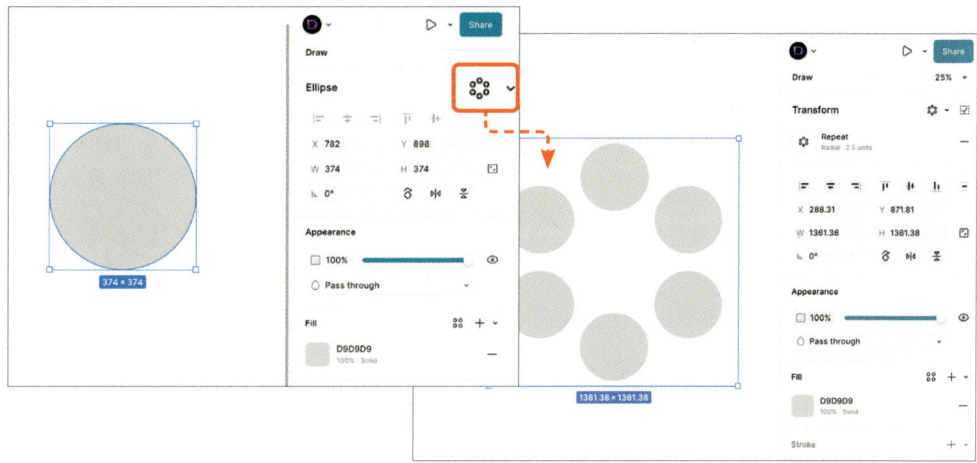

02 [Repeat] 버튼을 클릭하면 반복 영역을 설정할 수 있습니다. Radial, Linear 탭으로 원형과 선형 반복을 선택할 수 있고, Count 값으로 반복 횟수를, Gap 값으로 간격을 조정할 수 있습니다.

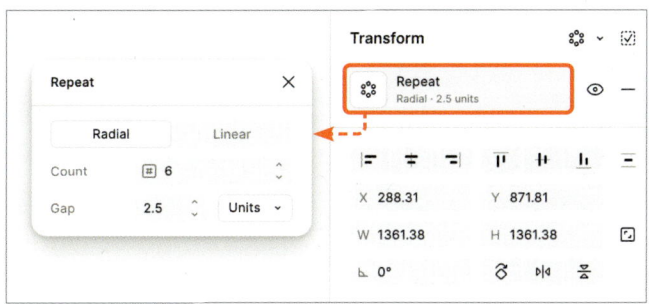

03 실습에서는 ❶ [Radial]을 선택하고, Count 값은 6, Gap 값은 1.2를 입력해주세요. 팝업창을 닫은 후 ❷ 버튼을 클릭해 선택 영역을 적용합니다.

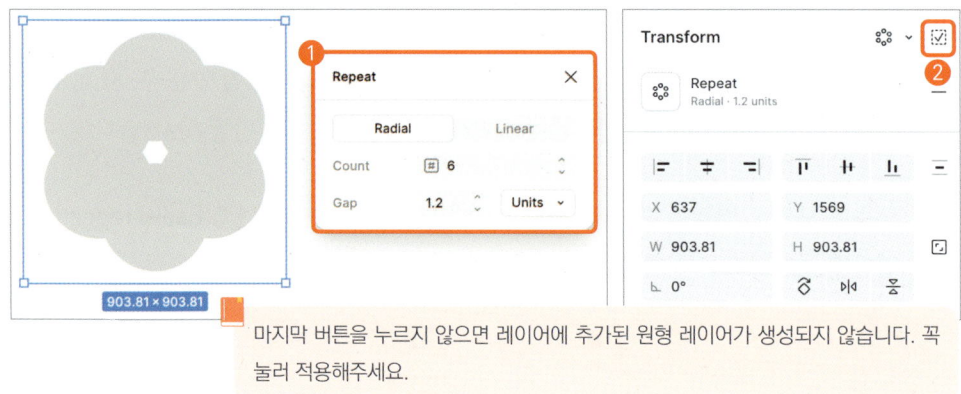

마지막 버튼을 누르지 않으면 레이어에 추가된 원형 레이어가 생성되지 않습니다. 꼭 눌러 적용해주세요.

도형을 일일이 복제해서 배치하지 않아도 Radial repeat을 사용하면 손쉽게 이와 같은 모양을 만들 수 있습니다.

04 이제 Shape Builder를 사용해 조금더 수정해봅시다. ❶ 그룹 안에 있는 레이어만 모두 선택한 후 Enter 를 눌러 편집 모드에 들어갑니다.

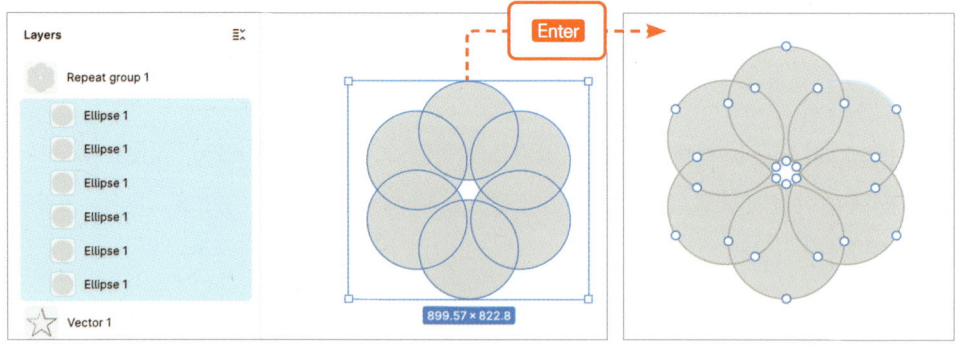

05 하단의 도형 생성기에서 ❶ [Shaper Builder]를 클릭한 다음, ❷ 합치고 싶은 안쪽 모양을 드래그하여 선택하면 선택된 영역이 하나로 자연스럽게 합쳐집니다.

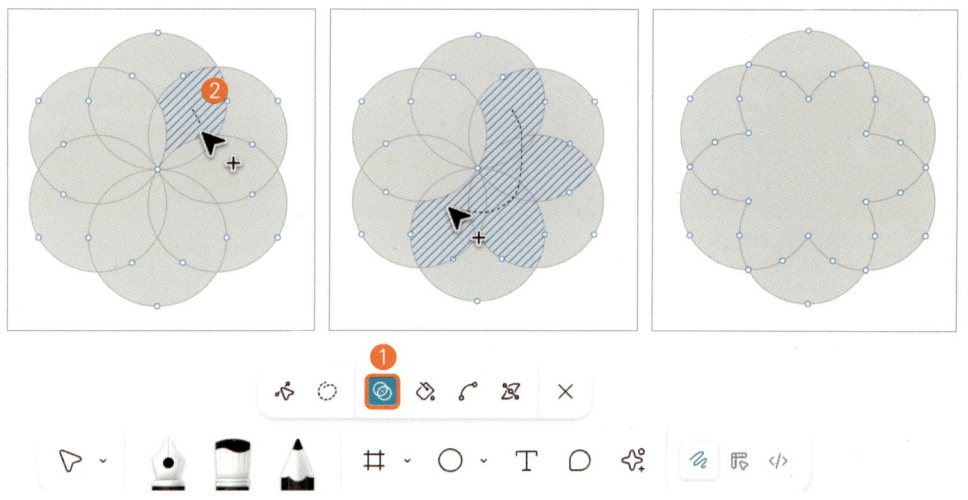

Alt 를 누른 상태로 클릭하면 불필요한 부분을 제거할 수도 있습니다. 패스 파인더와 비슷하지만 더 간편하게 원하는 도형을 만들 수 있는 기능이므로 꼭 알아두세요.

Chapter 06
도형을 채우는 다양한 방법

이제는 도형과 색상만 다루는 것을 넘어, 디자인에 생동감을 더할 차례입니다. 이번 챕터에서는 그라데이션을 활용해 색상을 자연스럽게 표현하고, 이미지나 비디오를 불러와 작업에 다양성을 더하는 방법을 배웁니다.

또한 피그마의 AI 기능을 이용해 도형에 이미지를 자동으로 채우는 새로운 방식도 함께 경험해볼 거예요. 이미지 크기를 조절하거나 필요한 부분만 잘라내는 간단한 편집 방법까지 익히면, 한층 자유롭게 작업할 수 있을 겁니다.

새로운 요소들을 더해 나만의 디자인을 완성해가는 재미를 느껴봅시다.

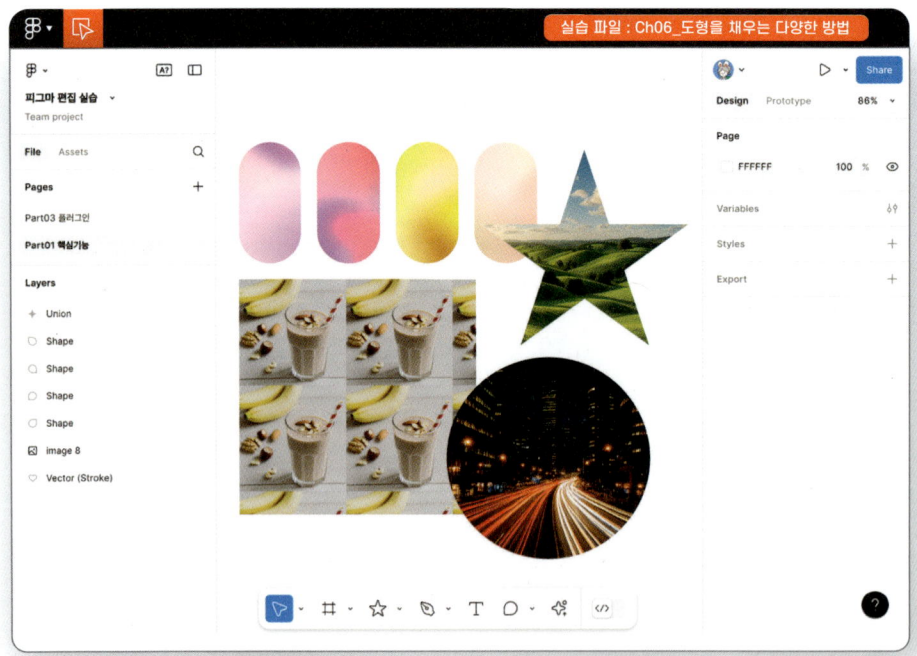

기본 그라데이션 활용하기

도형의 색을 채우는 방법에는 단색, 그라데이션, 패턴, 이미지, 동영상 5가지가 있다고 **기본 도형에 색상 적용하기**에서 배웠습니다. 그 중 그라데이션을 알아봅시다. 그라데이션은 두 가지 이상의 색이 자연스럽게 이어지며 변하는 색상 표현 방식입니다. 형태에 따라 다음과 같이 4가지 종류가 있습니다.

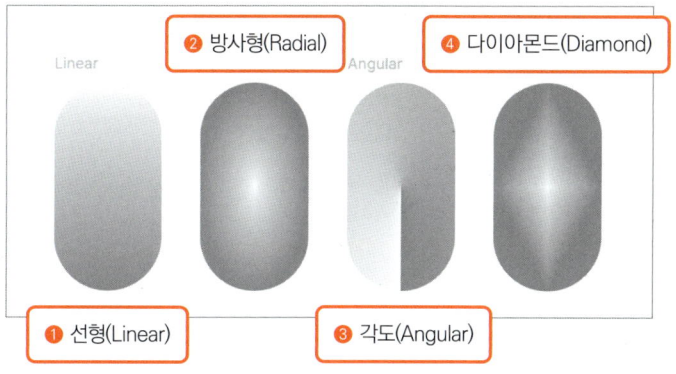

그라데이션 적용하기

그라데이션은 **Fill과 Stroke, Text에 적용**할 수 있으며, Fill에 적용하는 방법을 예시로 살펴보겠습니다.

01 그라데이션을 적용할 레이어를 선택하고 ❶ Fill 메뉴의 색상을 클릭해 색상 적용 팝업을 엽니다.

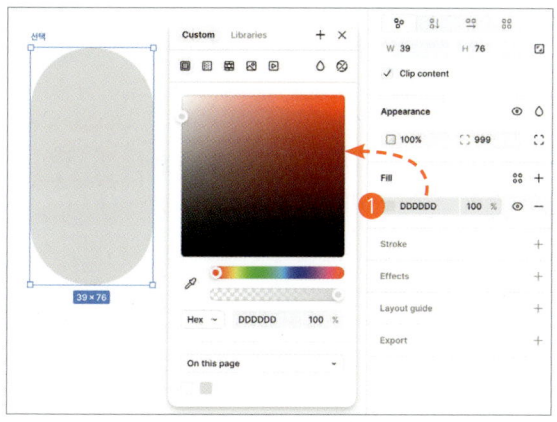

Chapter 06 도형을 채우는 다양한 방법

02 ① [Gradient] 버튼을 클릭해 그라데이션 메뉴로 변경하고 ② 그라데이션의 종류를 선택합니다. 기본 2개의 색상이 좌우에 생성되며 ③ 색상 바를 클릭해 색상을 추가하고 위치를 조절할 수 있습니다.

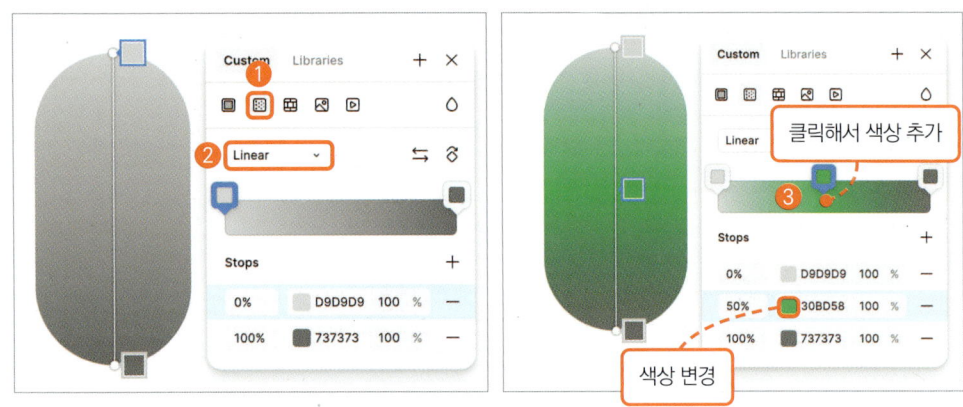

03 상세 버튼을 알아봅시다. 다음 그림을 참고하세요. 가장 왼쪽의 도형을 기준으로 ① 색상 위치 반전, ② 색상 방향 회전, ③ 색상을 삭제한 그라데이션 결과입니다. 직접 그라데이션을 만들어보면 금방 이해할 수 있을 겁니다.

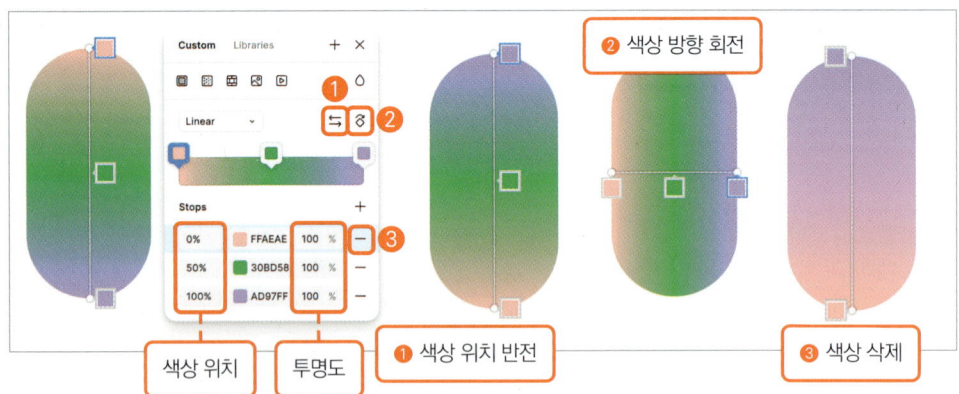

> **1분 꿀팁** 예쁜 그라데이션을 쉽게 만들어요

피그마의 추가 기능인 플러그인을 활용하면 예쁜 색상 조합의 그라데이션을 쉽게 사용할 수 있습니다. 툴바의 ❶ [Actions → Plugins & widgets]를 클릭하고 ❷ 검색창에 'gradient'를 입력하면 다양한 그라데이션 관련 플러그인을 사용할 수 있습니다. 플러그인은 PART03 플러그인으로 디자인 퀄리티 끌어올리기에서 더 자세히 알아볼 겁니다.

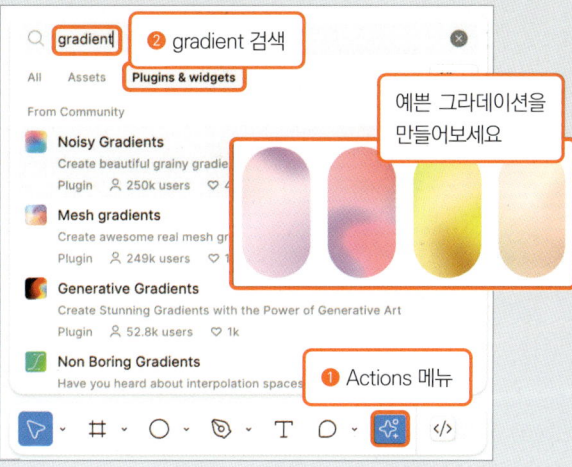

기본 이미지, 비디오 불러오기

디자인에 생동감을 더하고, 사용자의 이해를 돕기 위해 이미지는 필수적인 요소입니다. 피그마에서는 동영상도 가져와 활용할 수 있습니다. 지정 영역에 이미지, 비디오를 불러오는 방법과 파일을 불러와 화면에 배치하는 방법을 알아봅시다.

지정된 영역으로 이미지와 비디오 불러오기

01 도형이나 프레임 도구로 ❶ 이미지를 불러올 영역을 만들고 선택합니다. ❷ Fill 메뉴의 색상을 선택하고 상단 ❸ [🖼Image] 버튼을 선택합니다. ❹ [Upload from computer] 버튼을 클릭해 내 컴퓨터에 있는 이미지를 불러오거나 ❺ [Make an image] 버튼을 클릭해 피그마 AI

Chapter 06 도형을 채우는 다양한 방법

로 이미지를 생성할 수 있습니다. 이 기능은 유료 사용자에게만 열립니다. 뒤에서 자세히 소개하겠습니다.

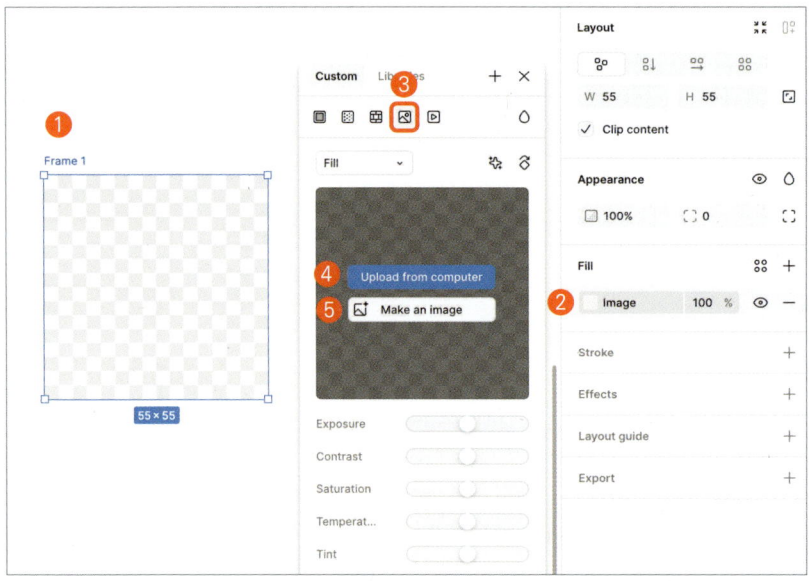

02 비디오를 불러오는 방법도 같습니다. [▶ Video → Choose video] 버튼을 클릭해 내 컴퓨터에 있는 비디오를 불러올 수 있습니다.

03 이미지, 비디오를 교체하는 방법도 간단합니다. 이미지를 더블 클릭하여 미리보기 화면을 띄운 후 마우스를 올려 [Upload from computer] 버튼을 클릭해도 되고 다음과 같이 원하는 파일을 ❶ 미리보기 화면 또는 ❷ Fill 메뉴의 작은 이미지 위로 드래그해 교체할 수 있습니다.

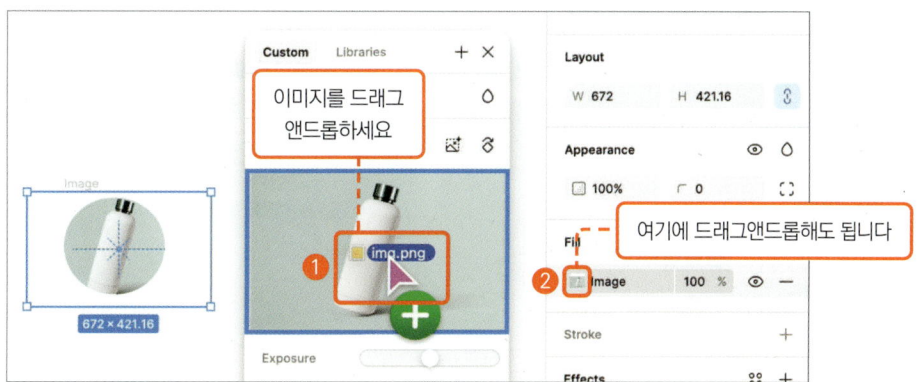

1분 꿀팁 GIF와 이미지를 확인하고 싶어요

움직이는 이미지인 GIF와 동영상은 편집 화면에서는 정지된 이미지로만 나타납니다. 움직임을 확인하려면 프레임을 선택하고 프리뷰 단축키 `Shift` + `Space` 또는 오른쪽 상단의 ⌄를 클릭해 **[Present]**와 **[Preview]** 중 원하는 플레이 방식을 선택해 확인합니다.

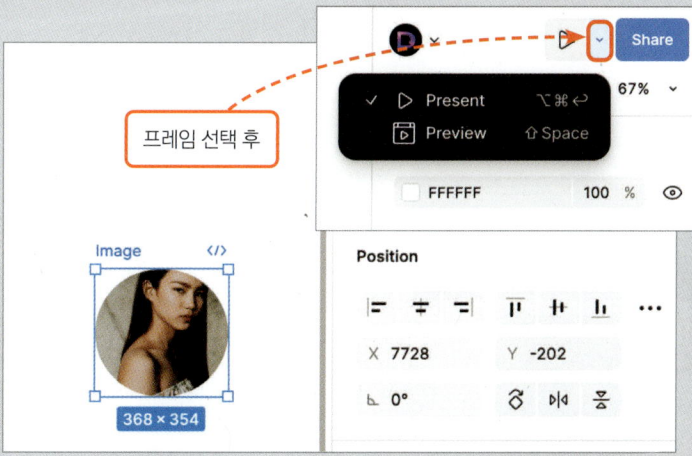

Present와 Preview의 차이도 간단히 알아봅시다. Present(프레젠테이션)는 전체 화면으로 디자인을 보여주는 보기 방식입니다. 주로 발표와 같이 외부에 보여주는 상황에 적합합니다. 반면 Preview(프리뷰)는 편집 화면 안에서 미리보기 창으로 간편하게 확인할 수 있어 작업 중 빠르게 점검할 때 유용합니다. 두 기능 모두 프레임 안에 들어간 요소만 확인할 수 있습니다. 그룹이나 개별 도형은 확인할 수 없습니다.

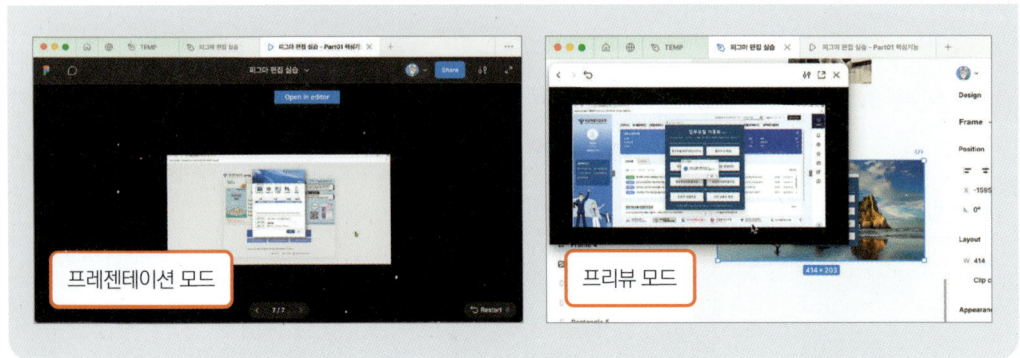

여러 이미지 한 번에 불러오기

작업을 하다보면 여러 개의 이미지를 한 번에 불러오고 싶을 때도 있을 겁니다. 그럴 때는 다음과 같은 방법을 활용하세요.

01 파일 왼쪽 상단 ❶ [📄→ File → Place image] 클릭 또는 툴바의 도형 도구에서 ❷ [Image/video…] 버튼을 클릭하면 불러올 파일을 선택할 수 있는 창이 뜹니다.

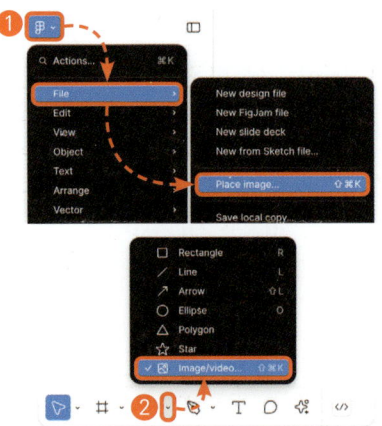

02 파일을 선택하고 **[열기]**를 누르면 ❶ 마우스 커서 옆에 가져올 파일의 미리보기와 개수가 보입니다. ❷ 작업 영역을 클릭하면 이미지를 순서대로 원본 크기로 불러옵니다. 드래그해 원하는 크기로 가져올 수도 있습니다.

03 이렇게 먼저 이미지를 넣을 틀을 만들어놓고 같은 방법으로 이미지를 불러와 채우고 싶은 도형을 클릭하면 이미지가 채워집니다. 그럼 작업을 훨씬 빠르고 효과적으로 할 수 있겠죠?

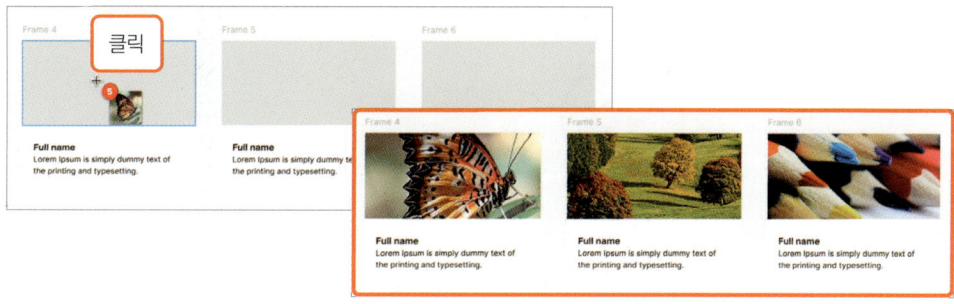

기본 패턴 활용하기

원하는 이미지를 반복되는 패턴으로 만들어 도형을 채울 수도 있습니다. 패턴의 크기, 간격, 정렬 방식 등을 자유롭게 조절해서 디자인에 활용해보세요.

01 ❶ 패턴을 적용할 프레임과 ❷ 패턴으로 사용할 이미지 또는 도형을 준비합니다. Fill 메뉴의 색상을 선택하고 ❸ [🏛 Pattern]을 선택해 패턴 메뉴로 변경합니다.

Chapter 06 도형을 채우는 다양한 방법

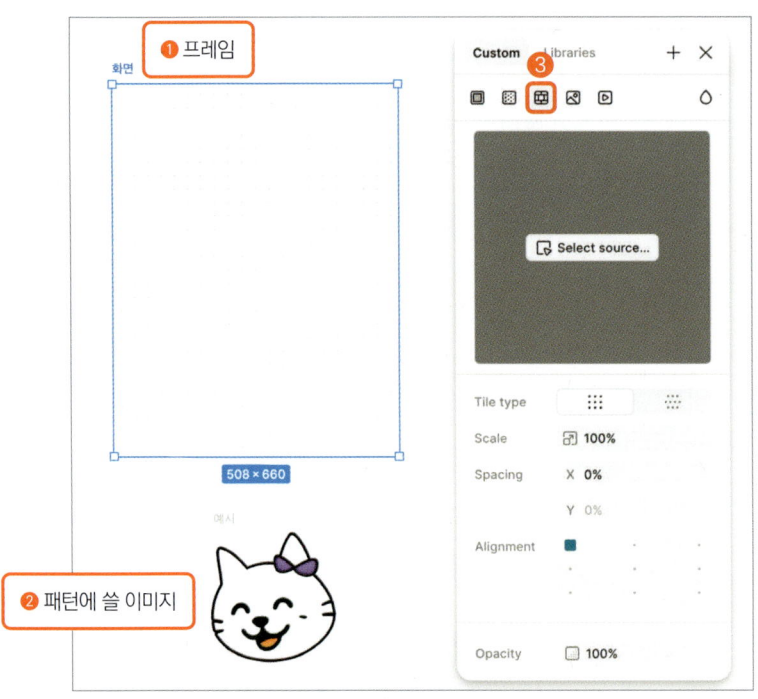

02 ❶ [Select source] 버튼을 클릭하고 ❷ 패턴을 채울 소스를 선택하면 프레임이 패턴으로 채워집니다.

03 설정 값은 순서대로 타일 유형, 패턴 크기, 패턴 간격, 정렬을 의미합니다. 값을 조정하며 원하는 패턴을 만들어 보세요.

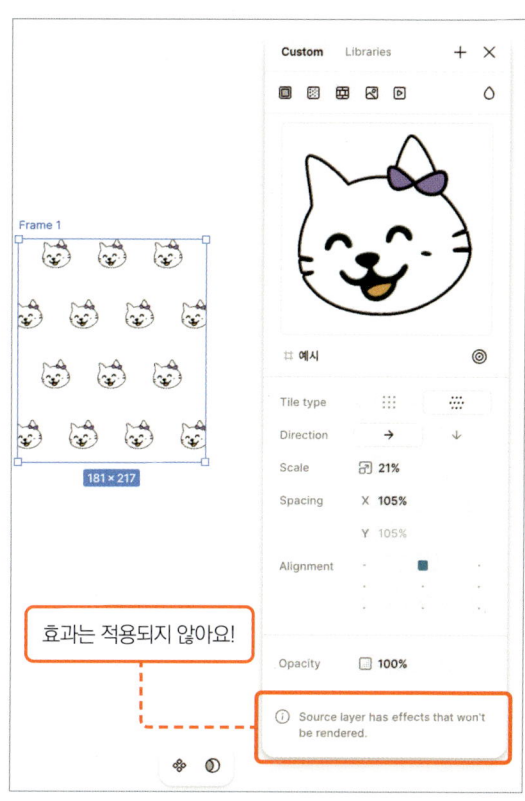

🤖 AI 피그마 AI로 도형에 이미지 채우기

피그마 유료 플랜을 사용하고 있다면 피그마 이미지 생성 기능을 함께 사용해봅시다. 쉽게 원하는 도형에 이미지를 채울 수 있습니다.

01 원하는 도형을 그리고 채우기 모드에서 [Image → Make an image]를 클릭합니다. 저는 별 모양을 그렸습니다.

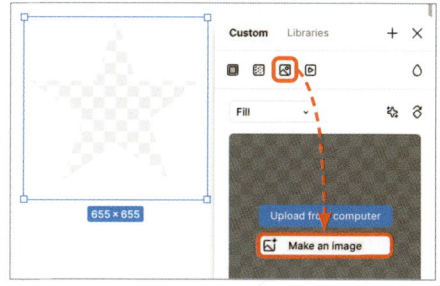

Chapter 06 도형을 채우는 다양한 방법

02 그러면 다음과 같이 프롬프트를 입력하는 창이 나타납니다. 이때 만들고 싶은 이미지를 묘사하는 프롬프트를 영어로 작성합니다. **[Make it]** 버튼을 누르면 이미지 생성을 시작합니다.

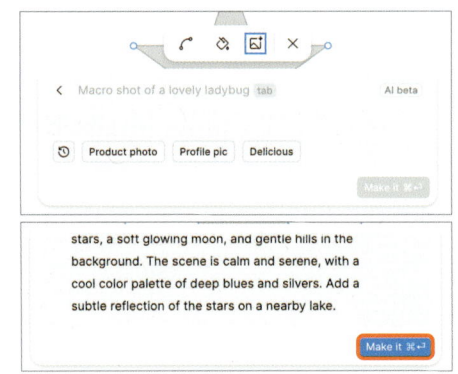

프롬프트를 영어로 작성하기 어렵다면 챗GPT에게 요청해도 좋습니다. 다음과 같이 질문하면 챗GPT가 멋진 프롬프트를 만들어 줄 겁니다. 그대로 복사해서 사용해보세요.

> 영어 프롬프트의 정확성이 높은 모델이 있어 영어를 추천하지만 기본적으로 한글 프롬프트를 사용해도 됩니다.

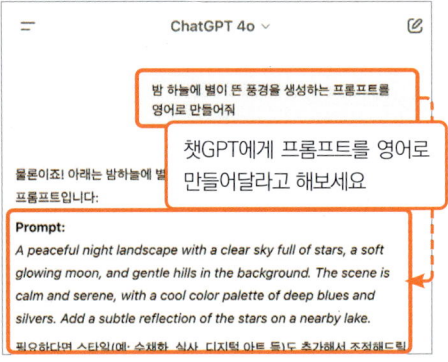

03 잠시 기다리면 다음과 같이 피그마 AI가 네 개의 그림을 만듭니다. 원하는 그림을 선택하면 도형이 그림으로 채워집니다. 프롬프트를 수정해서 다시 그림을 받고 싶다면 **[Make changes]** 버튼을 클릭하고 **02**부터 다시 하거나 하나의 이미지를 선택하고 **[Edit Image]**로 수정하세요.

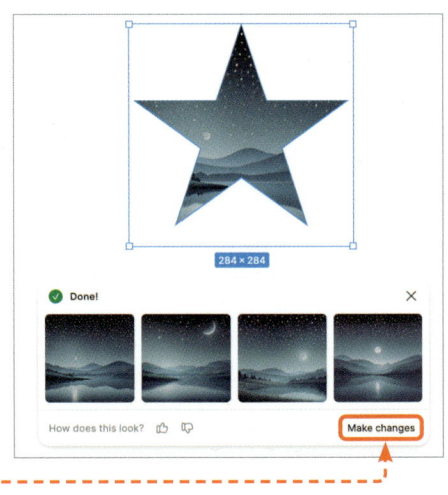

기본 이미지 크기 조절하고 편집하기

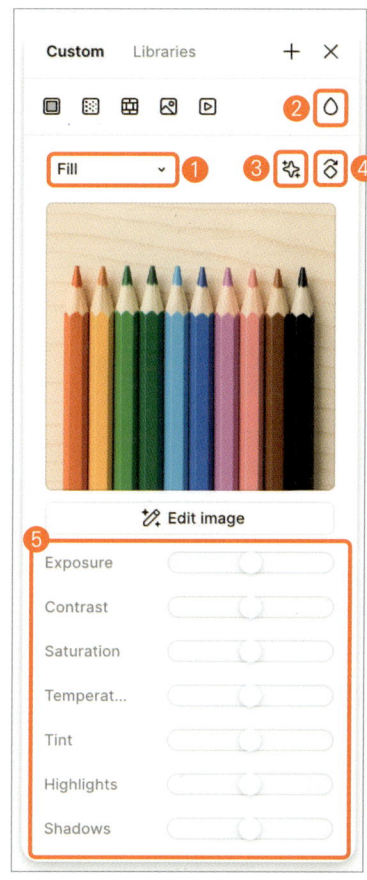

이미지 미리보기 메뉴를 조금 더 자세히 보겠습니다. 이미지와 비디오를 편집하는 기본 기능은 모두 여기서 사용할 수 있습니다. 크기를 조절하고 원하는 영역을 보여주는 채우기 모드, 불러온 이미지의 분위기를 바꿀 수 있는 블렌드 모드와 색조, 밝기 등의 보정 기능을 사용할 수 있습니다. 꼭 외우지 않아도 괜찮습니다. 이런 기능이 있다는 것만 알고 있어도 디자인에 익숙해질수록 자연스럽게 활용할 수 있고, 더 완성도 높은 결과물을 만드는 데 도움이 될 거예요.

❶ 이미지를 채우는 방식을 정합니다.

❷ 블렌드 모드로 이미지를 겹쳤을 때 독특한 효과를 만들 수 있습니다. `Chapter 09` 디자인을 풍부하게 만드는 효과와 블렌드 모드에서 자세히 알아보겠습니다.

❸ 배경을 제거하는 AI 기능입니다. 유료 버전에서 활성화됩니다.

❹ 이미지를 회전할 수 있습니다.

❺ 노출, 대비, 선명도, 색의 온도, 색조, 하이라이트, 그림자를 조정하여 이미지를 보정할 수 있습니다.

이미지 채우기 모드

이미지 미리보기의 설정값에서 기본 [Fill]로 지정된 채우기 모드를 클릭하면 4가지의 채우기 모드를 선택할 수 있습니다. 각 모드에 따라 이미지는 다음과 같이 들어갑니다.

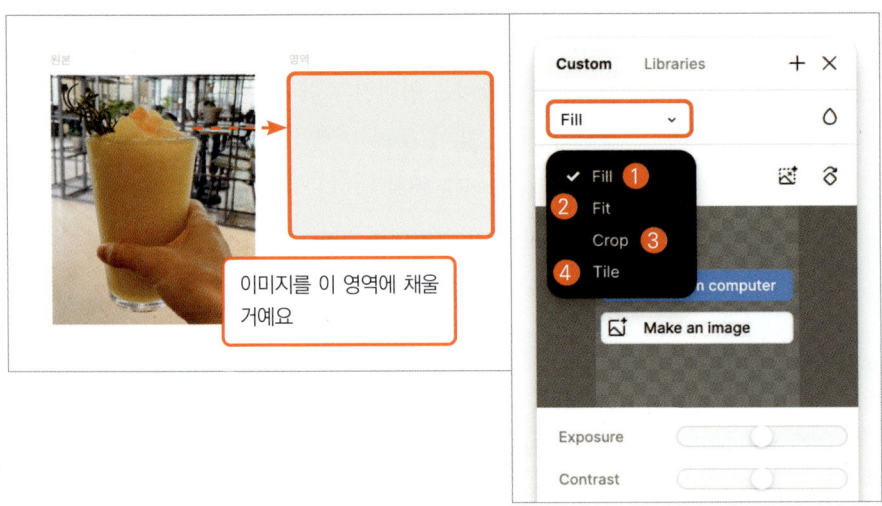

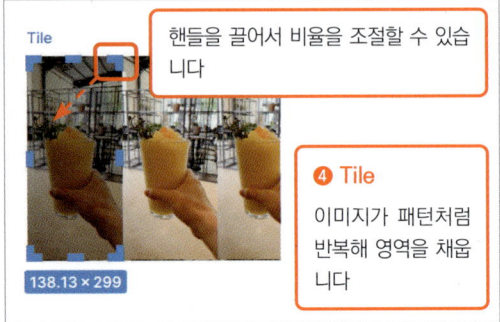

Chapter 07
문자 사용법 알아보기

디자인에서 이미지만큼 중요한 요소가 바로 '문자'입니다. 아무리 멋진 이미지를 사용하더라도, 문자가 어색하거나 가독성이 떨어지면 전체 디자인의 완성도가 크게 낮아질 수 있어요. 이번 장에서는 문자 도구의 기본 사용법부터 차근차근 익혀보겠습니다.

문자를 입력하는 방법은 물론, 글꼴, 굵기, 정렬 방식 등 기본 속성을 조정하는 방법을 배워볼 거예요. 이어서 줄 간격과 글자 간격처럼 가독성에 직접적인 영향을 미치는 요소들도 함께 살펴봅니다. 이런 작은 차이가 디자인의 완성도를 좌우한다는 점, 꼭 기억해두세요.

기본기를 익힌 뒤에는 실습을 통해 그라데이션이나 이미지를 활용해 문자를 꾸미는 방법까지 함께 연습할 예정입니다. 문자 하나만으로도 충분히 매력적인 디자인을 만들 수 있다는 걸 경험하게 될 거예요.

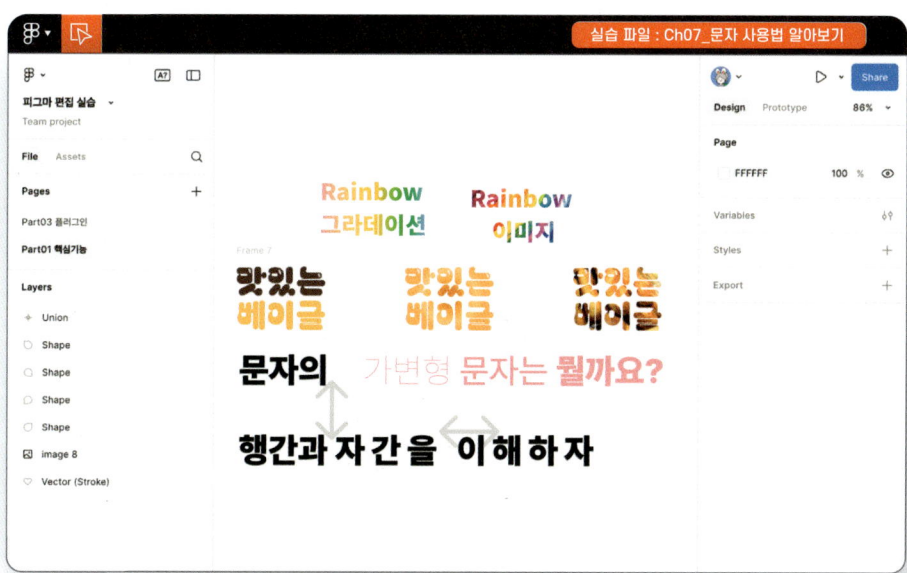

기본 문자 도구 기본 속성과 사용법 알아보기

문자Text에 적용할 수 있는 기본 옵션인 글꼴 변경, 정렬, 들여쓰기, 자동 말줄임, 밑줄부터 문자 스타일을 만들어 어디서나 같은 결과물을 얻을 수 있도록 재사용하는 방법까지 여러분이 꼭 알아두면 좋을 문자 관련 기능을 살펴보겠습니다.

문자 입력과 기본 속성

01 문자를 입력하려면 ① 툴바에서 T 버튼을 클릭하거나 단축키 [T]를 누릅니다. ② 그리고 작업 영역을 클릭하면 커서가 깜빡거리면서 문자를 입력할 수 있습니다. ③ 오른쪽 디자인 패널에 Typography(글씨체) 메뉴가 활성화됩니다.

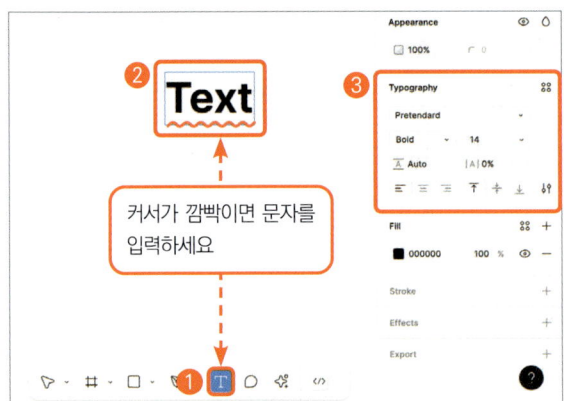

커서가 깜빡이면 문자를 입력하세요

02 기본 옵션 ① 글꼴 ② 두께, ③ 크기를 지정할 수 있고, 문자의 ④ 가로 정렬과 ⑤ 세로 정렬을 지정할 수 있습니다.

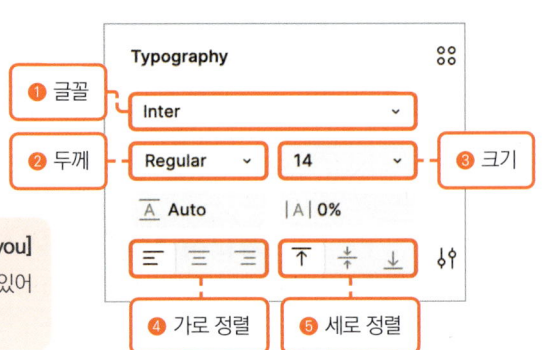

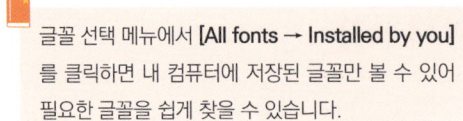

글꼴 선택 메뉴에서 [All fonts → Installed by you]를 클릭하면 내 컴퓨터에 저장된 글꼴만 볼 수 있어 필요한 글꼴을 쉽게 찾을 수 있습니다.

가변형 글꼴? Variable fonts?

글꼴마다 두께의 종류가 다릅니다. 요즘 가장 많이 사용하는 글꼴인 프리텐다드^{Pretendard}는 Thin, Extra Light, Regular, Extra Bold, Black 등 9개의 두께를 사용할 수 있고 지마켓^{Gmarket Sans}은 Light, Medium, Bold만 사용할 수 있습니다.

이렇게 고정된 두께가 아닌 너비, 두께, 기울기 등을 유연하게 조절할 수 있는 글꼴을 가변형 글꼴 Variable fonts이라고 합니다. 대표적인 가변형 글꼴은 영문 글꼴 Amstelvar, 한글 글꼴 네모고딕 등이 있습니다. 피그마에서 가변형 글꼴은 ① Variable fonts 옵션을 선택해 모아볼 수 있고, ② [Variable] 버튼을 클릭해 두께를 조절할 수 있습니다.

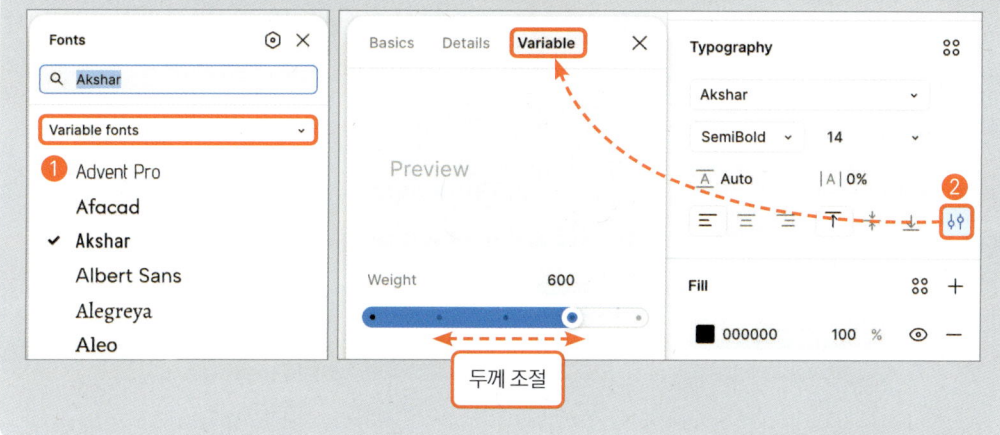

가독성을 위한 필수 요소, 줄 간격과 글자 간격

문자의 줄 간격^{Line height}과 글자 간격^{Letter spacing}은 가독성에 큰 영향을 주는 요소입니다. 간격이 너무 좁으면 읽기 어렵고, 너무 넓으면 흐름이 끊겨 집중하기 힘들 수 있습니다. 그래서 디자인에서는 내용을 잘 전달하기 위한 적절한 간격 조절이 중요합니다. 줄 간격을 '행간', 글자 간격을 '자간'이라고 부르기도 합니다. 두 개념이 정확히 무엇이고, 왜 중요한지 함께 이해해봅시다.

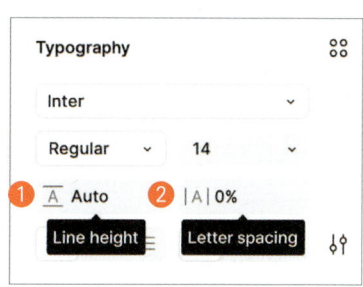

❶ 줄 간격의 기본값은 Auto이고 픽셀(px)과 퍼센트(%) 2가지 단위로 사용할 수 있습니다. 글꼴 크기와 굵기에 따라 줄 간격이 달라지기 때문에 더 쉽게 확인할 수 있는 퍼센트 사용을 권장합니다.

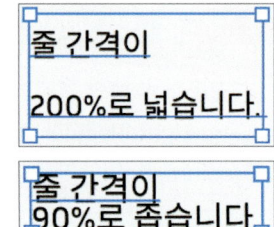

❷ 글자 간격은 글자 사이의 여백을 의미하며 한글 글꼴은 보통 글자 간격이 넓습니다. 따라서 마이너스 값을 설정해 글자를 붙여 가독성을 높일 수 있습니다. 디자인을 위해 일부러 글자 간격을 넓히기도 합니다.

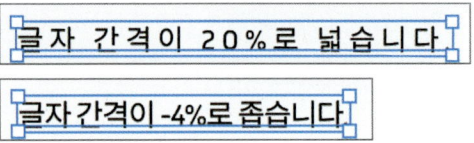

글꼴의 특성에 따라 글자 간 간격이 모두 다르기 때문에 적용하는 적당한 수치도 다릅니다. 작은 화면, 즉 모바일에서는 더욱더 가독성이 중요하다는 것을 잊지 마세요!

1분 꿀팁 문자의 세부 속성은 여기서 확인하세요

Typography 메뉴의 버튼 중 오른쪽 하단 [Type settings]버튼을 클릭하면 문자에 적용할 수 있는 더 많은 기능을 확인할 수 있습니다. 세부 속성 메뉴는 Basics, Details, Variable 탭으로 이루어지고 각 탭에서 조정할 수 있는 기능은 다음과 같습니다.

Basics	Details	Variable
• 정렬 (Alignment)	• 인용부호 기준 정렬 (Hanging punctuation)	• 가변 글꼴 조절
• 밑줄·취소선 등 장식 (Decoration)	• 목록 기준 정렬 (Hanging lists)	• 자동 너비 (Auto width)
• 대소문자 변환(Case)	• 단락 들여쓰기 (Paragraph indent)	• 자동 높이 (Auto height)
• 상하 여백 조정(Vertical trim)	• 대소문자 구분 정렬 (Case-sensitive forms)	• 고정 크기 (Fixed size)
• 리스트 스타일(List Style)	• 숫자 스타일(Style)	
• 단락 간 여백 (Paragraph spacing)	• 첨자 (Position), 분수 (Fractions)	
• 말줄임 처리(Truncate text)		

 그라데이션과 이미지로 문자 꾸미기

문자를 단색으로 채울 수 있을 뿐만 아니라 그라데이션, 이미지로 채울 수도 있습니다. 멋진 문자 디자인을 만들어봅시다.

01 원하는 글꼴을 다운받아 문자를 입력합니다. Fill 메뉴에서 색상을 추가, 변경, 삭제할 수 있습니다. 원하는 부분을 드래그하여 다른 색을 채울 수도 있습니다. 그러면 Selection colors 메뉴에 적용된 모든 색상이 나옵니다.

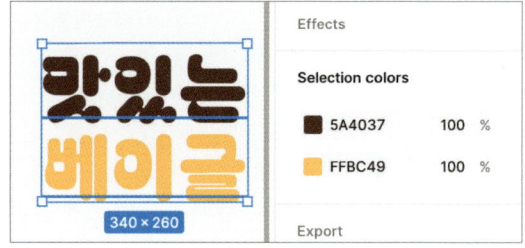

> 실습에서 사용한 글꼴은 베이글팻입니다(bit.ly/4jGBCzC).

02 그라데이션이나 이미지를 넣을 수도 있습니다. `Chapter 06` **도형을 채우는 다양한 방법**에서 소개한 것과 같이 색상 메뉴에서 그라데이션이나 이미지를 선택하면 됩니다.

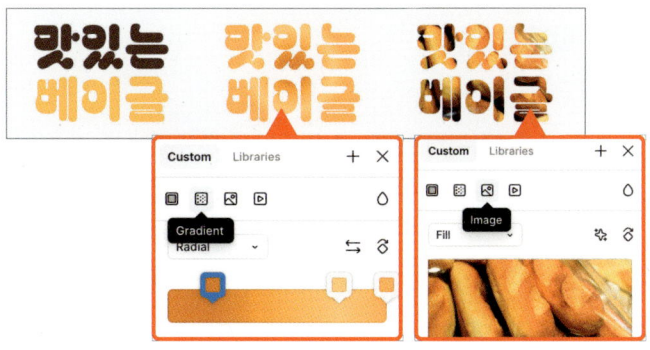

03 마지막으로 문자에 포인트를 줄 수 있는 노하우를 하나 소개합니다. 이렇게 둥글고 귀여운 느낌의 글씨를 꾸밀 때는 입체감을 더하면 좋습니다. 다음과 같이 펜 도구로 둥근 도형을 그리고 흰색으로 칠한 뒤 투명도를 80%로 설정해주세요.

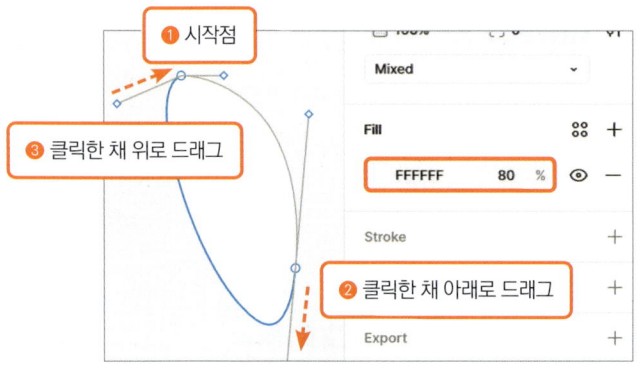

04 도형의 크기를 줄여서 글자 오른쪽 위에 붙여주세요. 같은 방향으로 맞춰 붙여야 입체감이 나타납니다.

 **패스 따라 문자 적용하기**

특정한 모양의 패스를 따라서 문자를 배치해봅시다. 원을 따라 돌거나 곡선을 따라 흐르는 문자도 손쉽게 만들 수 있습니다.

01 ❶ 제품을 따라 펜툴로 선을 그린 후 `Ctrl` + `D` 를 눌러 선을 복사합니다. ❷ 문자 도구를 선택한 후 펜툴로 그린 선에 커서를 올리면 커서가 문자 입력 모양으로 바뀝니다. 그 상태에서 클릭하면 모양을 따라 글씨를 입력할 수 있습니다. ❸ 내용을 입력해줍니다.

> 이때 문자 레이어의 색을 미리 변경하지 않으면 배경 색과 같은 색이 적용되어 문자가 보이지 않을 수 있습니다. 그럴 때는 문자를 입력한 후 빈 화면을 더블클릭해 편집 모드에서 빠져나왔다가 문자를 다시 선택해 색상을 변경해주세요.

02 배경 색을 변경하거나 두께를 조절하여 원하는 모양을 만들어줍니다.

패스를 따라 배치한 문자에도 타이포그래피 옵션을 그대로 적용할 수 있습니다. 문자의 크기, 자간, 행간 같은 기본 설정은 물론, 문자가 놓이는 패스의 위치 조정이나 상하 반전도 자유롭게 할 수 있습니다.

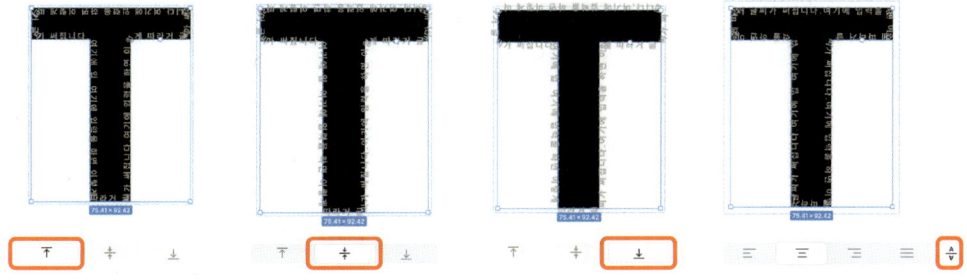

Chapter 08
이미지 추출하기

디자인을 완성했다면 이제는 결과물을 저장하고 활용하는 방법을 알아야 합니다. 이번 장에서는 피그마에서 만든 이미지를 추출하고 저장하는 기본 과정을 함께 배울 거예요.

원하는 콘텐츠를 선택한 후 간단한 설정만으로 이미지를 바로 추출할 수 있습니다. 필요한 부분만 골라서 저장하거나, 여러 파일을 한꺼번에 추출하는 방법도 익혀봅니다. 또한 이미지를 하나씩 저장하는 것을 넘어, 여러 화면을 PDF로 묶어 한 번에 출력하는 방법까지 함께 배워봅니다.

마지막으로 직접 쿠폰 디자인을 완성하고, 완성된 결과물을 추출해보면서 지금까지 배운 피그마 기초를 종합적으로 점검해볼 예정입니다. 여기까지 따라오느라 수고 많았습니다. 피그마 기초의 마지막 걸음을 함께 마무리해봅시다!

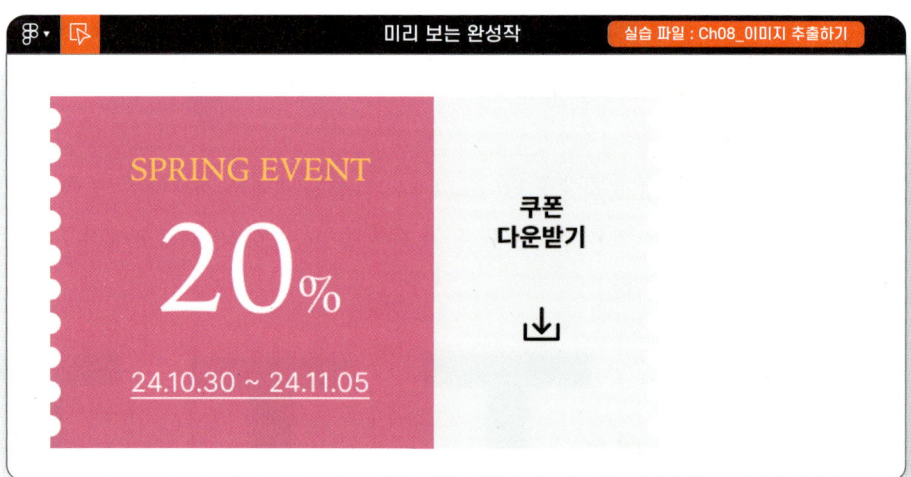

기본 피그마로 만든 이미지 추출하기

피그마에서는 4가지 확장자 PNG, JPG, SVG, PDF로 이미지를 추출할 수 있습니다. 이미지를 추출하는 방법을 살펴봅시다.

01 콘텐츠를 선택한 후 오른쪽 패널 Export 메뉴에서 [+ → **Export 레이어 이름**] 버튼을 클릭해 이미지를 추출할 수 있습니다. 설정할 수 있는 요소는 다음과 같습니다.

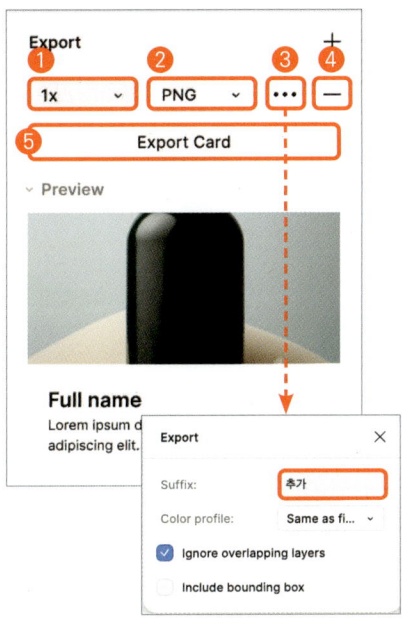

❶ 이미지를 원본보다 작거나 크게 추출할 수 있으며, 원하는 크기를 배수로 직접 설정할 수 있습니다.

❷ PNG, JPG, SVG, PDF 확장자를 선택합니다.

❸ 추출 상세 기능을 사용할 수 있습니다.
- 파일 이름 뒤에 원하는 이름을 붙여 버전이나 해상도 등을 명시할 수 있습니다.
- **Ignore overlapping layers** : 겹쳐 있는 다른 레이어는 무시하고, 선택한 레이어만 단독으로 내보냅니다.
- **Include bounding box** : 선택 영역의 여백을 포함한 영역을 추출합니다.

❹ 내보내기를 삭제합니다.

❺ 이미지를 추출하는 버튼입니다. Export 뒤에 선택한 레이어 이름이 붙습니다.

02 ❶ [+] 버튼을 클릭해 하나 이상의 추출 요청을 추가할 수 있습니다. 하나의 이미지를 다양한 크기와 확장자로 한 번에 추출할 때 유용합니다.

확장자와 크기를 다양하게 지정해 한 번에 추출할 수 있어요!

1분 꿀팁 PNG, JPG, SVG, PDF 확장자는 어떻게 다른가요?

가장 많이 사용하는 확장자는 JPG이며 사용 용도에 따라 적합한 확장자를 선택해 이미지를 추출하는 것이 좋습니다.

- **PNG** : 이미지의 압축으로 인한 손실이 적고 대신 파일 크기가 크다는 단점이 있습니다. 투명도를 적용해 이미지를 추출할 수 있어 투명한 이미지가 필요할 때 자주 사용합니다.

- **JPG** : 이미지를 압축해 PNG 파일보다 이미지의 질이 낮지만 그만큼 파일 크기도 작습니다. 투명도를 지원하지 않습니다.

- **SVG** : 숫자와 좌표를 기반으로 만든 벡터 이미지로, 픽셀이 아니기 때문에 품질에 영향을 주지 않고 투명도를 적용할 수 있으며 크기에 제한 없이 확대할 수 있습니다. 로고, 문자, 아이콘에 주로 사용합니다.

- **PDF** : 문서 형식으로 추출하며 일부 블렌드 모드는 지원하지 않습니다.

기본 원하는 부분만 선택해서 추출하기

Slice 도구를 사용해서 작업 파일 전체가 아닌 필요한 영역만 선택해 이미지를 추출하는 방법을 알아보겠습니다.

01 ① 툴바에서 프레임 도구 옆 ∨을 클릭해 [Slice] 도구를 선택합니다. ② 원하는 영역을 드래그하면 ③ Slice 레이어가 생기고 ④ 드래그한 부분이 점선으로 표시됩니다.

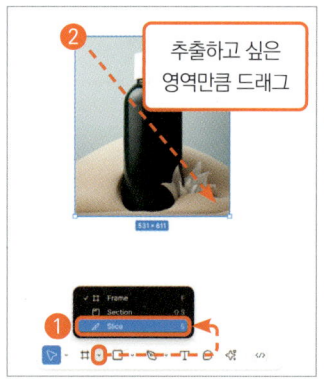

02 Slice 레이어를 선택하고 Export 메뉴에서 추출 이미지 미리보기를 확인하면 선택한 영역만 지정되어 있습니다. 이렇게 작업하던 콘텐츠를 직접 자르지 않고도 원하는 부분만 추출할 수 있습니다.

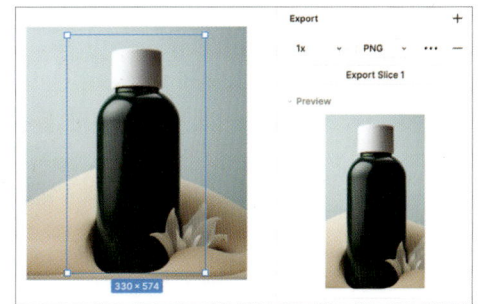

기본) PDF로 일괄 추출하기

여러 장의 프레임을 하나의 PDF로 추출하는 방법을 살펴보겠습니다. 오른쪽 패널 Export 메뉴를 사용하면 한 장짜리 개별 PDF로 추출하기 때문에 상단 메뉴의 추출 메뉴를 사용해야 합니다.

01 [File → Export frames to PDF]를 클릭하면 페이지의 모든 프레임을 하나의 PDF로 추출할 수 있습니다. 페이지에는 추출하려는 프레임만 있어야겠죠? 프레임이 많으면 PDF의 용량이 커질 수 있습니다.

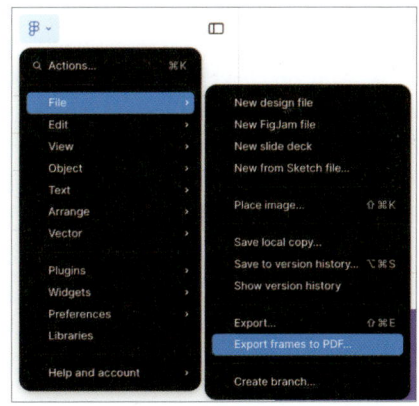

기본) 작업한 파일 공유하기

작업 파일을 공유하여 의견을 나누거나 함께 수정하기 위한 공유 기능을 소개합니다. 완성본을 공유하고 수정이 필요 없으면 추출 기능을, 수정 가능성을 열어두고 싶은 경우 공유 기능을 활용하기 바랍니다.

01 ❶ 오른쪽 패널 위의 [Share] 버튼을 누르면 공유 설정 창이 나타납니다. ❷ 공유하려는 파일이 드래프트가 아닌 팀 프로젝트에 있어야 합니다. 드래프트에 있다는 파란색 안내창이 뜨면 클릭하여 파일 위치를 변경합니다. ❸ 공유된 사용자가 파일을 볼 수 있도록 [Anyone]으로 권한을 설정합니다.

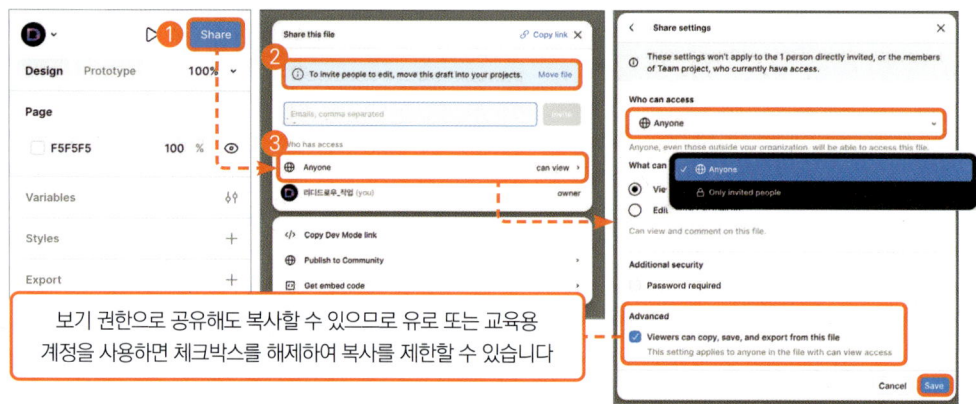

보기 권한으로 공유해도 복사할 수 있으므로 유로 또는 교육용 계정을 사용하면 체크박스를 해제하여 복사를 제한할 수 있습니다

02 ❶ [Copy link] 버튼을 누르면 복사되는 링크를 공유해도 되고 ❷ 이메일을 입력한 후 [Invite] 버튼을 누르면 초대 메일이 발송됩니다.

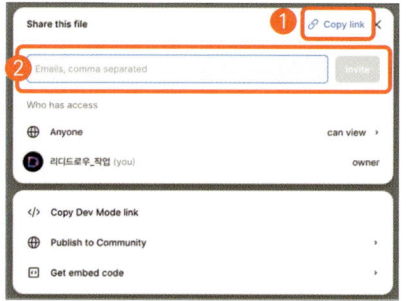

🖼️ 실전 01 쿠폰 디자인으로 피그마 기초 마스터하기

쿠폰 디자인을 만들면서 이번 파트에서 배운 내용을 총정리해보겠습니다. 패스파인더 기능으로 쿠폰 도형을 만들고 적당한 문자와 아이콘을 배치한 후 완성된 디자인을 추출하는 과정까지 마무리해봅시다. 책에서 소개한 과정을 기반으로 여러분이 만들고 싶은 쿠폰으로 응용해보세요.

쿠폰 모양 만들기

01 [Rectangle] 도구로 360 × 330, 210 × 330 크기의 사각형 두 개를 그립니다.

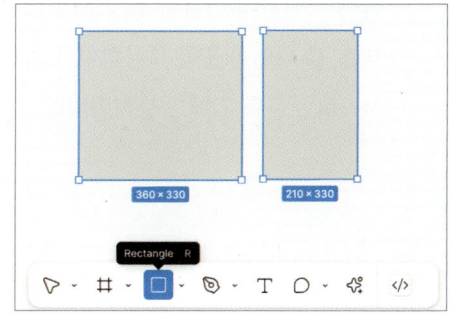

02 [Ellipse] 도구로 20 × 20 크기의 원을 한 개 그립니다. ❶ `Alt` + `Shift` 를 누른 상태로 아래로 드래그해 일렬로 복사합니다. ❷ 그리고 `Ctrl` + `D` 를 눌러 원이 총 10개가 되도록 복사합니다.

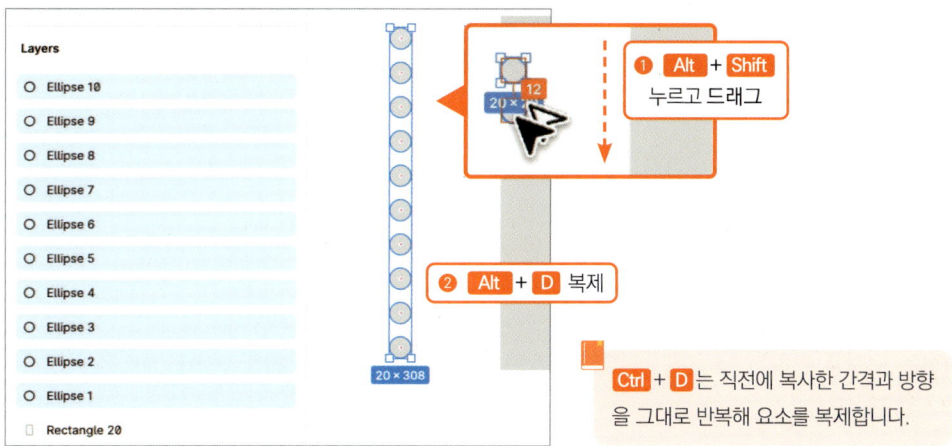

`Ctrl` + `D` 는 직전에 복사한 간격과 방향을 그대로 반복해 요소를 복제합니다.

03 원 사이 간격을 맞추기 위해 모든 원을 선택하고 Layout 메뉴의 간격을 12로 지정합니다. 원을 모두 선택하고 패스파인더의 [Flatten selection] 또는 오른쪽 마우스를 눌러 [Flatten]을 클릭해 하나로 합쳐줍니다.

04 ❶ 왼쪽 사각형의 왼쪽 선 끝에 원의 반이 걸칠 수 있도록 정렬합니다. 빨간색 지시선을 확인하며 중앙을 맞춰주세요. ❷ 나열한 원을 복사하여 오른쪽 사각형 오른쪽 끝에도 붙여줍니다.

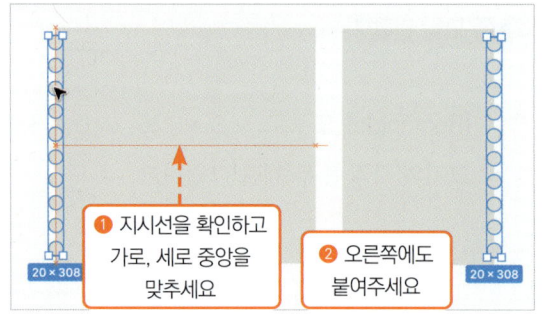

05 왼쪽의 나열한 원과 사각형을 선택하고 패스파인더의 [Subtract]를 클릭합니다. 오른쪽도 똑같이 하여 쿠폰 모양을 만듭니다. 이때 원 레이어가 사각형 레이어보다 위에 있어야 합니다.

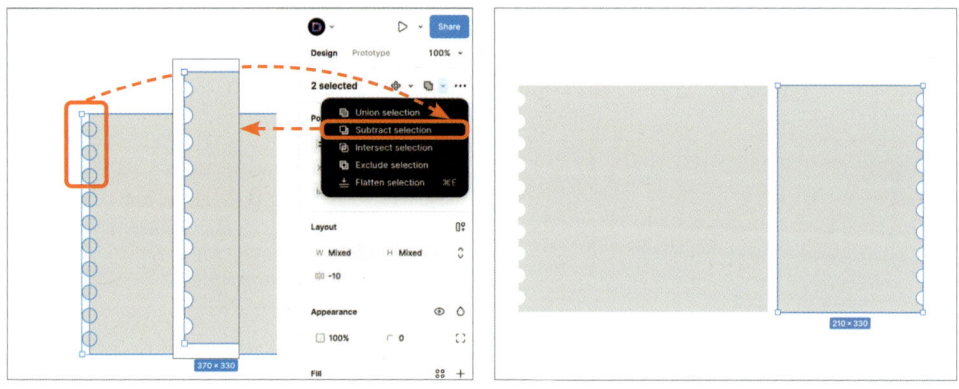

06 도형을 원하는 색상(#F954D5)으로 변경한 후 두 도형을 선택해 간격을 0으로 변경하여 붙입니다.

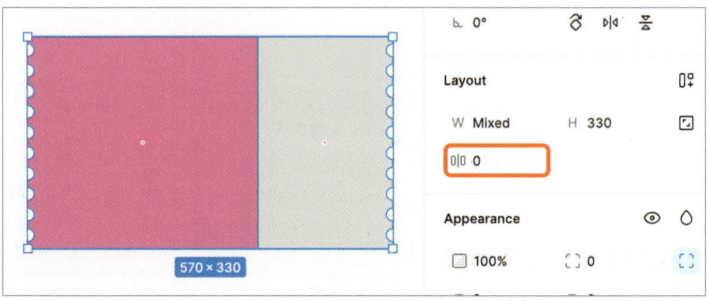

07 쿠폰에 들어갈 문자를 입력한 후 ❶ 각 위치별 레이어를 그룹화하고 이름을 붙여줍니다. 레이어 그룹화는 원하는 레이어를 모두 선택하고 오른쪽 마우스 **[Group selection]**을 클릭하면 됩니다. 작업 후 레이어 정리는 꼭 해주세요.

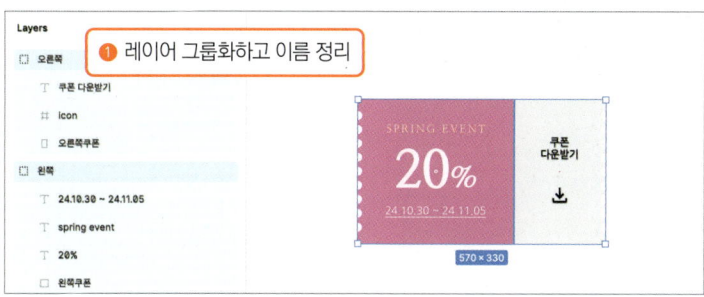

1분 꿀팁 가변형 글꼴? Variable fonts?

이 실습에서는 도형에 익숙해지기 위해 직접 패스파인더를 이용해 도형을 처음부터 만들었지만 디자인에 익숙해지면 이미 만들어진 벡터 도형을 가져다 쓰는 일이 더 많을 겁니다. 플러그인을 활용하면 이미 만들어진 아이콘을 가져다 사용할 수 있습니다. 쿠폰에 사용한 다운로드 아이콘은 구글 머티리얼 아이콘 Goole Material icons 플러그인을 사용했습니다.

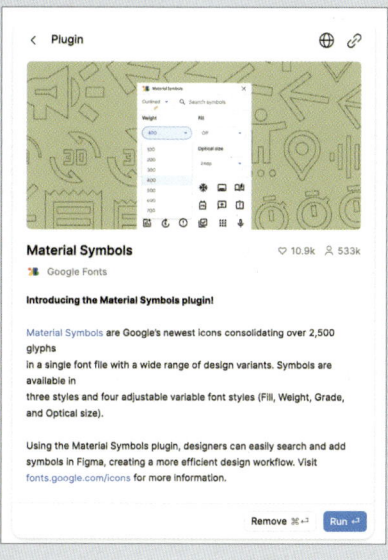

Chapter 08 이미지 추출하기

08 마지막으로 ❶ '오른쪽', '왼쪽' 두 그룹을 모두 드래그해 선택한 후 ❷ 오른쪽 마우스 클릭 후 **[Frame selection]**을 클릭해 하나의 프레임으로 묶어줍니다. ❸ Export 메뉴에서 프레임을 PNG로 추출하면 여러분만의 쿠폰 이미지가 완성됩니다!

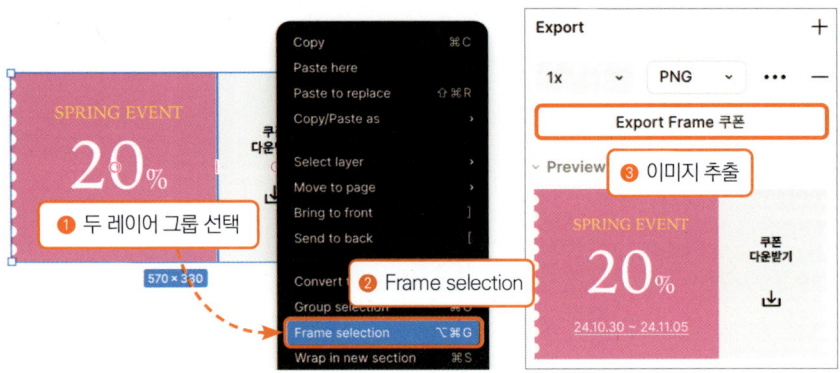

PART 02
핵심 기능으로 피그마 200% 활용하기

학습목표

피그마의 핵심 기능을 쉽고 효과적으로 활용하는 방법을 알아보겠습니다. 그림자나 빛과 같은 다양한 효과를 추가하고, 이미지를 다채롭게 편집할 수 있는 블렌드 모드를 익힙니다. 또한 오토 레이아웃을 활용해 버튼이나 카드를 자동으로 정렬하는 방법을 배워 피그마를 더욱 쉽고 다채롭게 활용할 수 있도록 실습하겠습니다.

#피그마 효과   #오토 레이아웃   #그림자   #블렌드 모드

Chapter 09
디자인을 풍부하게 만드는 효과와 블렌드 모드

이번 장에서는 디자인의 완성도를 높여주는 시각적 효과와 블렌드 모드를 다룹니다. 단순한 도형이나 이미지도 약간의 효과만 더해주면 훨씬 세련되고 집중도 높은 결과물로 만들 수 있죠. 그림자, 흐림, 노이즈처럼 자주 쓰는 효과는 사용법을 정확히 알고 있으면 다양한 상황에 빠르게 대응할 수 있어 실무에서도 큰 도움이 됩니다.

또한 블렌드 모드를 활용하면 두 개 이상의 레이어를 자연스럽게 섞거나, 특정 색상이나 질감을 강조하는 등 시각적인 표현 범위를 넓힐 수 있습니다. 포스터, 배너, 카드 뉴스처럼 이미지와 문자를 함께 쓰는 디자인에서는 블렌드 모드가 표현력과 분위기를 조절하는 핵심 도구가 되기도 하죠.

마지막 실습에서는 글래스모피즘 스타일의 배너를 직접 만들어보며, 이번 장에서 배운 기능들을 실제 디자인에 어떻게 적용할 수 있는지 확인해볼 겁니다.

▶ **사용 글꼴** : Inknut Antiqua, SUIT

기본 그림자부터 유리까지 7가지 효과 알아보기

디자인에 깊이와 분위기를 더하는 데 효과는 빠질 수 없는 요소입니다. 이미지와 도형에 적용할 수 있는 그림자부터 노이즈까지 피그마에서 활용할 수 있는 효과는 총 7가지입니다.

레이어 흐림 효과와 배경 흐림 효과의 차이

레이어 흐림 효과는 선택한 레이어 자체를 흐리게 만들고 배경 흐림 효과는 선택한 레이어 뒤에 있는 배경을 흐리게 만듭니다. 실습해보며 이해합시다.

01 효과를 적용할 레이어를 선택한 후 오른쪽 디자인 패널 Effects 메뉴에서 ❶ [+] 버튼을 누르면 선택한 레이어에 효과를 추가합니다. ❷ 효과 이름을 눌러 종류를 변경할 수 있고 ❸ 효과 이름 왼쪽 아이콘을 클릭하면 효과의 세부 설정을 변경할 수 있습니다. 효과를 [Layer blur]로 설정하면 이렇게 이미지가 흐려집니다.

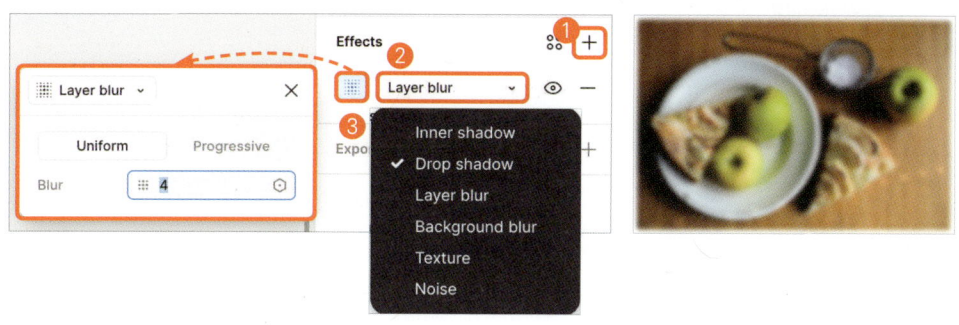

Chapter 09 디자인을 풍부하게 만드는 효과와 블렌드 모드

02 이번에는 배경 흐림 효과를 사용해봅시다. 다시 원본 이미지를 준비하고 그 위에 ❶ 사각형을 그려주세요. 사각형을 클릭한 후 **[Background blur]** 효과를 설정하면 아무 일도 일어나지 않습니다.

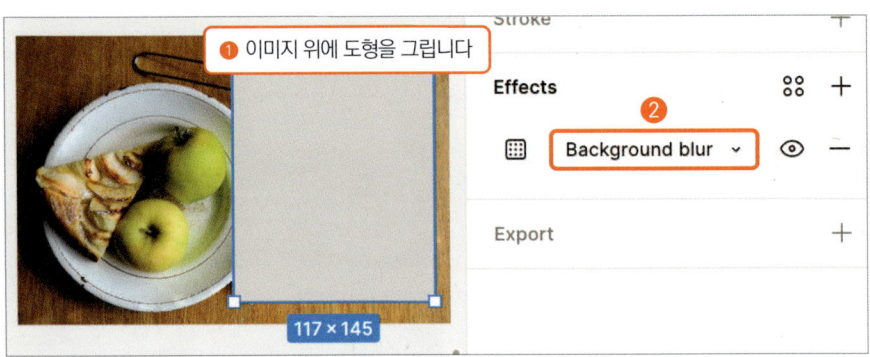

예제의 사각형과 같이 그림 위에 올린 레이어에 배경 흐림 효과를 추가해야 합니다.

03 배경 흐림 효과를 확인해보려면 사각형의 투명도를 낮추면 됩니다. Fill 메뉴에서 칠의 투명도를 50%로 변경하니 효과를 적용한 도형 레이어 아래의 이미지 레이어가 흐릿하게 보이죠? 일종의 불투명 유리를 씌워놓았다고 생각하면 좋습니다.

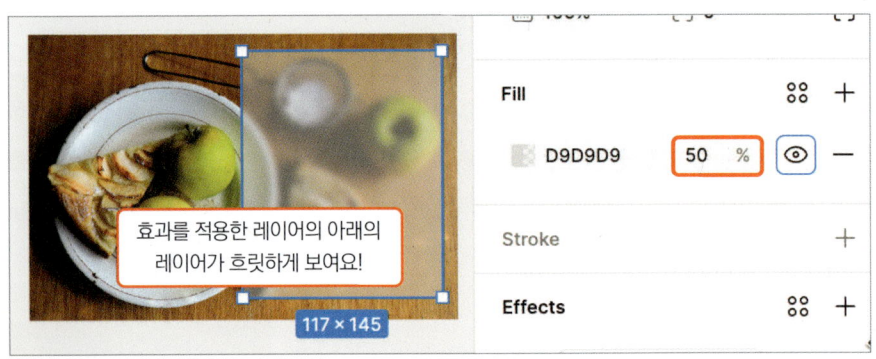

이 효과를 활용한 디자인이 궁금하다면 '글래스모피즘'을 검색해보세요.

유리 효과 적용하기

유리처럼 빛을 굴절시키는 Glass(유리) 효과를 사용해봅시다. 빛, 빛의 각도, 굴절, 깊이, 분산 효과, 흐릿함을 조정하며 재미있는 디자인을 더 쉽게 만들 수 있습니다.

> 집필 시점 기준 베타 버전으로 제공하기 때문에 설정값이나 메뉴가 조금씩 변경될 수 있습니다.

01 효과를 적용할 레이어 위에 프레임을 그리고 모서리를 둥글게 해 원형을 만듭니다. 유리 효과는 사각형 등의 도형에서는 활성화되지 않고 프레임에서만 활성화되어 적용할 수 있습니다.

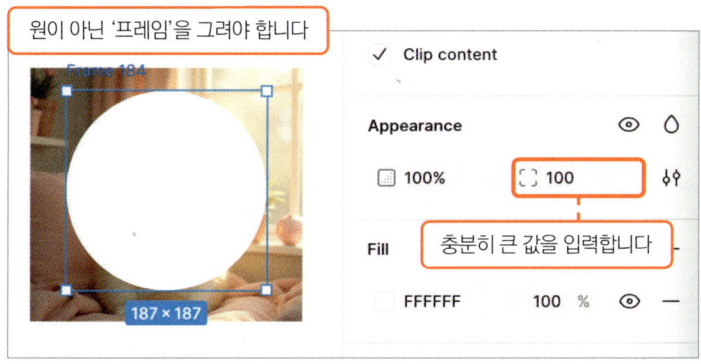

02 [Effects → Glass]를 선택하고 다음과 같이 수치를 입력하면 볼록한 효과가 적용됩니다.

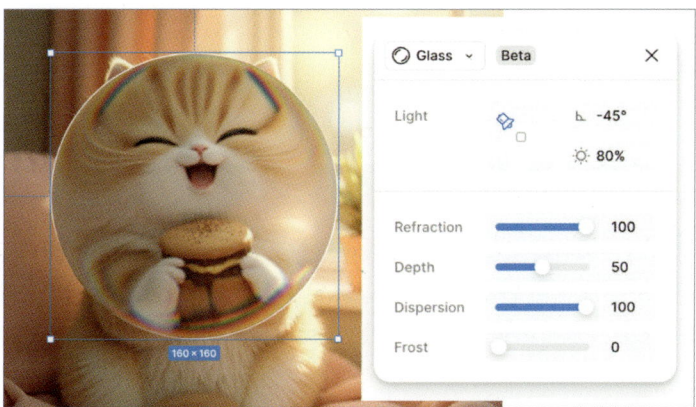

03 입체감을 더하기 위해 [Effects → Inner shadow]를 추가합니다. 이미지와 같이 그림자 수치를 입력하고 ◯ 아이콘을 클릭하여 블렌드 모드 [Plus lighter]를 적용합니다.

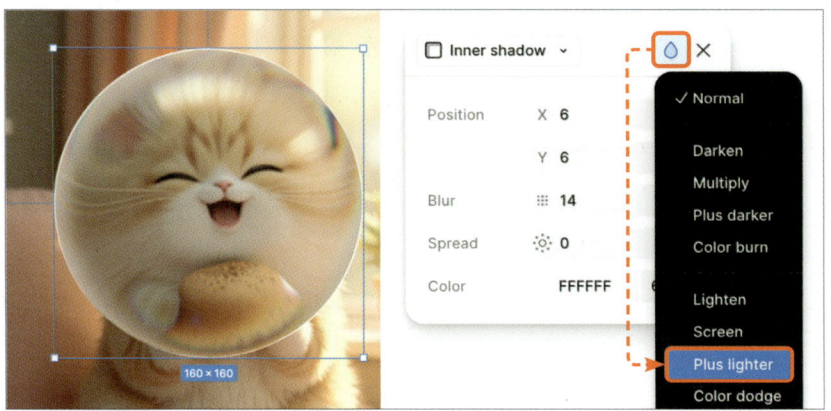

그러면 다음과 같이 유리 구슬 또는 물방울이 얹어진 것 같은 효과를 만들 수 있습니다.

1분 꿀팁 흐림 효과의 범위를 설정할 수 있어요

최근 업데이트를 통해 흐림 효과의 범위를 설정해 더욱 정교한 표현을 할 수 있게 되었습니다. 다음과 같이 흐림 효과의 설정에서 [Progressive] 탭을 누르고 시작과 끝 지점을 지정해보세요. 원하는 특정 부분에만 자연스럽게 흐림 효과를 적용해 더욱 섬세한 표현을 할 수 있습니다.

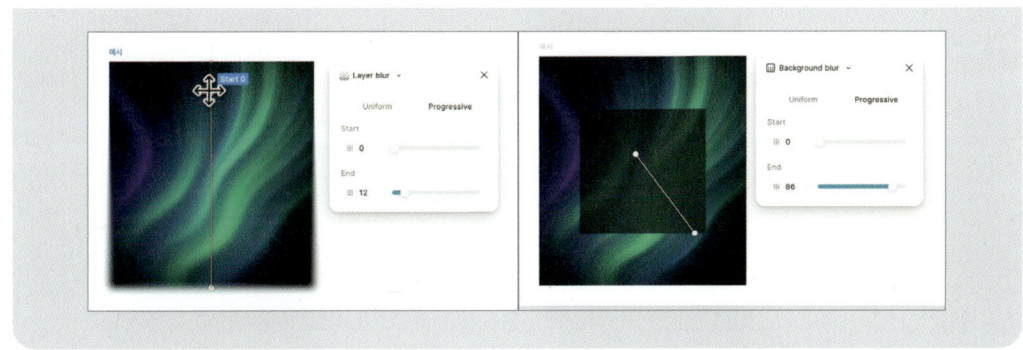

연습 마스크, 질감을 활용한 배너 만들기

실습을 통해 간단한 배너를 만들면서 그림자와 질감 효과를 직접 적용해봅시다. 디자인 작업에서 빼놓을 수 없는 핵심 개념인 마스크가 무엇인지도 배울 겁니다. 실습에 필요한 파일은 독자 실습 자료 링크에서 다운로드할 수 있습니다.

- **독자 실습 자료 링크 :** bit.ly/3EDdM92

01 준비된 이미지의 문자 레이어를 선택한 후 Ctrl + D 를 눌러 복사합니다. 복사한 문자 세로 길이의 절반 정도 차지하는 면을 그려 덮어주세요.

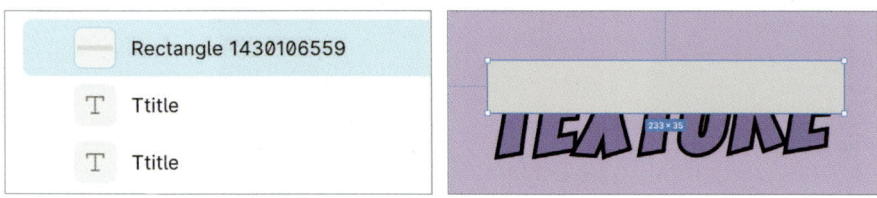

02 [Fill]을 선택하여 문자의 색보다 조금 더 진한 색상(#3200A7)을 선택하여 넣어줍니다.

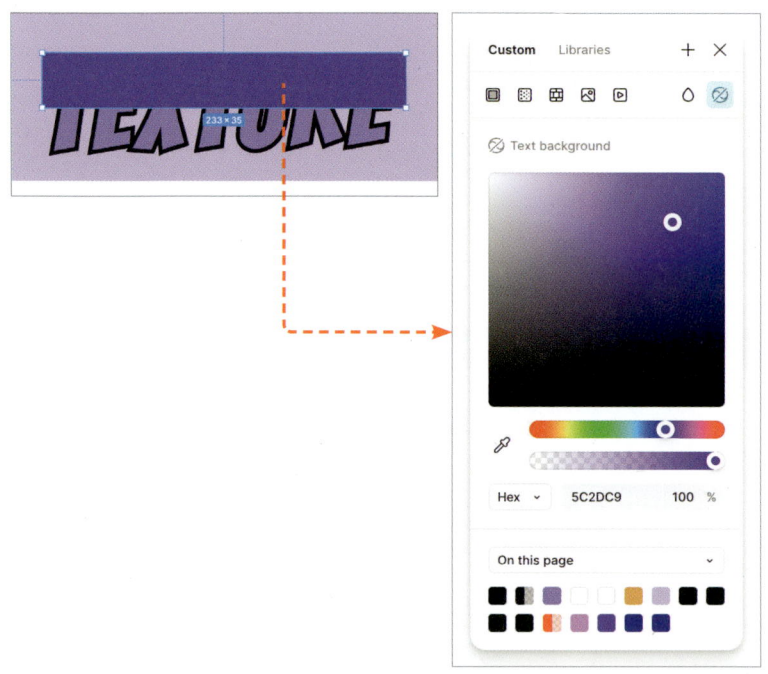

03 ❶ 문자와 면을 함께 선택한 후, 마우스 오른쪽을 클릭해 ❷ [Use as Mask], 또는 ❸ 하단의 마스크 아이콘을 선택합니다. 그러면 면으로 가린 부분만 보입니다. 이처럼 마스크는 원하는 특정 영역만 보여주고 나머지는 감추는 기능입니다. 위의 레이어가 보여주려는 사진이라면 아래 레이어는 사진에서 보여주고 싶은 부분을 지정하는 액자라고 볼 수 있죠. ❹ 문자의 검정색

선이 보이도록 문자 레이어에서 선을 삭제해줍니다.

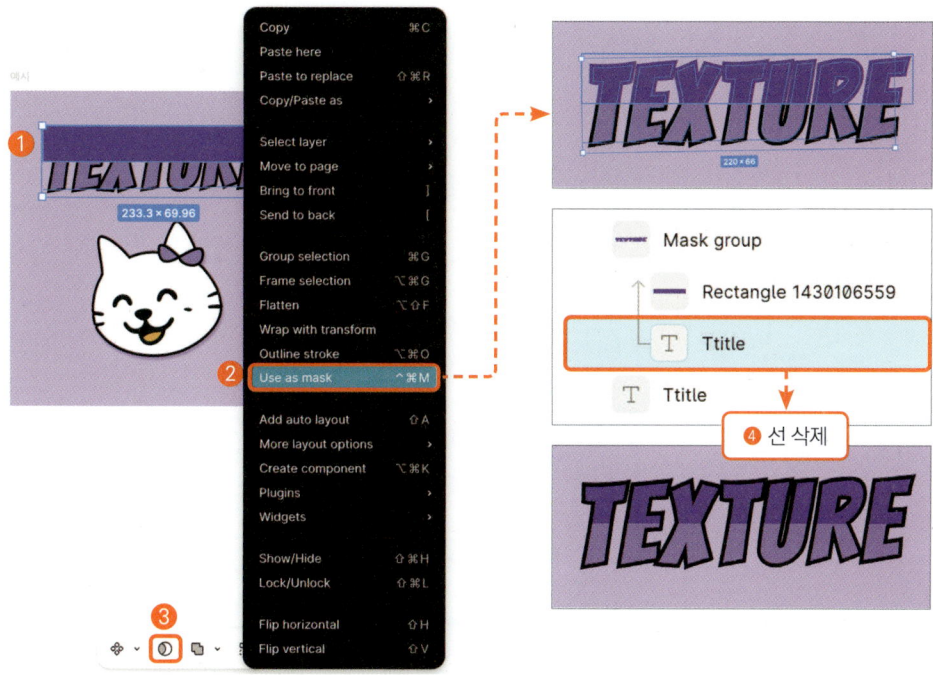

04 ❶ 오른쪽 패널 효과에서 **[Inner shadw]**를 선택하여 설정 값을 다음과 같이 변경합니다. ❷ **[Texture]**를 추가하고 Size와 Radius를 조절하여 원하는 질감을 만들어줍니다.

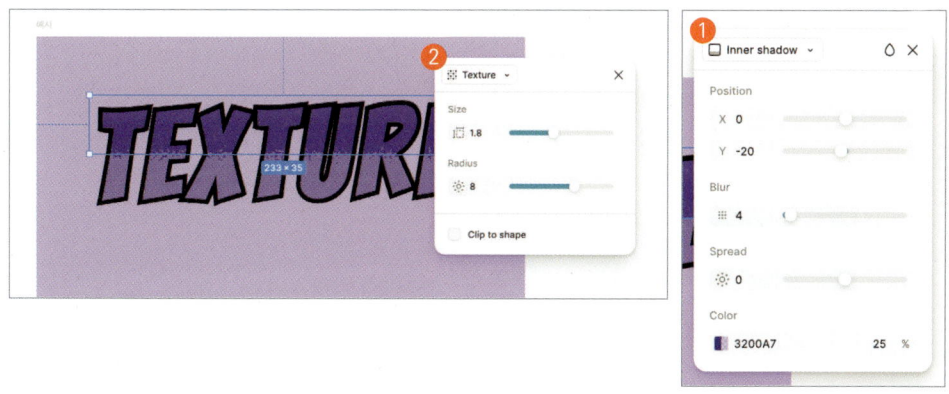

05
❶ 이제 고양이 얼굴 배경 레이어를 선택한 뒤, 다음과 같이 [Inner shadow]와 [Texture] 효과를 적용합니다. ❷ 이때 [Texture] 설정 아래의 [Clip to shape] 옵션을 체크하면 효과가 얼굴 바깥으로 번지지 않고 얼굴 안쪽에만 깔끔하게 적용됩니다.

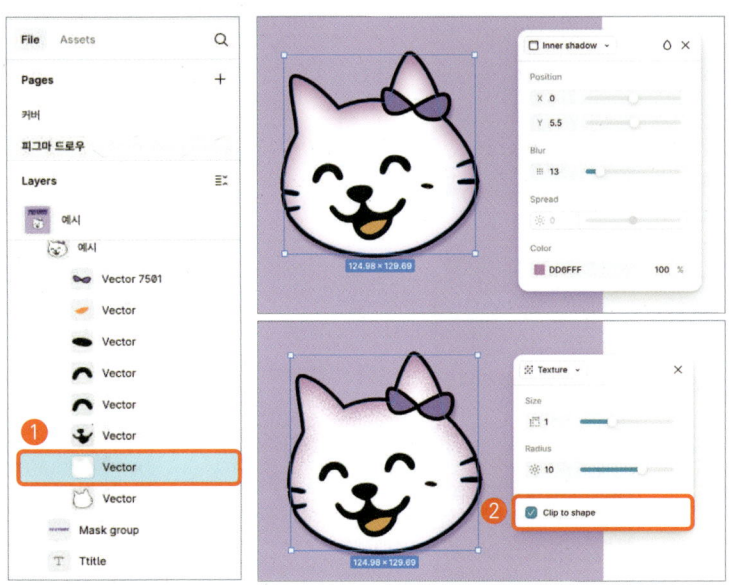

리본과 입 등에도 같은 방법을 적용하여 더 완성도 높은 일러스트를 만들어보세요.

1분 꿀팁 효과를 빠르게 복사하고 붙여넣을 수 있어요

Ctrl + Alt + C, Ctrl + Alt + V 는 속성을 복사, 붙여넣을 수 있는 단축키입니다. 이 단축키를 사용하면 빠르게 문자나 도형의 색상, 글꼴, 테두리, 효과 등 스타일을 복사해서 다른 곳에 똑같이 붙여넣을 수 있습니다. 속성을 복사할 대상을 선택하고 Ctrl + Alt + C 를 누른 후 붙여넣을 대상을 선택하고 Ctrl + Alt + V 를 누르면 됩니다.

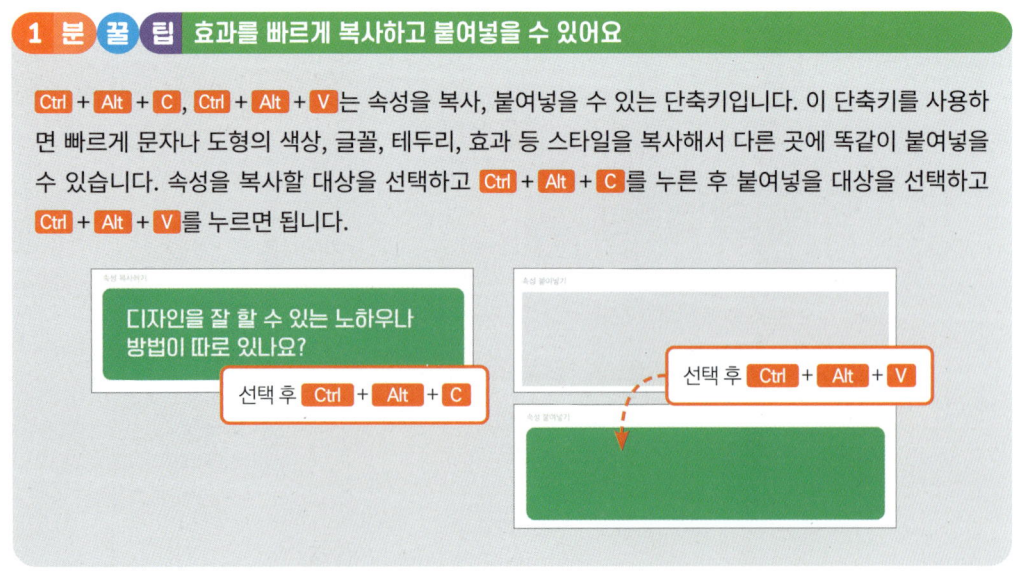

기본 블렌드 모드를 활용한 레이어 혼합 방법 알아보기

블렌드 모드는 두 개의 레이어가 겹칠 때, 색상과 밝기가 어떻게 섞일지 결정하는 기능입니다. 이미지나 색상이 서로 자연스럽게 어우러지거나 독특한 효과를 줄 수 있어 그래픽 작업에 자주 사용합니다. 피그마에는 총 19가지 블렌드 모드가 있습니다. 책에서는 알아두면 유용한 몇 가지만 소개하겠습니다. 직접 다양한 블렌드 모드를 적용해보면서 특징을 파악해보세요.

이미지 모노톤으로 바꾸기

Luminosity(광도), Hue(색조) 모드를 사용하면 컬러 이미지를 하나의 색상 계열을 사용한 모노톤으로 만들 수 있습니다.

01 이미지를 선택하고 ❶ Appearance 메뉴에서 ◯ 버튼을 클릭하면 블렌드 모드를 정할 수 있습니다. ❷ 광도 모드인 **[Luminosity]**를 선택하면 다음과 같이 흑백 이미지로 변경할 수 있습니다.

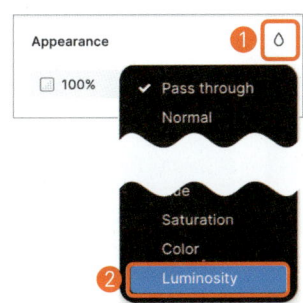

02 Hue(색조) 모드를 사용하면 원하는 색상 계열을 가진 모노톤 이미지를 만들 수 있습니다. 이미지 위에 원하는 색의 도형을 그린 후 도형 레이어의 블렌드 모드로 **[Hue]**를 선택하면 다음과 같은 이미지를 만들 수 있습니다.

이미지 자연스럽게 합성하기

앞에서 이미지와 색상을 혼합하는 과정을 소개했다면 이번에는 이미지와 이미지를 혼합해봅시다. 블렌드 모드 중 검은 색은 투명하게, 밝은 색은 더 밝게 하는 다음 3가지 모드를 활용하면 검은 배경의 이미지를 자연스럽게 합성할 수 있습니다. 검은 배경의 불꽃놀이 이미지에 블렌드 모드를 적용한 결과입니다.

반대로 흰 배경의 이미지도 자연스럽게 합성할 수 있습니다. 흰색은 투명하게, 어두운 색은 더 어둡게 만드는 다음 3가지 모드를 활용하면 흰색 배경의 스케치 이미지나 그림자를 자연스럽게 합성할 수 있습니다.

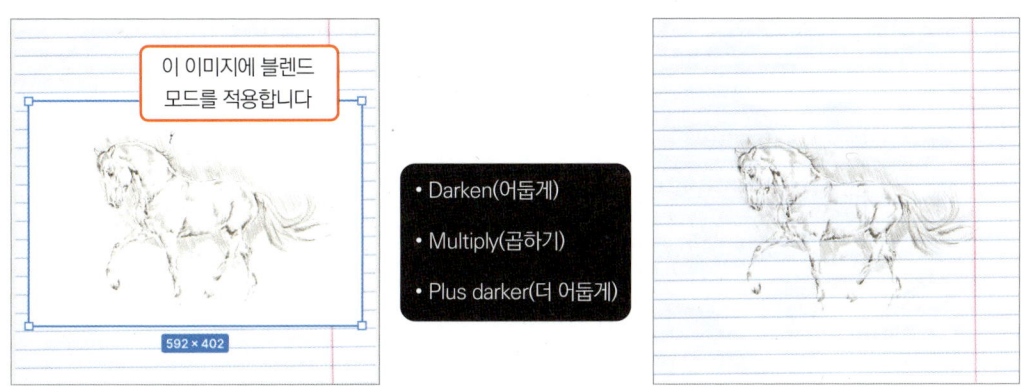

Appearance 메뉴 분만 아니라 Fill, Stroke의 팔레트 등 ◊ 아이콘이 있다면 어디서든 블렌드 모드를 적용할 수 있습니다.

1분 꿀팁 가장 많이 사용하는 블렌드 모드가 있나요?

오버레이overlay 모드는 이미지 합성 작업에서 거의 빠지지 않을 정도로 활용도가 높습니다. 스크린screen 과 곱하기multiply 모드가 결합된 방식으로 대비를 높여 사진을 또렷하게 표현하는 데 유용합니다. 투명 도를 조절해 원하는 효과를 만들어보세요. 다음은 같은 이미지를 복제해 겹친 후 위 이미지에 각 블렌 드 모드를 적용한 예시입니다. 효과를 비교해보세요.

실전 02 글래스모피즘 스타일 배너 만들기

앞에서 배운 마스크와 블렌드 모드를 활용해 글래스모피즘 스타일의 디자인을 만들어보겠습니다. 글래스모피즘은 반투명 배경과 흐림 효과를 활용해 유리처럼 디자인하는 스타일입니다.

글래스모피즘 스타일 적용하기

01 1080 × 1080 크기의 프레임을 그리고 프레임 안에 660 × 440 크기의 사각형을 그립니다. Corner radius는 50으로 합니다.

설명의 이해를 돕기 위해 프레임 레이어 이름은 '글래스모피즘', 사각형 레이어 이름은 '네모박스'로 변경하고 진행하겠습니다.

02 사각형 아래에 원하는 이미지를 넣어보겠습니다. 이때 활용하기 좋은 플러그인을 소개합니다. 하단의 툴바에서 [Actions → Plugins & widgets] 메뉴를 클릭하고 검색창에 'Unsplash'를 입력해 Unsplash 플러그인을 실행합니다. [Search → nature] 태그를 선택하고 원하는 이미지를 클릭하면 작업 화면에 이미지를 불러옵니다.

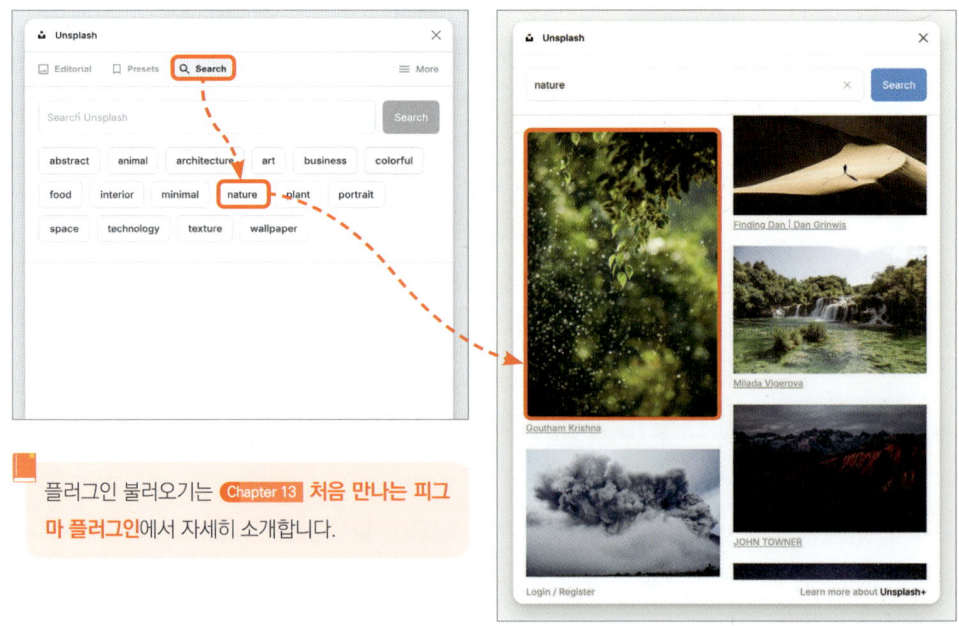

플러그인 불러오기는 Chapter 13 처음 만나는 피그마 플러그인에서 자세히 소개합니다.

03 이미지를 프레임 안으로 넣어 사각형 아래 배경으로 배치하고 이미지 크기와 위치를 적당히 조절합니다.

04 사각형을 선택하고 ① 채우기는 색상 #000000, 투명도 10%, ② 효과는 **[Background blur]**, 강도 50으로 설정합니다.

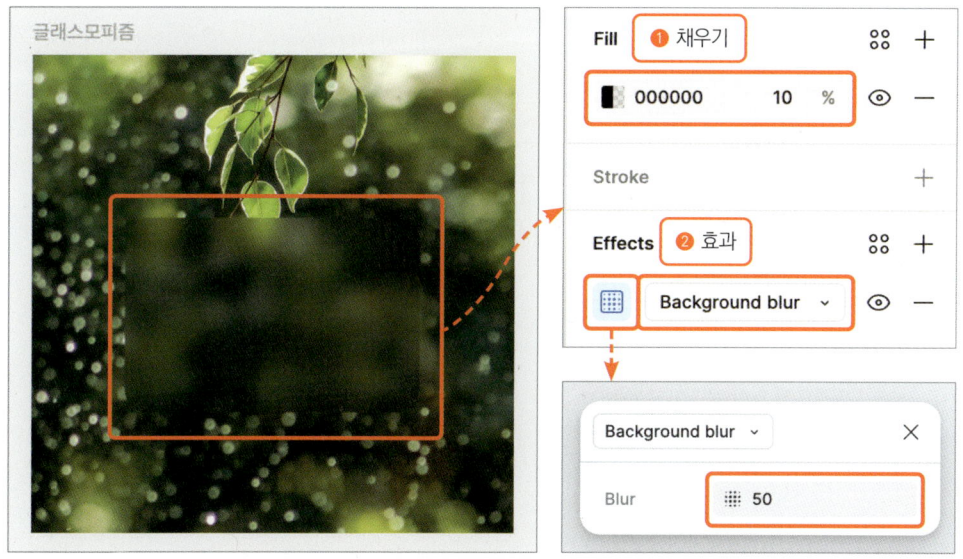

05 사각형에 선을 추가하고 ① 선의 색상을 그라디언트로 설정합니다. ② 그라디언트의 좌우 색을 모두 흰색(#FFFFFF)으로 변경한 후 오른쪽 색의 투명도를 0%로 변경합니다. ③ 그라디언트 색상 막대를 다음과 같이 비스듬히 돌립니다.

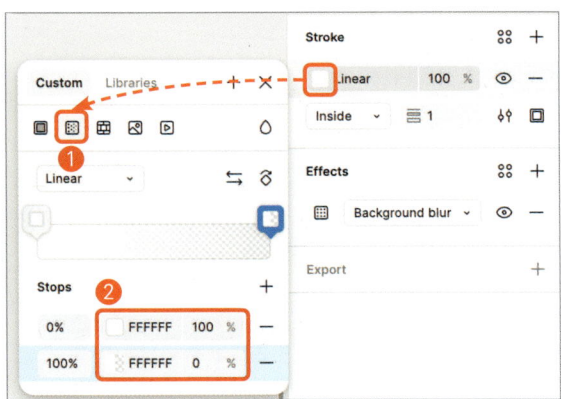 

06 ❶ 사각형의 Stroke 메뉴 앞쪽 빈공간을 클릭하면 파란색으로 선이 선택됩니다. ❷ Ctrl + D 를 누르면 같은 속성이 적용된 선이 복제됩니다. ❸ 복제된 선을 클릭해 적용된 그라데이션에서 [⇆] 버튼을 클릭하면 그라데이션 색상의 순서가 변경됩니다.

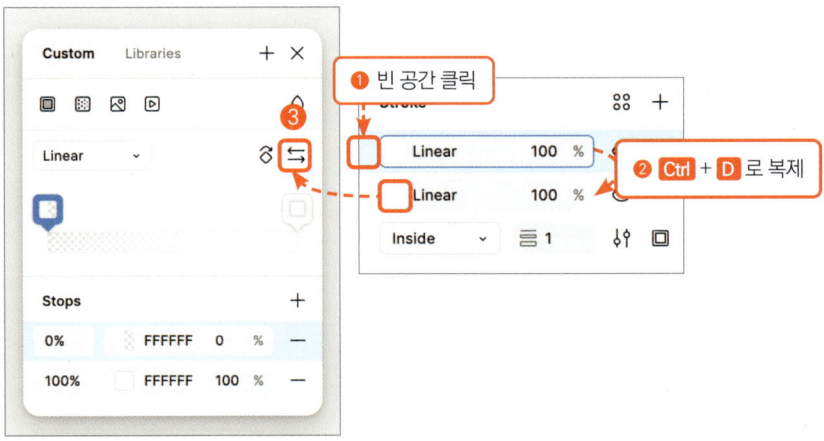

07 아래 선의 투명도를 10%로 변경하고 위의 선의 투명도를 50%로 변경해 자연스럽게 배경의 색이 나타나게 합니다.

> Glass(유리) 기능으로도 비슷한 효과를 만들 수 있습니다만 다양한 효과를 사용하는 방향으로 소개했습니다. Glass 효과로도 한 번 만들어보세요.

마스크로 입체감 더하기

배경에 있는 이미지의 일부분이 박스 위로 올라오도록 마스크를 활용해보겠습니다.

01 이미지를 복사해 사각형 박스 위로 위치시킨 후 박스의 위치를 확인하기 위해 이미지의 투명도를 30%로 변경합니다.

02 `Ctrl` + `+` 또는 `Ctrl` 을 누른 채 스크롤해 화면을 확대합니다. 펜툴을 사용해 사각형 박스 위로 올라오는 부분의 나뭇잎 모양을 그립니다. 기본으로 만들어진 선을 삭제하고 색을 채워줍니다.

그림자를 넣을 때 생길 수 있는 문제를 방지하기 위해 박스 영역보다 바깥으로 더 넓게 그려주세요.

설명의 이해를 돕기 위해 펜툴로 그린 레이어 이름은 '펜툴로 그리기'로 바꾸겠습니다.

03 ❶ '펜툴로 그리기' 레이어 위로 이미지를 올리고 두 레이어를 선택합니다. ❷ 오른쪽 마우스 클릭 후 **[Use as mask]**를 클릭해 마스크를 적용합니다. ❸ 마스크를 적용한 이미지의 투명도를 100%로 다시 변경합니다.

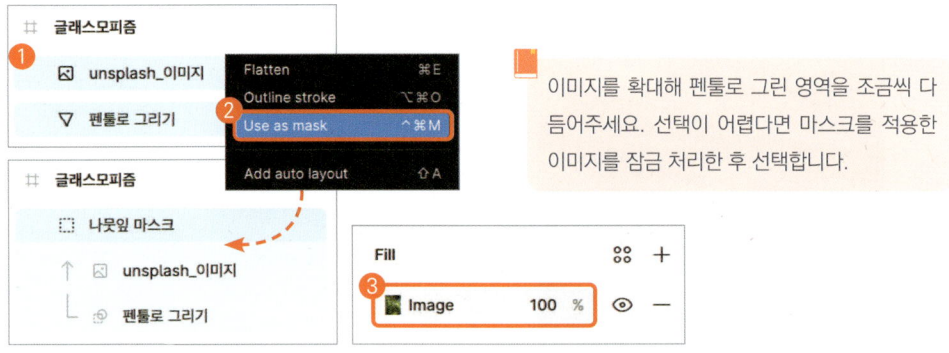

이미지를 확대해 펜툴로 그린 영역을 조금씩 다듬어주세요. 선택이 어렵다면 마스크를 적용한 이미지를 잠금 처리한 후 선택합니다.

04 나뭇잎이 박스 위에 떠있는 느낌을 살리기 위해 마스크 그룹을 선택해 그림자 효과를 적용합니다. 구체적인 설정값은 다음을 참고하세요.

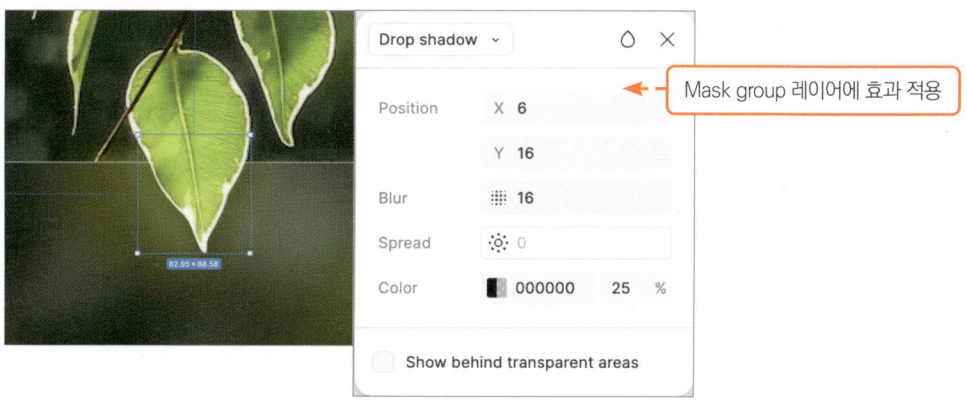

05 여기까지 잘 따라왔나요? 이제 원하는 글자를 입력해 마무리하겠습니다. 레이어 정리는 무척 중요하기 때문에 글자와 박스를 하나의 프레임 또는 그룹으로 만들어주기를 권장합니다.

Chapter 09 디자인을 풍부하게 만드는 효과와 블렌드 모드

Chapter 10
피그마의 꽃! 자동 정렬과 스타일 사용하기

디자인이 복잡해질수록 작업의 효율성이 중요해집니다. 이번 챕터에서는 피그마의 핵심 기능 중 하나인 오토 레이아웃과 스타일을 중심으로 작업 시간을 줄이고 더 깔끔한 결과물을 만드는 방법을 배워보겠습니다.

먼저 오토 레이아웃 기능을 이용해 문자나 콘텐츠를 자동으로 정렬해보고 콜라주 형식의 이미지 그리드를 만들어보는 실습을 해볼 겁니다. 반복적인 레이아웃 구성 작업을 효율적으로 처리하는 방법을 함께 익혀봅시다.

디자인할 때 자주 사용하는 색상이나 문자 서식을 미리 저장해두고 사용하는 스타일까지 배울 겁니다. 같은 속성을 반복해서 적용할 때 훨씬 편리해지고, 디자인 전체의 일관성도 자연스럽게 유지할 수 있습니다.

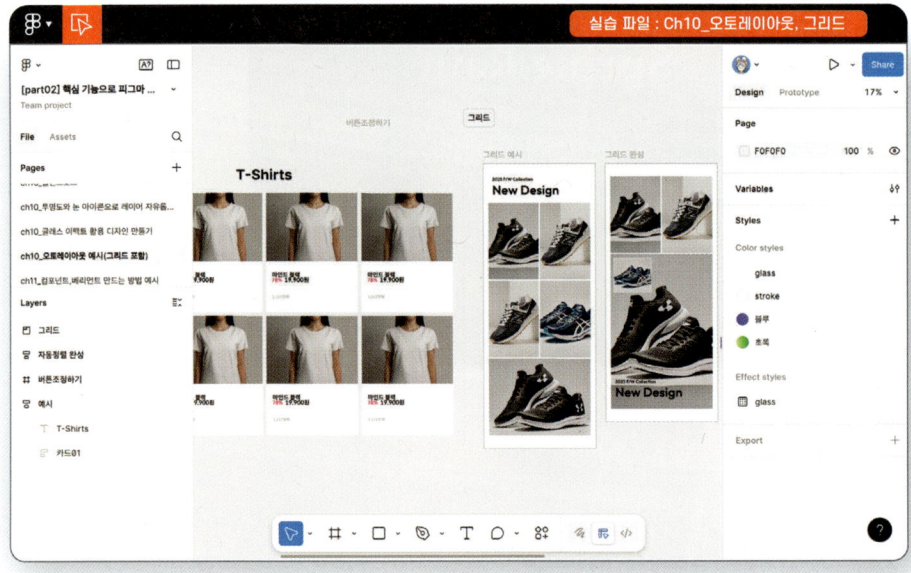

기본 오토 레이아웃으로 콘텐츠, 문자 자동 정렬하기

오토 레이아웃 Auto layout은 피그마의 핵심 기능 중 하나로 콘텐츠를 자동으로 정렬하고 깔끔하게 배치하는 기능입니다. 요소를 반복해서 나열하거나, 콘텐츠 크기 변화에 따라 자동으로 레이아웃을 바꿀 때 유용하게 사용할 수 있습니다.

오토 레이아웃 알아보기

오토 레이아웃의 핵심은 자동으로 간격, 정렬, 여백을 정리해 전체적인 디자인의 가이드를 맞춰주는 것입니다. 쇼핑몰의 카드 이미지 간격을 자동으로 정리하는 실습을 통해 오토 레이아웃을 이해해봅시다. 실습 이미지는 독자 실습 자료 링크에서 확인하세요.

- **독자 실습 자료 링크** : bit.ly/3EDdM92

01 실습 파일에서 예시 프레임 안의 '카드01'을 선택해 Ctrl + D 를 눌러 3개 복제한 후 레이어 명을 다음과 같이 '카드02' … '카드04'로 변경합니다. 같은 위치에 4개의 카드가 겹친 상태입니다.

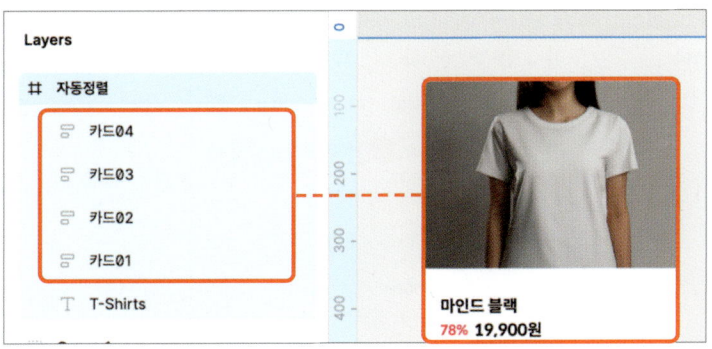

02 ❶ 전체 카드를 선택하고 오토 레이아웃을 적용합니다. ❷ 오른쪽 디자인 패널 Layout 메뉴의 버튼을 클릭하거나, 오른쪽 마우스 클릭 후 **[Add auto layout]**을 클릭해 오토 레이아웃을 적용할 수 있습니다. 적용하면 ❸ 프레임이 생기고, 프레임 속 도형이 자동으로 정렬됩니다.

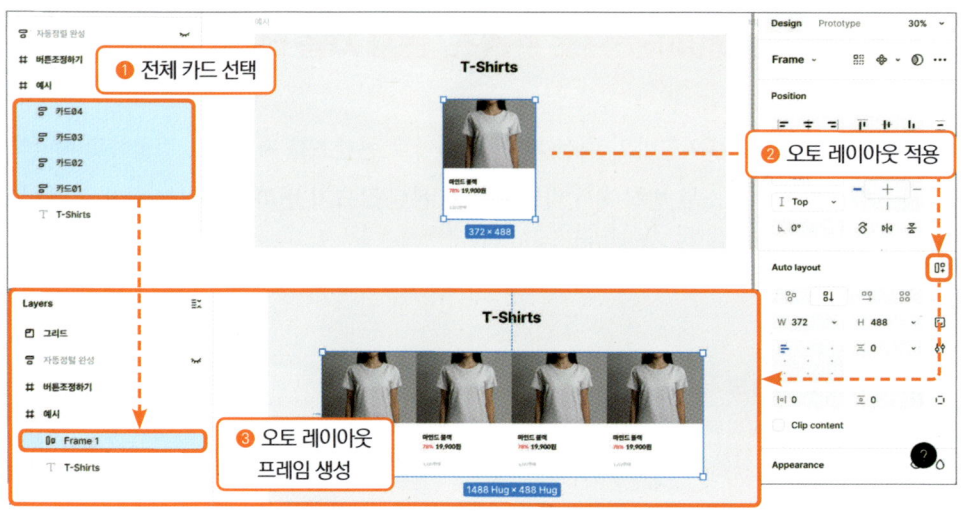

03 이제 Ctrl + D를 눌러 카드를 추가하거나 삭제해보세요. 자동으로 정렬되는 것을 확인할 수 있습니다.

04 Layout 메뉴도 Auto layout 메뉴로 바뀝니다. 각 설정값들을 간단히 살펴보겠습니다.

① 개체의 정렬 방향을 정합니다. 자유 정렬, 세로, 가로, 그리드형을 선택할 수 있습니다.

- ⠿ : 자유 정렬로 오토 레이아웃이 적용되지 않은 상태입니다.

- ⠿ , ⠿ : 세로, 가로 정렬합니다.

- ⠿ : 그리드 형태로 행과 열의 개수를 정해 정렬합니다.

- ↩ : Wrap 형태로 프레임의 크기에 따라 내부 개체가 자동으로 정렬됩니다. 반응형 디자인을 할 때 유용합니다.

❷ 개체 사이 간격을 정합니다.

❸ 프레임과 개체 사이 안쪽 여백을 설정합니다. ⃞ 버튼을 클릭하면 각 방향별 여백을 설정할 수 있습니다.

❹ 프레임 내에서 정렬할 위치를 선택합니다.

❺ 개체의 배치 순서를 변경할 수 있습니다.

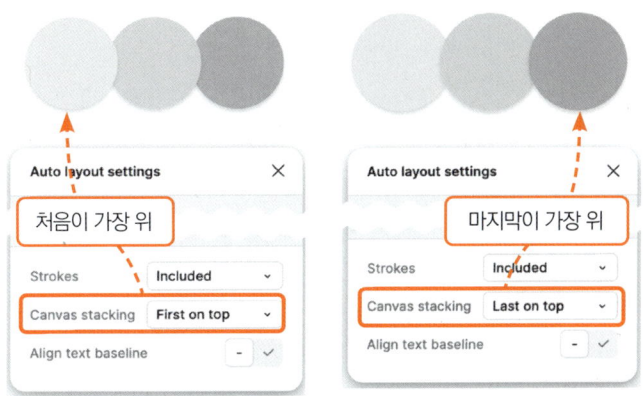

❻ 오토 레이아웃을 해제합니다. 오른쪽 마우스 클릭 후 **[Remove auto layout]**을 클릭해도 됩니다.

1분 꿀팁 오토 레이아웃 적용이 안 돼요

오토 레이아웃이 적용되지 않으면 왼쪽 레이어의 아이콘이 다음과 같은지 확인해보세요. Position 메뉴의 ⃞가 적용된 상태입니다. 이는 '오토 레이아웃 무시'라고도 부르며 오토 레이아웃의 영향을 받지 않는 기능이기 때문에 오른쪽 상단에 있는 ⃞ 버튼을 다시 클릭해서 해제하면 오토 레이아웃이 적용됩니다.

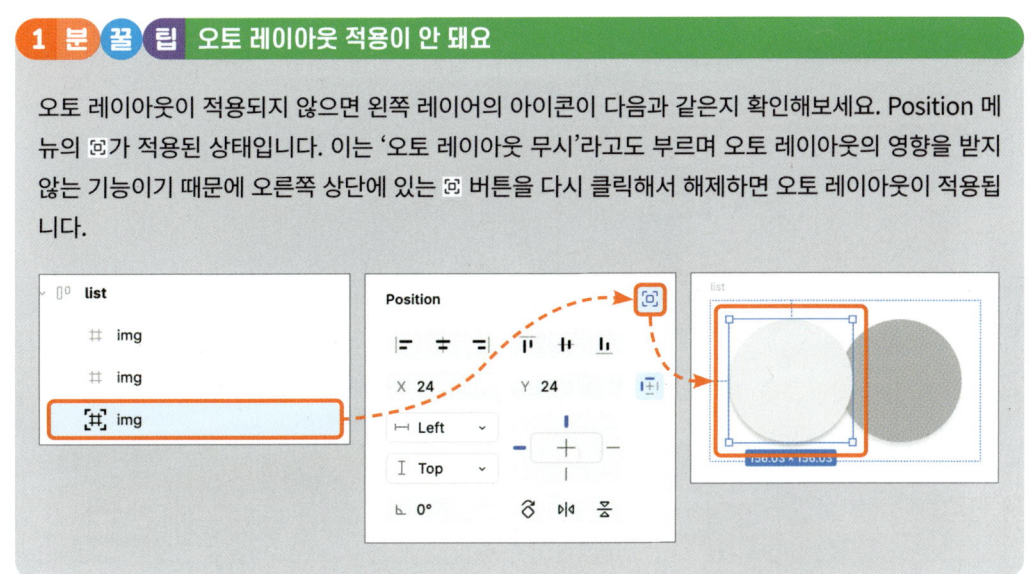

버튼 크기 자동 조정하기

글자에 오토 레이아웃을 적용하면 글상자의 크기와 여백을 자동으로 조정해, 내용이 늘거나 줄어도 레이아웃을 깔끔하게 유지할 수 있습니다. 안내문, 버튼, 카드형 디자인에 유용하게 사용할 수 있겠죠?

01 80 × 40 크기의 프레임을 만들고 프레임 안에 '버튼'이라는 글자를 입력합니다.

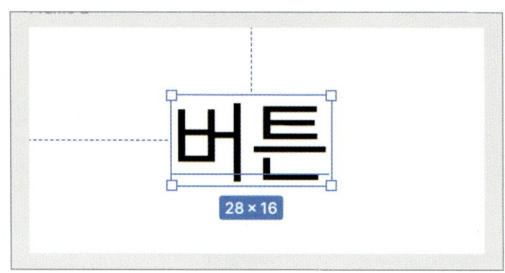

02 프레임을 선택하고 오토 레이아웃을 적용합니다. ❶ 가로, 세로의 상태가 모두 Hug로 변경됩니다. 이는 프레임의 크기가 내부 콘텐츠의 크기에 맞춰 자동으로 조정된다는 의미입니다. ❷ 글자를 4글자로 변경하니 가로 길이가 자동으로 늘어나네요.

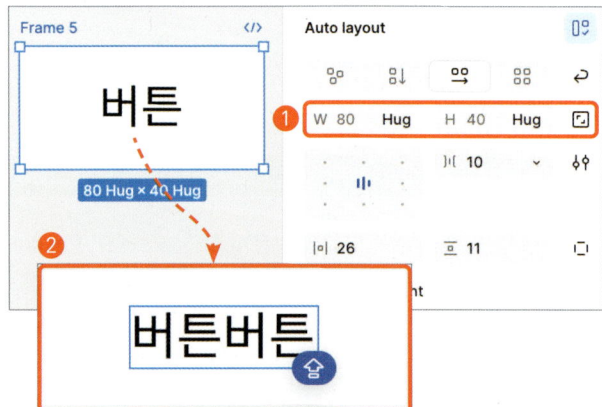

03 글자 앞에 아이콘을 추가해도 좋겠네요. 아이콘을 추가하니 높이값이 40px에서 48px로 자동 변경되었습니다.

 **오토 레이아웃 그리드로 콜라주 이미지 만들기**

2025년 5월 피그마 업데이트에서 오토 레이아웃 기능에 '그리드' 옵션이 추가되었습니다. 기존의 가로, 세로 단일 방향 배치에서 벗어나, 행과 열을 동시에 설정한 레이아웃을 구성할 수 있습니다. 이를 통해 갤러리, 대시보드, 카드형 UI 등 다양한 디자인을 더욱 쉽게 만들 수 있습니다. 실습으로 이 기능을 직접 익혀보세요.

그리드로 이미지 배열하기

01 ❶ 프레임을 그리고 오른쪽 패널에서 ❷ [0° → 88]을 클릭해 ❸ 오토 레이아웃의 그리드를 선택합니다.

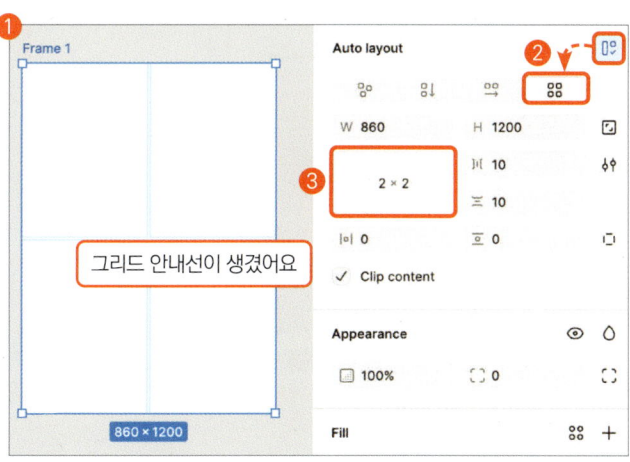

❷ ꛷ 를 클릭해 가로와 세로 행과 열의 개수를 설정할 수 있으며 크기는 동일하게 생성됩니다. 이 실습에서는 2 × 2 그리드를 유지하겠습니다.

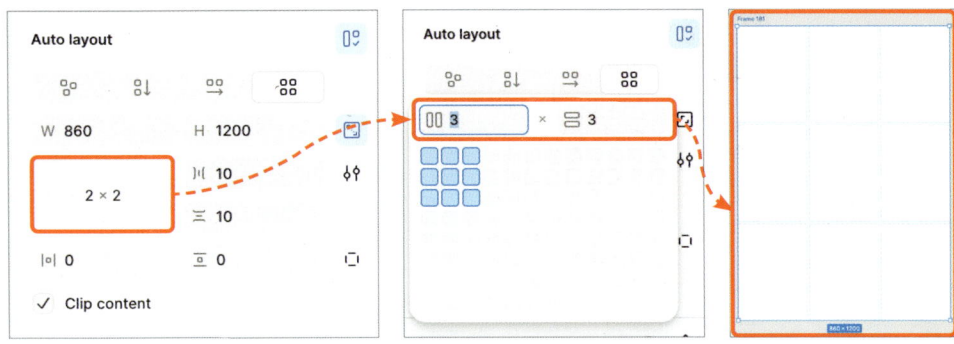

02 그리드의 열과 행 크기를 조정해보겠습니다. ❶ 프레임을 선택하면 작은 점이 나타납니다. 점 위에 마우스를 올리면 [Auto]로 변경되며 클릭하면 수치를 입력할 수 있습니다. ❷ 파란색으로 영역을 선택한 후 Delete 를 눌러 행 또는 열을 삭제하거나 드래그해 크기를 조정할 수도 있습니다.

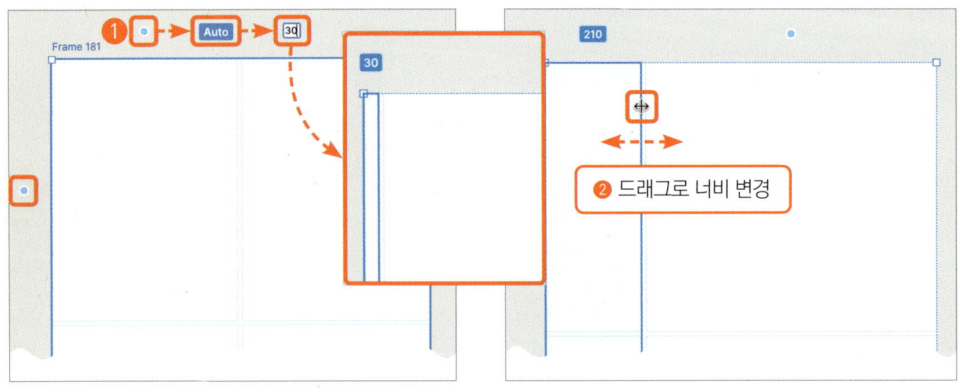

03 그리드 칸에 넣을 이미지를 드래그해 프레임 위로 올리면 파란색으로 영역이 표시되며 이미지가 삽입됩니다.

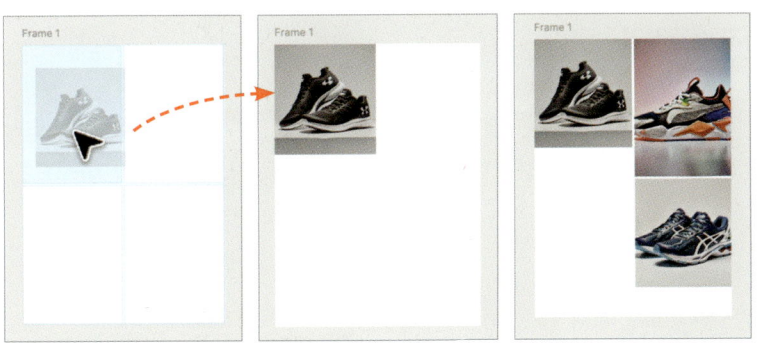

04 기본 설정은 가로 길이에 맞춰 이미지가 추가됩니다. 이미지를 좌우로 늘려가며 원하는 크기와 위치를 만들어도 되고, 세로 높이를 맞추려면 ① 버튼을 클릭해 해제한 후 ② 이미지의 높이를 클릭해 [Fill]로 변경하면 됩니다.

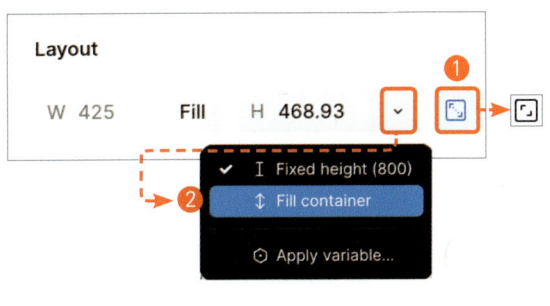

1분 꿀팁 그리드 셀에서 이미지 정렬하는 방법

이미지가 셀을 가득 채우지 않고 크기가 크거나 작으면 기본은 왼쪽 상단을 기준으로 정렬됩니다. Position 메뉴의 위치 정렬 도구를 사용해 셀 내 객체를 정렬할 수 있습니다.

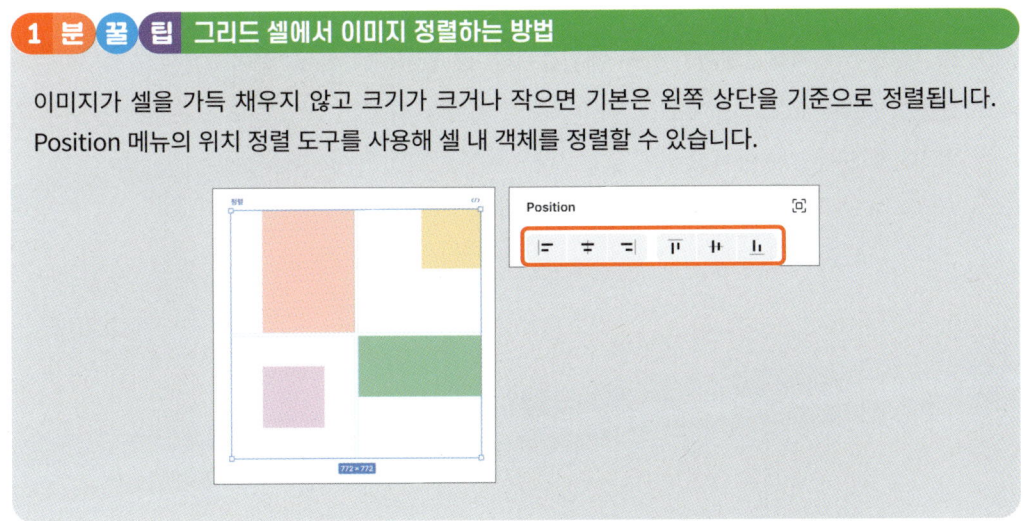

그리드로 중첩 이미지 배열하기

이번에는 중첩해서 이미지를 배치하는 실습을 해보겠습니다. 그리드와 함께 사용하면 상세페이지를 더 멋지게 구성할 수 있을 겁니다. 실습 이미지는 독자 실습 자료 링크에서 확인하세요.

- **독자 실습 자료 링크** : bit.ly/3EDdM92

01 제공된 '그리드 예시' 파일에서 ❶ 왼쪽 이미지를 더블 클릭하여 삭제하고 ❷ 오른쪽 이미지를 왼쪽으로 옮긴 후 크기를 줄입니다. 작은 이미지에 3px로 흰색 선도 추가해주세요.

02 ❶ 3행의 이미지를 2행까지 늘려 채워줍니다. ❷ 앞서 크기를 줄인 이미지를 드래그하면서 S를 누르면 오토 레이아웃을 무시한 채로 위치를 지정할 수 있습니다. ❸ 타이틀도 같은 방식으로 드래그해 이미지 위에 옮깁니다.

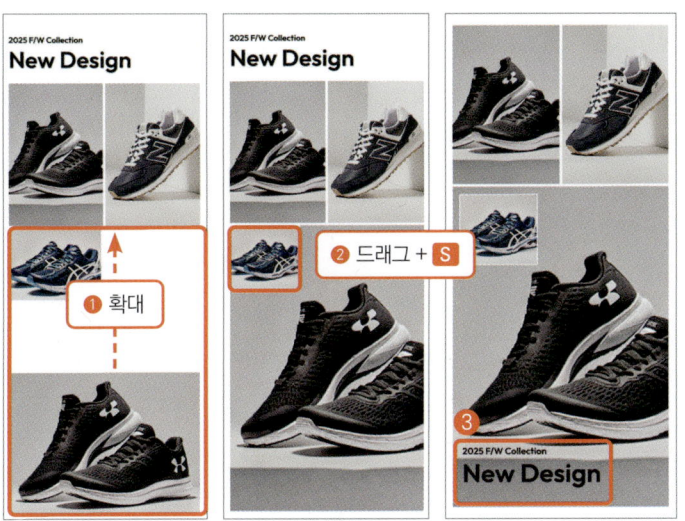

단축키 S 는 드래그한 이후에 누르세요. S 를 먼저 누르고 드래그하면 [Slice] 기능이 먼저 활성화됩니다. [Ignore auto layout] 기능은 단축키 대신 Position 메뉴의 버튼으로도 사용할 수 있습니다.

03 프레임을 늘려 반응을 살펴보면 타이틀과 작은 이미지는 왼쪽에 고정되어 있는 것을 확인할 수 있습니다. 제약 위치Constraints를 설정해 화면 크기가 바뀌었을 때 그리드 안에서 어떻게 움직일지 정해줄 수 있습니다.

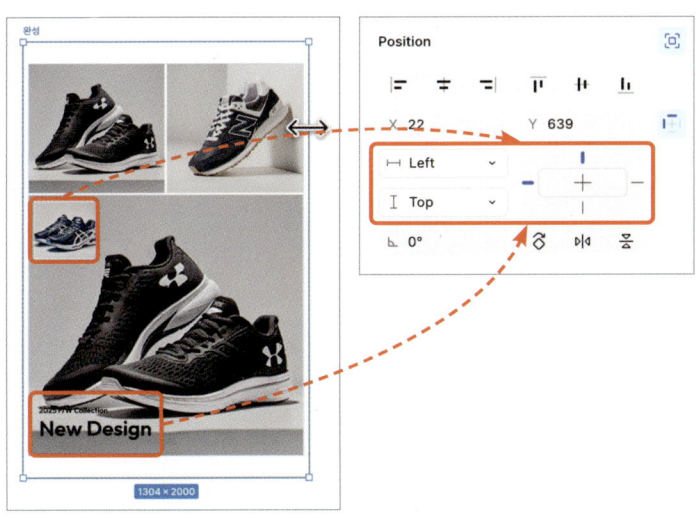

> **1분 꿀 팁** 여러 이미지를 한번에 그리드에 적용할 수 있어요

적용할 이미지 전체를 복사하고 그리드에 붙여넣으면 자동으로 각 영역에 삽입됩니다. 만약 생성한 셀보다 더 많은 이미지를 추가한다면 자동으로 행이 추가 생성됩니다.

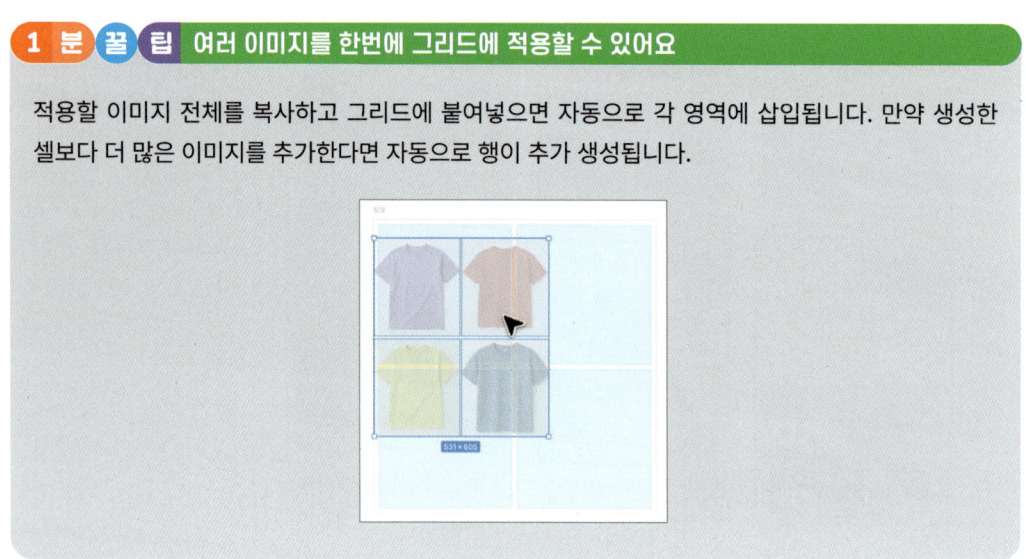

기본 자주 쓰는 색상, 서식 스타일로 설정하기

디자인에서 특정 색상을 스타일로 설정하면 어떤 위치에서든 같은 색상을 사용할 수 있어 디자인의 일관성을 유지할 수 있습니다. 적용한 색상을 변경하면 해당 색상을 사용한 모든 부분의 색이 변경되어 효율적인 작업에도 도움이 됩니다.

색상 스타일 만들고 적용하기

01 색상을 선택하고 ❶ Fill 메뉴의 ▦ 버튼을 클릭합니다. ❷ 팝업창의 [+] 버튼을 클릭해 새 스타일을 추가할 수 있습니다.

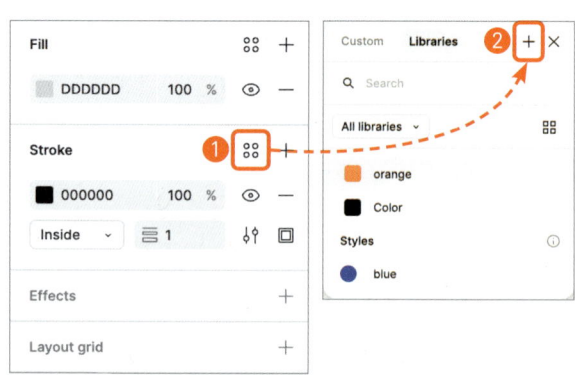

02 ① [Style] 탭을 선택하고 알아보기 쉬운 색 이름을 입력한 후 ② [Create style] 버튼을 클릭하면 스타일이 생성됩니다. Fill 영역의 색상이 저장된 이름으로 변경되었습니다.

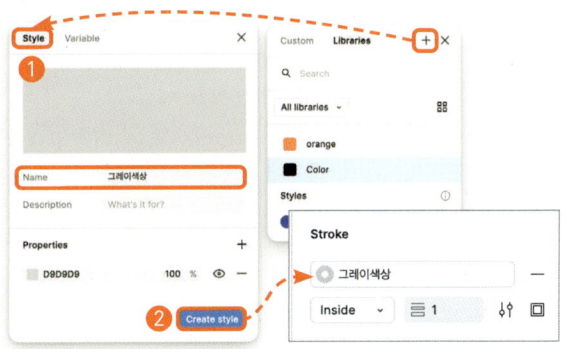

03 만든 스타일을 적용하려면 개체를 선택한 후 ① Fill 메뉴의 ▦ 버튼을 클릭해 등록한 색상 스타일을 선택하면 됩니다. 색상을 넣을 수 있는 Fill, Stroke, Selection colors에는 모두 스타일을 적용할 수 있습니다.

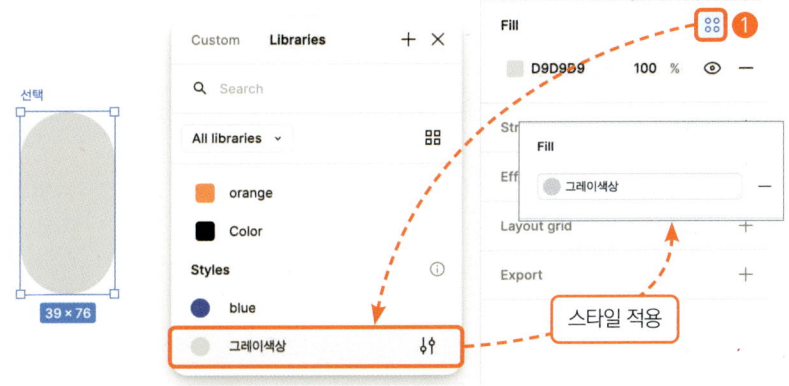

04 적용한 스타일을 제거하거나 재설정할 수도 있습니다. 스타일에 마우스를 올리면 나타나는 ▨ 버튼을 클릭하면 스타일과 연결이 해제되고 색을 변경할 수 있습니다.

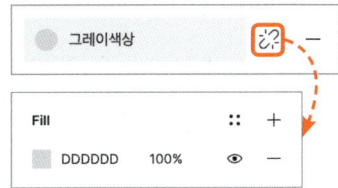

> **1분 꿀팁** Variable? 변수는 무엇인가요?
>
> 변수도 스타일과 비슷하게 자주 사용하는 값을 미리 정해놓는 기능입니다. 하지만 두 기능은 사용 용도에 따라 차이가 있습니다. 이 두 가지를 잘 활용하면 작업을 훨씬 효율적이고 체계적으로 진행할 수 있습니다.
>
> 스타일Style은 색상과 문자, 효과 등의 스타일을 설정해 사용할 수 있으며 특정 요소에만 적용할 수 있습니다. 스타일이 적용된 요소들만 변경할 수 있고 정해진 규칙에 따라 도형, 문자 배경색, 버튼 등을 만들 때 유용하게 사용할 수 있습니다.
>
> 변수Variable는 색상 뿐만 아니라 크기, 거리, 투명도 등 다양한 값을 설정할 수 있어서 스타일보다 더 다양한 속성에 적용할 수 있습니다. 변수는 개발자와 디자이너의 소통을 원활하게 하기 위해 만들어진 기능이기 때문에 우리 책에서 자세히 다루지는 않겠습니다.
>
> 디자인의 일관성을 유지하고, 반복되는 값을 효율적으로 쓰기 위해서는 스타일 기능으로도 충분할 겁니다. 피그마에 더 익숙해지면 변수 기능도 조금 더 공부해보세요.

색상 스타일 수정하기

스타일이 적용된 개체에 색상, 그라데이션, 이미지, 비디오로 속성을 수정, 변경할 수 있습니다.

01 스타일이 적용된 개체를 선택하면 오른쪽 디자인 패널에서 등록된 스타일이 나타납니다. 등록된 스타일을 클릭합니다.

02 라이브러리 팝업에서 등록된 색상에 마우스를 올리면 편집을 의미하는 ⚙ 버튼이 보입니다. 클릭하면 스타일 이름과 색상을 변경할 수 있습니다.

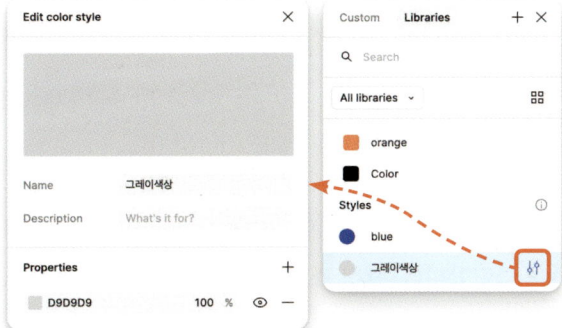

03 ❶ 색상 부분을 선택하고 색상 적용 팝업에서 ❷ 색상, 그라데이션, 이미지 등으로 수정, 변경할 수 있습니다. 별도의 저장은 필요 없고 변경 즉시 저장됩니다. 이렇게 스타일을 수정하면 해당 스타일을 적용한 모든 개체의 색상을 한 번에 바꿀 수 있습니다.

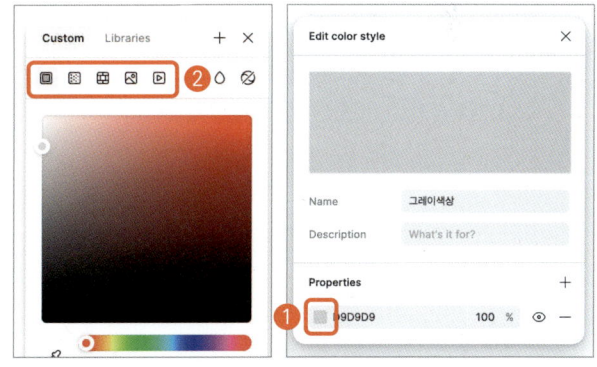

1분 꿀팁 | 등록한 스타일은 어디서 확인할 수 있나요?

작업 영역의 빈 공간을 클릭하면 오른쪽 패널의 Styles 메뉴에서 등록한 색상 스타일을 확인할 수 있고 ❶ 추가, ❷ 수정도 할 수 있습니다.

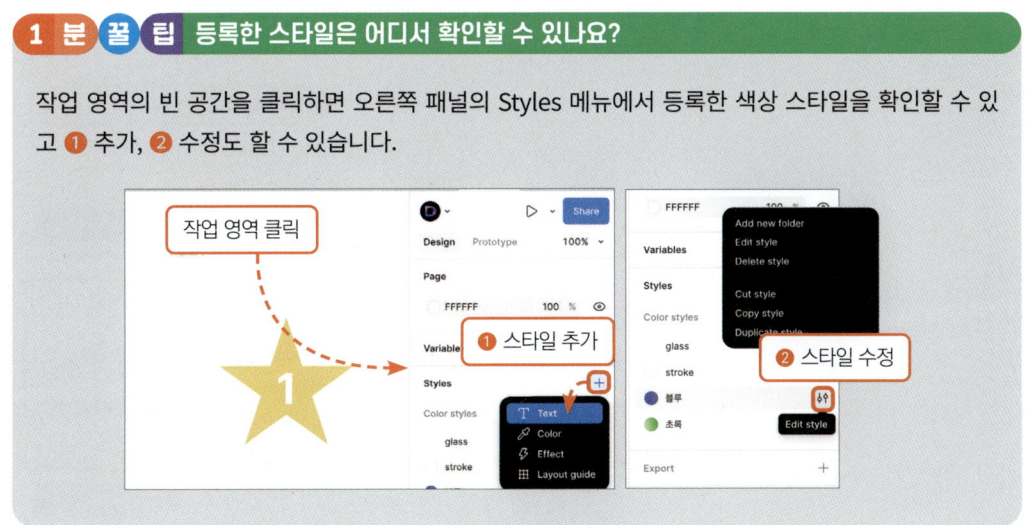

자주 쓰는 문자 스타일 고정해서 사용하기

자주 사용하는 문자의 글꼴과 크기, 색상을 스타일로 관리해 같은 결과물을 빠르게 만들 수 있습니다. 카드 뉴스처럼 일정한 스타일을 반복 사용할 때 활용하면 좋은 기능입니다.

01 ① 문자에 원하는 서식을 적용하고 해당 레이어를 선택한 뒤 ② Typography 메뉴의 ⋮⋮ 을 클릭합니다. ③ 팝업창의 [+] 버튼을 클릭합니다. 색상 스타일을 설정하는 과정과 똑같죠?

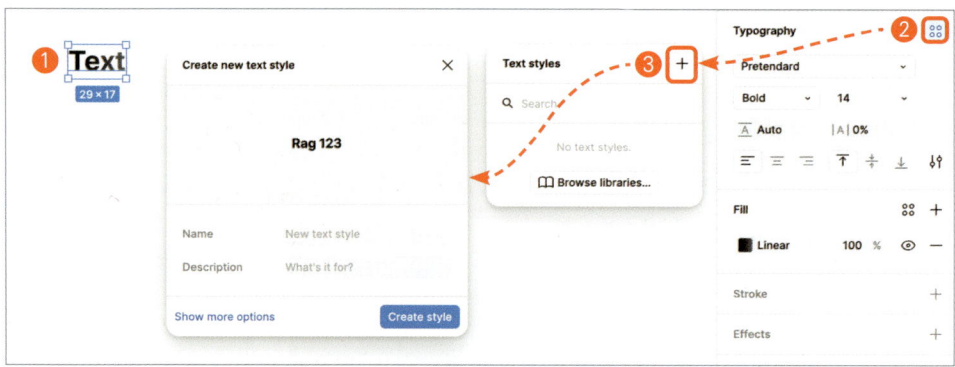

02 ① 스타일 이름을 입력한 후 ② [Show more options]를 클릭해 등록할 문자의 설정값을 확인합니다. ③ [Create style]을 클릭하면 문자 스타일이 생성됩니다.

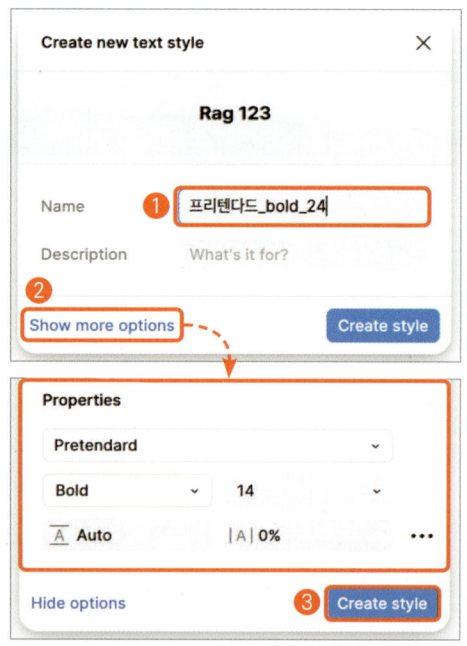

03 만든 스타일을 적용하는 방법 또한 앞서 색상 스타일 적용, 수정 과정과 유사하니 직접 실습해보길 바랍니다.

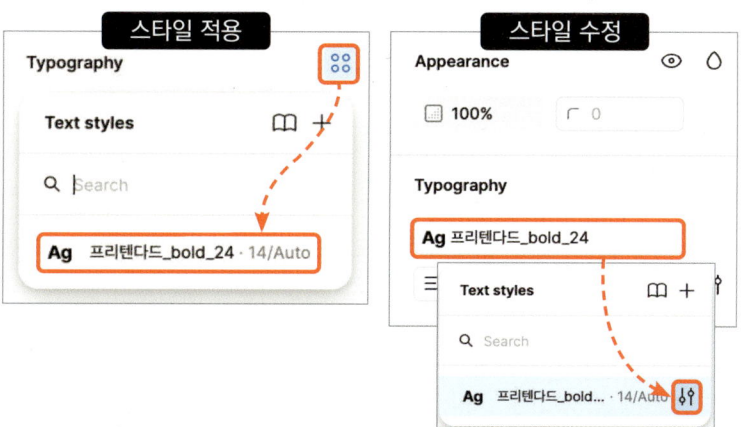

> **1분 꿀팁 스타일 수정은 신중하게?**
>
> 스타일을 등록해 사용하면 글꼴, 크기, 색상 등을 고민하지 않고 일관된 결과물을 만들어낼 수 있기 때문에 빠르고 효율적으로 작업할 수 있습니다. 하지만 스타일을 수정하면 적용한 곳의 스타일이 모두 변경되기 때문에 주의해야 합니다. 스타일의 명칭을 정할 때도 알아보기 쉽게 등록해 관리할 수 있도록 해주세요.

Chapter 11
컴포넌트로 흩어진 디자인 한 번에 수정하기

디자인을 하다 보면 같은 요소를 여러 곳에 반복해서 쓰는 경우가 많습니다. 그럴 때마다 일일이 수정하면 시간도 오래 걸리고 실수도 생기기 쉽죠. 이번 장에서는 이런 문제를 한 번에 해결할 수 있는 피그마의 강력한 기능, 컴포넌트를 배워봅니다.

컴포넌트는 반복되는 디자인 요소를 하나로 묶어두고, 이를 복제한 인스턴스에서 변경 사항을 자동으로 반영할 수 있게 도와줍니다. 덕분에 흩어진 디자인도 한 번에 관리하고 수정할 수 있죠.

또한 컴포넌트에 베리언트를 설정하면, 버튼이나 카드 같은 요소의 다양한 상태나 버전을 하나의 세트로 묶어 더욱 유연하게 활용할 수 있습니다.

실습에서는 카드 뉴스 디자인을 예제로 사용해, 실제로 수정이 편한 구조를 만들어보고 컴포넌트의 진가를 직접 체험해보도록 하겠습니다.

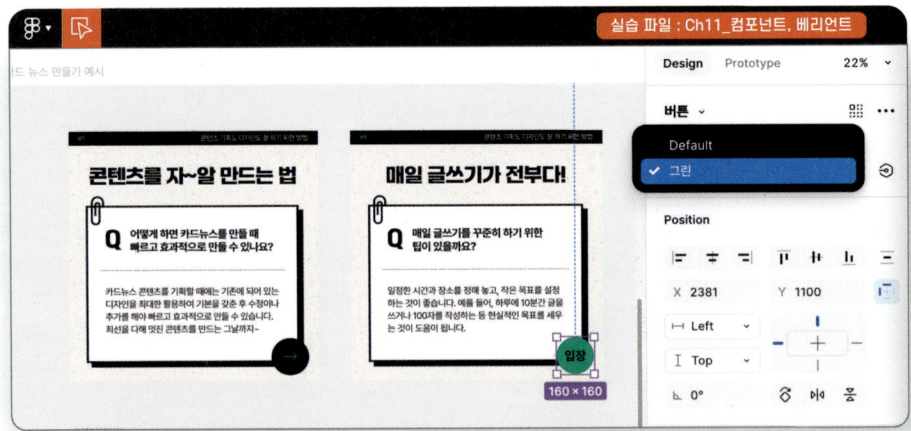

기본 컴포넌트와 인스턴스 이해하기

버튼이나 카드 같은 요소를 매번 새로 만들면 많은 시간이 걸릴 겁니다. 컴포넌트^{Component}는 이런 문제를 해결하는 기능으로 한 번 만든 요소를 재사용하고 수정도 한 번에 처리할 수 있습니다. 연결된 모든 요소가 자동으로 업데이트되기 때문에 디자인을 일관되게 관리하면서 작업 효율도 높일 수 있는 피그마 필수 기능 중 하나입니다.

컴포넌트와 인스턴스

컴포넌트가 디자인의 원본이라면 인스턴스는 복사본입니다. 컴포넌트를 부모, 인스턴스를 자식이라고 쉽게 표현하기도 하는데요. 컴포넌트를 수정하면 연결된 인스턴스에 자동으로 반영이 되어 디자인이 여기저기 흩어져 있더라도 동일하게 수정이 반영됩니다.

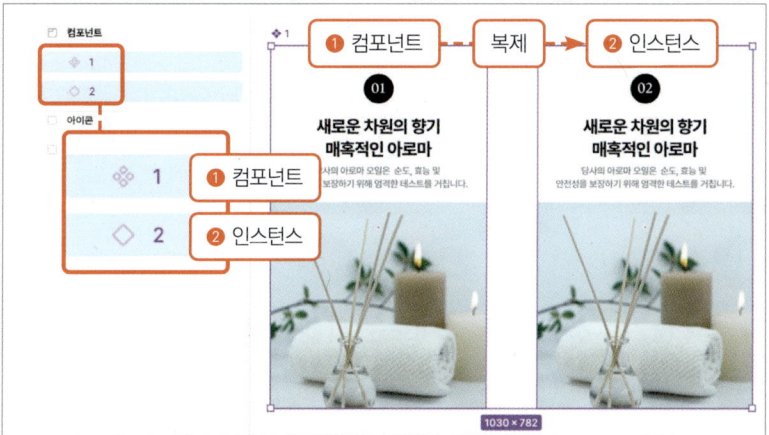

❶ 컴포넌트는 ❖ 아이콘으로 표시합니다. 원본을 수정하면 연결된 인스턴스가 모두 바뀝니다.

❷ 인스턴스는 컴포넌트를 복사하면 생성됩니다. ◇ 아이콘으로 표시합니다. 개별 수정을 할 수 있지만 인스턴스에서 수정한 부분은 컴포넌트에 반영되지 않습니다.

컴포넌트 만들기

컴포넌트로 만들 레이어를 준비하거나 실습 자료의 예시를 이용해서 직접 만들어봅시다. 단일 컴포넌트를 만드는 방법과 여러 개의 컴포넌트를 한 번에 만드는 방법을 알아보겠습니다.

01 컴포넌트로 만들 레이어를 선택하고 오른쪽 마우스 클릭 후 [Create component]를 클릭하거나 ❶ 오른쪽 상단 아이콘을 클릭합니다. ❷ [··· → Create component]를 클릭해 적용할 수도 있습니다.

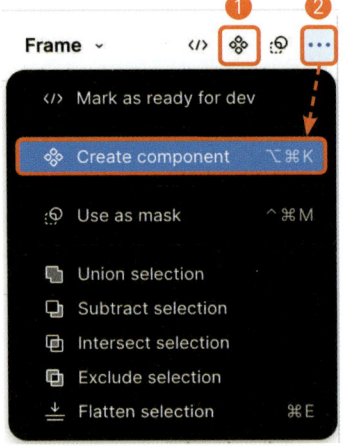

컴포넌트가 만들어지면 프레임의 색이 보라색으로 변하고 아이콘이 생깁니다.

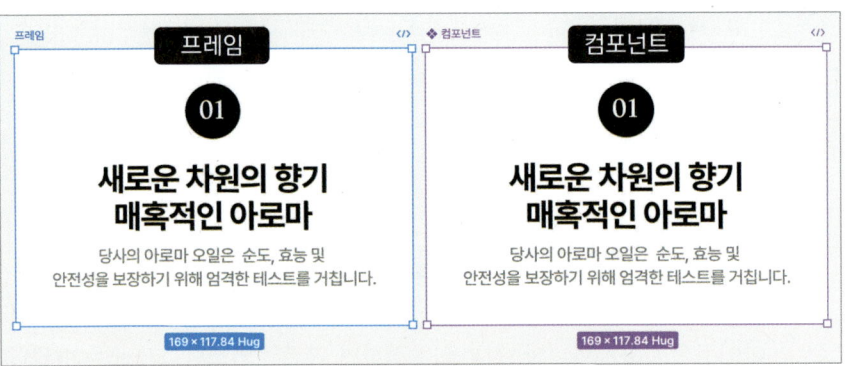

02 여러 개의 개별 컴포넌트를 한 번에 만들 수도 있습니다. 여러 그룹이나 프레임을 선택하고 오른쪽 상단 [Create multiple components]를 적용하면 각각 컴포넌트가 만들어집니다.

[Create multiple components]를 활용해야 각각의 개체를 컴포넌트로 만들 수 있습니다. 아이콘과 이름을 잘 확인해주세요.

03 생성한 컴포넌트는 왼쪽 패널 [Assets] 탭에서 한 번에 확인할 수 있습니다.

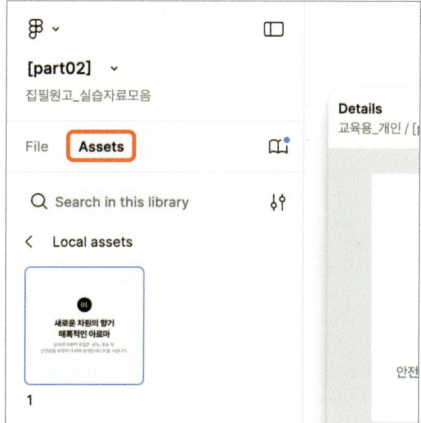

Chapter 11 컴포넌트로 흩어진 디자인 한 번에 수정하기

> **1분 꿀팁** 컴포넌트에 설명을 추가할 수 있어요!

작업을 공유하거나 사용 범위 작성 등 컴포넌트 설명과 링크를 추가할 수 있습니다. 오른쪽 패널의 버튼을 클릭해서 내용을 작성할 수 있습니다.

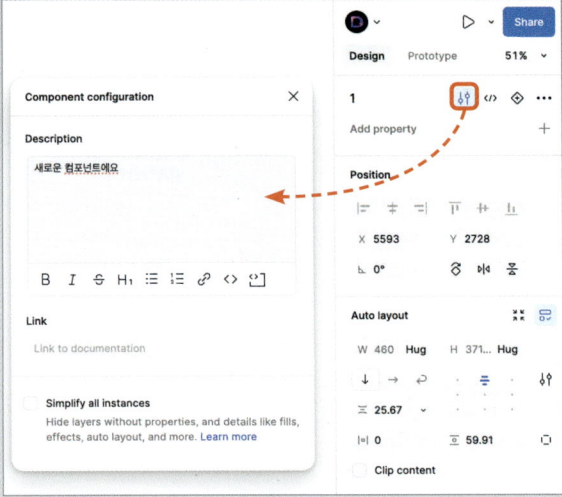

추가한 설명과 링크는 다양한 위치에서 확인할 수 있습니다. ❶ Assets 탭에서 컴포넌트를 클릭해 확인할 수 있으며 ❷ 인스턴스를 선택했을 때 오른쪽 패널에 확인할 수도 있습니다.

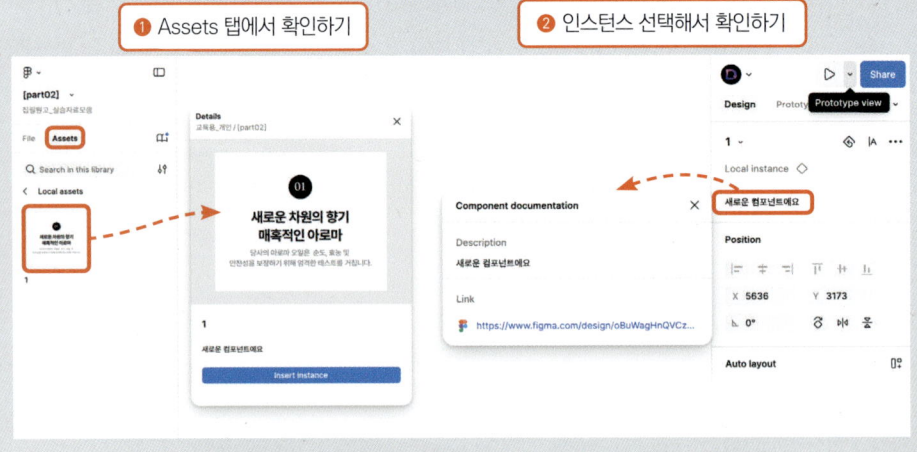

베리언트로 다양한 버전의 디자인 만들기

베리언트Variant는 컴포넌트와 함께 사용하는 기능으로, 하나의 컴포넌트를 다양한 상황에 맞게 변형할 수 있도록 도와줍니다. 디자인의 일부 색상, 크기, 문자만 다르게 설정해 시즌별 캠페인이나 A/B 테스트, 언어별·제품별 다양한 버전의 디자인을 손쉽게 만들 수 있습니다. 앞에서 만든 컴포넌트, 또는 여러분의 컴포넌트를 준비해주세요. 컴포넌트를 활용해 베리언트를 만드는 방법을 살펴보겠습니다.

베리언트 만들기

01 컴포넌트를 선택하고 ❶ 오른쪽 패널 상단의 ◇ 버튼을 클릭하면 ❷ 컴포넌트의 또 다른 버전인 베리언트가 생성되며 두 베리언트를 묶는 점선이 생깁니다. ❸ 오른쪽 패널에 속성을 선택할 수 있는 옵션이 나타납니다. ❹ 컴포넌트를 클릭하면 아래에 나타나는 **[+]** 버튼을 누르거나 `Ctrl` + `D`를 누르면 베리언트를 추가할 수 있습니다.

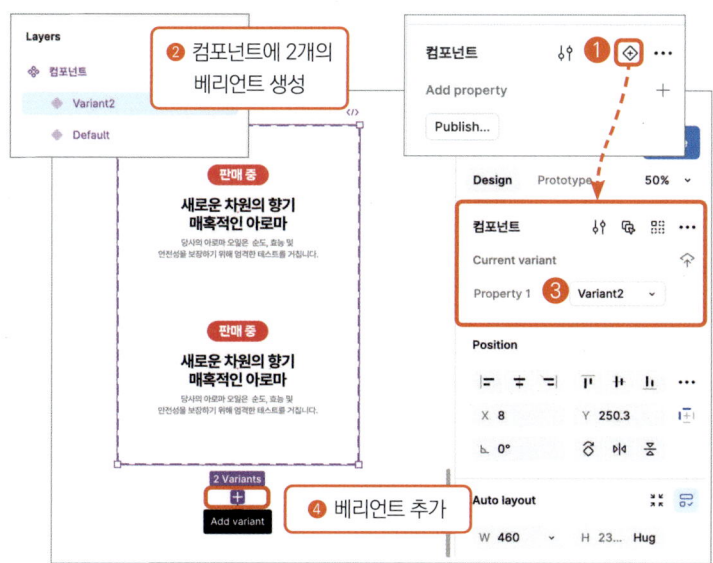

02 ❶ 사용할 속성에 대한 이름과 ❷ 알기 쉬운 상태 값의 이름을 입력합니다. 각 이름을 클릭하면 바로 수정할 수 있습니다.

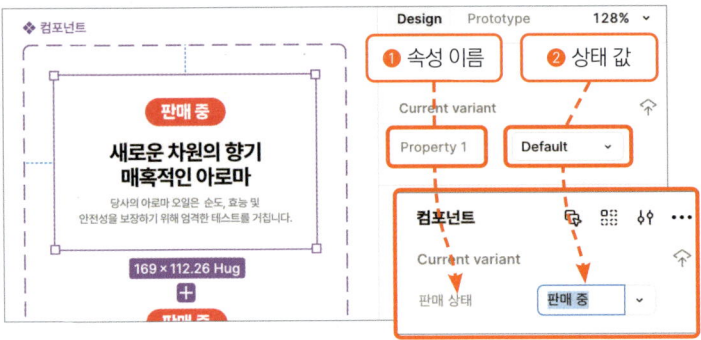

03 이제 새로 생성된 베리언트의 ❶ 판매 상태 문구를 다음과 같이 수정하고 ❷ 상태 값을 변경해봅시다. 오른쪽 패널 상단에서 이름을 변경합니다.

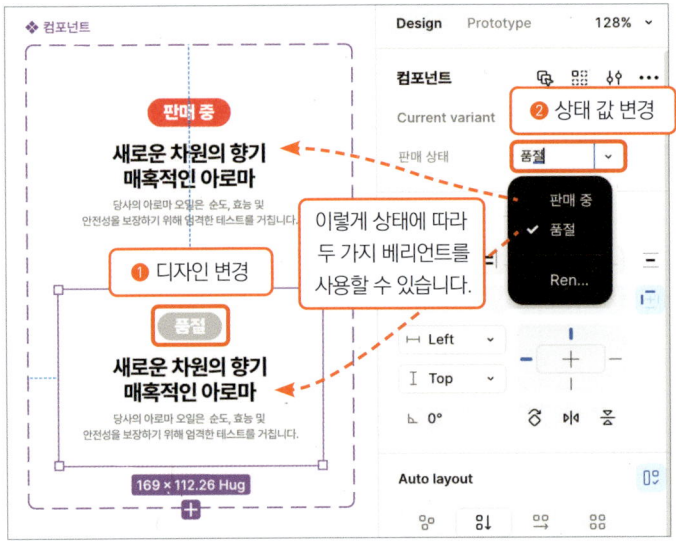

04 ❶ 인스턴스를 만들려면 Alt 를 누르고 마우스로 드래그하면 됩니다. ❷ 앞서 이름을 수정했던 판매 상태를 [품절]로 변경하면 인스턴스의 베리언트 속성을 바꿀 수 있습니다.

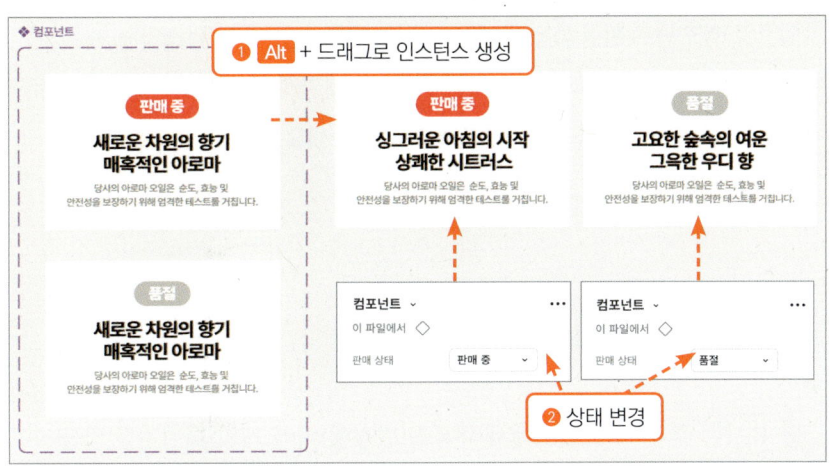

1분 꿀팁 멀티 편집으로 베리언트 한 번에 수정하기

베리언트를 선택하면 오른쪽 패널에 아이콘이 나타납니다. 이 아이콘을 클릭하면 해당 컴포넌트에 속한 모든 베리언트가 선택되어 디자인을 빠르게 수정할 수 있습니다. 아이콘이 활성화되면 모든 컴포넌트가 선택 상태로 유지되므로, 작업이 끝난 후 필요 없을 때는 다시 클릭해 선택을 해제합니다.

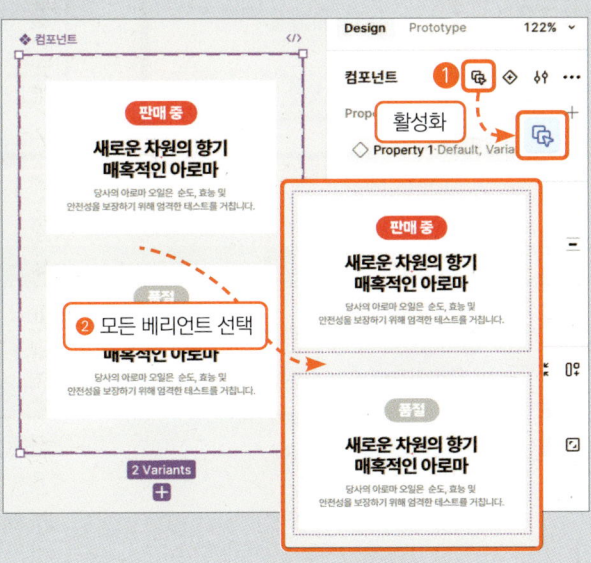

Chapter 11 컴포넌트로 흩어진 디자인 한 번에 수정하기

 **연습** **수정하기 편한 카드 뉴스 디자인 만들기**

카드 뉴스 디자인으로 컴포넌트 활용하는 방법을 익혀보겠습니다. 카드 뉴스처럼 제목, 서체 등이 반복 사용되는 콘텐츠는 컴포넌트로 만들어두면 디자인의 일관성을 유지하며 효율적으로 작업할 수 있습니다. 실습 이미지는 독자 실습 자료 링크에서 확인하세요.

- **독자 실습 자료 링크** : bit.ly/3EDdM92

카드 뉴스로 컴포넌트와 인스턴스 활용하기

01 컴포넌트를 복사한 후 각 인스턴스에서 내용을 변경해 여러 개의 페이지를 만들 수 있습니다. 컴포넌트의 색상이나 서체를 변경하면 인스턴스에 일괄 적용됩니다. 일관된 레이아웃을 유지한 채 다양한 디자인의 카드 뉴스를 만들어야 할 때 활용해보세요.

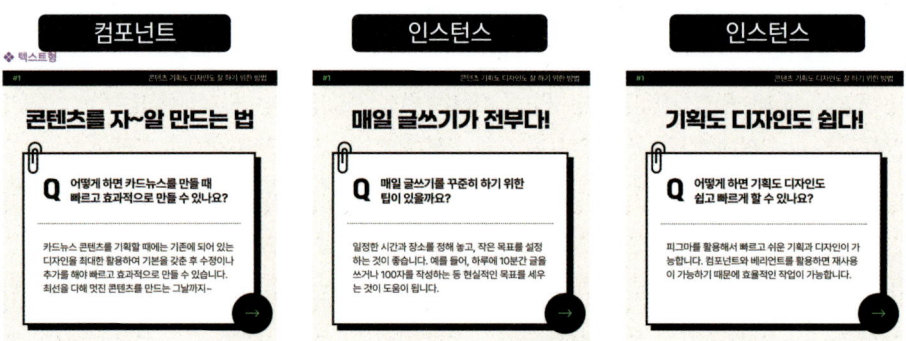

1 분 꿀 팁 잘못해서 컴포넌트를 삭제했어요

컴포넌트를 삭제해도 인스턴스는 삭제되지 않습니다. 인스턴스가 있다면 다음 오른쪽 패널 상단 [Restore Component]를 선택하거나 오른쪽 마우스 클릭 후 [Main component → Restore main component]를 눌러 컴포넌트를 복원할 수 있습니다.

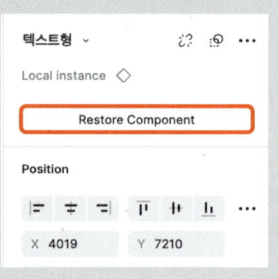

02 이제 베리언트를 활용해서 카드 뉴스에 버튼 두 종류를 적용해보겠습니다. 카드 뉴스 만들기 예시 프레임의 버튼 이미지를 선택하고 ✥ 버튼을 클릭해 컴포넌트를 만듭니다. 이어서 같은 위치의 ◇ 버튼을 클릭해 베리언트를 만듭니다.

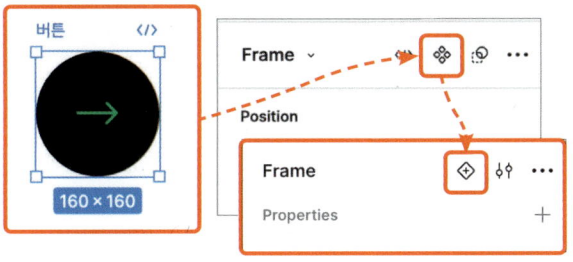

03 ❶ 복사한 베리언트의 색상을 #00D092로 변경하고 아이콘 대신 글자를 입력합니다. '입장'이라고 입력해보겠습니다.
❷ 베리언트 이름을 정리합니다.

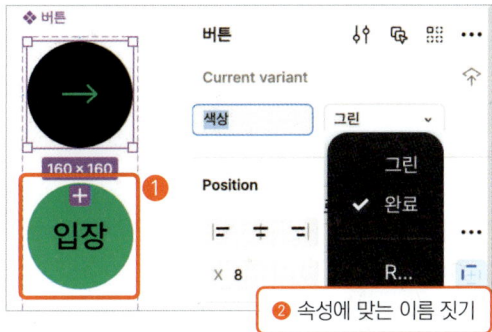

❷ 속성에 맞는 이름 짓기

04 [Alt]+드래그로 버튼의 인스턴스를 만들어 ❶ 카드 뉴스 레이어 중 컴포넌트의 오른쪽 하단으로 옮깁니다. ❷ 카드 뉴스를 복사한 후 ❸ 콘텐츠 내용과 버튼 속성을 변경해 완료합니다.

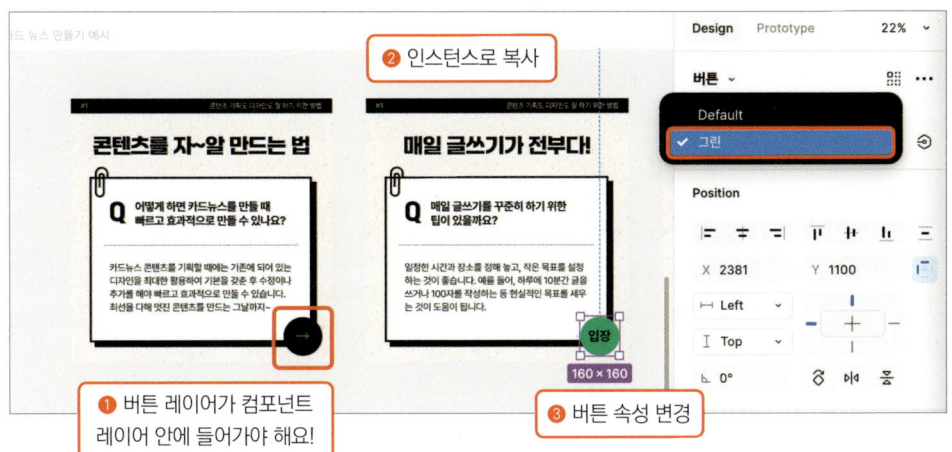

Chapter 11 컴포넌트로 흩어진 디자인 한 번에 수정하기

> **1분 꿀팁** 컴포넌트와 인스턴스를 일반 프레임으로 되돌릴 수 없나요?

컴포넌트는 일반 프레임으로 되돌리려면 플러그인을 사용해야 합니다. 'Detach Component' 플러그인을 추천합니다.

인스턴스를 일반 프레임으로 바꾸려면 다음과 같이 오른쪽 패널 상단 아이콘을 클릭하거나, 오른쪽 마우스 클릭 후 [Detach instance]를 클릭하면 됩니다. 인스턴스를 분리할 때 사용하며, 분리하고 나면 컴포넌트의 수정이 인스턴스에 반영되지 않습니다.

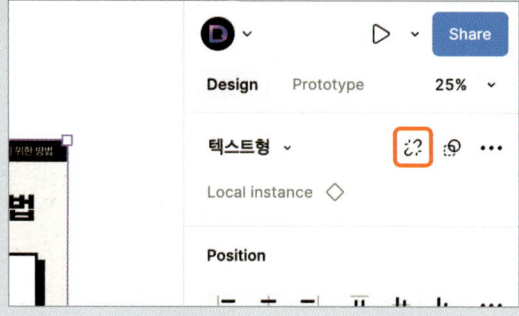

Chapter 12
디자인 끝까지 프로처럼 마무리하기

피그마로 디자인을 마치고 레이어를 보기 좋게 정리하면 협업자에게 전달할 때도, 스스로 다시 사용하기 위해 열어볼 때도 훨씬 편리합니다. 이번 장에서는 피그마로 만든 작업을 깔끔하게 마무리하는 방법을 알아봅니다.

우선 작업 중에 복잡해진 레이어를 단축키로 빠르게 정리하는 방법부터 시작해볼 겁니다. 잘 안 보이던 요소도 쉽게 찾을 수 있고, 나중에 다시 수정할 때도 훨씬 수월해집니다. 요소를 빠르게 선택하는 방법을 익히면 작업 속도도 훨씬 빨라질 겁니다.

복잡한 레이어로 구성된 도형을 하나의 레이어로 합치는 과정도 알아볼 겁니다. 불필요한 수정을 막고 파일도 가볍게 관리할 수 있습니다. 이메일로 보내거나 문서에 넣을 때도 훨씬 편리하죠.

마지막으로 파일의 첫 화면을 보기 좋게 꾸미는 '파일 커버' 설정까지 알아보겠습니다. 사소한 부분이지만 보는 사람에게 깔끔하고 정돈된 인상을 줄 수 있습니다.

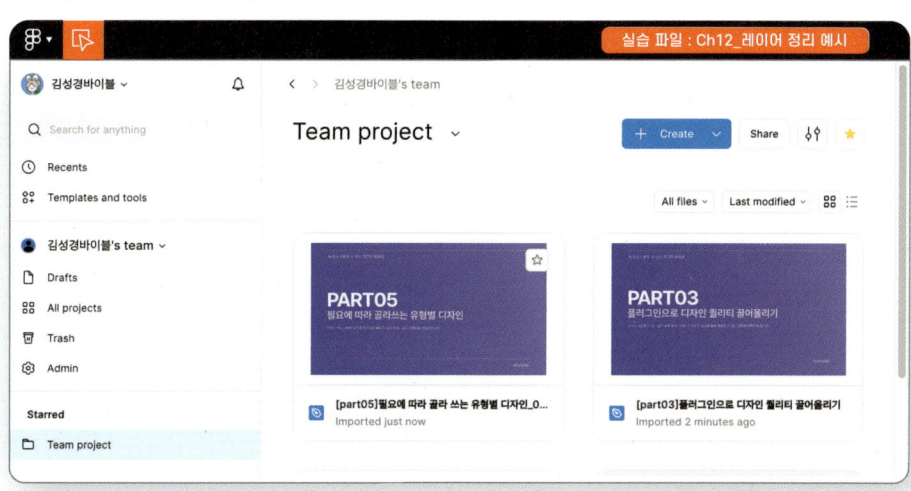

기본 단축키로 레이어 정리하기

피그마에서 레이어 정리는 디자인이 복잡할수록 더 중요합니다. **레이어 정리의 핵심은 흩어진 레이어를 그룹 또는 프레임으로 묶어 명확한 이름을 넣어주는 겁니다.** 다음 예시를 보면 똑같은 배너 이미지가 프레임으로 묶여 있습니다. 차이는 레이어에서 찾아볼 수 있습니다.

❶은 프레임 이름이 없어 어떤 작업인지 알 수 없고, 레이어가 규칙 없이 길게 나열되어 있어 필요한 부분만 선택하기 무척 불편합니다. 디자인을 재사용하거나 다른 사람과 함께 작업하기 어려울 것 같죠. 반면에 ❷는 정확한 프레임 이름이 있어 파악하기 쉽고 내부 레이어가 정리되어 있습니다. 이번에는 레이어 정리에 유용하게 사용할 수 있는 단축키를 소개하겠습니다.

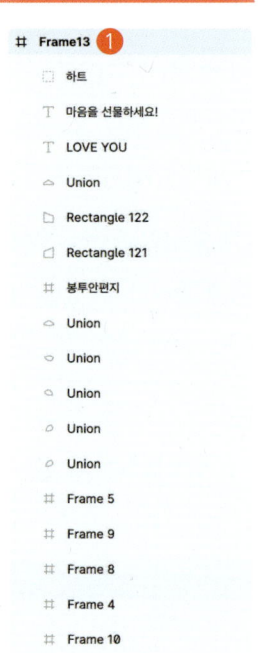

Ctrl + [클릭] 그룹 또는 프레임 내부 개체 선택하기

개체를 클릭하면 최상위 레이어가 선택됩니다. 원하는 개체를 선택하기 위해 더블 클릭으로 찾아 들어갈 수도 있지만 개체가 그룹이나 프레임에 겹겹이 쌓여 있으면 여러 번 클릭해야 해서 불편합니다. 이때 Ctrl 을 누른 채 원하는 요소를 클릭하면 한 번에 선택할 수 있습니다. 다음 이미지는 안쪽 글자를 선택하는 예시입니다.

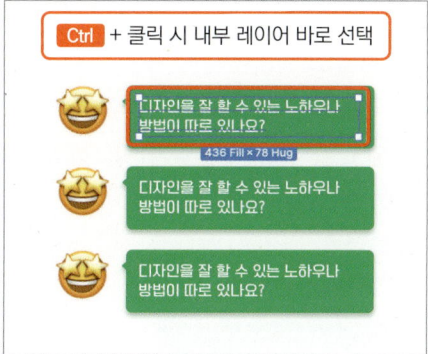

Shift + [클릭] 여러 개체 선택하기

❶ 개체 하나를 선택하고 Shift 를 누른 상태에서 다른 개체를 선택하면 여러 개체를 동시에 선택할 수 있습니다. ❷ Ctrl + Shift 를 누르고 클릭하면 원하는 부분의 개체를 여러 개 선택할 수 있습니다.

`Ctrl` + `Alt` + `A` 같은 개체 선택하기

개체를 선택하고 `Ctrl` + `Alt` + `A` 를 누르면 같은 개체가 선택됩니다. 오른쪽 디자인 패널 상단의 버튼을 클릭해도 됩니다. 이때 일치하는 객체를 선택하려면 레이어 이름, 부모 프레임, 레이어의 구조가 같아야 합니다.

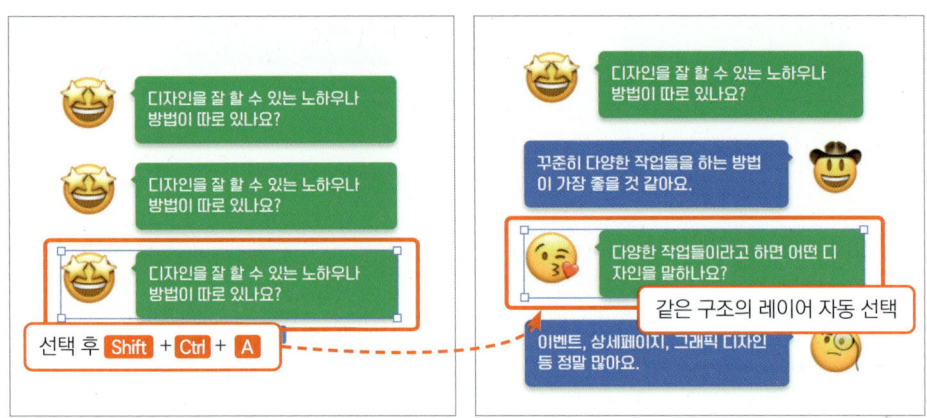

앞서 소개한 단축키 외에도 레이어 정리할 때 유용하게 쓸 수 있는 단축키를 몇 가지 더 소개합니다.

- 전체 선택 : `Ctrl` + `A`
- 뒤로 / 앞으로 이동 : `Ctrl` + `[` , `Ctrl` + `]`
- 맨 뒤로 / 맨 앞으로 이동 : `,`
- 이름 변경 : `Ctrl` + `R`

 복잡한 레이어 하나의 이미지로 합치기

복잡한 레이어를 단순한 이미지로 합치면 파일 크기가 작아지고 작업 속도가 빨라집니다. 여러 레이어로 구성된 배경이나 효과를 하나의 이미지로 합치거나, 로고, 아이콘 같은 디자인을 하나의 레이어로 정리하면 실수로 모양이 변형되는 것을 방지할 수도 있죠.

아이콘 레이어 하나로 합치기

01 다음과 같이 선 세 개와 원 세 개로 도형을 그리고 준비해주세요. 아이콘을 예시로 레이어를 합칠 때 유의할 점을 살펴보겠습니다.

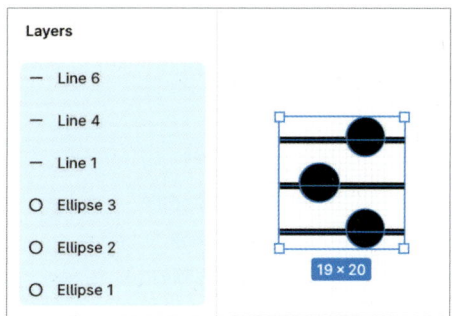

02 Shift 를 누른 채로 선만 선택해 **[Outline stroke]**으로 선을 벡터화합니다. 선을 면으로 만드는 작업입니다.

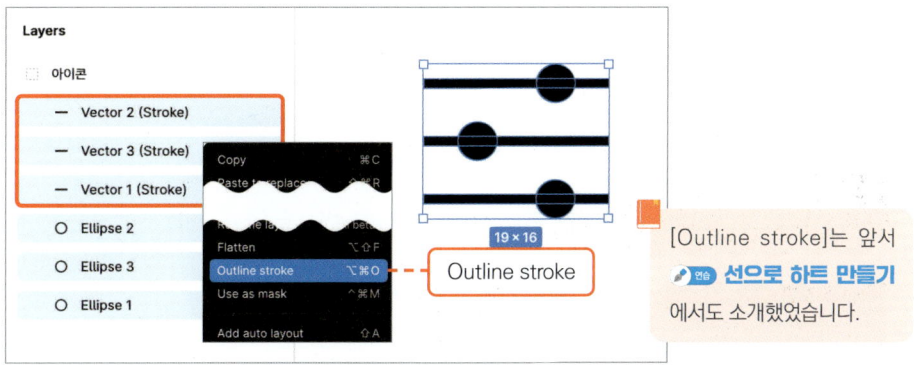

[Outline stroke]는 앞서 **선으로 하트 만들기**에서도 소개했었습니다.

> **1분 꿀팁 선과 면이 뭐가 다른 건가요?**
>
> 선과 면의 차이를 조금 더 자세히 설명하면 다음과 같습니다. Layout 메뉴에서 선은 너비 W만 있고 높이 H가 없는 반면 면인 사각형은 너비와 높이를 모두 값으로 조절할 수 있습니다. 선의 높이는 Stroke 메뉴의 선 두께로 조절합니다. 색상도 선은 Stroke 메뉴의 색상으로, 면은 Fill 메뉴의 색상으로 지정합니다.

Chapter 12 디자인 끝까지 프로처럼 마무리하기

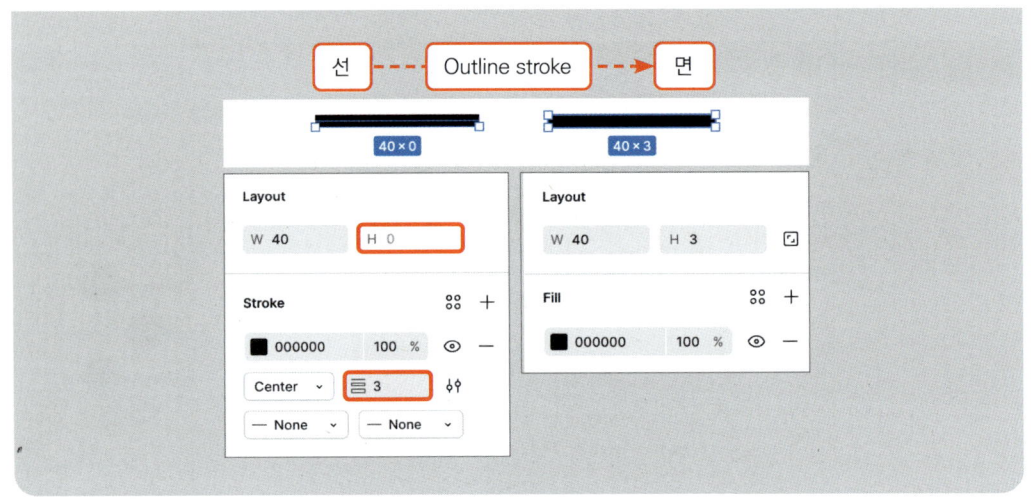

03 레이어를 모두 선택하고 ❶ [Flatten]을 클릭해 하나로 만들어줍니다. 단축키 `Ctrl` + `E` 를 사용할 수 있습니다.

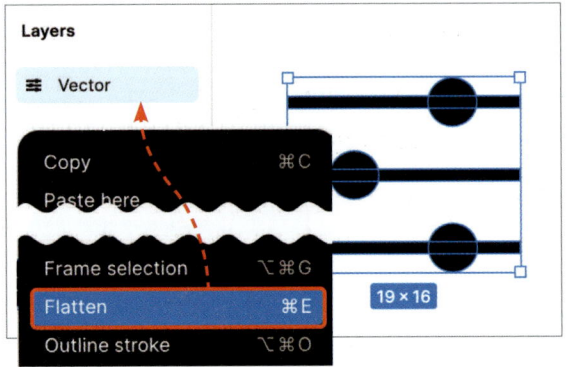

04 하나의 레이어로 합친 후 보니 원 안으로 가로지른 선이 있습니다. 이를 깔끔하게 처리하기 위해 오른쪽 패널 상단 메뉴에서 ❶ [Union]으로 각 레이어를 유지한 상태로 합친 후 ❷ [Flatten]을 선택해 하나의 레이어로 합쳐줍니다.

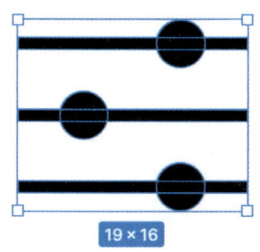 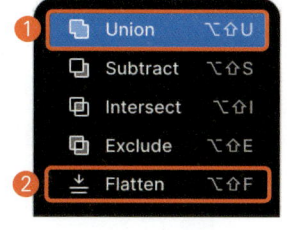 

깔끔해진 아이콘

1분 꿀팁 벡터화하지 않으면 어떻게 되나요?

다음과 같이 선을 벡터화하지 않고 레이어를 합치면 아이콘의 형태가 변경될 수 있습니다. 기존의 면에 합치려는 선이 추가되기 때문입니다. 선과 면을 하나의 레이어로 합칠 때는 Outline stroke를 잊지 말아주세요.

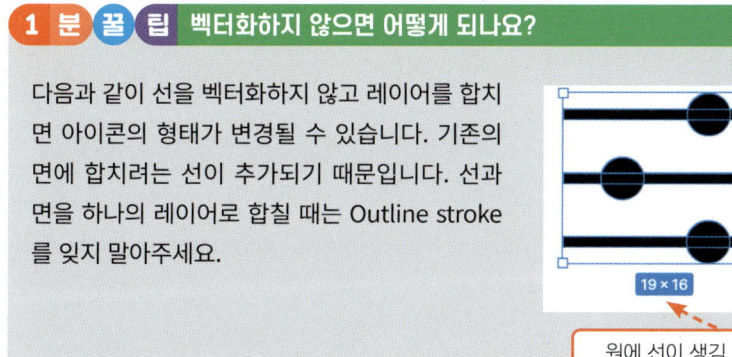

원에 선이 생김

기본 파일 커버 적용하기

피그마에서 파일을 쉽게 찾고 관리하기 위해 파일 커버를 만들어 사용할 수 있습니다. 파일 커버가 있으면 파일의 목적이나 내용을 한 눈에 확인할 수 있고 일관성 있는 커버 디자인을 설정하면 외부에 파일을 공유할 때 더 전문적인 인상을 줄 수 있습니다. 피그마 홈 화면에서 프로젝트 단위, 개별 파일 단위 등 다양한 파일의 썸네일 커버를 만들고 확인할 수 있습니다.

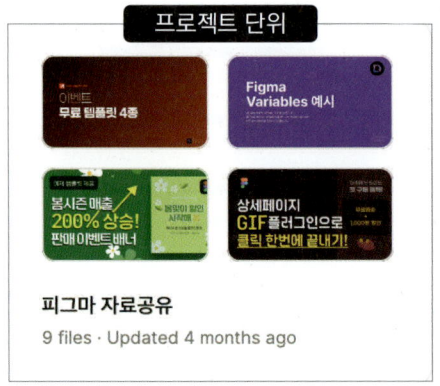

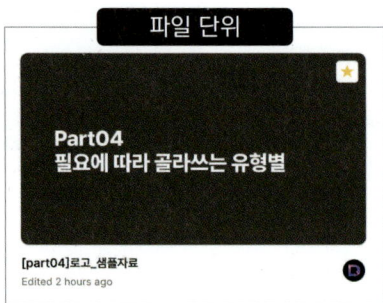

커버 만들어 적용하기

01 ❶ 프레임 도구를 선택한 후 ❷ 오른쪽 패널 하단 메뉴 [Figma Community → Plugin / file cover]를 클릭합니다.

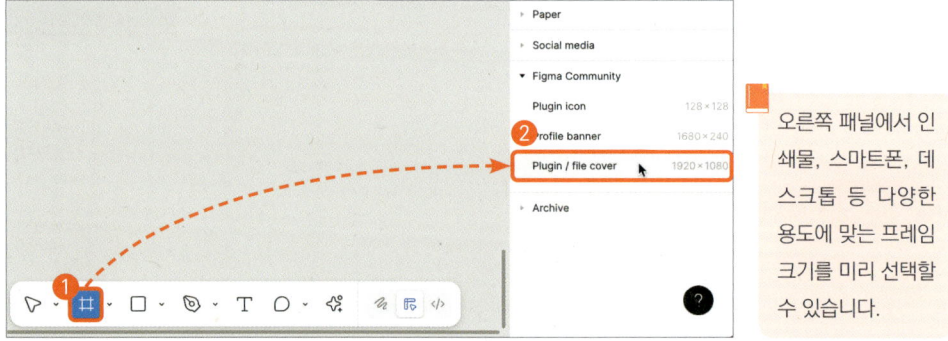

오른쪽 패널에서 인쇄물, 스마트폰, 데스크톱 등 다양한 용도에 맞는 프레임 크기를 미리 선택할 수 있습니다.

02 프레임에 색을 지정하고 제목을 입력한 후 ❶ 오른쪽 마우스를 클릭해 **[Set as thumbnail]**을 클릭합니다. ❷ 프레임 이름 앞 아이콘이 변경된 것을 확인할 수 있습니다.

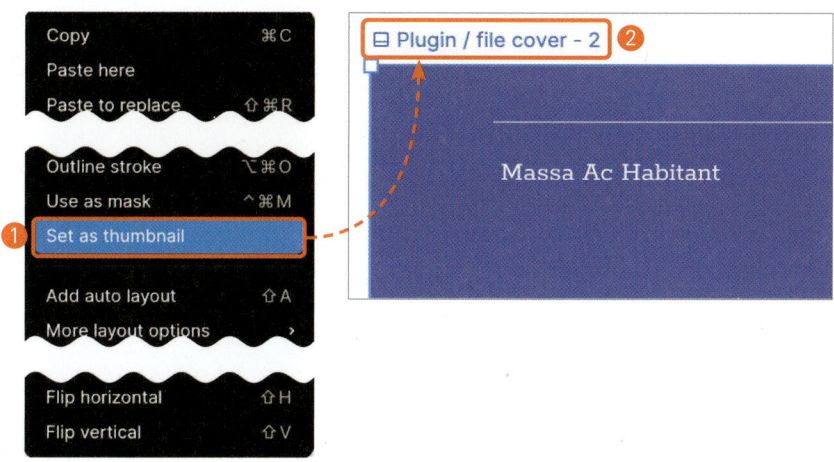

03 이제 홈에서 확인하면 이 이미지가 파일의 커버로 적용되었습니다. 그런데 이렇게 별도로 설정하지 않아도 피그마의 첫 번째 페이지로 설정하는 방법도 있습니다.

단 **[Set as thumbnail]** 기능을 설정하지 않으면 커버가 꽉 차지 않고 여백이 생깁니다.

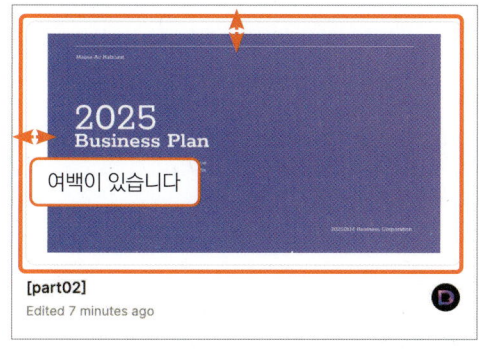
▲ [set as thumbnail] 기능을 사용했을 때

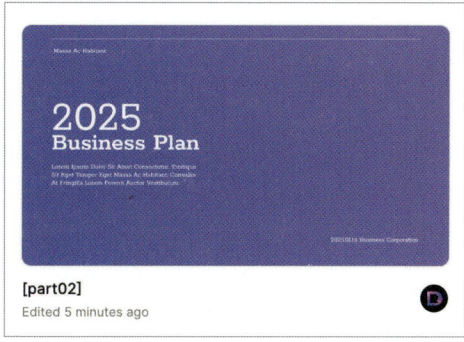
▲ [set as thumbnail] 기능을 사용하지 않았을 때

PART 03
플러그인으로 디자인 퀄리티 끌어올리기

학습목표

피그마 플러그인은 디자인 작업 효율을 높여주는 강력한 도구입니다. 누구나 사용할 수 있는 쉽고 빠른 플러그인을 소개하고, 실습을 통해 활용하겠습니다. 플러그인은 다양한 사용자가 직접 만들고 공유하기 때문에 계속해서 발전하고 있습니다. 개인의 작업 스타일에 맞게 이미지를 커스터마이징하는 방법과 유용한 플러그인을 소개하겠습니다.

#플러그인　#이미지 보정　#그래픽　#목업

Chapter 13
처음 만나는 피그마 플러그인

플러그인은 복잡한 작업을 쉽게 만들어주거나 자동화해서 디자인 작업을 훨씬 쉽게 만드는 유용한 도구입니다. 필요한 기능을 직접 만들어 피그마 커뮤니티에 공유할 수 있고 다른 사용자의 플러그인을 사용할 수도 있습니다. 누구나 쉽게 사용할 수 있는 무료 플러그인이 많지만 고급 기능이나 특정한 목적에 맞춘 플러그인은 유료로 제공합니다.

다음은 책에 미처 싣지 못한 추천 플러그인의 이름과 설명입니다. 기본적으로 무료로 사용할 수 있는 것들로만 담았습니다. 다양한 플러그인을 직접 사용해보면서 여러분만의 플러그인 즐겨찾기를 만들어보세요. 훨씬 다채롭게 피그마를 사용할 수 있을 것입니다.

Compressify	PDF 용량 압축 및 내보내기
Pretty Shadows	미리 설정된 105가지 그림자 클릭 적용
Reflect	반사 그림자 및 유리 효과
Shaper	기본 도형 클릭 생성
Shapes	3D 도형 생성 및 각도, 기울기 조절
Shape Pattern Generator	색종이 조각 형태 패턴 생성
Patterns Generator	다양한 패턴 + 빛 효과 설정
VGA DitherCore	이미지 픽셀화, 복고풍 필터 적용
Liquifya	이미지 왜곡, 사진 보정 등
3d Wave: Soften everything like fabric	부드러운 웨이브 형태 생성
Canned Style	버튼, 그라데이션 등 미리 정의된 스타일 적용
Puzzle cutter	이미지 퍼즐 조각 자동 생성
illustration kit	귀여운 일러스트 요소 삽입
Layer Icon	레이어 이름에 이모티콘 삽입

기본 플러그인 사용하기

피그마에서 플러그인을 검색하고 저장하는 방법과 저장된 플러그인을 찾는 방법을 알아보겠습니다.

플러그인 검색하고 설치하기

01 툴바의 [Actions → Plugins & widgets] 탭을 클릭하면 플러그인을 사용할 수 있습니다. 사용 경험이 있는 플러그인과 저장된 플러그인이 리스트로 제공되며, 플러그인을 검색하거나 원하는 플러그인을 선택해 사용합니다.

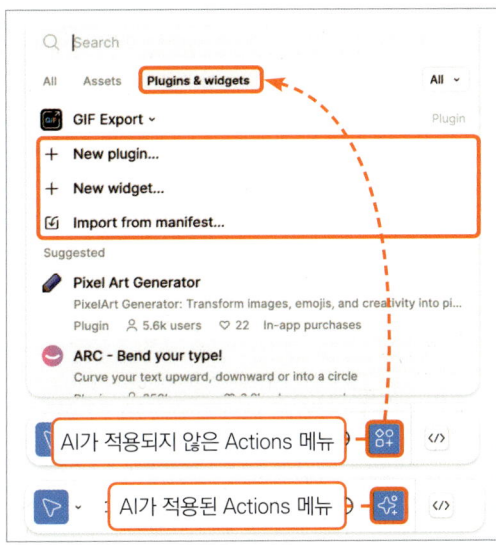

02 플러그인 탭에서 원하는 플러그인 이름을 검색합니다. 여기서는 'Google fonts' 플러그인을 검색하겠습니다.

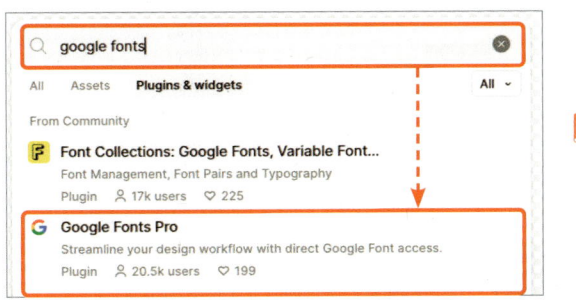

> 플러그인명을 모르면 원하는 효과의 키워드를 입력하세요. 예를 들어 'shadow'를 검색하면 그림자를 넣을 수 있는 다양한 플러그인이 검색됩니다.

Chapter 13 처음 만나는 피그마 플러그인

03 플러그인 이름을 클릭하면 상세 화면으로 이동합니다. ❶ [Run] 버튼을 클릭해 플러그인을 바로 실행할 수 있고 ❷ [Save] 버튼을 클릭하면 플러그인을 즐겨찾기처럼 저장해서 필요할 때 쉽게 쓸 수 있습니다.

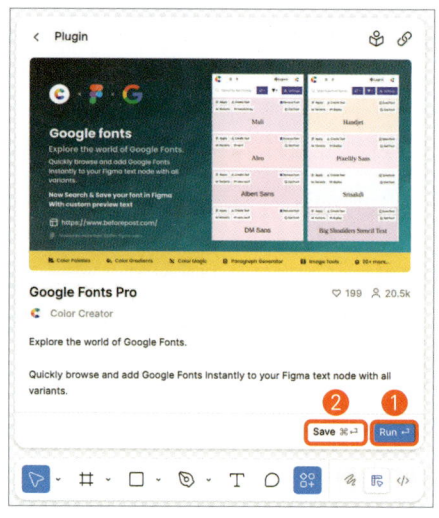

기본 커뮤니티에서 플러그인 탐색하기

일부 무료 플러그인은 제한된 기능을 제공한 후 유료로 전환하기도 합니다. 사용하던 플러그인이 유료로 바뀌면 피그마 커뮤니티에서 비슷한 기능의 플러그인을 찾아서 활용하면 됩니다. **커뮤니티는 피그마 이용자끼리 아이디어를 공유하고, 다양한 디자인 리소스를 발견할 수 있는 공간입니다.** 커뮤니티에서 피그마 작업 파일, 템플릿을 공유하고 사용할 수 있으며, 다양한 플러그인을 검색하고 설치할 수 있습니다.

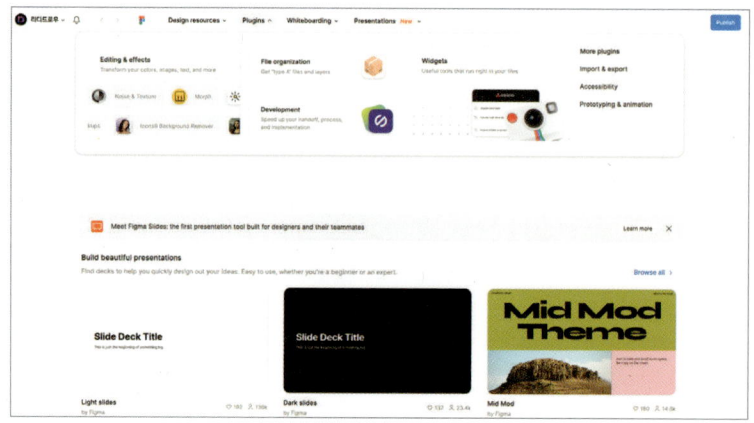

커뮤니티에서 플러그인 검색하고 실행하기

커뮤니티에서 다양한 플러그인을 검색하고 설치해봅시다.

01 홈 화면에서 ❶ **[See more resources]**을 누르거나 ❷ 왼쪽 메뉴의 **[Templates and tools]**를 누르면 커뮤니티 화면으로 이동합니다. ❸ 검색창에서 원하는 템플릿, 자료, 플러그인 등을 검색할 수 있습니다.

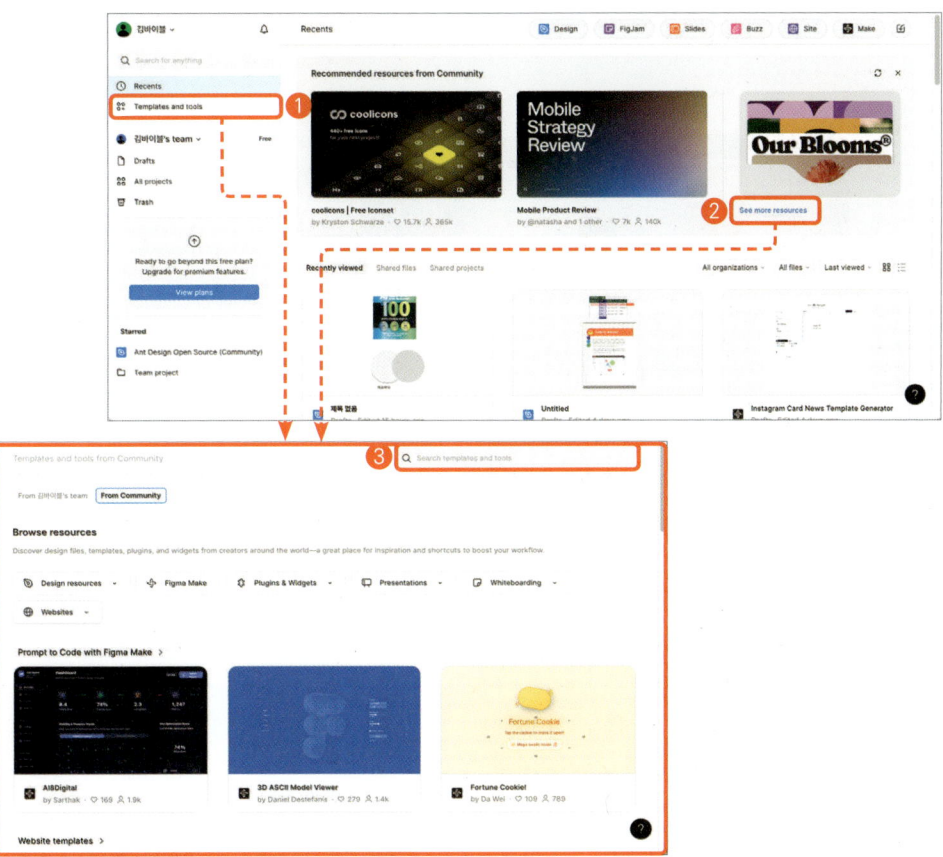

02 플러그인을 탐색해보겠습니다. 스크롤을 내려 **[Plugins for editing and effects]** 배너를 클릭합니다.

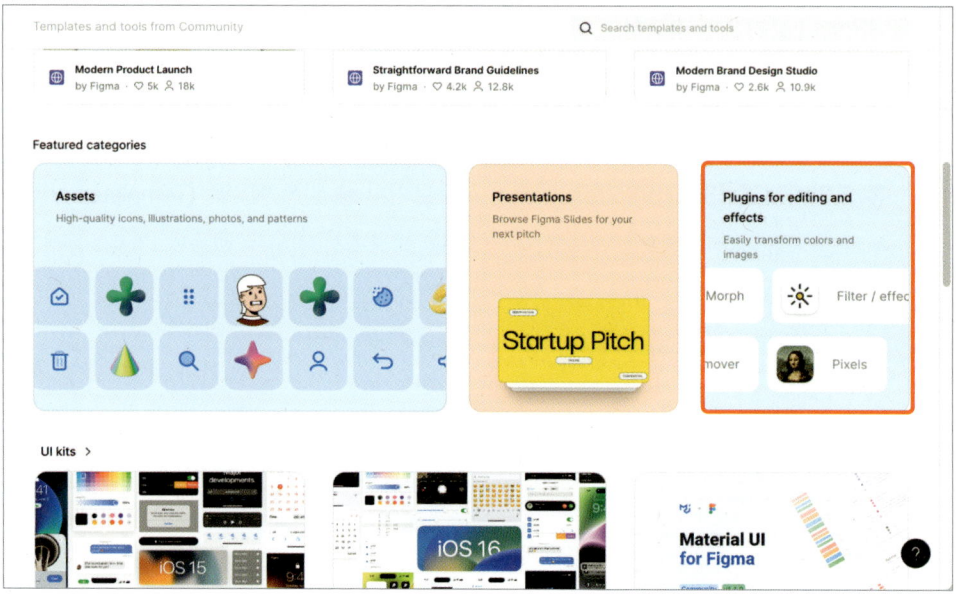

03 그러면 이렇게 수많은 플러그인이 나옵니다. 필터를 조정해서 우리가 원하는 조건의 파일만 뜨도록 해봅시다.

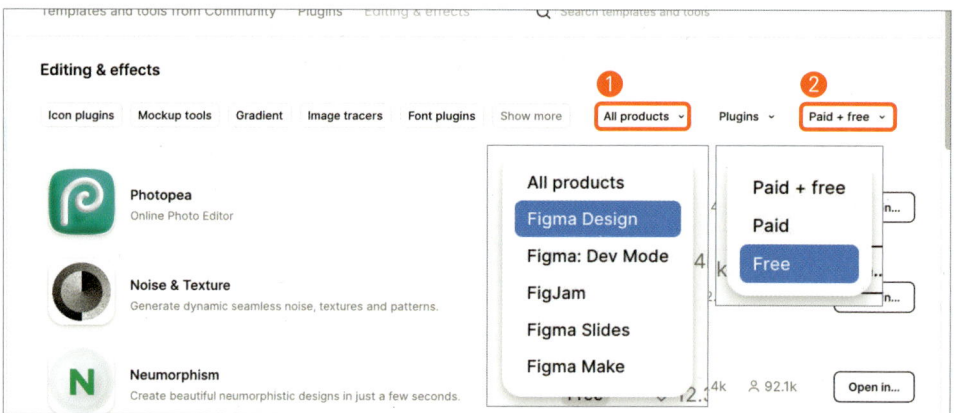

❶ 'All products'를 'Figma Design'으로 변경해 디자인 파일에서 사용하는 플러그인만 남깁니다. 그리고 ❷ 'Paid + free'를 'Free'로 변경하면 무료 플러그인만 찾을 수 있습니다.

04 원하는 플러그인을 열려면 플러그인 오른쪽 **[Open in...]** 버튼을 클릭하고 사용하려는 디자인 파일을 선택해주세요.

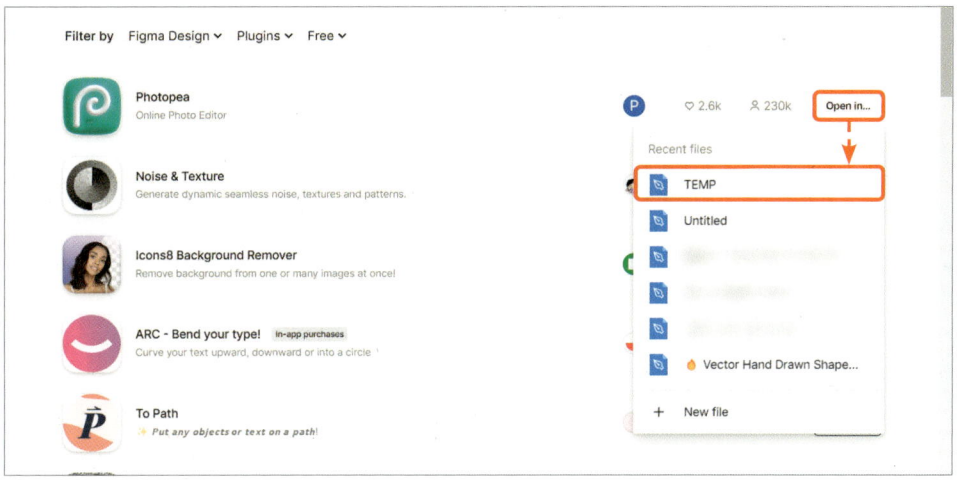

다음과 같이 플러그인 이름을 클릭하면 이동하는 상세페이지에서 **[Open in...]** 버튼을 클릭해도 됩니다.

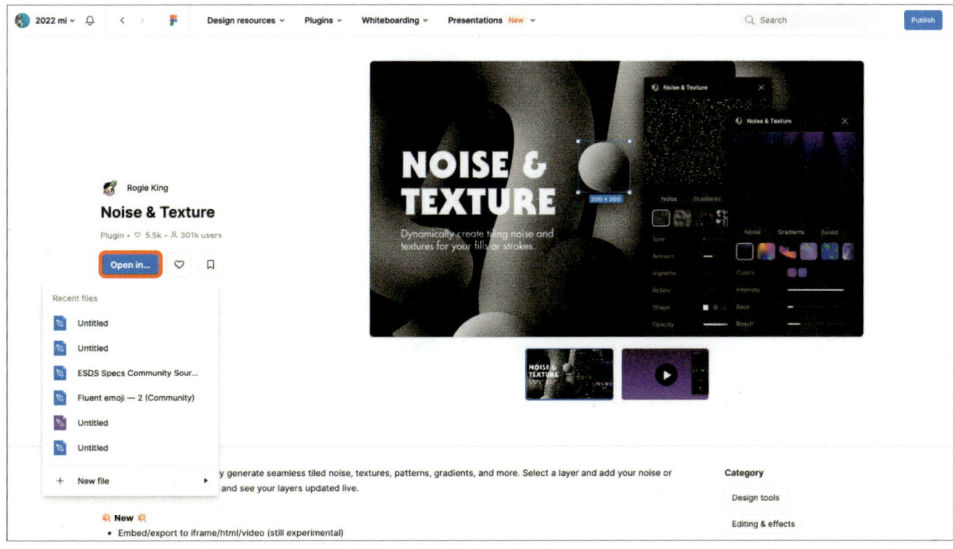

Chapter 13   처음 만나는 피그마 플러그인   **181**

Chapter 14
플러그인으로 귀여운 광고 배너 만들기

이제 다양한 플러그인을 직접 사용하겠습니다. 입체 글자를 만드는 3D vector, 폭죽 패턴을 만드는 Confetti Generator, 목업을 만드는 Mockup Plugin, 이렇게 3가지 플러그인으로 간단한 이벤트 배너를 만들며 플러그인이 무엇이고 어떻게 쓰는지 감을 잡아 봅시다. 실습 파일은 '[part03] 플러그인으로 디자인 퀄리티 끌어올리기.fig' 파일에서 'Ch14_귀여운 광고 배너 완성'을 참고하세요.

▶ **사용 글꼴** : 릭스이누아리
▶ **플러그인** : 3d vector, Confetti Gennerator, Mockup Plugin

 **실전 03** 클릭 한 번으로 입체 글자 만드는 플러그인

배너 상단의 제목이 더 눈에 띄도록 깊이와 원근감을 더한 입체 글자를 만들 겁니다. 사용할 플러그인은 3D vector입니다. 플러그인의 옵션을 잘 활용하면 더욱 다양한 디자인을 할 수 있습니다.

01 프레임을 그려 'EVENT', 'CAMPING'이라는 글자를 따로따로 입력하고 'EVENT' 글자의 색상을 변경합니다.

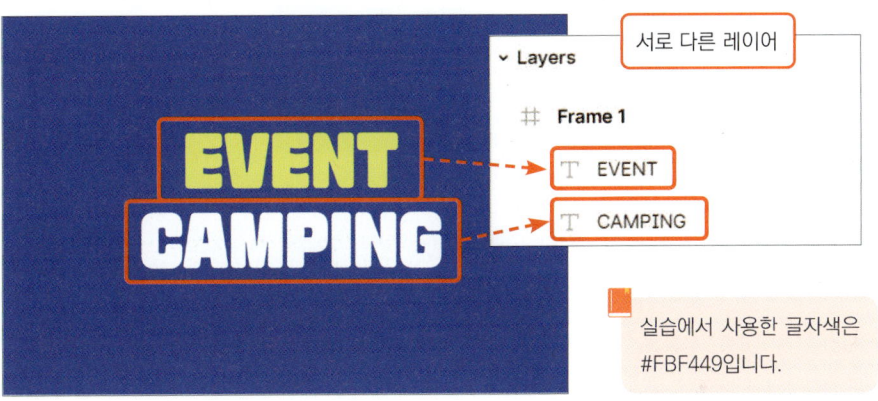

> 실습에서 사용한 글자색은 #FBF449입니다.

02 다음과 같이 ❶ 플러그인 창을 열어주세요. 그리고 '3D vector' 플러그인을 검색한 후 ❷ [Run] 버튼을 클릭해 실행합니다.

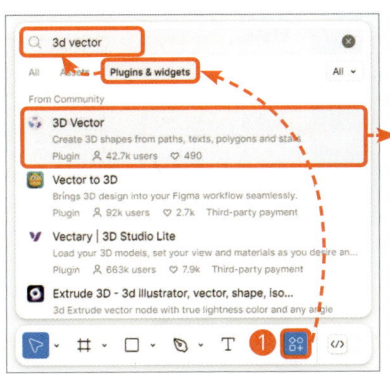
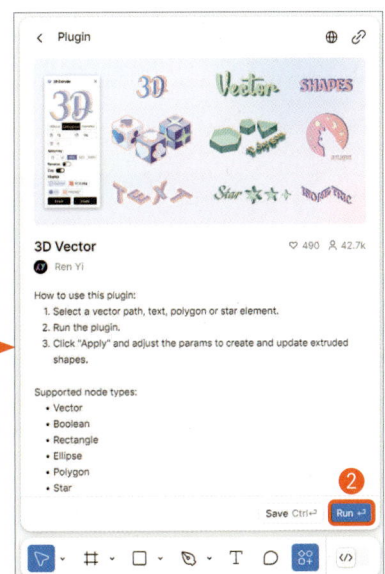

Chapter 14 플러그인으로 귀여운 광고 배너 만들기 183

03 ❶ 'EVENT' 글자를 클릭하고 3D Vector 메뉴의 [Oblique] 버튼을 클릭하면 글자에 효과가 만들어집니다.

이때 ❷ 레이어를 보면 문자 형태의 레이어가 벡터 형태로 쪼개졌습니다. 많은 플러그인이 이렇게 글자에 효과를 줄 때 문자를 벡터로 변경합니다. 그러면 글 내용을 더 이상 수정할 수 없으므로 내용이 정해진 다음에 플러그인을 적용하는 것이 좋습니다.

04 다음과 같이 옵션을 설정해서 생성된 입체 글자의 형태를 조절할 수 있습니다.

05 디자인에 일관된 느낌을 주기 위해 노란색 글자에도 검정색 선을 추가하겠습니다. 글자를 더블 클릭해서 글자 레이어만 선택하고 오른쪽 디자인 패널에 있는 Stroke에서 [inside]를 선택해 1px 선을 만들어줍니다.

아래 있는 'CAMPING' 글자에도 **01**부터 **04**까지의 과정을 똑같이 적용하면 완성입니다. 어울리는 색으로 배경색도 설정해보세요.

실전 04　이벤트 배너에 딱! 폭죽 패턴 만들기 플러그인

이번에 사용할 플러그인은 'Confetti Generator'입니다. 다채로운 색상의 종이 조각 패턴을 만드는 플러그인으로 이벤트, 프로모션 디자인에 필요한 폭죽 이미지를 쉽고 빠르게 만들 수 있습니다. 추가하는 효과에 따라 활용도가 무궁무진한 플러그인입니다. 색상, 크기, 블렌드 모드를 조절해 다양한 비주얼 효과를 만들어보세요.

01 다음 이미지를 참고해 앞서 만든 배너에 문구를 추가해 준비해주세요.

02 다음과 같이 ❶ 플러그인 창을 열어주세요. 그리고 'Confetti Generator' 플러그인을 검색한 후 ❷ [Run] 버튼을 클릭해 실행합니다.

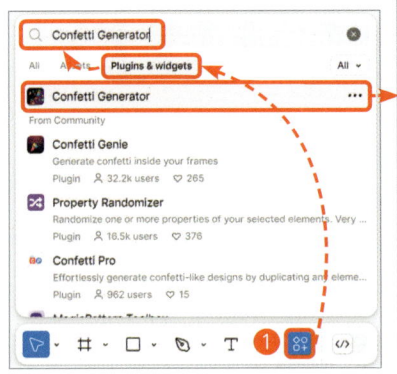
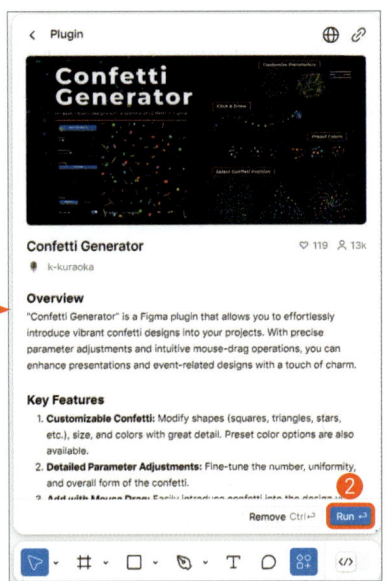

03 창 왼쪽에 있는 패널의 옵션을 조절해 원하는 폭죽 패턴을 만들 수 있습니다.

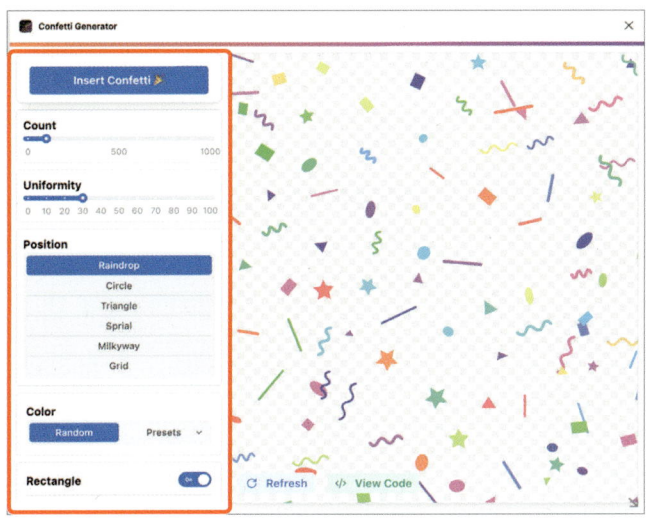

04 각 옵션이 어떤 기능을 하는지 간단히 알아보고 적당한 값을 설정하겠습니다.

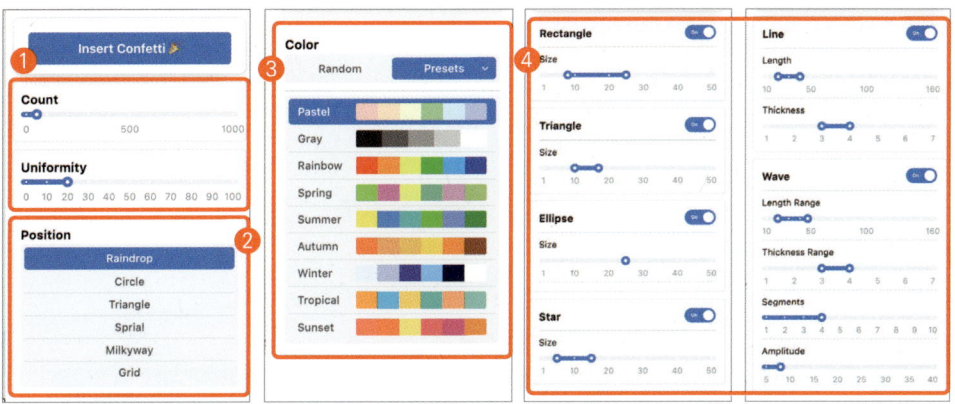

❶ Count에서 패턴 개수를, Uniformity에서 도형 나열의 균일성을 변경할 수 있습니다. Count는 **[40]**으로, Uniformity는 **[20]**으로 설정하세요.

❷ 원형, 삼각형, 그리드 등 형태에 맞게 패턴을 만들 수 있습니다. **[Raindrop]**으로 설정하세요.

❸ 무작위로 색상을 만들거나 제공하는 옵션의 색상을 선택할 수 있습니다. **[Presets → Pastel]**로 설정하세요.

❹ 도형과 선 등 각 요소 크기를 더 세세하게 조절할 수 있습니다. 이 부분은 여러분의 취향에 맞게 조절하세요.

05 마음에 드는 패턴이 만들어졌다면 왼쪽 위 **[Insert Confetti]** 버튼을 클릭해 화면으로 내보냅니다.

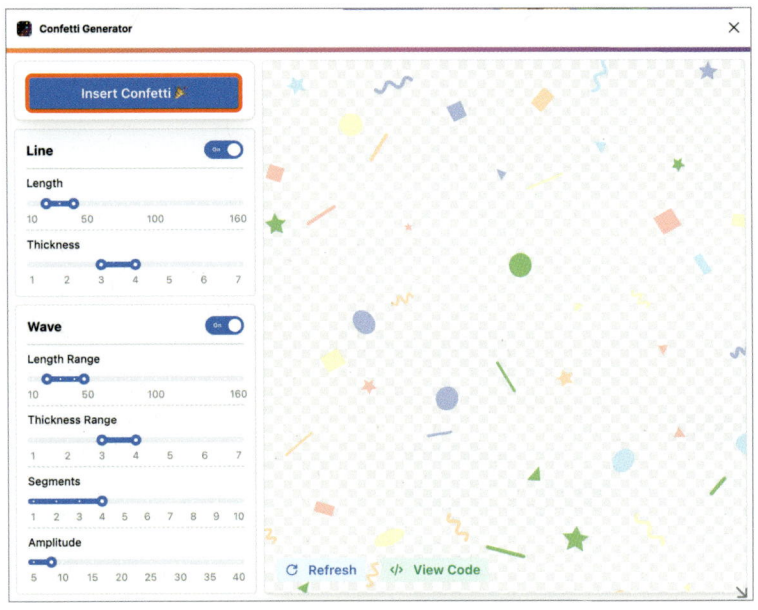

06 폭죽 패턴을 글자 프레임과 합칩니다. 글자를 가리지 않기 위해 프레임의 가장 아래로 폭죽 패턴 레이어를 이동합니다.

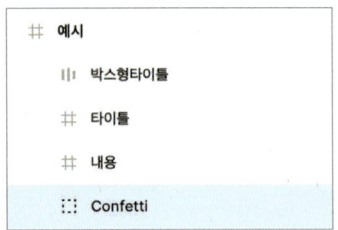

07 원하는 개별 패턴 크기와 투명도를 조절한 다음 오른쪽 패널의 레이어 블렌드 모드를 활용해 디자인의 분위기를 자유롭게 변경해보세요.

 **초간단 목업 생성 플러그인**

목업Mock-up이란 디자인을 실제로 구현하기 전에 미리 만들어보는 가상의 모델이나 샘플을 의미합니다. 핸드폰, 모니터 등에 원하는 이미지를 합성한 목업은 활용도가 높지만 적당한 목업 템플릿도 찾아야 하고, 템플릿에 맞춰 이미지도 조정해야 합니다. 하지만 피그마의 'Mockup Plugin'을 사용하면 이 과정을 훨씬 쉽고 빠르게 해결할 수 있습니다. 앞서 만든 이벤트 배너를 핸드폰 목업에 적용하면서 플러그인을 활용해봅시다.

01 먼저 목업에 넣고 싶은 이미지를 콘텐츠 영역에 띄워놓습니다. 앞 실습에서 만든 배너를 핸드폰 화면 비율에 맞게 조정해주세요. 여러분이 쓰고 싶은 이미지를 사용해도 됩니다.

Chapter 14 플러그인으로 귀여운 광고 배너 만들기

02 플러그인 창에서 'Mockup Plugin'을 검색해 실행합니다. 상단의 🔍 버튼을 눌러 검색 탭으로 이동해주세요. ❶ 스타일을 Isolated Mockups로, ❷ 카테고리를 Devices Mockups로 선택한 후 ❸ Free only 를 체크합니다.

> 이 플러그인은 일부 목업을 유료로 제공합니다.

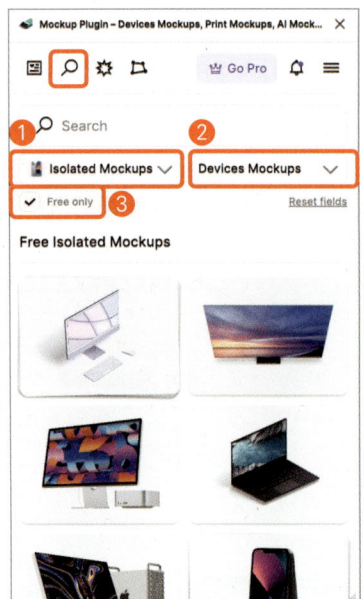

03 마음에 드는 목업을 선택합니다. ❶ 미리보기에서 이미지가 들어갈 곳의 [+]를 클릭하고 ❷ 넣으려는 이미지를 화면에서 선택합니다.

이때 팝업에 있는 [1179 × 2556 px] 버튼을 클릭하면 새 프레임만 만들어지고 이미지는 적용되지 않으니 주의하세요.

04 ❶ 원하는 위치로 이미지를 맞추고 [Crop] 버튼을 클릭하면 목업 이미지가 완성됩니다. ❷ [Paste] 버튼을 클릭해 이미지를 추출합니다.

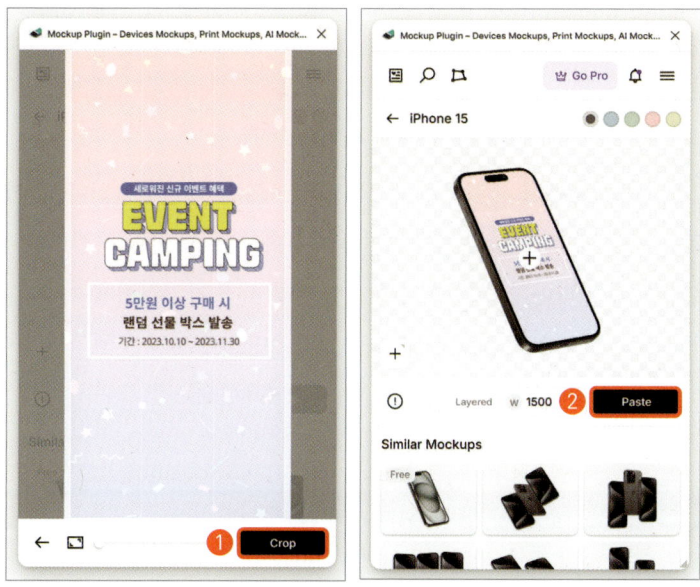

05 목업 이미지가 완성되었습니다. 다양한 목업을 검색하고 활용해보세요.

Chapter 15
플러그인으로 세련된 광고 배너 만들기

이번에는 플러그인을 사용해서 세련된 콘셉트의 광고 배너를 만들겠습니다. 흔히 '누끼 따기'라고 부르는 사물의 배경 삭제 플러그인을 사용해보고, 배경의 허전함을 채워주는 오브제를 만들어볼 겁니다. 마지막으로 합성한 이미지가 자연스럽게 어우러지도록 그림자도 추가해봅시다. 실습 파일은 '[part03] 플러그인으로 디자인 퀄리티 끌어올리기.fig' 파일에서 'Ch15_세련된 광고 배너 완성'을 참고하세요.

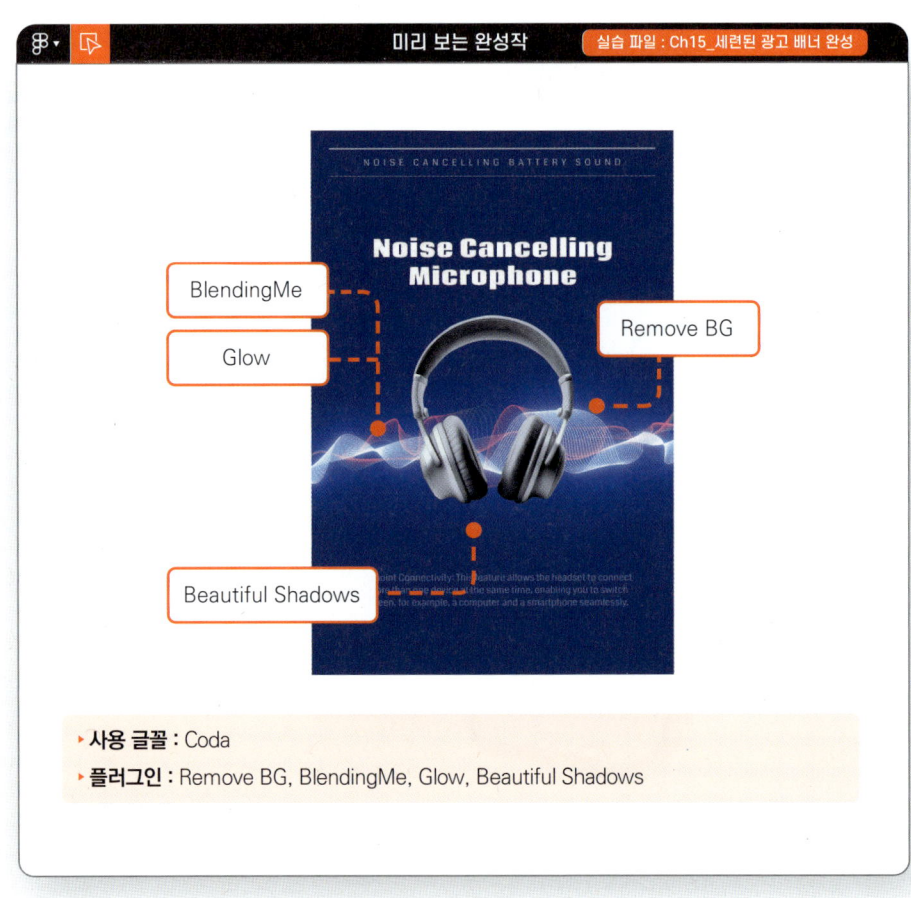

▶ **사용 글꼴** : Coda
▶ **플러그인** : Remove BG, BlendingMe, Glow, Beautiful Shadows

 **실전 06** **이미지의 배경을 제거하는 플러그인**

플러그인을 활용해 배경을 제거하는 방법을 살펴보겠습니다. 다양한 배경 제거 플러그인 중 가장 많이 사용하는 Remove BG를 활용해 실습을 진행하겠습니다.

01 'Remove BG' 플러그인을 검색해 [Run] 버튼을 클릭하면 나타나는 [Set API Key] 메뉴를 선택합니다. 처음 플러그인을 사용하기 위해 API 키를 입력해야 합니다. 작은 팝업창에서 2번에 있는 링크를 클릭합니다.

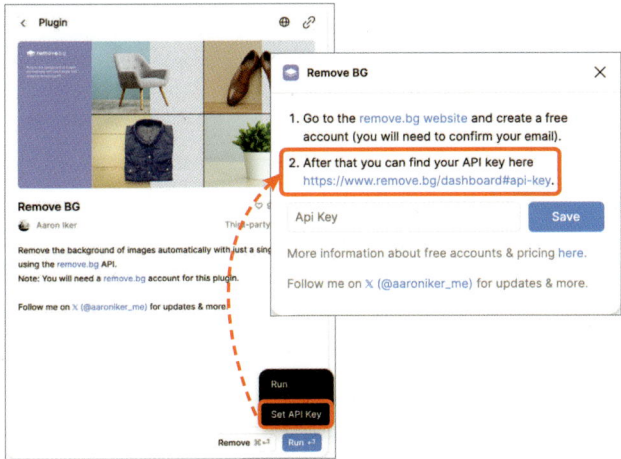

02 웹페이지로 이동한 후 로그인해주세요. SNS 로그인을 사용하면 편리하고, 가입했다면 메일로 발송되는 계정 확인 링크까지 클릭해주세요.

 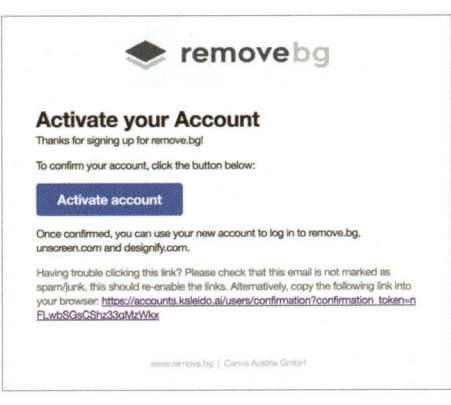

03 그리고 피그마로 돌아가 **01**에서 눌렀던 링크를 다시 눌러주세요. 그러면 이렇게 API 키를 생성할 수 있는 페이지로 이동합니다. ❶ **[API 키]** 탭을 클릭하고 오른쪽 **[새로운 API 키]** 버튼을 클릭하면 나타나는 ❷ 팝업창에서 **[API 키 생성]** 버튼을 클릭해 API 키를 생성합니다.

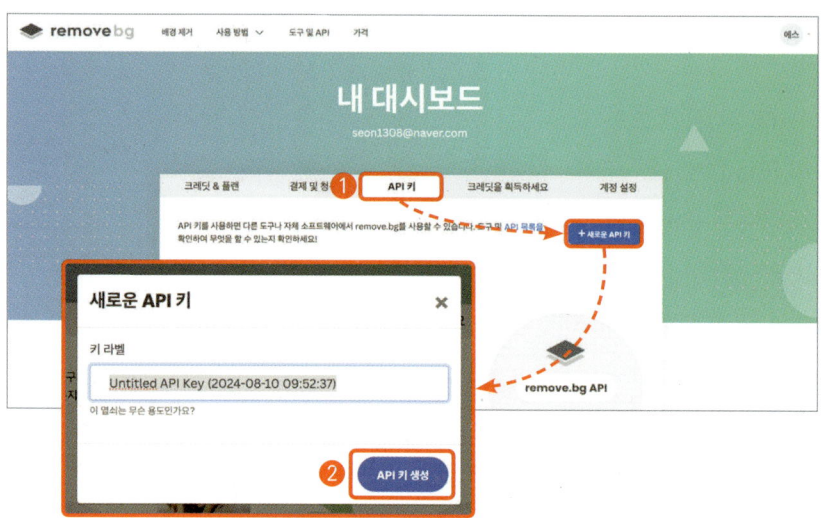

04 ❶ **[복사]** 버튼을 눌러 생성된 키를 복사한 후 피그마로 돌아가 ❷ API 키를 붙여넣고 **[Save]** 버튼으로 저장합니다.

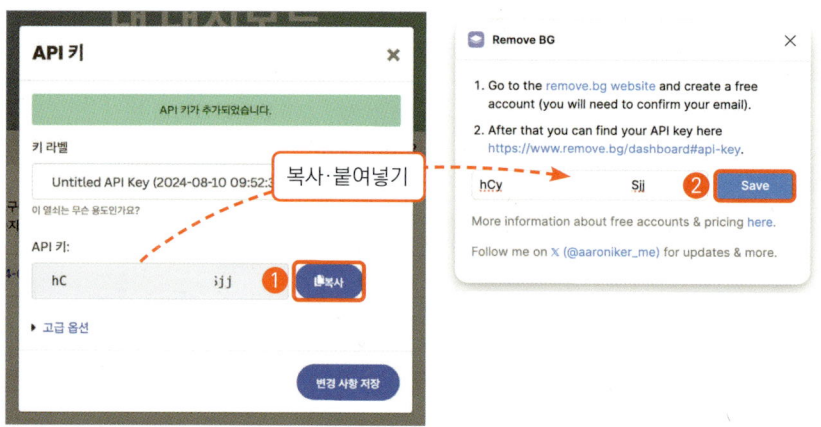

05 이제 이미지를 선택하고 다시 플러그인을 실행하면 배경이 제거됩니다. **[Plugins & widgets]** 탭에서 플러그인을 선택해야 **[Run]** 버튼을 누를 수 있습니다.

[All] 탭에서 최근 실행한 Remove BG를 클릭하는 것이 아닙니다!

🤖 AI 피그마 AI로 배경 제거하기

유료 구독을 해서 AI 기능이 활성화되어 있다면 다음과 같이 활용해보세요. 피그마 AI 기능을 사용하면 더욱 쉽게 이미지의 배경을 제거할 수도 있습니다.

01 ❶ 배경을 제거하려는 이미지를 선택한 후 ❷ **[Actions → Remove background]**를 클릭합니다. ❸ 잠시 기다리면 이미지의 배경이 깔끔하게 제거됩니다.

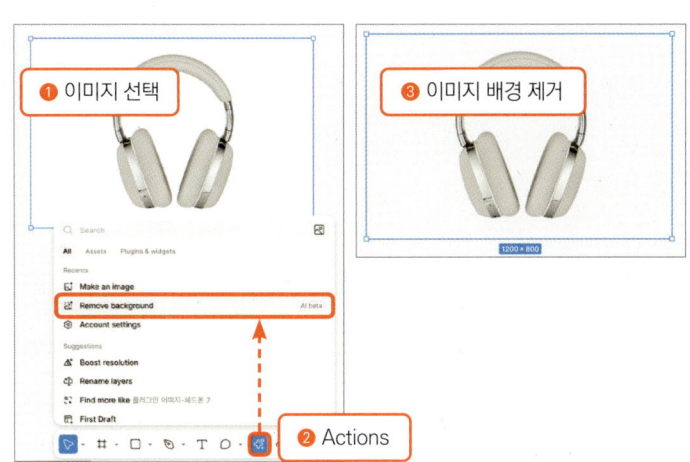

Chapter 15 플러그인으로 세련된 광고 배너 만들기 195

실전 07 제품을 돋보이게 하는 그래픽 만들기

BlendingMe는 선, 타원 또는 직사각형을 원하는 수만큼 만들 수 있는 플러그인으로 멋진 그래픽 이미지를 쉽게 만들 수 있습니다. 이 플러그인을 통해 헤드셋과 어울리는 음파 그래픽을 만들어봅시다.

01 1000 × 1500 프레임을 그린 후 배경 색상을 #174089로 넣어줍니다. 앞 실습에서 만든 배경을 없앤 헤드셋 이미지를 가져옵니다.

02 음파를 나타내는 선을 만들기 위해 펜툴로 색이 다른 선 2개를 자유롭게 그려줍니다. 모양이 삐뚤어지고 예쁘지 않아도 상관없습니다.

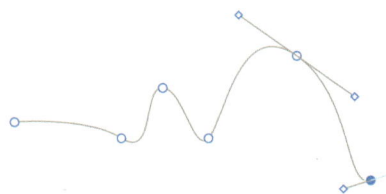

03 BlendingMe 플러그인을 실행합니다. 2개의 선을 모두 선택한 후 생성할 선 개수를 20으로 두고 **[Create Blend]** 버튼을 클릭합니다.

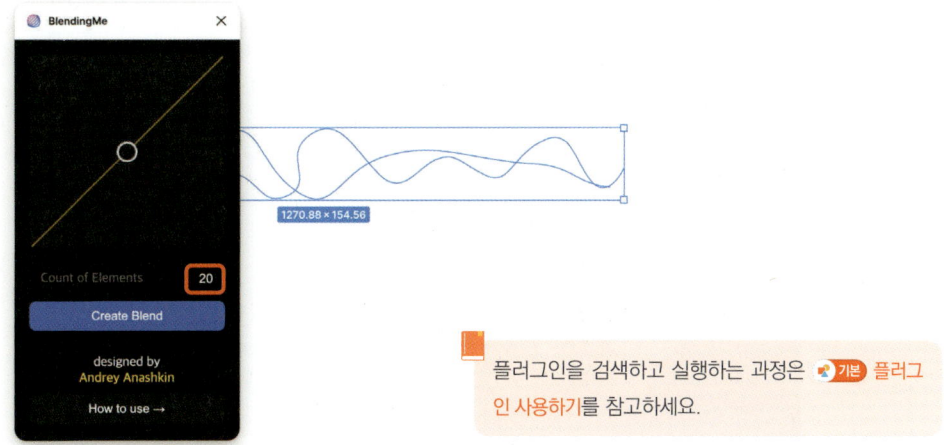

> 플러그인을 검색하고 실행하는 과정은 [기본] 플러그인 사용하기를 참고하세요.

노란색 설정선으로 적용할 색의 위치를 조절할 수 있습니다. 마음에 드는 모양이 나올 때까지 조금씩 변경해보세요.

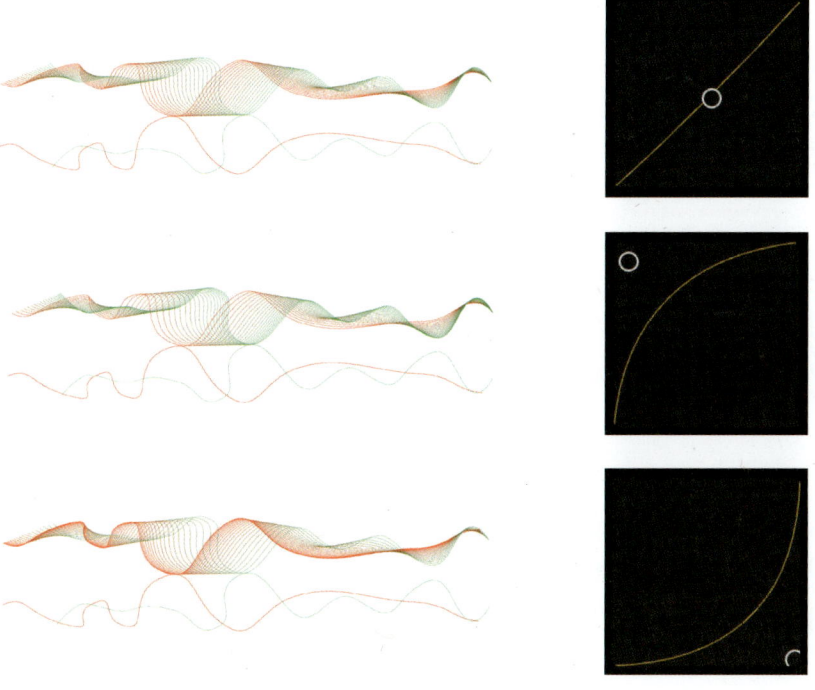

Chapter 15 플러그인으로 세련된 광고 배너 만들기   **197**

04 만든 그래픽을 프레임 안에 넣고 제품 레이어 아래 그래픽 레이어가 오도록 옮깁니다.

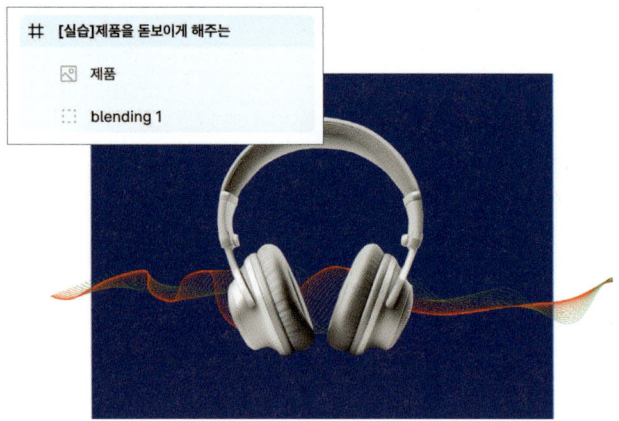

05 그래픽을 처음 만들면 레이어가 잠겨 있어 크기 조절을 하기 불편할 겁니다. 그래픽 레이어를 전부 선택하고 Ctrl + Alt + Shift + L 를 눌러 전체 잠금을 해제해줍니다.

모든 레이아웃의 잠금이 풀릴 때까지 시간이 조금 걸릴 수 있습니다.

06 블렌딩 레이어를 하나 더 복사한 후 오른쪽 마우스를 눌러 [Flip horizontal]을 클릭하면 좌우 반전됩니다. 이 그래픽의 위치와 크기를 조절해서 더 풍부한 모양을 만들어봅시다.

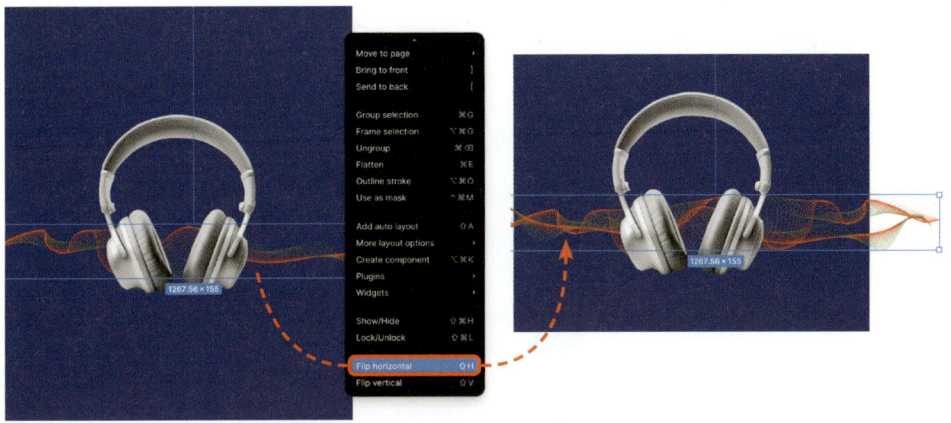

07 프레임 바깥으로 그래픽이 나가지 않도록 최상위 프레임을 선택하고 오른쪽 패널의 Layout에 있는 [Clip content]를 체크합니다.

08 그래픽 그룹 레이어 중 하나를 선택하고 오른쪽 패널의 Group에서 [… Flatten]을 클릭해 하나의 레이어가 되도록 변경합니다. 합친 선의 색은 #ffffff로 변경합니다.

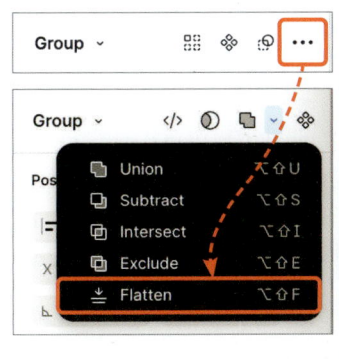

 **실전 08 그림자 플러그인으로 합성한 이미지 더 자연스럽게 만들기**

이렇게 디자인에 필요한 중심 소재인 제품과 꾸며주는 그래픽을 모두 만들었습니다. 이제 Glow 플러그인과 Beautiful Shadows 플러그인을 통해 이 소재들이 서로 자연스럽게 어울리도록 수정하고, 세련된 분위기를 더해 완성도를 높여봅시다.

01 앞에서 하나로 합친 음파 그래픽에 빛이 나는 효과를 줄 겁니다. 그래픽을 선택하고 'Glow' 플러그인을 실행해 원하는 색상과 밝기를 조절하세요.

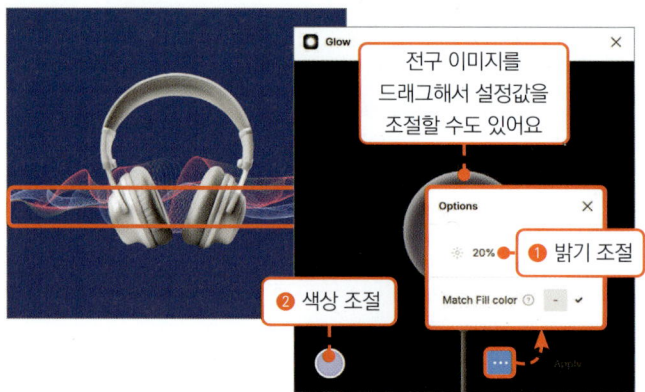

❶ 수치는 라인의 형태와 원하는 빛의 번짐에 따라 변경해주세요. 이때 ❷ 색상은 선의 색으로 지정한 색과 같거나 약간 밝은 색을 선택해 조절 후 [Apply] 버튼을 누르면 해당 레이어에 다음과 같이 수많은 그림자 효과가 적용될 겁니다. Glow는 그림자 기능을 통해 빛나는 효과를 쉽게 구현할 수 있는 플러그인입니다.

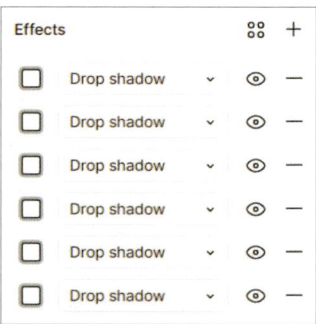

02 앞서 빛나는 효과를 준 선 레이어에 블렌드 모드 [Plus lighter]를 적용하면 빛나는 형태를 강조할 수 있습니다. 오른쪽 메뉴의 Appearance 탭에서 선택할 수 있습니다.

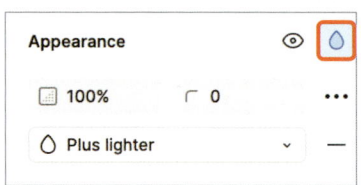 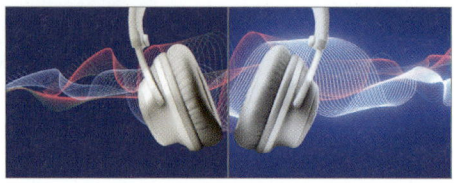

03 제품의 색상을 배경과 어울리도록 조절하겠습니다. 제품 이미지를 선택하고 오른쪽 Fill에서 다음과 같이 ❶ 옵션을 조절합니다. ❷ 제품 이미지를 하나 복사해 ❸ 블렌드 모드에서 [Multiply]를 적용해줍니다. 대비가 짙어지며 제품 이미지가 더 강조되었습니다.

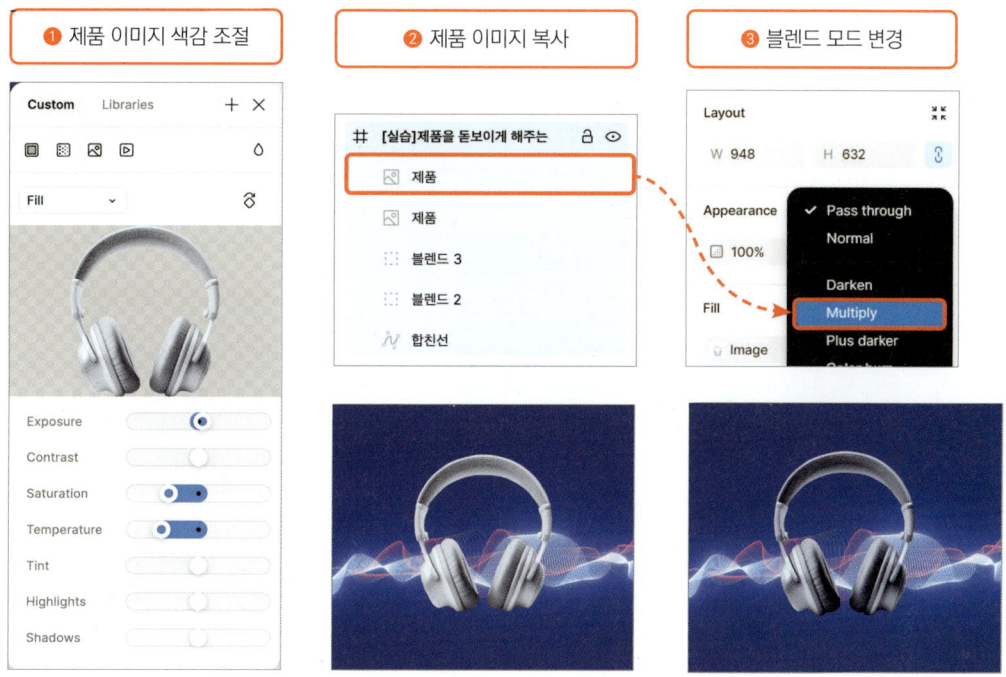

04 제품에 그림자를 넣어보겠습니다. 먼저 ❶ 제품 이미지 2개를 선택해 마우스 오른쪽, [Group selection]을 클릭하여 그룹으로 만든 후 Beautiful Shadows 플러그인을 실행해 다음과 같이 그림자를 만들어줍니다.

Chapter 15 플러그인으로 세련된 광고 배너 만들기

Beautiful Shadows 플러그인을 사용하면 직접 설정하는 것보다 양질의 그림자를 쉽고 빠르게 만들 수 있습니다. 디자이너가 아니어도 누구나 전문적인 그림자를 세부 설정 없이 만들 수 있기 때문에 디자이너들도 많이 사용하는 플러그인 중 하나입니다.

05 마지막으로 제품 이미지의 중앙 부분을 어둡게 만들어 공간감을 주겠습니다. ❶ 제품 중앙에 원을 그린 후 색상은 #F1F1F1, 투명도를 40%로 지정합니다. ❷ Appearance 메뉴에서 블렌드 모드를 [Color burn]으로 변경해줍니다.

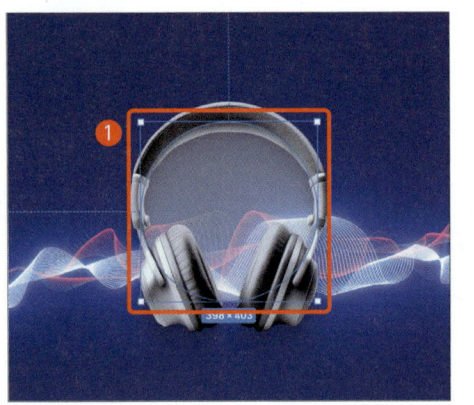
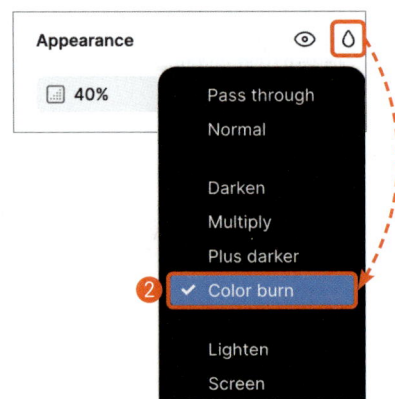

합성할 이미지만 배치했을 때와 자연스러운 효과를 적용했을 때를 비교해보니 디자인의 퀄리티가 훨씬 올라간 것이 느껴지죠? 그림자와 하이라이트가 조금씩 쌓여 이렇게 큰 효과를 만들어냅니다.

이제 완성작처럼 이미지와 어울리는 문구를 배치해서 여러분만의 배너를 완성하세요.

Chapter 16
플러그인으로 이미지 보정하기

플러그인으로 다양한 필터와 효과를 적용해 이미지를 보정할 수 있습니다. 특히 포토피아^{Photopea} 플러그인을 사용하면 포토샵 못지않은 정교한 이미지 보정을 할 수 있습니다. 이번 챕터에서는 포토피아와 플러그인을 활용해 피그마로 이미지를 보정하는 다양한 방법을 살펴보겠습니다. 실습 파일은 '[part03] 플러그인으로 디자인 퀄리티 끌어올리기.fig' 파일에서 'Ch16_이미지 보정'을 참고하세요.

 포토피아 플러그인 시작하기

포토피아 플러그인은 포토샵과 유사한 기능을 제공하며 높은 활용도를 자랑하는 플러그인입니다. 화면 구성이 포토샵과 매우 비슷해 마치 피그마용 포토샵 같죠. 포토피아로 작업한 파일을 PSD 형식으로 저장해 포토샵에서도 사용할 수 있습니다.

포토피아의 화면은 ❶ 왼쪽 툴바 영역, ❷ 상단 메뉴 영역, ❸ 오른쪽 레이어 및 옵션들로 구성되어 있습니다. 여기서 모든 메뉴와 기능을 전부 설명하기는 어려우니 이후 실습에서 필요한 기능을 쓸 때마다 설명하겠습니다.

피그마의 이미지를 포토피아로 가져오려면?

01 ❶ 피그마에서 이미지를 선택한 후 ❷ 포토피아 플러그인을 실행하면 선택한 이미지를 포토피아에 불러올 수 있습니다.

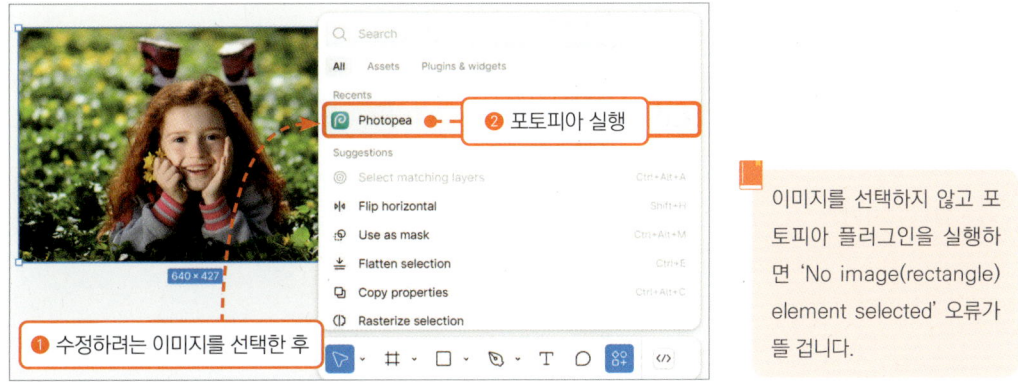

이미지를 선택하지 않고 포토피아 플러그인을 실행하면 'No image(rectangle) element selected' 오류가 뜰 겁니다.

02 만약 플러그인을 실행한 후 다른 파일을 불러오고 싶다면, 상단의 **[파일]** 메뉴에서 **[열기 및 배치]**를 클릭해 파일을 불러오면 됩니다. 새로 불러온 파일은 현재 열린 파일에 레이어로 추가됩니다.

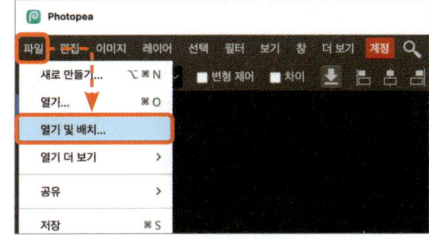

연습 이미지의 필요 없는 부분 지우기

이미지에서 불필요한 요소를 지우고 싶을 때가 있습니다. 그럴 때 포토피아의 '채우기' 기능을 사용하면 자연스럽게 지울 수 있습니다.

01 수정할 이미지를 선택하고 포토피아 플러그인을 실행합니다. ① ▣ 툴을 클릭한 채 조금 기다리면 오른쪽에 **[직사각형 선택]**과 **[타원형 선택]** 메뉴가 생깁니다. 필요한 선택 툴을 클릭한 후 ② 지우고 싶은 부분을 드래그해 선택합니다.

Chapter 16 플러그인으로 이미지 보정하기

02 상단 메뉴에서 ❶ [편집 → 채우기]를 선택합니다. ❷ 창이 뜨면 '채우기'를 '내용 인식'으로 변경하고 [확인] 버튼을 클릭합니다.

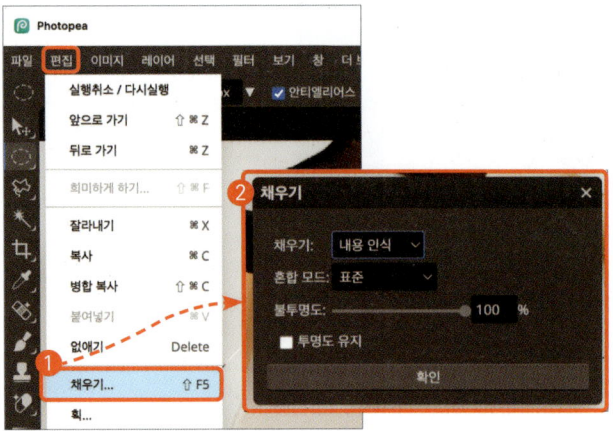

그러면 다음과 같이 지정했던 영역 안의 물건 이미지가 자연스럽게 사라집니다.

적용 전후 사진을 보니 이미지의 일부분이 아주 자연스럽게 지워졌네요. 글자를 입력하기 위해 빈 공간을 만들어야 할 때, 노출하지 말아야 하는 부분이 있을 때 등 유용하게 활용해보세요.

 지워도 흔적이 남아 있어요!

지우고자 하는 영역이 작거나 내용 인식 후 깔끔하게 지워지지 않았다면 [얼룩 복구 브러시]를 활용하면 됩니다.

❶ 왼쪽 툴바에서 [얼룩 복구 브러시 도구]를 선택하고 ❷ 상단 브러쉬 크기를 지우고자 하는 영역에 맞게 조절해 ❸ 영역을 지워줍니다. 브러쉬 크기를 조절하는 단축키는 Alt +] , Alt + [입니다.

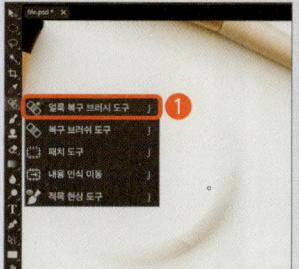  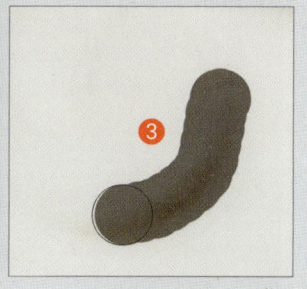

연습 모델 다리 길이 늘리기

개인 사진을 보정할 때, 또는 쇼핑몰에 올릴 사진을 보정할 때 유용한 실습입니다. 자연스럽게 모델의 다리 길이를 늘려봅시다.

01 이미지를 선택한 후 포토피아 플러그인을 실행합니다. 먼저 이미지를 늘리기 위한 자리를 마련해봅시다. 왼쪽 툴바에서 ❶ **[이동 도구]**를 클릭한 채 유지하면 오른쪽에 추가 메뉴가 뜨는데 여기서 **[아트보드 도구]**를 선택하세요. ❷ 이미지보다 더 큰 범위를 드래그해 여백을 만들어줍니다.

Chapter 16 플러그인으로 이미지 보정하기 **207**

다음과 같이 기존 영역을 그대로 사용하면 이미지를 늘렸을 때 일부분이 잘릴 위험이 있습니다. 원본 이미지의 영역을 유지할 수 있도록 아트보드로 화면을 넓게 만들었습니다.

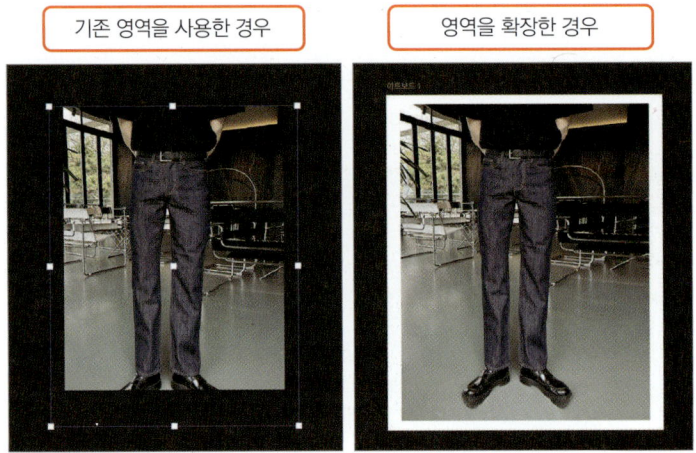

02 ❶ 오른쪽 레이어에서 아트보드 안쪽 이미지 레이어를 선택하고 상단 ❷ [편집] 메뉴를 클릭해 ❸ [내용 인식 비율]을 선택합니다.

03 이미지에서 편집할 수 있는 영역이 활성화됩니다. 마우스로 활성화된 점을 드래그하면 이미지의 전체 비율이 유지된 채 늘어납니다. `Ctrl`을 누르고 드래그하면 세로 길이만 늘릴 수 있습니다.

적용 전, 후를 비교해봅시다. 모델 뿐만 아니라 배경도 아주 자연스럽게 늘어난 것을 확인할 수 있습니다.

얼굴 잡티 지우기

잡티를 제거하는 방법은 여러 가지가 있지만 가장 쉽고 따라 하기 쉬운 방법으로 실습을 진행하겠습니다.

좁은 범위 잡티 지우기

01 상단 메뉴 **[필터]**에서 **[노이즈 → 노이즈 감소]** 메뉴를 클릭해 이미지 전체의 노이즈를 감소시킵니다. 이미지 크기에 따라 적당한 수치는 달라집니다.

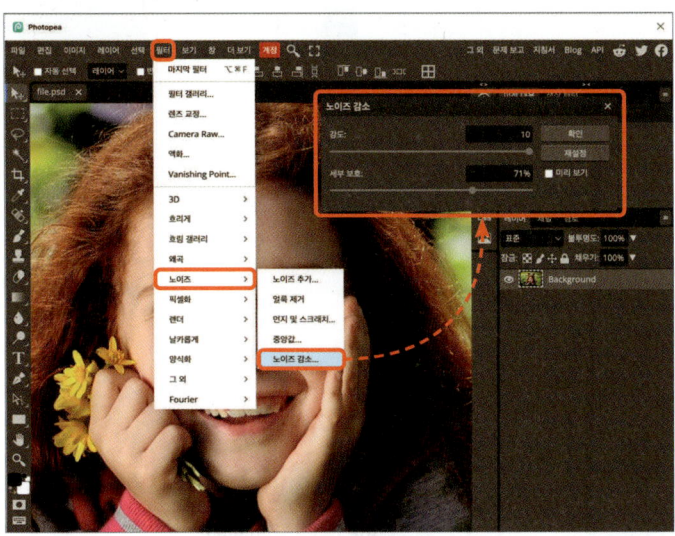

02 왼쪽 툴바에서 **[얼룩 복구 브러시 도구]**를 선택한 후 잡티 부분을 마우스로 클릭하면서 하나씩 지워줍니다. 단축키 대괄호 [,]를 눌러 브러시 크기를 조절할 수 있습니다.

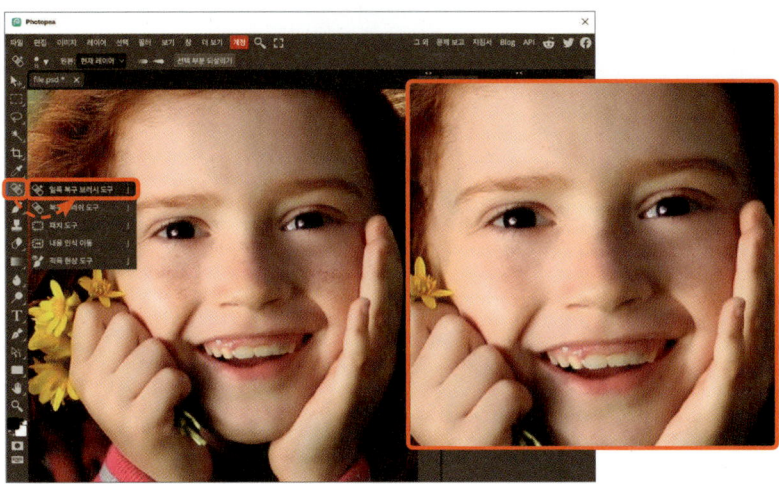

넓은 범위 잡티 지우기

잡티 범위가 넓으면 하나씩 일일이 지우기 어렵기 때문에 눈에 많이 띄는 잡티는 수동으로 먼저 제거하고 범위 수정을 진행할 겁니다.

01 왼쪽 툴바에서 [얼룩 복구 브러시 도구]를 선택해 큰 잡티를 지워줍니다.

> 표면 흐림 효과(Surface Blur)는 이미지의 디테일한 부분을 유지하면서 부드러운 흐림 효과를 적용할 수 있습니다.

02 ❶ 단축키 Ctrl + J 또는 레이어를 마우스로 끌어 하단 버튼에 가져가 레이어를 복제합니다. ❷ 상단 [필터]를 선택하고 [흐리게 → 표면흐림 효과]를 선택합니다.

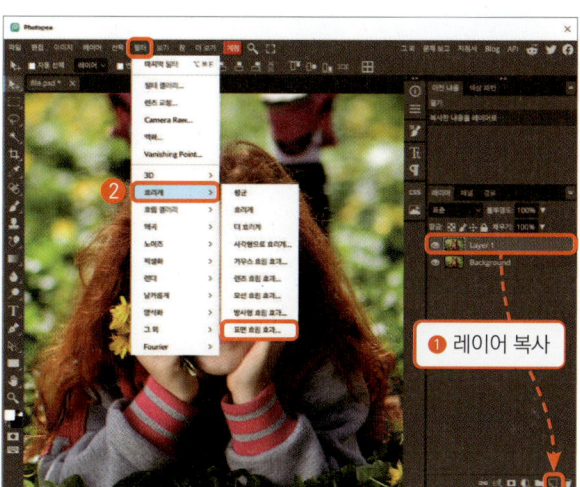

Chapter 16 플러그인으로 이미지 보정하기

03 너무 과하지 않도록 이미지 크기에 따라 수치를 조절해줍니다. 이미지 크기에 따라 적용 반응이 느릴 수 있으니 참고해주세요.

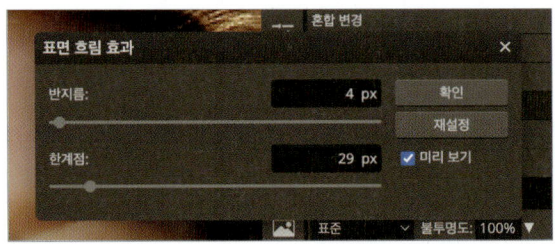

반지름은 흐림 효과의 적용 범위를 설정하고, 한계점은 흐림 효과의 세기를 설정합니다. 수치를 너무 높지 않게 설정해주세요.

04 ❶ 레이어 패널의 하단에 있는 ◙ 버튼을 클릭해 마스크를 씌워준 후 ❷ 왼쪽 툴바에서 [붓 도구]를 선택해 피부 표면이 매끄럽도록 지워줍니다. 눈과 눈썹, 입술 등은 지워지지 않도록 해주세요.

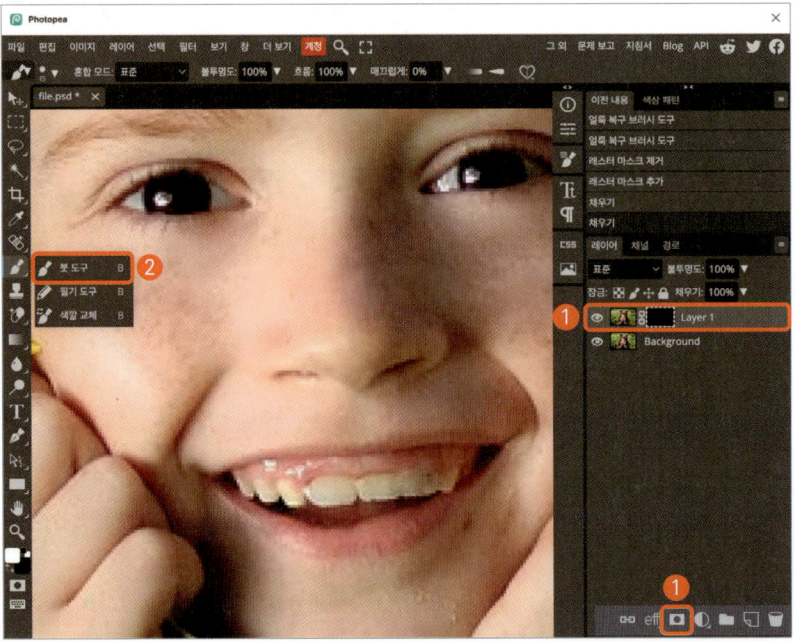

1 분꿀팁 마스크 버튼을 눌렀는데 레이어가 흰색으로 나와요

마스크란 이미지나 요소를 자르지 않고도 필요한 부분만 보여줄 수 있는 기능입니다. 마스크는 보통 흰색과 검정색으로 보여줄 곳과 없앨 곳을 구분합니다.

- ① 흰색 마스크 : 마스크 레이어가 흰색으로 나타나면 지정한 영역의 이미지는 나타나지 않습니다.

- ② 검정색 마스크 : 마스크 레이어가 검정색이면 지정한 영역의 이미지만 보여지게 됩니다.

포토피아 화면 왼쪽 툴바의 하단 영역을 보면 다음과 같이 2가지 색이 보일 거예요. 앞에 있는 색을 [전경색], 뒤에 있는 색을 [배경색]이라고 합니다. 보통 지금처럼 전경색이 흰색이어서 마스크를 씌우면 ① 흰색으로 나타날 겁니다. 아래 화살표를 누르거나 단축키 Ctrl + Backspace 로 전경색과 배경색을 바꾼 후 마스크를 검은색으로 다시 씌워주세요.

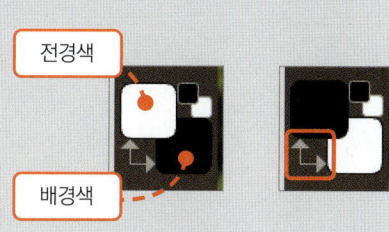

05 완성되었다면 `Ctrl` + `S`를 눌러 저장합니다. 포토피아에서 여러 개의 레이어로 작업한 후 피그마로 저장하면 자동으로 레이어가 병합되어 하나의 이미지로 저장합니다.

보정 전 사진과 비교하면 이미지의 다른 디테일은 유지하면서 필요한 부분만 자연스럽게 보정이 된 것을 확인할 수 있습니다.

PART 04

효율UP 3대장!
자동화, 템플릿,
AI 활용하기

학습목표

디자인이 익숙해질수록 비슷한 작업을 반복하게 됩니다. 같은 구조에 문구만 바꾸거나, 카드마다 색상과 내용을 일일이 넣는 작업은 생각보다 많은 시간과 집중력을 요구하죠. 이 파트에서는 구글 시트와 연결해 문구나 색상을 자동으로 적용하는 방법, 피그마 버즈를 활용한 템플릿 제작을 배웁니다. 반복 작업을 한 번에 끝내보세요.

#피그마 자동화 #템플릿 #구글 시트 연동 #피그마 버즈

Chapter 17
구글 시트로 디자인 자동화하기

비슷한 이미지를 반복해서 만들다 보면 '이걸 자동으로 할 수는 없을까?'라는 생각, 한 번쯤 해봤을 거예요. 이번 챕터에서는 구글 스프레드시트(이하 구글 시트)와 피그마를 연결해 반복 작업을 훨씬 간편하게 처리하는 방법을 배워봅니다.

Google Sheets Sync 플러그인을 사용하면 구글 시트에 정리해 둔 문구나 색상 정보를 피그마에 자동으로 불러올 수 있어요. 특히 카드 뉴스처럼 형식이 고정된 작업이나, 배너·상세페이지 등 다양한 버전을 만들어야 할 때 큰 효과를 발휘해요. 또한 기획자나 마케터와 함께 협업할 때도 피그마 파일을 계속 수정하는 대신, 구글 시트만 관리하면 최신 내용이 자동 적용되기 때문에 업무 분담과 피드백도 훨씬 간편해지죠.

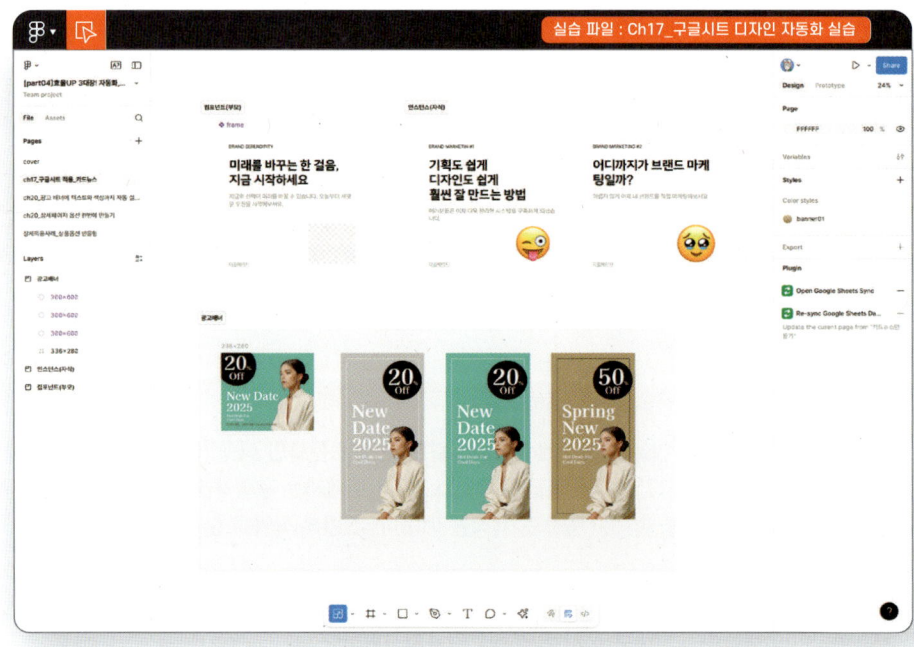

실습 파일 : Ch17_구글시트 디자인 자동화 실습

 구글 시트로 카드 뉴스에 내용 자동 입력하기

카드 뉴스를 만들다보면 같은 서식, 같은 위치에 내용만 바꿔서 넣어야 하는 디자인이 많습니다. 이때 프레임별로 일일이 내용을 수정하지 않고 한 번에 적용할 수 있다면 아주 편하겠죠? 구글 시트 플러그인을 활용해서 같은 형식을 유지하고 내용만 바꾸는 작업을 해보겠습니다.

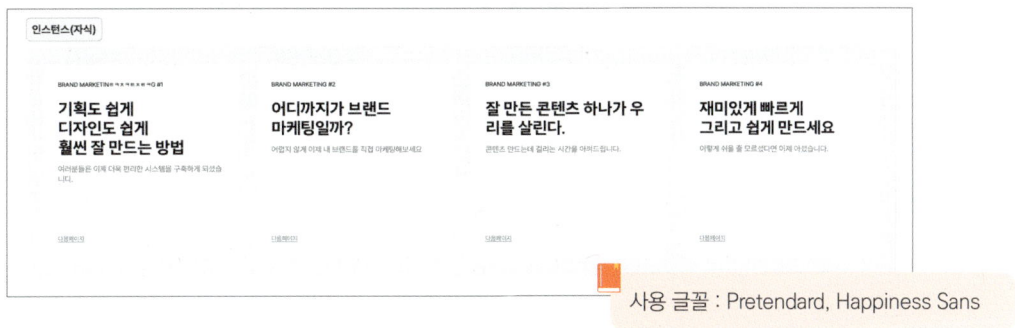

사용 글꼴 : Pretendard, Happiness Sans

필요한 컴포넌트와 인스턴스 만들기

이 과정을 따라 프레임부터 컴포넌트까지 직접 만들어도 좋고, 제공한 실습 파일의 '실습용 프레임1'을 활용해서 실습해도 좋습니다.

01 1080 × 1080 크기의 프레임에 카드 뉴스에 필요한 내용을 입력합니다. 여기서는 ❶~❹까지 네 개의 레이어를 만들고 서체와 정렬 등을 조절했습니다.

Chapter 17 구글 시트로 디자인 자동화하기

02 피그마의 디자인을 구글 시트에서 조작하려면 레이어 이름을 맞춰야 합니다. **각 레이어의 이름 앞에 '#'을 붙이고 내용이 드러나도록 이름을 지어줍니다.**

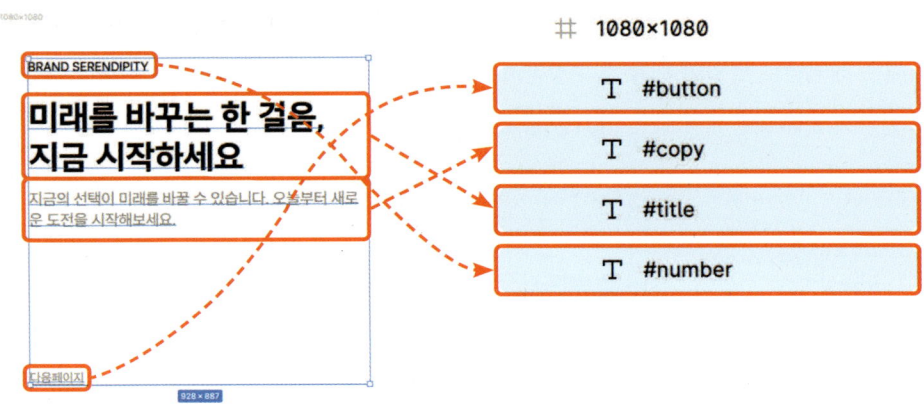

03 ❶ #title 레이어와 #copy 레이어를 선택하고 ❷ 오른쪽 패널의 Layout 메뉴에서 □□ 버튼을 클릭해 오토 레이아웃을 적용합니다. ❸ 왼쪽 오토 레이아웃 레이어 이름을 '타이틀'로 변경합니다.

04 1080 × 1080 최상단 프레임을 선택하고 오른쪽 마우스를 눌러 **[Create component]**를 클릭하거나 오른쪽 패널에서 을 선택해 컴포넌트를 만듭니다.

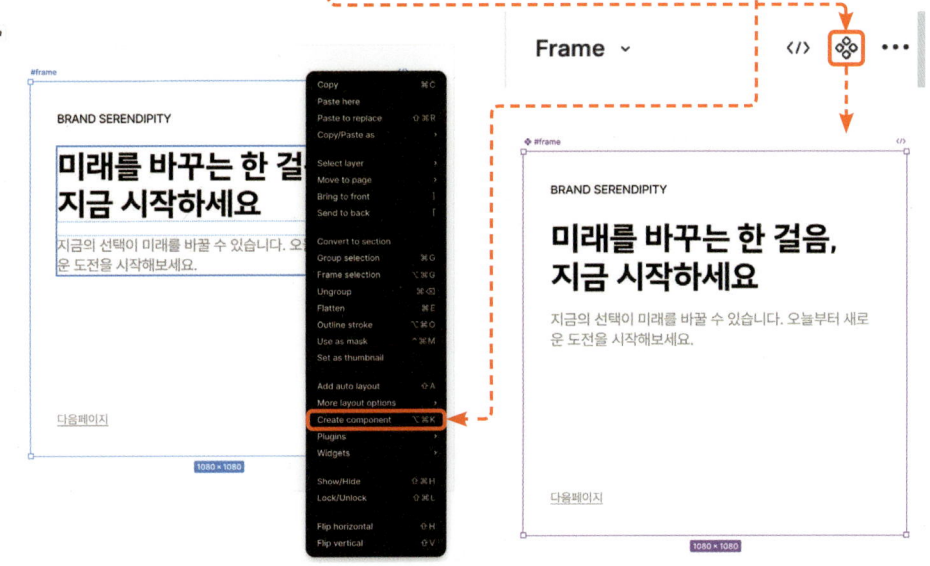

구글 시트의 문자 일괄 적용하기

앞에서 만들어둔 컴포넌트를 복사해 인스턴스를 만들고 구글 시트 플러그인을 활용해 구글 시트의 내용을 인스턴스에 적용하겠습니다. 컴포넌트는 디자인을 변경하거나 인스턴스에 공통으로 적용할 것들을 수정할 때 사용하며 구글 시트의 내용 적용은 인스턴스에서 이루어집니다.

01 컴포넌트를 선택해 Ctrl + D 를 눌러 복제합니다. 또는 Alt + Shift 를 눌러 마우스 포인터 모양이 화살표 2개로 바뀌면 드래그해 복사해도 됩니다. 총 4개의 인스턴스를 만듭니다.

02 이제 구글에 로그인하고 새 구글 시트를 만들어주세요. 앞서 피그마에서 정했던 '#레이어명'의 '#'을 제외하고 구글 시트에 입력한 후 굵은 서체로 변경합니다.

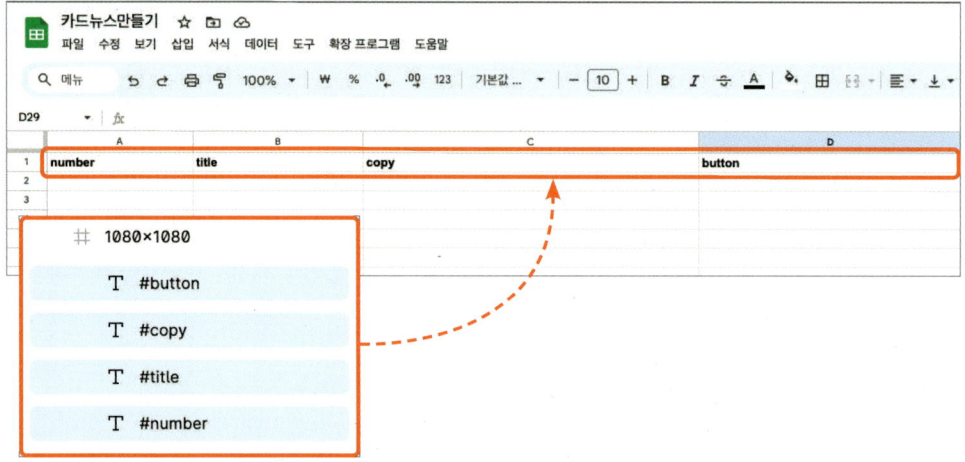

03 각 레이어에 적용할 내용을 입력합니다. 구글 시트에 입력하는 대로 적용되기 때문에 이곳에서 줄바꿈을 하거나 피그마에서 수정해주세요.

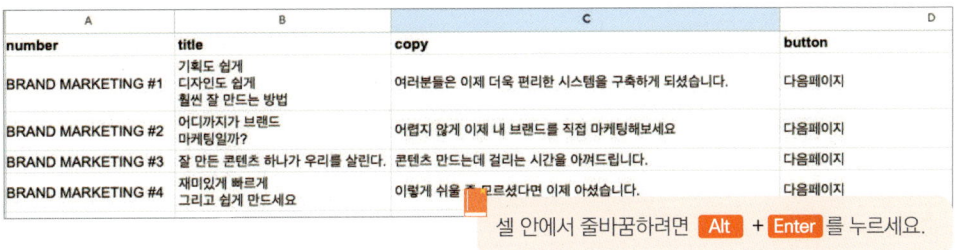

셀 안에서 줄바꿈하려면 Alt + Enter 를 누르세요.

04 입력을 완료했다면 ❶ 오른쪽 **[공유]** 버튼을 클릭하고 ❷ 일반 액세스를 '링크가 있는 모든 사용자'로 변경합니다. ❸ **[링크 복사]** 버튼을 클릭해 링크를 복사한 후 ❹ **[완료]** 버튼을 눌러 창을 닫습니다.

05 카드 뉴스 디자인이 있는 피그마 파일로 돌아와 플러그인에서 'Google Sheets Sync'를 검색해 실행 후 복사했던 주소를 창에 붙여넣기합니다.

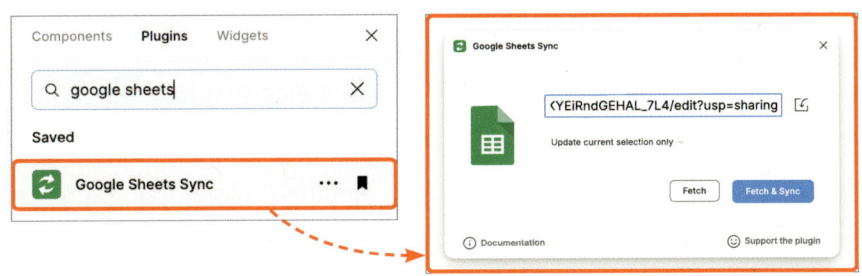

Chapter 17 구글 시트로 디자인 자동화하기

06 [Fetch] 버튼을 클릭하면 구글 시트의 내용을 미리 확인할 수 있고 [Fetch & Sync] 버튼을 클릭하면 확인 과정 없이 바로 적용됩니다. 먼저 [Fetch] 버튼을 클릭해 내용을 확인한 후 상단의 [Sync] 버튼을 클릭해 적용하겠습니다.

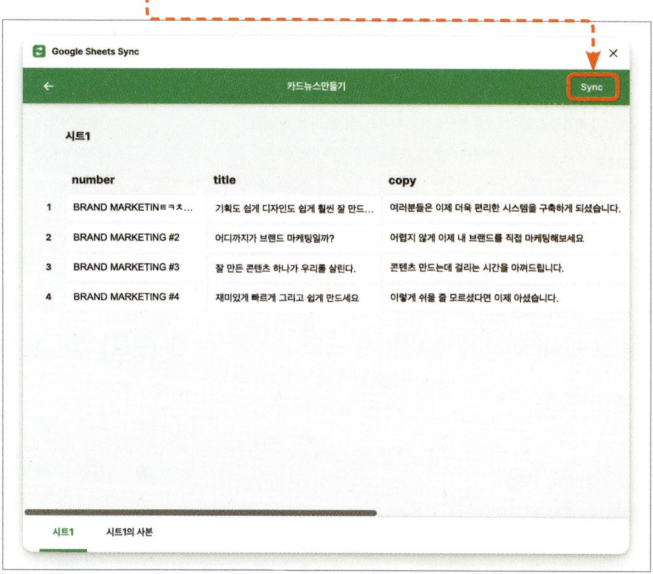

07 내용이 원하는 위치에 한 번에 적용되었습니다! ❶ 구글 시트에서 줄 바꿈을 한 경우와 ❷ 한 줄로 길게 썼을 때 글자가 들어오는 형태를 확인해보세요.

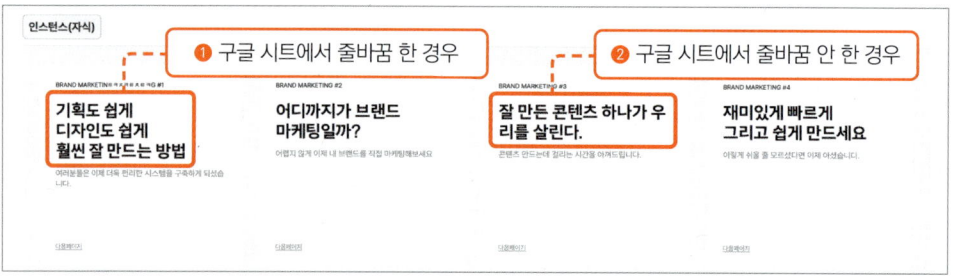

'타이틀'은 오토 레이아웃을 설정했기 때문에 글자 수가 한 줄을 넘기면 자동으로 줄바꿈이 이루어집니다. 만약 오토 레이아웃을 설정하지 않았다면 다음 이미지와 같이 글자가 디자인 영역을 벗어납니다. **이처럼 디자인에서 미리 오토 레이아웃을 설정하거나 글자가 들어갈 범위의 너비를 고정해야 원하는 레이아웃을 만들 수 있습니다.**

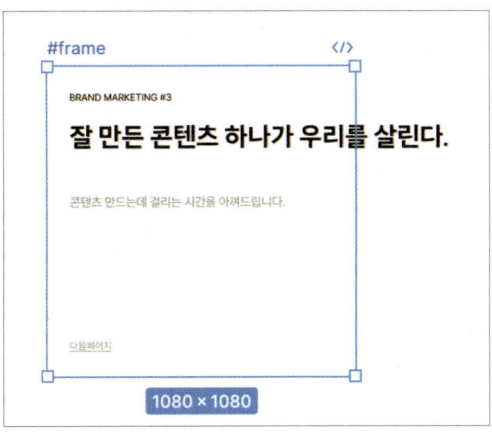

실전 09 광고 배너에 내용과 색상까지 자동 설정하기

구글 시트를 활용하면 광고 문구뿐만 아니라 적용할 색상도 미리 준비해놓고 일괄 적용할 수 있습니다. 다양한 광고 배너를 한 번에 만들어봅시다.

Chapter 17 구글 시트로 디자인 자동화하기

필요한 컴포넌트와 인스턴스 만들기

01 활용할 배너를 만들거나 예제 파일의 '실습용 프레임2'로 실습을 진행해주세요. 구글 시트의 내용이 원하는 배치로 나올 수 있게 오토 레이아웃을 설정해줍니다. 실습용 프레임에는 오토 레이아웃까지 설정되어 있습니다.

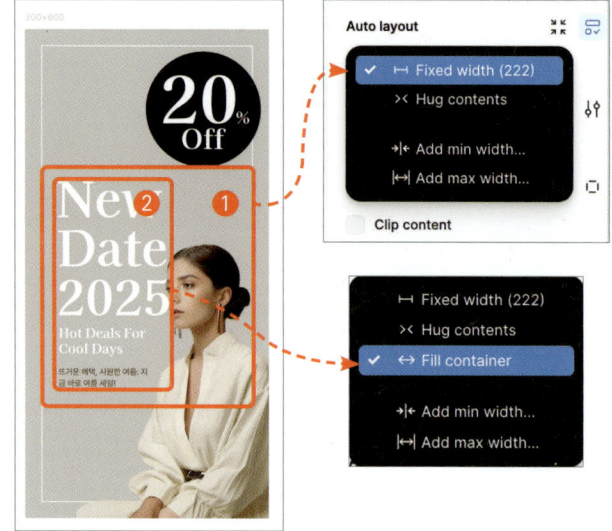

❶ 글자를 감싸고 있는 프레임 가로를 [Fixed width] 고정 크기로 정해주고 ❷ 각 글자들은 [Fill container]로 지정해 큰 프레임 밖으로 나가지 않고 자동으로 줄바꿈이 되도록 설정합니다.

02 구글 시트에서 변경할 부분의 레이어 이름을 '#'을 붙여 변경합니다. 이번에는 선과 도형의 색상도 바꿀 것이므로 각각의 레이어 이름도 지정해주세요.

선과 도형의 레이어 이름도 지정해주세요

> **1분 꿀팁** 선 색을 변경하려면 한 단계 더!

스프레드시트에 입력한 색은 피그마에서 채우기 색으로 적용됩니다. 선의 색을 구글 시트로 일괄 적용하고 싶다면 선을 채우기로 만들어주는 방법이 있습니다. 그려놓은 선을 선택하고 오른쪽 마우스를 눌러 [Outline stroke]를 적용해보세요. Stroke로 적용되었던 색이 Fill로 변경된 것을 확인할 수 있습니다.

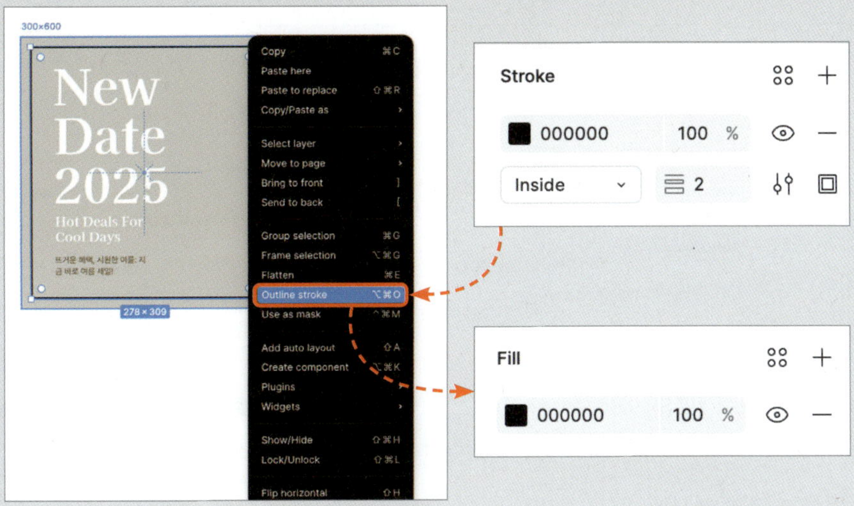

03 프레임을 컴포넌트로 바꾸고 복사해 인스턴스를 2개 만들어주세요.

구글 시트의 문자와 색상 일괄 적용하기

01 새 구글 시트를 만들고 레이어 이름을 1행에 적습니다. 이때 #은 적지 말고, 볼드 서식을 꼭 적용해주세요. 2행부터 각 레이어에 들어갈 문구를 입력합니다. line과 bg에도 적용할 색상 값을 입력하세요.

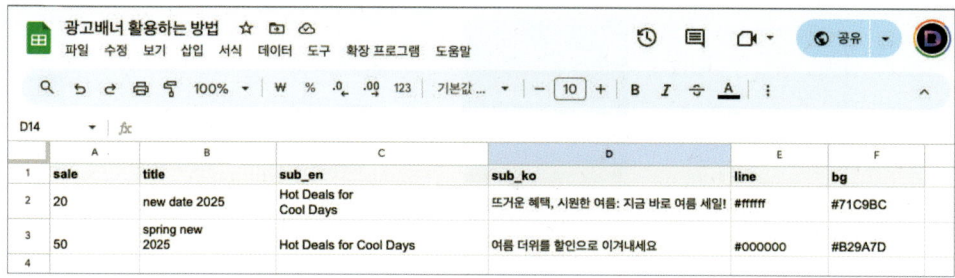

02 오른쪽 상단의 [공유] 버튼을 클릭해 '링크가 있는 모든 사용자'로 권한을 변경하고 [링크 복사] 버튼을 클릭해 링크를 복사합니다.

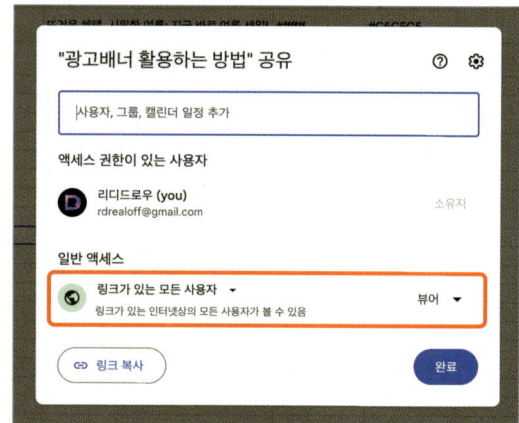

03 Google Sheets sync 플러그인을 실행한 후 복사한 링크를 넣어줍니다. [Fetch] 또는 [Fetch & Sync] 버튼을 눌러 적용해줍니다.

04 그럼 이렇게 같은 디자인에 색과 내용만 바꾼 다양한 버전을 한 번에 만들 수 있습니다.

1분 꿀팁 순서대로 적용되지 않아요

화면에 보이는 순서대로 구글 시트가 적용되지 않았나요? 왼쪽 레이어에 답이 있습니다. 화면에 배열된 순서와 상관없이 가장 아래의 레이어부터 순서대로 구글 시트의 내용이 적용되기 때문에 순서대로 적용하고 싶다면 인스턴스의 레이어 순서를 조정하세요.

실전 10 상세페이지 옵션별 이미지 한 번에 넣기

상세페이지에 많은 옵션이 필요할 때 디자인에 맞춰 이미지를 삽입하고 소개와 금액을 변경하는 일은 무척 번거롭습니다. 이제 구글 시트로 이미지를 넣는 방법까지 배우면 반복되는 작업을 훨씬 효율적으로 처리할 수 있을 겁니다.

사용 글꼴 : Pretendard / Roboto(숫자)

01 활용할 프레임을 만들거나 예제 파일의 '실습용 프레임3'으로 실습을 진행해주세요. 구글 시트의 내용이 원하는 배치로 나올 수 있게 정렬하고 오토 레이아웃을 설정합니다. '#'을 붙여 레이어 이름을 변경하고 이번 실습에서는 이미지 변경도 해볼 거니까 이미지가 들어갈 부분의 레이어 이름도 지정해주세요.

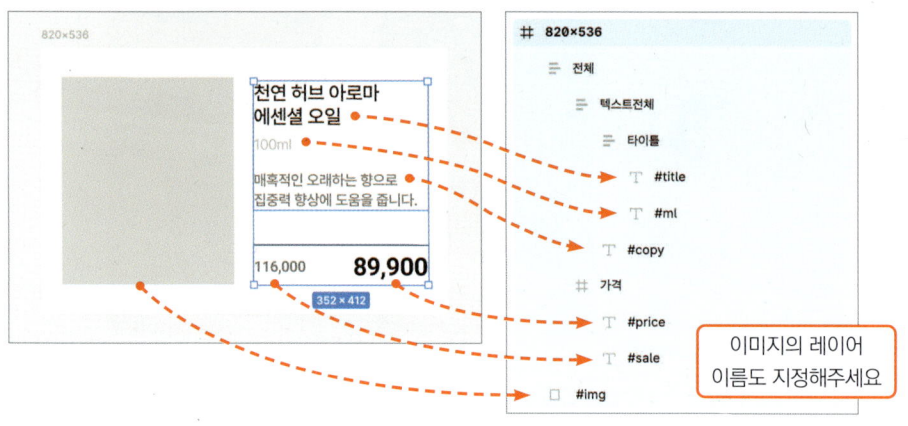

02 프레임을 컴포넌트로 만든 후 인스턴스 3개를 복사합니다.

03 구글 시트에 레이어 이름과 내용을 입력합니다. img는 링크로 입력하면 됩니다. 웹에서 원하는 이미지를 찾고 오른쪽 마우스를 눌러 **[이미지 주소 복사]**를 클릭하면 이미지의 링크를 복사할 수 있습니다.

title	ml	copy	sale	price	img
천연 허브 아로마 에센셜 오일	100ml	성장개선에 도움을 주는 향기로 유명합니다.	119,000	88,000	https://img.freepik.com/free-photo/herbal-thera
펜킨센스/라벤더 오일	100ml	매혹적인 오래하는 향으로 집중력 향상에 도움을 줍니다.	169,000	68,900	https://img.freepik.com/free-photo/view-male-b
천연 허브 로즈마리 오일	100ml	성장을 개선하고 기억력 효과가 있는 향료입니다.	249,000	69,800	https://img.freepik.com/free-photo/spa-compos

> 이 방법은 웹에 업로드되어 링크를 복사할 수 있는 이미지만 활용할 수 있다는 단점이 있는데요, 내 컴퓨터의 이미지를 활용하는 방법은 바로 다음 `Chapter 18` **피그마 버즈로 콘텐츠 디자인하기**에서 소개하겠습니다.

04 Google Sheets sync 플러그인에 구글 시트의 링크를 입력하고 적용하면 다음과 같이 이미지까지 잘 입력이 되었습니다.

첫 번째 이미지처럼 글자가 영역을 벗어나면 구글 시트에서 줄바꿈을 하거나, 오토 레이아웃으로 설정해야 합니다. 여기서는 구글 시트에서 줄바꿈을 하겠습니다.

05 정보를 수정하려면 구글 시트로 돌아와 수정한 후 다시 플러그인을 실행하면 됩니다. 오른쪽 하단에 실행한 플러그인을 클릭하여 실행할 수 있습니다.

이렇게 구글 시트와 피그마를 함께 사용하면 정보를 수정해야 하거나 협업이 필요할 때 정보를 더 편리하게 관리할 수 있습니다.

Chapter 18
피그마 버즈로 콘텐츠 디자인하기

SNS 게시물, 광고 배너, 행사 안내 이미지처럼 반복해서 만들어야 하는 콘텐츠 디자인, 매번 처음부터 작업하려면 시간도 오래 걸리고, 완성도 있는 결과물을 만들기 쉽지 않죠. 이럴 때 유용하게 쓸 수 있는 도구가 바로 피그마 버즈Buzz입니다.

버즈는 2025년 출시된 콘텐츠 디자인 특화 도구로, 누구나 쉽게 템플릿 기반으로 작업할 수 있도록 구성되어 있습니다. 자주 쓰는 매체별 디자인 크기부터 디자인에 필요한 다양한 요소와 스타일까지 준비되어 있죠. 우리는 내용과 이미지를 필요에 맞게 바꾸기만 하면 됩니다. 개인이 작업하기에도 편하고, 팀 단위로 템플릿을 만들고 공유할 수 있어 팀이 함께 작업할 때도 브랜드의 스타일을 쉽게 유지하며 작업할 수 있습니다.

2025년 7월 기준 베타 기능으로 제공되고, 편집이나 생성형 AI 기능 등이 무료 사용자에게는 일부 제한되어 있기 때문에 피그마 유료 버전을 사용해야 효과적으로 쓸 수 있습니다. 이 챕터에서 소개하는 방법들을 무리없이 사용하려면 피그마 유료 결제를 추천합니다.

▶ 피그마 버즈 소개 : figma.com/ko-kr/buzz

기본 | 버즈 작업 화면 살펴보기

피그마 버즈를 사용하려면 우리가 지금까지 사용했던 디자인 파일이 아니라 버즈 파일을 생성해야 합니다.

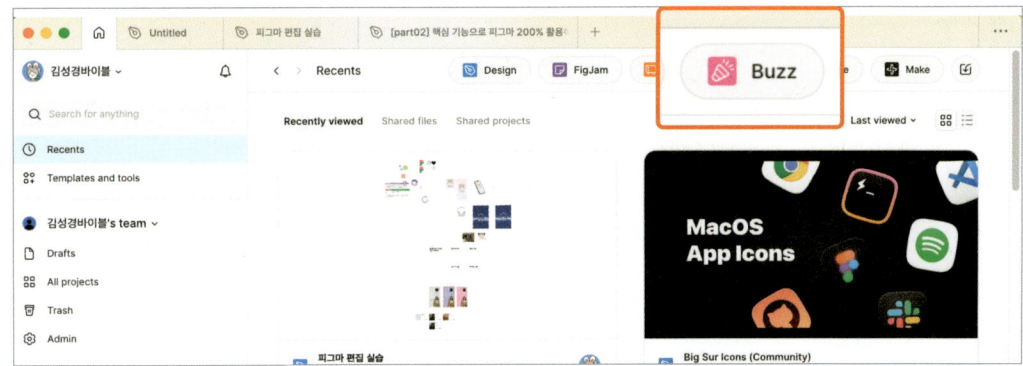

버즈 파일을 열면 먼저 사용할 템플릿을 선택하거나 인스타그램, 페이스북, 유튜브 등 다양한 SNS와 광고 배너에 맞는 크기를 고를 수 있습니다. 자주 사용하는 콘텐츠의 크기가 미리 준비되어 있어 빠르고 편리하게 작업을 시작할 수 있습니다. 미리캔버스, 캔바를 사용해본 적이 있다면 익숙할 겁니다.

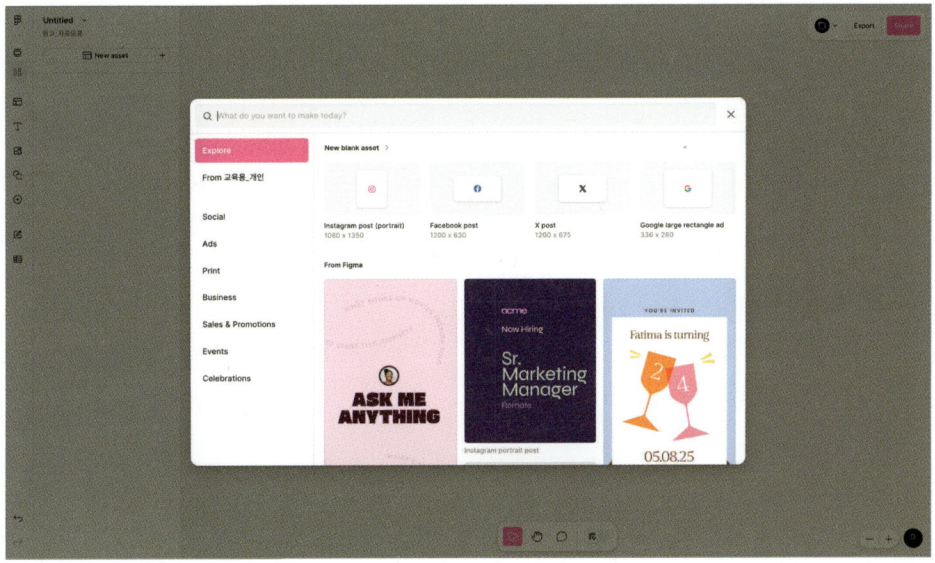

Chapter 18 피그마 버즈로 콘텐츠 디자인하기

간단히 버즈의 화면과 각 메뉴를 살펴보겠습니다.

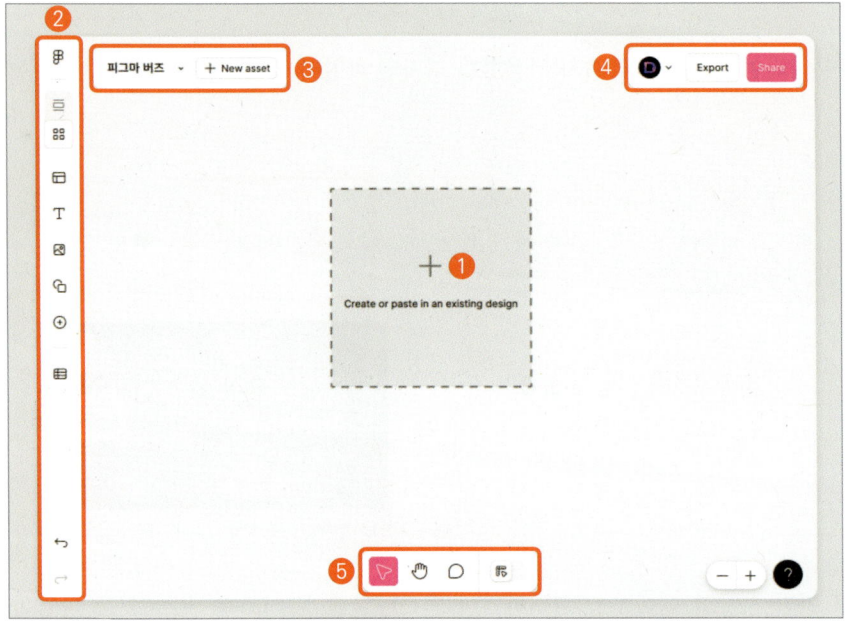

❶ **캔버스** : 디자인을 할 수 있는 공간입니다.

❷ **탐색바** : 버즈에서 가장 중요한 부분입니다. 디자인을 시작하고 완성해 나가는 데 필요한 기본 기능들로 구성되어 있습니다. 뒤에서 자세히 알아볼 겁니다.

❸ **왼쪽 패널** : 파일 이름, 저장된 위치, 에셋 목록을 확인할 수 있고 새로운 에셋을 추가할 수 있습니다.

❹ **오른쪽 패널** : 템플릿 게시, 내보내기, 공유, 스포트라이트와 같은 협업 관련 기능을 사용할 수 있습니다.

❺ **툴바** : 화면을 이동, 선택하고 코멘트를 추가할 수 있으며, 유료 사용자는 디자인 모드로 전환할 수 있습니다.

캔버스 살펴보기

캔버스는 그리드 뷰와 에셋 뷰 두 가지 형태로 볼 수 있습니다. 그리드 뷰grid view에서는 전반적인 콘텐츠의 흐름을 파악하기 좋고 에셋 뷰asset view에서는 에셋을 개별로 수정하기 좋습니다. 디자인 파일에서는 프레임을 하나의 디자인 단위로 보았다면 버즈에서는 에셋asset이 비슷한 역할을 합니다. 직접 버즈 파일을 만들어서 확인해봅시다.

01 새 버즈 파일을 만들고 피그마에서 제공하는 아무 템플릿이나 선택해봅시다. ❶ 탐색바의 버튼을 누르면 그리드 뷰를 볼 수 있습니다. ❷ 에셋 오른쪽, 아래에 보이는 파란색 원 위에 마우스를 올리면 원이 [+] 버튼으로 바뀌는데 이것을 클릭하면 새로운 에셋이 추가됩니다.

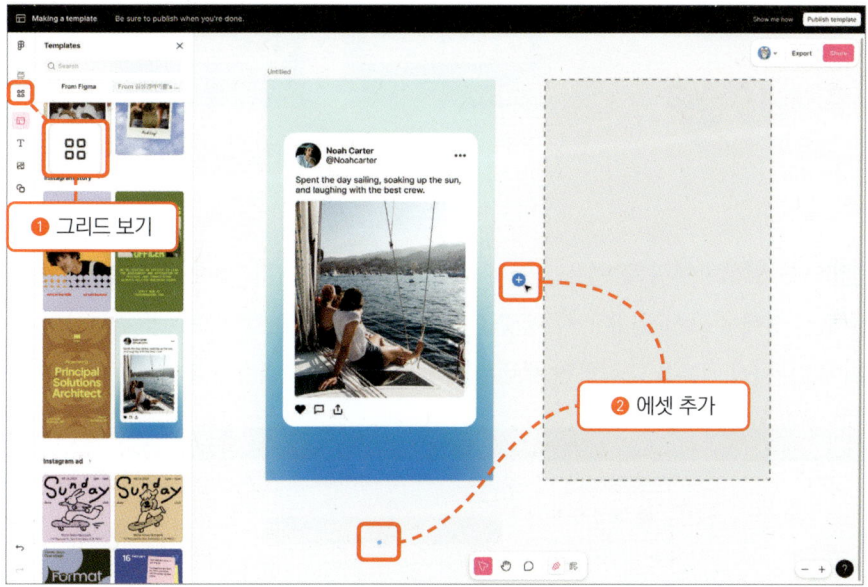

02 ❶ 아래쪽에 에셋을 추가하면 자동으로 Row(줄)가 생성되어 페이지가 깔끔하게 정렬됩니다. 추가된 Row는 마우스로 드래그하여 위치를 바꿀 수 있고, ❷ 이름을 더블 클릭해 원하는 이름으로 변경할 수 있습니다.

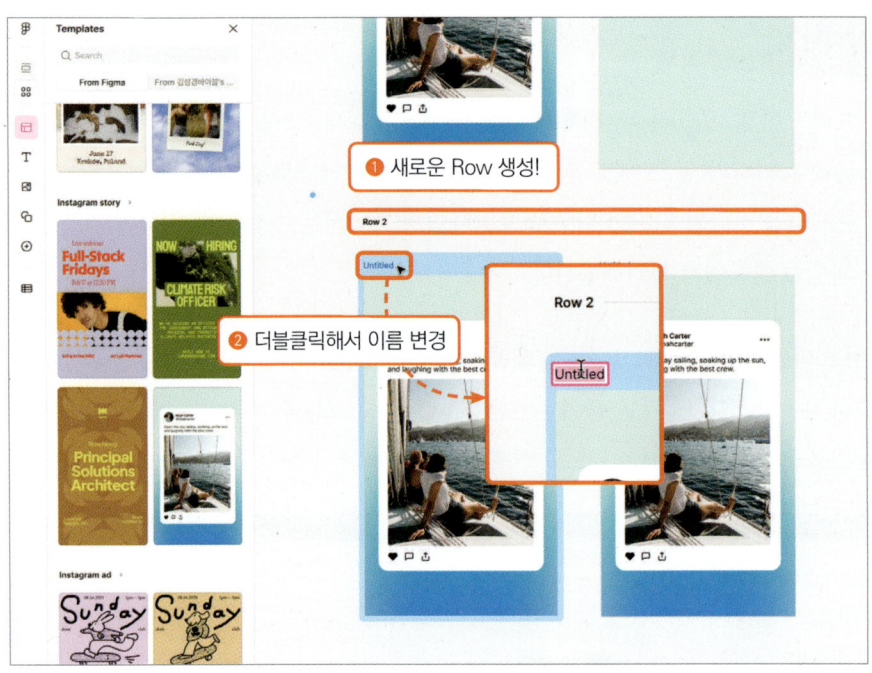

03 이번에는 ① 탐색바에서 ▤ 버튼을 눌러 **에셋 뷰**로 변경합니다. ② 왼쪽 패널에 전체 에셋이 미리 보기 형태로 표시됩니다. 각 에셋을 한 눈에 확인할 수 있어 관리가 편리하며, ③ 오른쪽 위에 있는 [+] 버튼을 클릭하면 새로운 에셋을 추가할 수 있습니다.

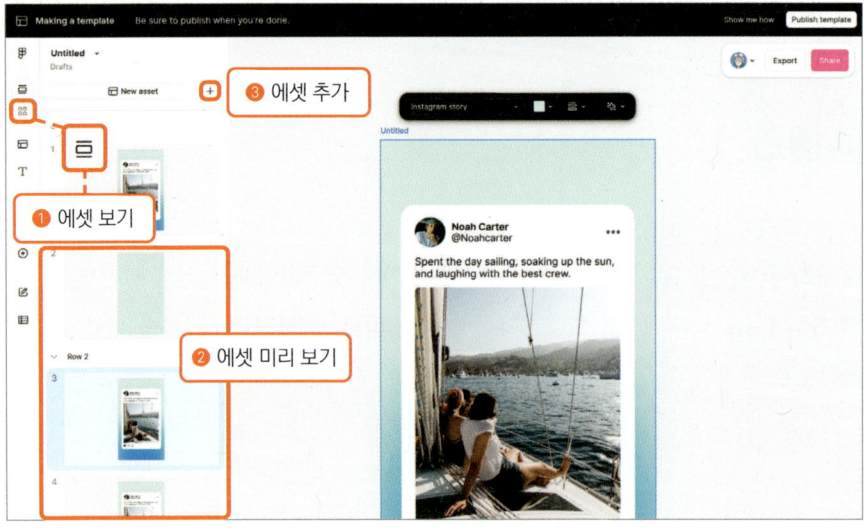

캔버스 살펴보기

계속해서 탐색바에는 어떤 메뉴가 있는지 살펴봅시다.

01 왼쪽 패널에서 ❶ **[New asset]**을 누르면 새 에셋이 추가되면서 ❷ 추천 템플릿이 활성화됩니다. 검색 창에 키워드(예: EVENT)로 템플릿을 검색할 수 있습니다. ❸ 템플릿을 사용하지 않고 직접 디자인을 시작하고 싶으면 **[+]**를 클릭합니다. ❹ 피그마에서 제공하는 템플릿 뿐만 아니라 템플릿을 직접 만들어 등록하여 사용할 수 있습니다.

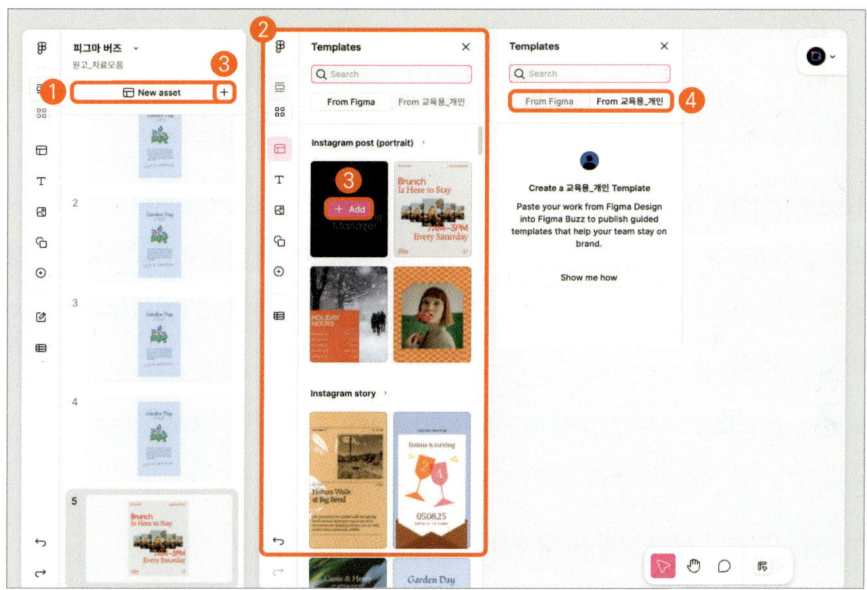

02 아래의 메뉴들도 간단히 소개합니다. 템플릿을 직접 만들거나 수정할 때 활용하는 기능입니다. 직접 클릭해보면서 어디에 무엇이 있는지 둘러보세요.

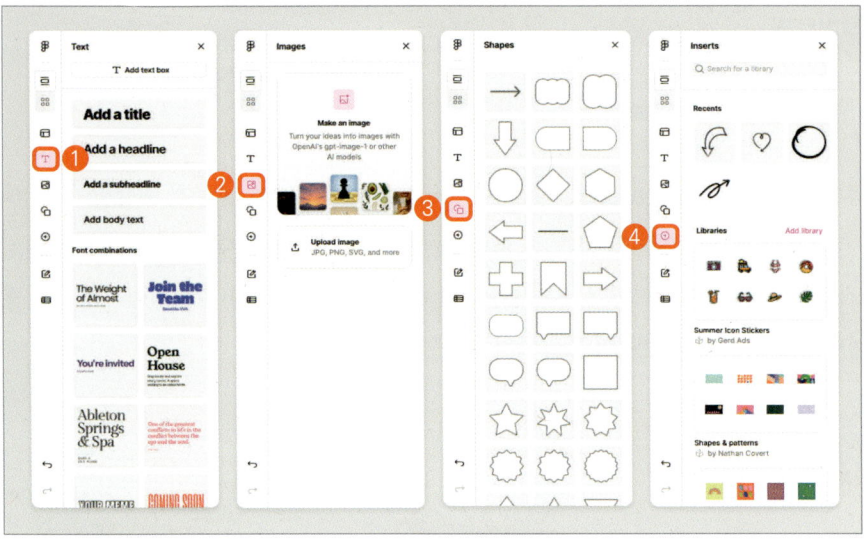

❶ **Text(텍스트)** : 제목, 헤드라인, 부제목, 본문에 맞는 글자 크기가 미리 지정되어 있어서 디자인에 어울리는 스타일을 쉽게 선택할 수 있습니다. 다양한 디자인이 적용된 문자 스타일도 클릭 한 번으로 적용할 수 있으며, 일반 문자를 입력하려면 상단의 **[Add text box]**를 클릭하면 됩니다.

❷ **Images(이미지)** : 이미지를 업로드할 수 있습니다. 유료 버전에서는 총 3개의 AI 모델을 활용해 이미지를 만들 수 있습니다.

❸ **Shapes(도형)** : 여러 도형을 디자인에 적용할 수 있습니다.

❹ **Inserts(삽입)** : 다양한 아이콘, 디자인, 구성 요소들을 공유하고 사용할 수 있습니다.

실전 11 템플릿을 활용한 카드 뉴스 만들기

카드 뉴스를 처음부터 직접 디자인해도 좋지만, 미리 만들어진 템플릿을 활용하면 훨씬 쉽게 시작할 수 있습니다. 어떤 구성으로 만들지 고민된다면 피그마 제공 템플릿을 참고하면서 필요한 내용만 바꿔 넣는 방식으로 작업해 보세요. 템플릿은 디자인의 흐름과 배치를 잘 잡아주는 역할을 해주기 때문에 시간도 아끼고, 완성도 있는 결과물도 더 빠르게 만들 수 있습니다.

.buzz파일을 사용하세요

▶ 활용 글꼴 : 지마켓, 프리텐다드

01 Instagram ad 분야의 다음과 같은 템플릿을 선택합니다. 이 템플릿을 기반으로 필요한 디자인을 시작해보죠.

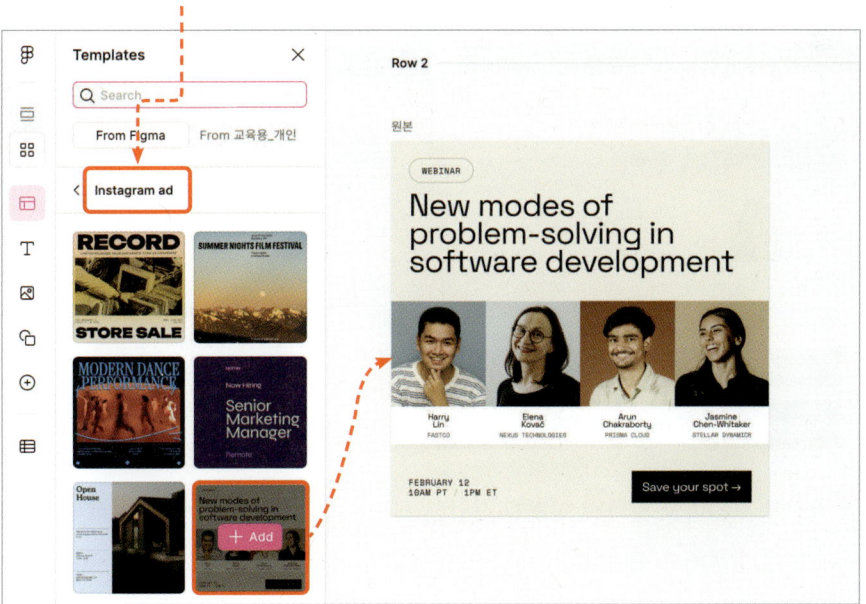

Chapter 18 피그마 버즈로 콘텐츠 디자인하기   237

02 변경할 요소를 더블 클릭하면 편집할 수 있는 메뉴가 나타납니다. ❶ 먼저 제목의 내용을 변경하고 글꼴도 원하는 것으로 변경합니다. 실습에서는 큰 제목에는 '지마켓', 왼쪽 아래 작은 글자에는 '프리텐다드'를 적용했습니다. ❷ 오른쪽 아래 버튼은 화살표만 남기고 원형으로 변경합니다. ❸ 상단 메뉴에서 모서리 버튼을 누르고 수치를 조절했습니다.

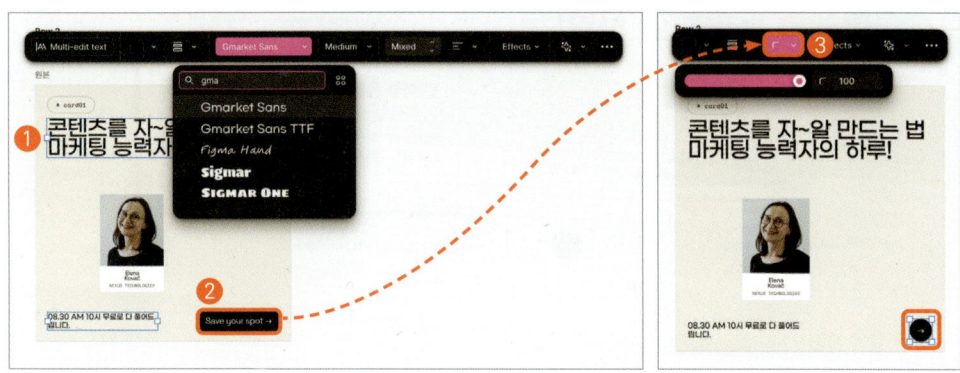

03 ❶ 글자 크기를 알맞게 조절한 후 ❷ 텍스트를 선택하고 [■■■ → Letter & lines pacing]를 클릭해 줄 간격과 글자 간격을 조정합니다. 모든 수치는 다음 이미지를 참고하세요.

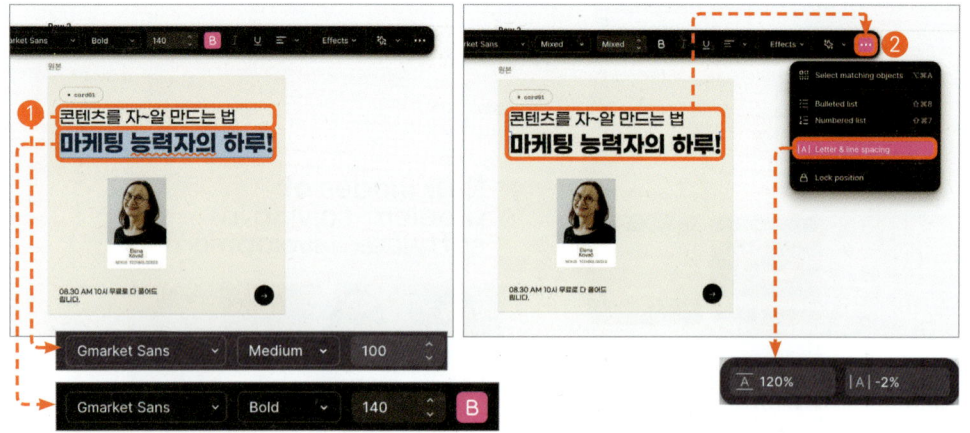

무료 버전을 사용하고 있다면 이렇게 작업한 에셋을 복사해서 디자인 파일로 붙여넣기하여 입맛에 맞게 수정해도 좋습니다. 이 다음 과정부터는 유료 버전 피그마에서 활용할 수 있는 기능들입니다.

04 이제 에셋 뷰 보기로 변경하고 ❶ 하단 툴바를 디자인 모드로 변경합니다. ❷ 한 명의 사진과 정보가 들어 있는 프레임만 남기고 나머지 사람들의 프로필은 삭제합니다. 사진 이미지를 더블 클릭하고 ❸ 오른쪽 패널 레이아웃 메뉴에서 버튼을 눌러 가로 세로 비율 고정을 해제합니다.

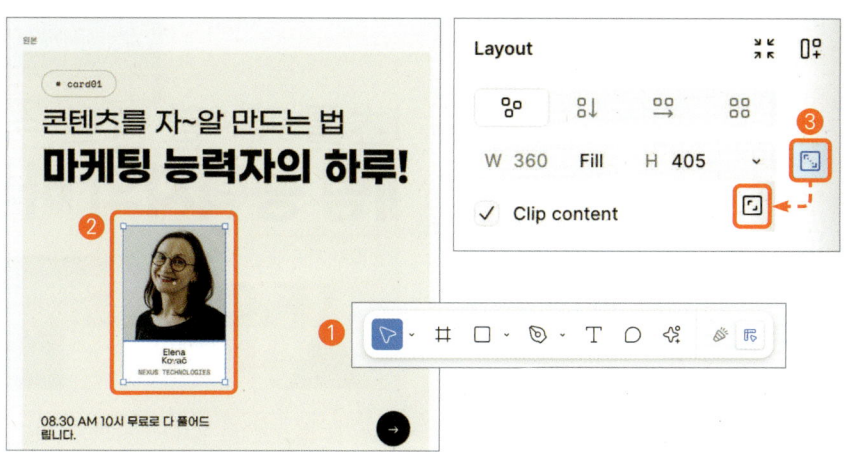

05 프로필 사진과 이름을 모두 선택한 후 오른쪽 패널의 레이아웃 메뉴에서 버튼을 눌러 ❶ 오토 레이아웃을 적용합니다. ❷ 제목의 가로 크기와 동일한 1308px로 너비를, 500px로 높이를 맞추고 가운데 정렬을 해줍니다.

> 제목 외의 다른 요소에도 오토 레이아웃을 설정하면 더욱 정돈된 디자인을 할 수 있습니다.

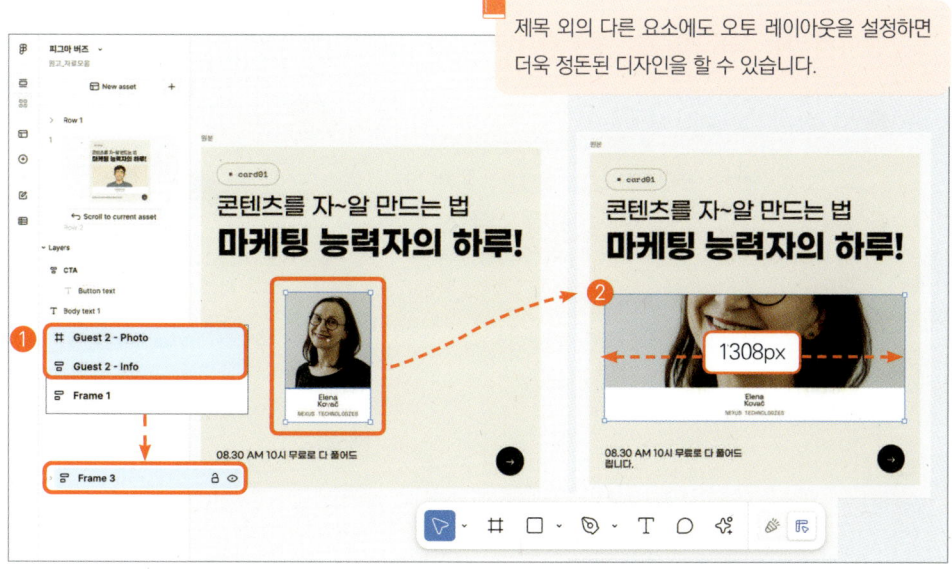

Chapter 18 피그마 버즈로 콘텐츠 디자인하기

06 AI 기능을 활용해 일러스트를 생성하겠습니다. ❶ 디자인 모드에서는 아래의 툴바에서, ❷ 버즈 모드에서는 상단의 툴바에서 **[Make a new image]** 버튼을 누르면 됩니다.

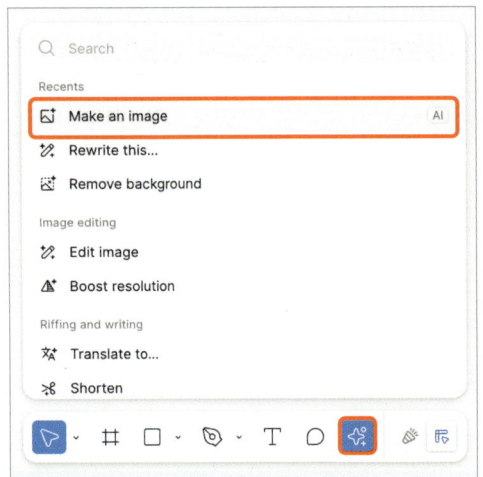

❶ 디자인 모드에서 생성형 이미지 사용   ❷ 버즈 모드에서 생성형 이미지 사용

07 간단하고 자연스러운 문장을 입력해도 원하는 이미지를 만들 수 있습니다. 여기서는 '일러스트 20대 남자 웃는 얼굴 정면 허리까지 보이게'라는 프롬프트를 사용했습니다.

> 한글로 말하듯 작성해도 꽤 좋은 이미지가 생성됩니다. 그러나 명확한 스타일과 묘사를 전달하기 위해 쉼표(,)를 사용하는 것이 좋습니다. 쉼표를 넣으면 AI가 각 특징을 따로따로 인식해서 원하는 이미지에 더 가까운 결과를 만들어낼 수 있습니다.

240　PART 04 효율UP 3대장! 자동화, 템플릿, AI 활용하기

이제 이렇게 만든 이미지를 시작으로 카드 뉴스를 마저 만들어나가면 됩니다. 어떤가요? 빈 백지에서 시작하는 것보다 훨씬 효율적이죠?

기본 내가 만든 템플릿 게시하기

앞서 피그마에서 제공하는 템플릿을 기반으로 디자인해보았다면 이번에는 내가 제작한 디자인을 템플릿으로 저장하고 가져와서 사용하는 방법을 알아보겠습니다.

01 먼저 만든 템플릿을 저장해봅시다. ❶ 새 버즈 파일을 생성하고 왼쪽의 현재 프로젝트 위치를 선택합니다. ❷ [New template]을 클릭합니다.

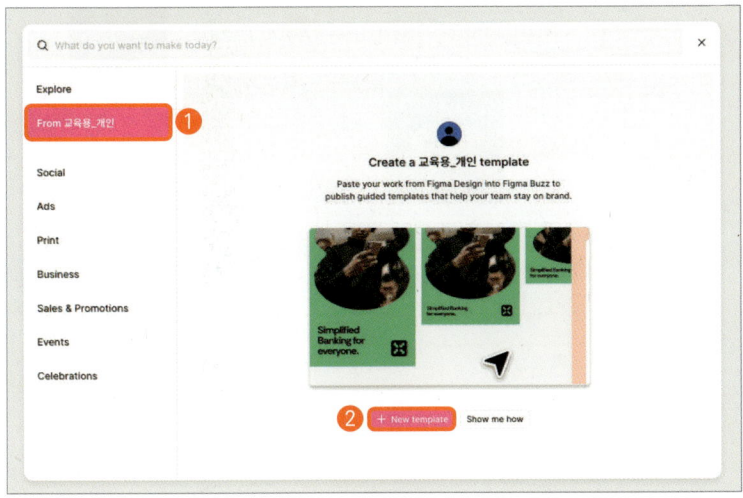

Chapter 18 피그마 버즈로 콘텐츠 디자인하기　**241**

02 여러분의 템플릿 디자인을 붙여넣기 하거나 새롭게 디자인을 해줍니다. 지금까지 배운 피그마 활용을 통해 직접 만들어보세요. 디자인의 일부를 더블 클릭하고 [Lock position]을 누르면 공유했을 때 편집할 수 없도록 잠금 처리가 됩니다. 이 기능을 이용하면 협업을 할 때 디자인의 일관성을 유지할 수 있습니다.

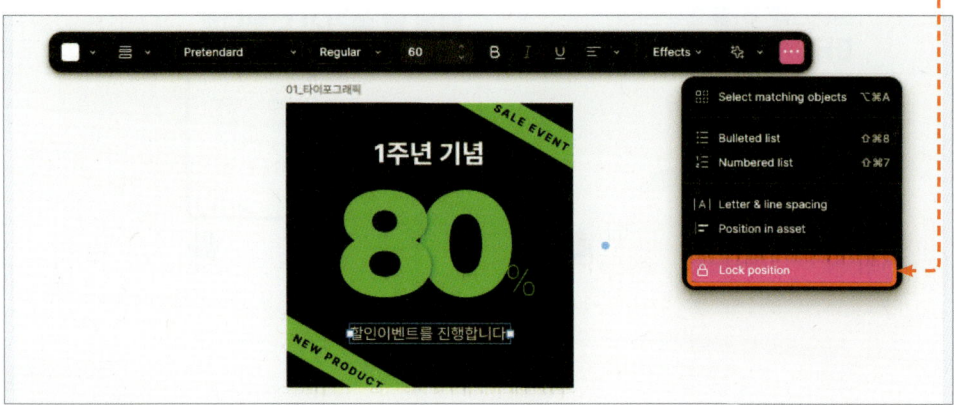

03 오른쪽 패널 가장 위의 [Share] 버튼을 클릭하고 ❶ [Publish template]을 선택합니다. ❷ 이름, 썸네일, 설명을 입력하고 위치를 선택한 후 ❸ [Publish]를 클릭합니다.

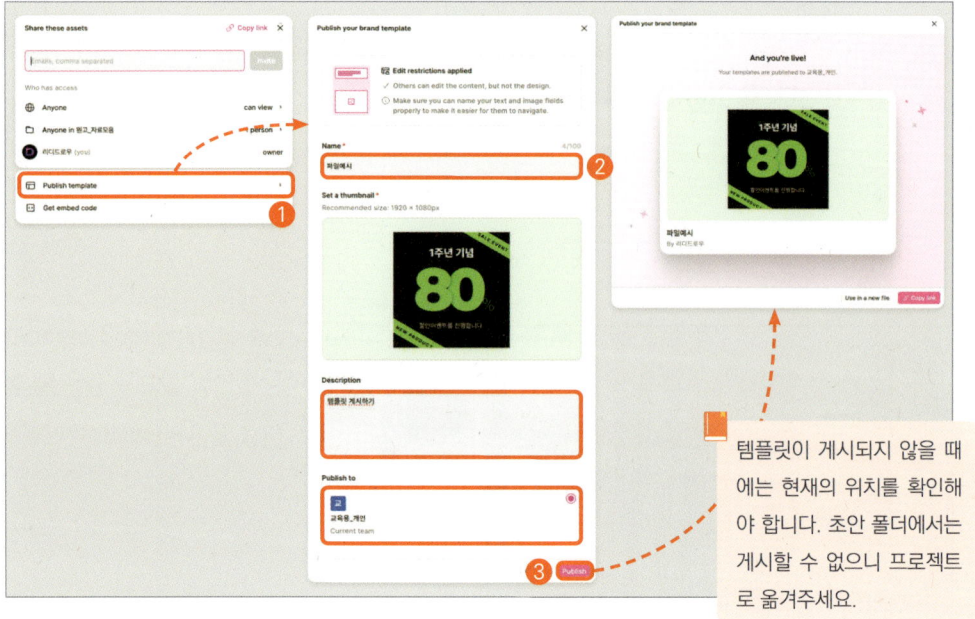

> 템플릿이 게시되지 않을 때에는 현재의 위치를 확인해야 합니다. 초안 폴더에서는 게시할 수 없으니 프로젝트로 옮겨주세요.

04 ❶ 게시된 템플릿을 선택하면 새로운 페이지가 열립니다. ❷ 에셋을 선택하면 나타나는 **[Edit content]**를 클릭하여 잠금 처리되지 않은 콘텐츠를 수정할 수 있습니다. 게시한 템플릿은 팀 구성원들에게 공유되고 라이브러리 형태로 사용할 수 있습니다.

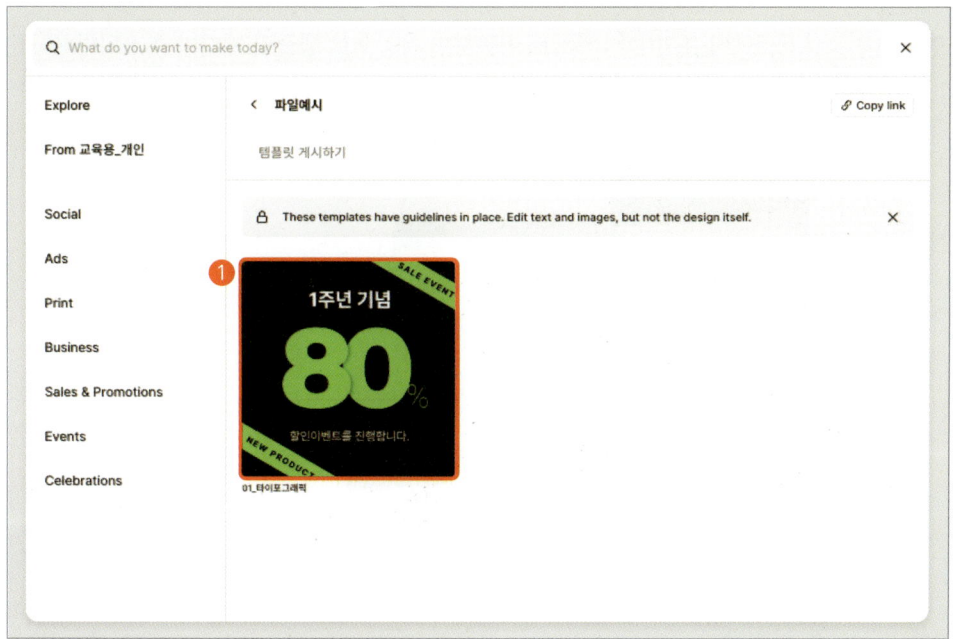

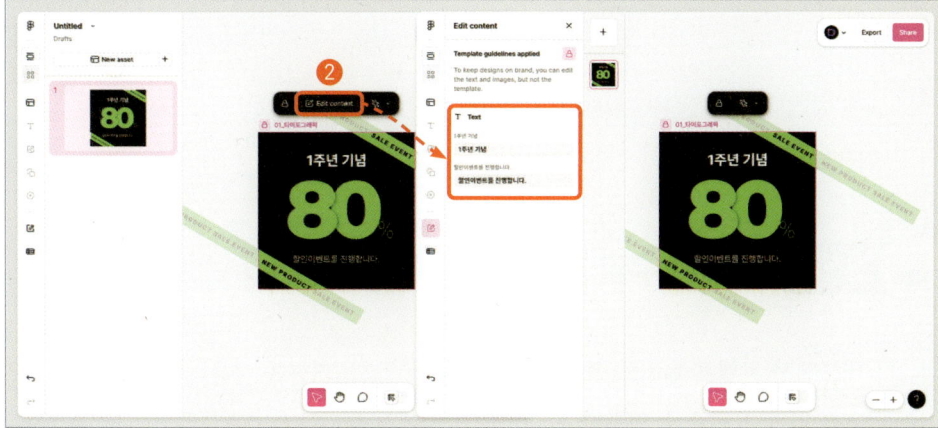

템플릿 게시 취소하기

게시한 템플릿을 취소하려면 원본 템플릿 파일을 열고, 화면 상단의 파일 이름 옆에 있는 드롭다운 메뉴를 클릭하여 **[Manage template → Unpublish template]**를 누르면 됩니다. 또는 해당 템플릿을 프로젝트에서 초안(Draft)으로 이동하면 자동으로 템플릿 게시가 취소됩니다.

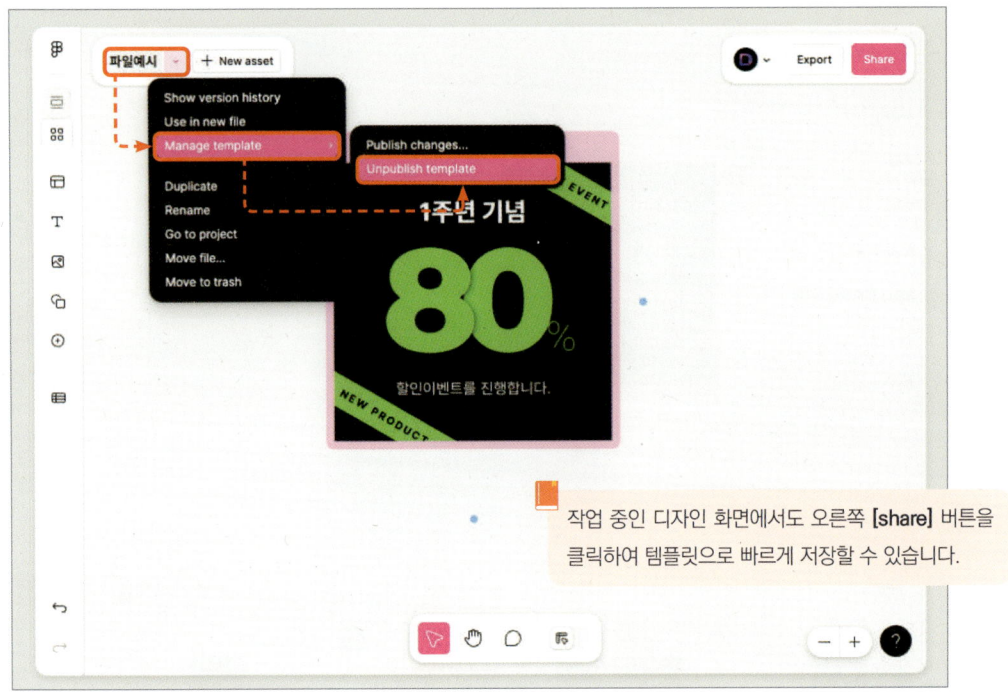

작업 중인 디자인 화면에서도 오른쪽 [share] 버튼을 클릭하여 템플릿으로 빠르게 저장할 수 있습니다.

실전 12  버즈와 구글 시트로 일괄 적용하기

피그마 버즈에서 콘텐츠 편집 Edit content과 일괄 만들기 Bulk create 기능을 사용하면 구글 시트 파일을 불러와 내용을 일괄 적용할 수 있습니다. 디자인 파일에서 플러그인으로 구글 시트를 불러오는 방식과 달리 이미지를 셀 안에 바로 삽입할 수 있어서 내 컴퓨터의 이미지도 가져올 수 있다는 장점이 있습니다. 하지만 버즈의 편집 기능이 무료로 사용하기에는 제한이 많고, 구글 시트를 링크로 가져오는 플러그인 방식과 달리 버즈에서는 파일로 저장한 후 업로드해야 하므로 내용의 수정이나 공유 면에서는 조금 더 불편하다는 단점이 있습니다. 두 방식 모두 장단점이 있으므로 함께 알아보고 더 편한 방식을 활용하길 바랍니다.

01 버즈를 실행하여 구글 시트를 적용할 디자인을 준비합니다. 직접 만들거나 실습 파일 '[part04]_Ch18_실전12_버즈와 구글 시트로 일괄 적용하기_실습용.buzz'를 사용해도 됩니다.

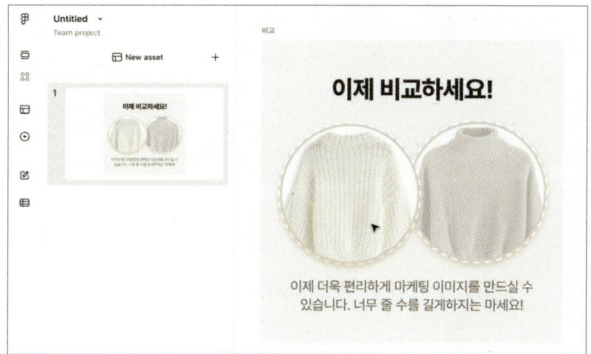

02 플러그인을 사용할 때와 구글 시트 구성 방식은 비슷합니다. 레이어 이름과 내용을 입력합니다. 이때 레이어 이름을 꼭 똑같이 맞출 필요는 없습니다. 어떤 위치에 어떤 내용을 넣을 건지 알아볼 수 있게만 적으세요.

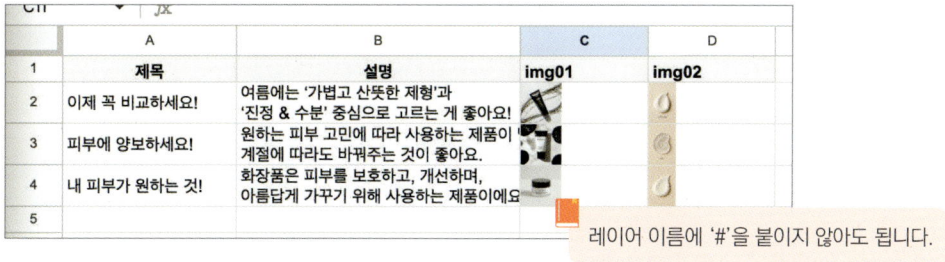

레이어 이름에 '#'을 붙이지 않아도 됩니다.

Chapter 18 피그마 버즈로 콘텐츠 디자인하기

중요한 건 이미지를 넣는 방식입니다. 상단 메뉴의 **[삽입 → 이미지 → 셀 내에 이미지 삽입]**으로 셀 안에 이미지를 넣어주세요. 셀 바깥에 삽입된 이미지는 피그마에서 제대로 인식하지 않을 수 있기 때문에 이미지도 문자처럼 셀 내부에 정확히 넣어야 합니다.

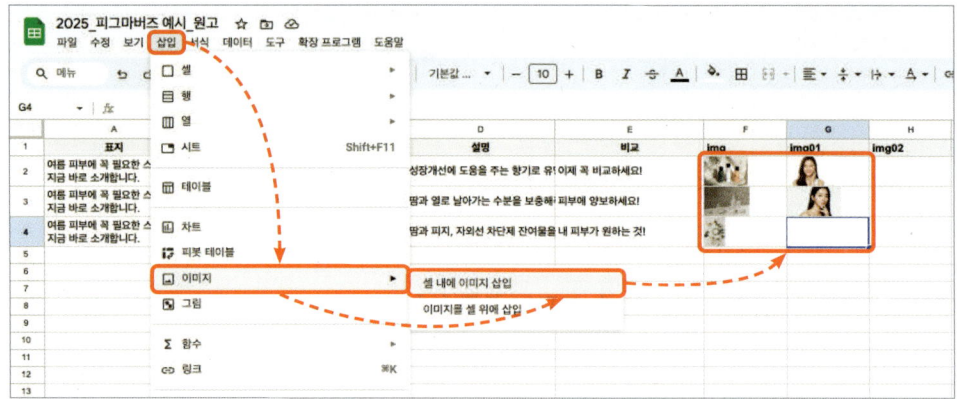

03 이제 이 구글 시트를 다운로드해야 합니다. **[파일 → 다운로드 → Microsoft Excel(.xlsx)]** 버튼을 차례로 눌러 내 컴퓨터에 파일을 다운로드하세요.

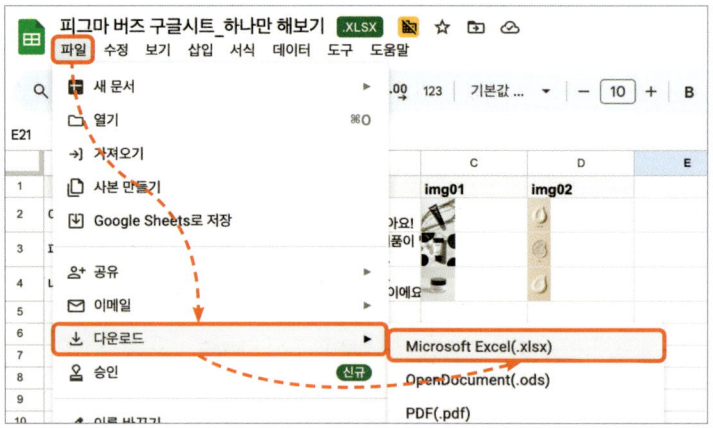

04 왼쪽 탐색바에서 ❶ [▦ **Bulk create**]를 클릭한 후 [**Upload**] 버튼을 눌러 앞서 저장한 .xlsx 파일을 업로드합니다. 그러면 ❷ Connect data 메뉴가 생기고 시트에서 1행에 지정했던 레이어 이름이 나열됩니다.

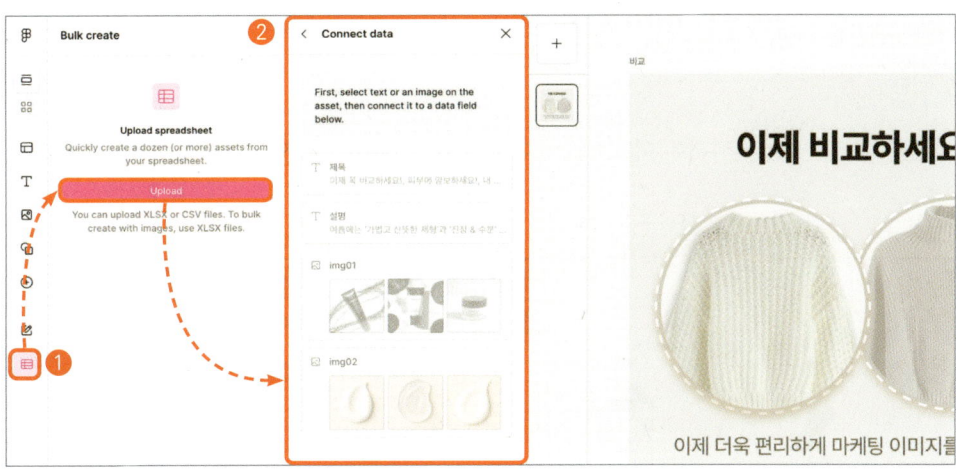

05 ❶ 에셋에서 연결할 문구나 이미지를 선택하면 왼쪽에 있는 데이터 목록이 활성화됩니다. ❷ 해당 데이터에서 원하는 항목을 선택하면 ❸ 에셋의 일부와 시트 데이터의 내용이 연결됩니다. 모든 연결을 마치고 ❹ 하단의 **[Create assets]** 버튼을 클릭해주세요.

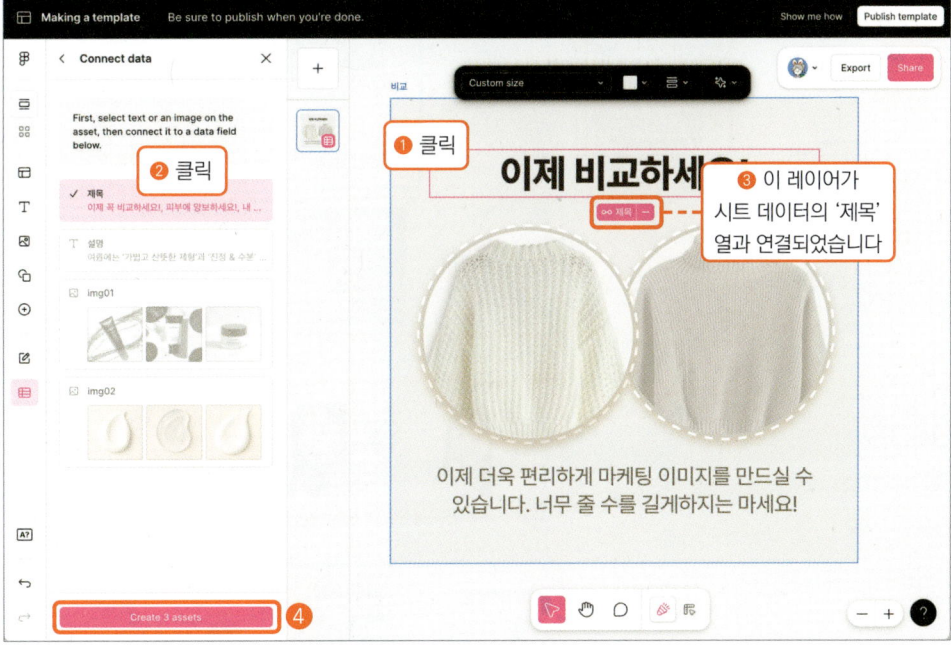

Chapter 18 피그마 버즈로 콘텐츠 디자인하기 **247**

06 그러면 이렇게 구글 시트에 입력했던 이미지까지 모두 적용된 새로운 에셋들이 생깁니다.

이 방식이 익숙해지면 기본 에셋과 구글 시트의 데이터를 조금 더 복잡하게 구성해서 다음과 같이 한 번에 여러 형태의 카드를 만들 수 있습니다. 독자 실습 자료 링크의 예제 파일로 연습해보세요.

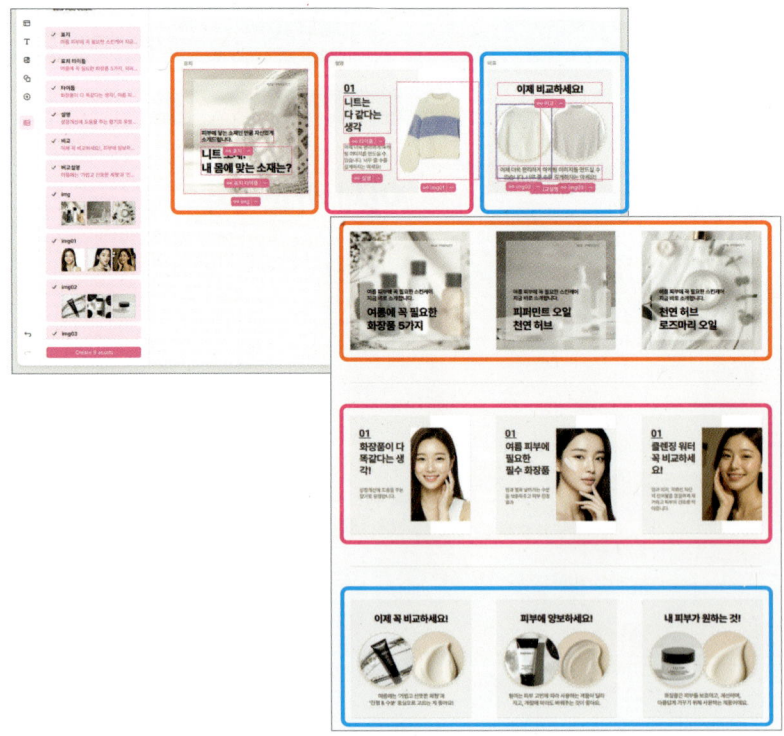

Chapter 19
피그마 AI와 함께 디자인하기

이제 디자인도 AI와 함께하는 시대입니다. 복잡한 작업을 대신 해주고, 초안부터 수정까지 빠르게 도와주는 피그마의 AI 기능을 활용하면, 작업 속도는 빨라지고, 완성도는 자연스럽게 따라올 겁니다. 이번 장에서는 피그마에 탑재된 다양한 AI 기능들을 하나씩 살펴보며, 실무에서 어떻게 활용할 수 있는지 배워보겠습니다. 피그마의 AI 기능은 유료 구독을 하는 경우 사용할 수 있고 변동 사항이 생길 수 있습니다. 피그마 디자인, 피그잼, 피그마 슬라이드, 피그마 사이트, 피그마 버즈, 피그마 메이크에서 사용할 수 있으며, 각 제품에 맞춰 사용할 수 있는 AI 도구가 조금씩 다릅니다.

시리즈	피그마 디자인	피그잼	피그마 슬라이드	피그마 사이트	피그마 버즈
Rewrite text	✅	✅	✅	✅	✅
Translate text	✅	✅	✅	✅	✅
Shorten text	✅	✅	✅	✅	✅
Adjust tone	❌	✅	✅	❌	❌
Make image	✅	✅	✅	✅	✅
Edit image	✅	✅	✅	✅	✅
Remove background	✅	✅	✅	✅	✅
Boost resolution	✅	❌	❌	✅	✅
Replace content	✅	❌	❌	✅	❌
Text suggestions	✅	❌	❌	❌	❌
Rename layers	✅	❌	❌	❌	❌
Add interactions	✅	❌	❌	❌	❌
AI search	✅	❌	✅	❌	❌
First Draft	✅	❌	❌	❌	❌
Generate boards and diagrams	❌	✅	❌	❌	❌
Sort and summarize stickies	❌	✅	❌	❌	❌
Jambot	❌	✅	❌	❌	❌
Generate a slide deck outline from a FigJam board	❌	✅	✅	❌	❌
Draft presenter notes	❌	❌	✅	❌	❌

 ## 원클릭 배경 제거하고 효과 넣기

배경 제거 기능은 피그마 디자인, 피그잼, 피그마 슬라이드, 피그마 사이트에서 사용할 수 있습니다. 하단 ❶ [Action] 아이콘을 클릭하고 [Remove background]를 클릭하여 배경을 제거합니다. ❷ 오른쪽 Fill 영역에 원본 사진은 눈이 자동으로 꺼지고 배경이 제거된 이미지가 새롭게 생깁니다.

피그마 버즈에서는 이미지를 선택하면 생기는 상단 도구에서 [AI tools → Remove background]를 선택하거나, 디자인 모드로 변환하고 하단 툴바에서 선택할 수 있습니다.

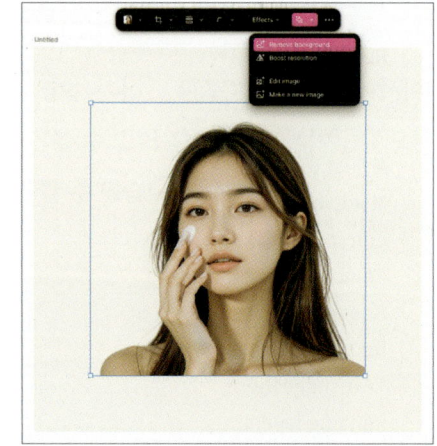

배경 제거 후 효과 넣는 방법

배경을 제거한 이미지에 효과를 적용할 때, 겉보기에는 배경이 완전히 사라진 것 같지만 실제로는 보이지 않는 사각형 프레임이 남아 있어서 효과가 그 프레임 전체에 적용됩니다. 이 때문에 이미지에 효과를 넣을 때 예상과 다른 결과가 나타날 수 있습니다. 이때 Color overlay 플러그인을 활용하면 원하는 대상에만 그림자를 넣을 수 있습니다.

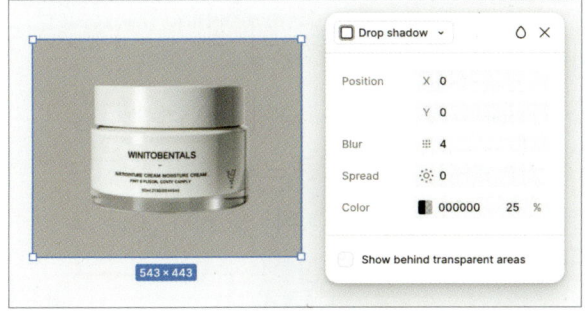

01 ❶ 그림자용 이미지를 복사하고 ❷ Color Overlay 플러그인을 실행합니다.

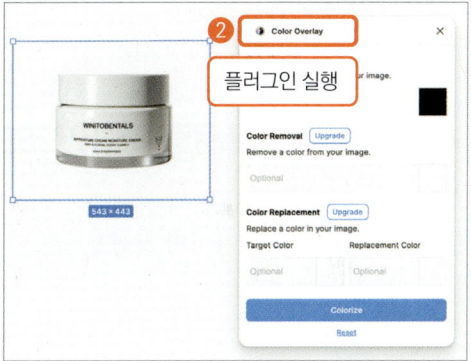

02 그림자용으로 복사한 레이어에 **[Layer blur]** 효과를 적용하고 투명도를 조절하면 프레임이 아닌 그림 뒤에 자연스럽게 그림자가 생깁니다.

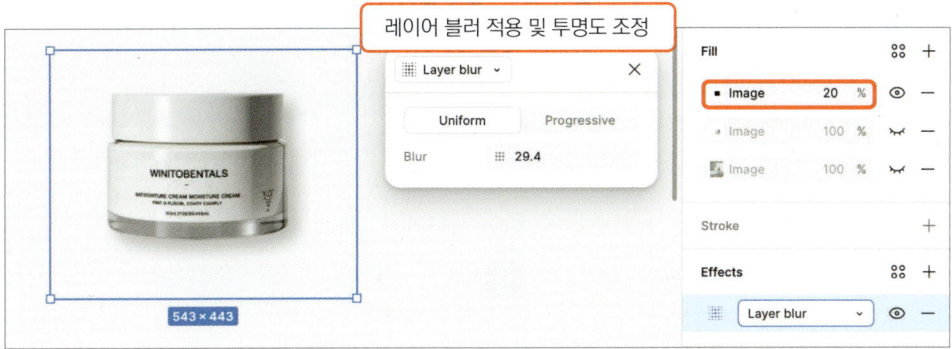

Chapter 19 피그마 AI와 함께 디자인하기 **251**

> **1분 꿀팁** 효과 적용시 투명 영역이 적용될 때

아래 이미지처럼 투명한 영역까지 그림자가 생겨 어색하게 보일 때에는 [Show behind transparent areas] 옵션을 체크하면 그림자가 투명 영역 뒤로 들어가 자연스러운 효과를 줄 수 있습니다.

AI 프롬프트로 디자인 초안 만들기

디자인 초안 기능을 사용하면 프롬프트로 디자인 초안을 만들고 디자인 테마, 글꼴, 구조, 이미지 등을 수정할 수 있습니다.

01 [Action] 아이콘을 클릭하고 [First Draft]를 선택합니다.

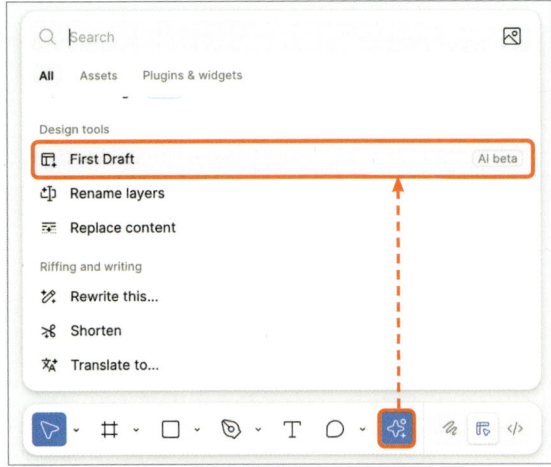

02 프롬프트는 한글을 사용할 수 있습니다. 작성을 마치고 **[Make it]** 버튼을 누르거나 `Tab` 키를 눌러 적용할 수 있습니다.

> 초안을 만들어 주는 기능이기 때문에 구체적으로 작성해도 원하는 만큼의 상세하고 긴 디자인을 만들어주지는 않습니다. 여러 번 생성해보면 비슷한 형태의 초안이 반복해서 나오는 경우도 많습니다.

다음과 같이 초안을 생성하고 다양한 스타일도 제안해주기 때문에 클릭해서 적용해보세요.

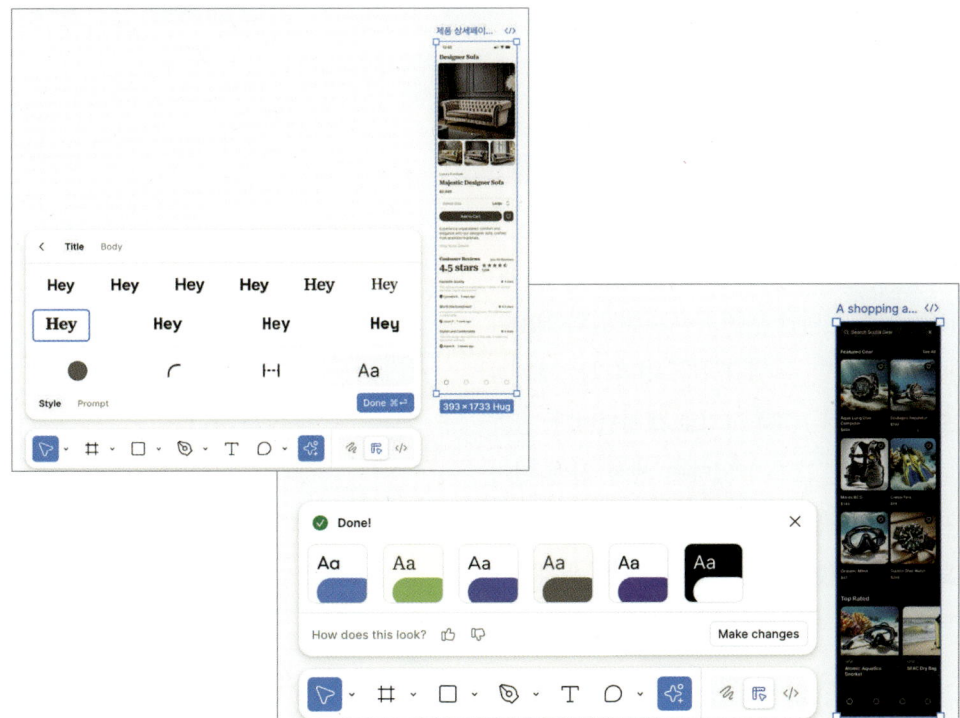

03 ❶ [Prompt] 버튼을 누르고 ❷ 프롬프트를 추가하여 디자인의 구조를 추가, 변경할 수 있습니다.

AI 이미지 생성하고 편집하기

[✦Action] 아이콘을 클릭하고 [🖼Make an image]를 선택한 후 프롬프트를 입력하면 이미지를 생성할 수 있습니다. 이미지는 기본적으로 1024 × 1024 크기로 생성됩니다. 만약 원하는 특정 크기가 있다면 생성 전에 먼저 사각형 도형을 그려 크기를 지정한 후 해당 도형을 선택한 상태에서 이미지를 생성하면 됩니다.

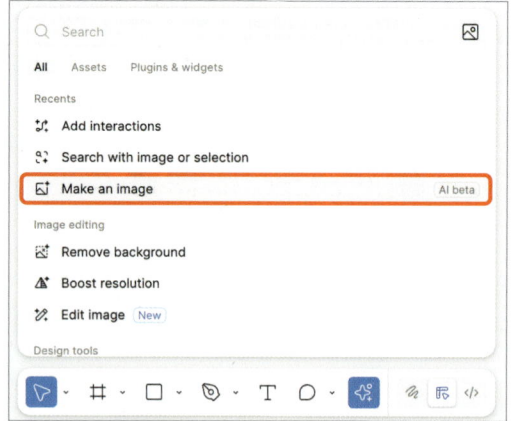

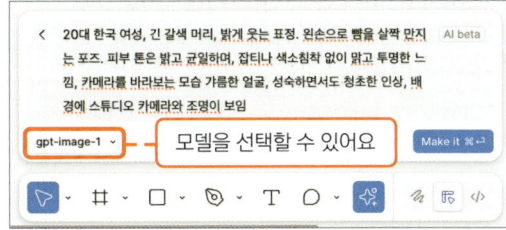

특별한 내용이 없음에도 'Blocked—try different input' 오류가 나타나면 프롬프트를 조금 변경하여 다시 생성해주세요.

이미지 생성에는 OpenAI의 3가지 모델 gpt-image-1, Google Imagen3, Titan v2을 사용할 수 있으며, 각각 특성에 맞게 생성되는 이미지 스타일이 모두 다릅니다. 다음 이미지는 순서대로 gpt-image-1, Google Imagen3, Titan v2로 생성한 이미지입니다. Google Imagen3 모델을 제외하면 한글 프롬프트도 무리 없이 인식합니다.

모델은 언제든지 버전이 바뀔 수 있습니다. 모델이 바뀌어도 사용하는 방식은 같으니 걱정마세요.

한글 프롬프트

영문 프롬프트

프롬프트

20대 한국 여성, 긴 갈색 머리, 밝게 웃는 표정. 왼손으로 뺨을 살짝 만지는 포즈. 피부 톤은 밝고 균일하며, 잡티나 색소침착 없이 맑고 투명한 느낌, 카메라를 바라보는 모습 갸름한 얼굴, 성숙하면서도 청초한 인상, 배경에 스튜디오 카메라와 조명이 보임

A Korean woman in her 20s with long brown hair, smiling brightly. She gently touches her cheek with her left hand. Her skin tone is bright and even, with a clear and transparent look, free of blemishes or discoloration. She gazes at the camera with a slender face, giving a mature yet innocent impression. In the background, studio cameras and lighting equipment are visible.

다양한 프롬프트 작성 예시

다음 이미지를 보면 세 가지 모두 일러스트 스타일이지만 각각 조금씩 다른 느낌을 가지고 있습니다. 스타일, 연령, 성별, 표정 등 원하는 키워드를 명확하게 나열할수록 구체적으로 원하는 결과물을 얻을 수 있습니다. 다음과 같이 이벤트 배너 등에 사용할 이미지도 쉽게 만들 수 있습니다. 간단한 키워드를 나열해도 좋은 결과가 나옵니다.

프롬프트
3D 일러스트 비즈니스 스타일, 20대 남자, 친절하게 웃는 얼굴, 정면, 허리까지 보이는 구조, 심플하고 깔끔한 색상

프롬프트
비즈니스 일러스트 스타일, 20대 남자, 친절하게 웃는 얼굴, 정면, 허리까지 보이는 구조, 심플하고 깔끔한 색상

프롬프트
플랫 일러스트 스타일, 20대 남자, 웃는 얼굴, 정면, 허리까지 보이게, 단색 배경, 화이트 톤의 밝은 컬러

이미지의 스타일뿐만 아니라 '상단 영역이 많이 나오게', '가운데가 비어 있게'와 같이 형식적인 측면을 강조하는 프롬프트를 사용하면 디자인에 더 편하게 사용할 수 있을 겁니다.

프롬프트
여름 이벤트, 시원한 바다 배경, 일러스트, 탑 뷰

프롬프트
빨간색과 흰색 줄무늬 파라솔, 해변 타월, 밀짚모자, 튜브, 조각 과일, 과일볼, 조개껍데기 등이 정갈하게 놓여 있으며, 해변가 파도는 심플한 그래픽 스타일로 표현됨.
상단에서 내려다본 뷰, 그림자 포함, 따뜻하고 감성적인 무드.
상단 영역이 많이 나올 수 있게

프롬프트

과일을 활용한 깔끔하고 시원한 리뷰 이벤트 배너 디자인. 흰색 또는 밝은 톤 배경 위에 오렌지, 레몬, 키위 등 여름 과일이 상큼하게 잘려진 상태로 주변에 자연스럽게 배치되어 있음. 과일에는 물방울 표현이 더해져 신선한 느낌을 줌. 전체 분위기는 밝고 청량하며 미니멀한 구성. 글은 없고 파스텔 오렌지와 연두 계열의 컬러 포인트 사용

1분 꿀팁 간단한 한글 프롬프트를 써도 괜찮아요

길고 구체적인 프롬프트가 더 정확한 이미지를 만들어주는 것은 사실이지만, 이미지가 디자인에서 큰 비중을 차지하지 않는 경우라면 꼭 복잡하게 프롬프트를 작성할 필요는 없습니다. 어디에 사용할 이미지인지, 주제는 무엇인지, 색감은 어떤 느낌이면 좋을지 정도만 간단하게 입력해도 만족스러운 결과를 얻을 수 있습니다.

프롬프트

상세페이지용, 리뷰이벤트 디자인, 과일, 깔끔하고 시원한

이미지 편집하기

이미 만들어진 이미지를 선택한 후 [✏️ Edit image]를 선택하여 프롬프트를 작성하면 선택한 이미지를 기반으로 수정된 이미지가 만들어집니다. 같은 스타일을 유지하고 내용을 바꿀 때, 이미지의 일부분만 바꾸고 싶을 때 등 사용하면 좋습니다.

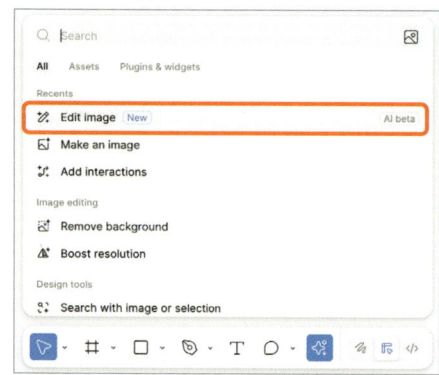
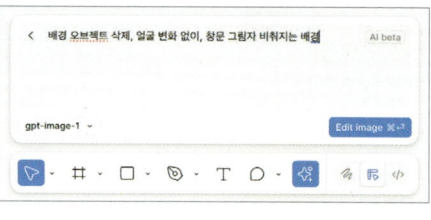

프롬프트
배경 오브젝트 삭제, 얼굴 변화 없이, 창문 그림자 비춰지는 배경

이미지 선명하게 만들기

완성도 높은 디자인을 위해서는 선명하고 해상도 높은 이미지를 사용해야 합니다. 하지만 항상 그런 이미지만 주어지지는 않죠. AI 기능 중 [⚠️ Boost resolution]를 사용하면 흐릿한 이미지를 선명하게 만들 수 있습니다.

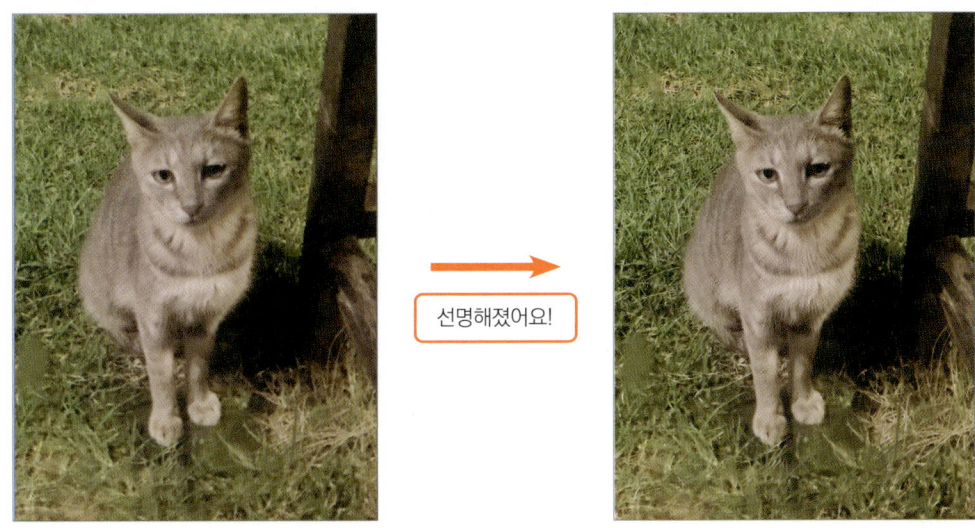

원하는 이미지를 클릭하고 해당 메뉴를 실행해서 사용할 수도 있고, 해상도가 낮은 이미지를 프레임에 넣으면 기능을 제안하는 알림창이 자동으로 나타납니다. 이때 [Boost resolution] 버튼을 클릭하면 선명한 이미지로 변경됩니다.

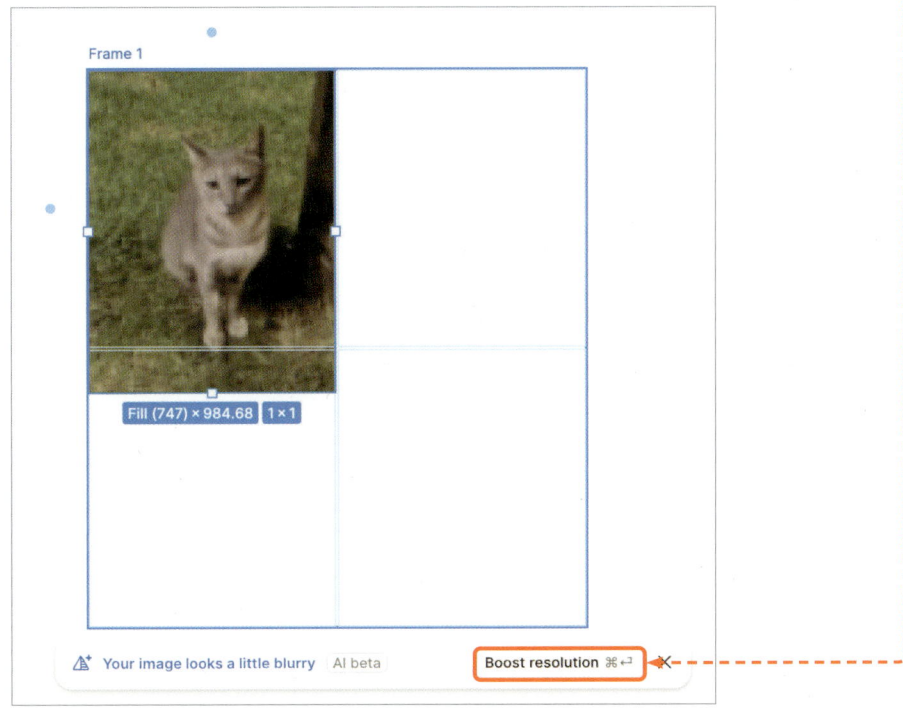

AI로 콘텐츠 내용 구성하기

피그마 AI 기능으로 이미지 생성, 편집과 같은 디자인 영역에서만 도움을 받을 수 있을 뿐만 아니라 디자인에 들어가는 내용을 생성할 수도 있습니다. 상세페이지나 광고 배너의 카피를 만들 때, 카드 뉴스의 내용을 채울 때 등 다양하게 활용해보세요.

콘텐츠 내용 수정하기

[✎ Rewrite this...] 기능을 사용하면 글의 말투나 스타일을 바꾸고 싶을 때 글을 더 친절하게 만들거나, 홍보 대상에게 잘 맞는 톤으로 변경할 수 있습니다.

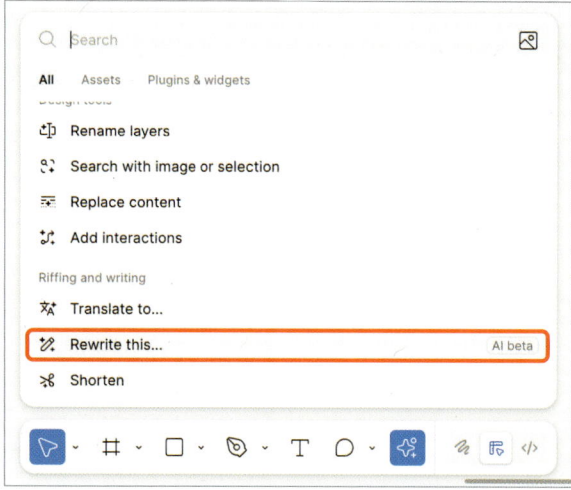

다음과 같이 작성한 내용을 선택하고 프롬프트를 원하는 방향으로 작성한 후 [Rewrite] 버튼을 누르면 원하는 대상에 맞는 톤으로 내용이 다듬어졌습니다.

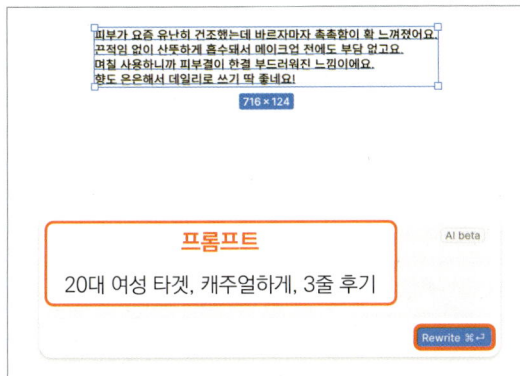

콘텐츠 내용 줄이기

[⌘ Shorten] 기능은 긴 문장을 짧고 간단하게 바꿔줍니다. 문장이 너무 길 때, 글자 수에 제한이 있는 버튼이나 안내 문구를 작성해야 할 때 필요한 핵심 내용만 깔끔하게 남길 수 있습니다.

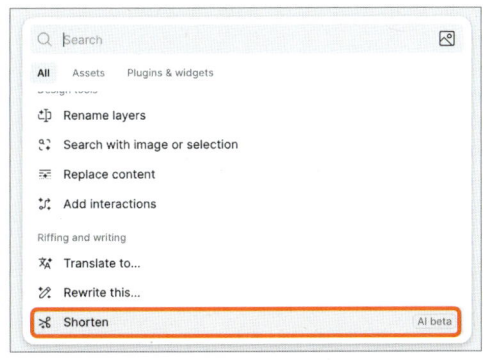

콘텐츠 내용 번역하기

[⌘ Translate to...] 기능을 사용하면 내용을 원하는 언어로 번역할 수 있습니다. 입력한 내용이 너무 길면 오류가 생길 수 있으니 변경한 후 꼭 크로스 체크를 해주세요.

 이미지에 있는 글자도 번역할 수 있나요?

피그마의 AI 기능이 향후 업데이트되면 가능해질 수 있지만, 2025년 8월 기준 현재는 이미지 속 글자를 직접 인식해 변환하는 기능은 지원하지 않습니다. 대신 플러그인을 사용하는 방법을 추천합니다. Recognize 플러그인을 활용하면 이미지의 글자를 추출할 수 있습니다. 그 다음 AI 번역 기능을 이용해 원하는 언어로 변경해보세요.

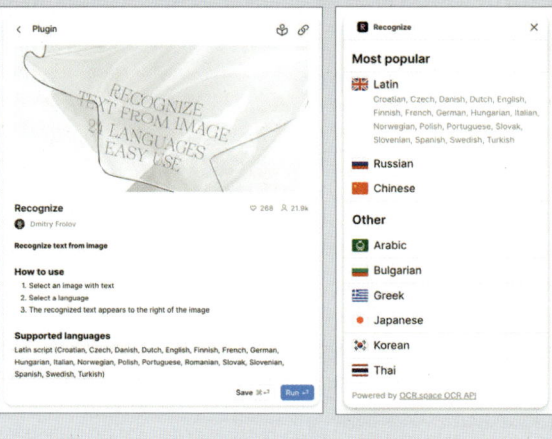

더미 데이터 만들기

디자인을 선택하고 [▨Replace content] 기능을 사용하면 디자인에 맞는 내용을 자동 생성하여 콘텐츠를 채우는데 드는 시간을 절약할 수 있습니다. 간단한 프롬프트 입력만으로도 쉽게 변경할 수 있습니다.

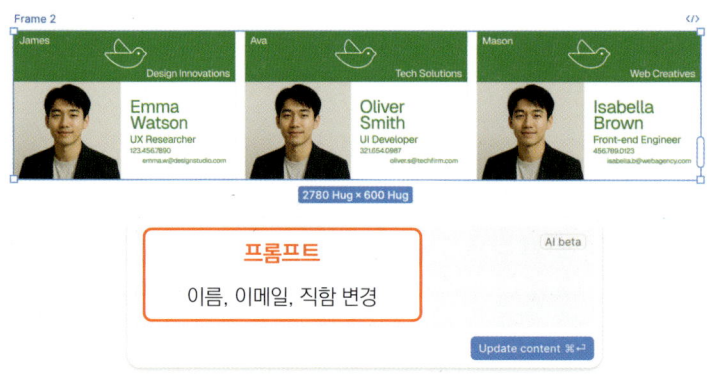

레이어 이름 변경하기

[Rename layers]를 사용하면 복잡한 디자인 파일도 클릭 몇 번으로 쉽게 정리할 수 있습니다. 레이어에 어울리는 이름을 자동으로 붙여주기 때문에, 어떤 요소인지 한눈에 파악할 수 있고, 애니메이션이나 스크롤 효과 같은 인터랙션을 더 정확하게 설정하는 데도 도움이 됩니다.

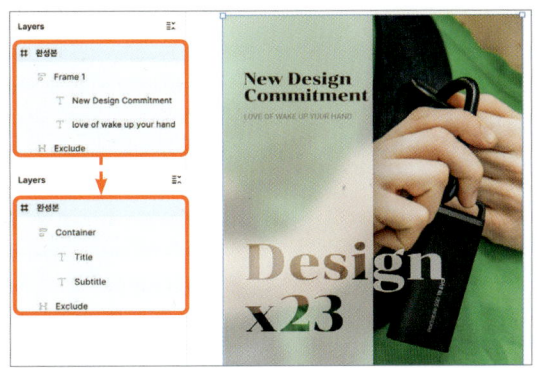
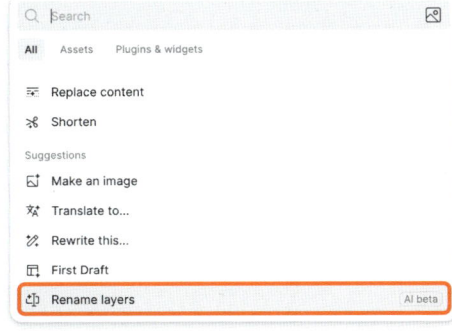

레이어 이름이 변경되지 않는 경우는 다음과 같습니다.

- 이미 이름을 바꾼 레이어

- 숨겨진 레이어, 잠긴 레이어

- 인스턴스 내에 중첩된 레이어

- 타원, 별, 삼각형등 개별 벡터 도형(사각형 제외)

이미 레이어의 이름이 변경된 경우 위와 같이 '레이어 이름을 변경할 필요가 없다'는 메시지가 표시됩니다. 다시 이름을 변경하고 싶다면 레이어 이름을 더블 클릭해서 변경해 줍니다.

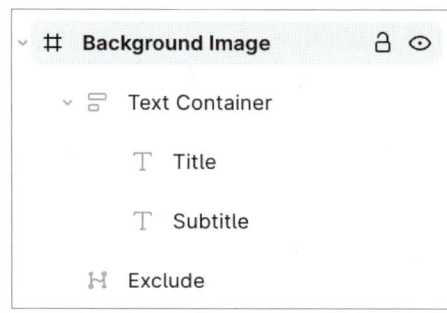

> 레이어 이름은 주로 UI 디자인 작업에 적합하게 만들어집니다. 만약 SNS 콘텐츠나 이미지 중심의 작업을 한다면, 스스로 더 이해하기 쉬운 이름으로 바꿔주는 것이 이후 작업이나 협업할 때 훨씬 편리합니다.

1분 꿀팁 유용하게 사용할 수 있는 AI 기능들

자주 사용할 것 같은 기능들 위주로 소개했습니다. 이 외에도 유용하게 사용할 수 있는 AI 기능들이 더 있습니다 간단하게만 소개할테니 직접 사용해보면서 어떤 기능인지 직접 이해해보길 권합니다.

- **인터렉션 추가하기** : 인터렉션을 추가할 프레임 전체를 선택하고 [Add interactions] 기능을 실행하면 프레임이 자동으로 연결됩니다. 프로토타입을 훨씬 빠르고 쉽게 만들 수 있습니다.

- **비슷한 디자인 찾기** : 레이어를 선택한 후 [Find more like #레이어명]을 클릭하면, 현재 위치가 표시되는 탭에서 사용할 수 있는 구성 요소나 에셋들이 표시됩니다. 키워드를 입력하거나 이미지를 선택해 비슷한 디자인 요소를 빠르게 찾을 수 있습니다.

- **이미지 사용하여 검색하기** : 문서 형식으로 추출하며 일부 블렌드 모드는 지원하지 않습니다.

작업에 따라 이 AI가 도움이 될 수도 되지 않을 수도 있습니다. 부담 갖지 말고, 이것저것 눌러보고 만들어보면서 감을 잡아보세요. 매번 조금씩 더 익숙해지고, 어느새 멋진 결과물을 만들어내고 있을 거예요. 이 내용이 여러분의 첫 피그마 AI 여행에 작은 도움이 되길 바랍니다.

PART 05
필요에 따라 골라 쓰는 유형별 디자인

학습목표

피그마를 활용한 다양한 형태의 디자인들을 실습을 통해 쉽게 만들어볼 수 있습니다. 다양한 배너, 카드 뉴스, 상세페이지, GIF 등 피그마로 빠르고 쉽게 완성도 높은 디자인을 만들어보세요.

`#카드 뉴스`　`#피그마 플러그인`　`#GIF 만들기`　`#배너`　`#상세페이지`

Chapter 20
실전에서 사용하는 다양한 배너 만들기

마케팅과 브랜딩에서 배너는 메시지를 효과적으로 전달하는데 무척 중요한 역할을 합니다. 이런 배너를 효율적으로 만들 수 있게 오토 레이아웃을 활용하는 방법을 배우고 다양한 스타일의 배너를 직접 만들어보며 실습하겠습니다. 이제 직접 기억에 남는 디자인 배너를 만들어보세요. 실습 파일은 '[part05] 필요에 따라 골라 쓰는 유형별 디자인.fig' 파일에서 'Ch20_실전 배너 예제'를 활용하세요.

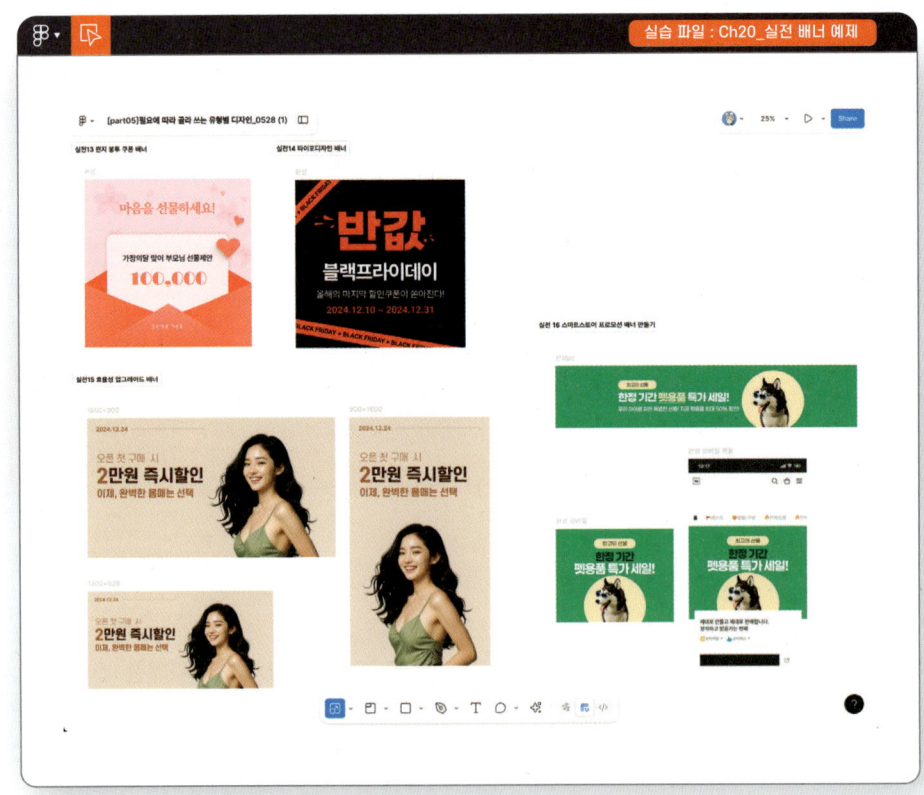

실전 13 편지 봉투 쿠폰 배너 만들기

프로모션이나 이벤트에 많이 사용하는 디자인 중 편지 봉투에서 쿠폰이 나오는 형태를 플러그인을 활용하여 쉽게 만들어보겠습니다.

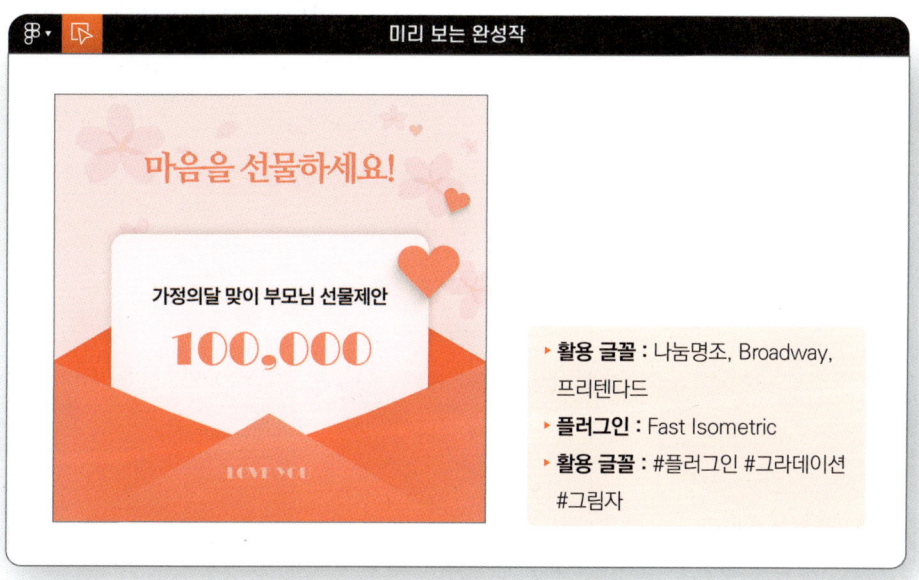

▸ **활용 글꼴** : 나눔명조, Broadway, 프리텐다드
▸ **플러그인** : Fast Isometric
▸ **활용 글꼴** : #플러그인 #그라데이션 #그림자

01 ❶ 1080 × 1080 크기의 프레임을 그립니다. 플러그인 Fast Isometric을 실행한 후 ❷ 첫 번째 박스를 선택해 [Create] 버튼을 눌러줍니다.

> Fast Isometric 플러그인은 입체감 있는 블록, 도형 같은 아이소메트릭 디자인을 쉽게 만들 수 있는 플러그인입니다.

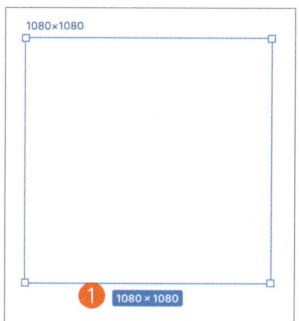
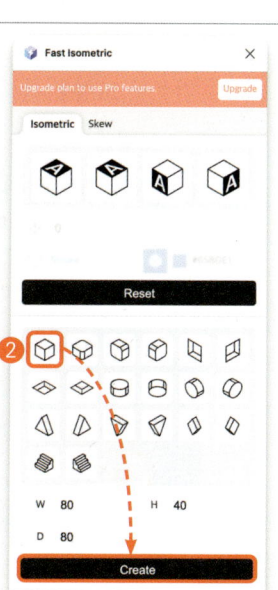

Chapter 20 실전에서 사용하는 다양한 배너 만들기 **267**

02 `Alt` + `Shift`를 누른 상태에서 프레임에 맞춰 박스를 키워
줍니다.

03 ❶ 왼쪽과 오른쪽 도형을 더블 클릭해 편집 모드로 진입한 후 ❷ `Shift`를 누른 상태로 앵커
포인트를 아래로 드래그해 ❸과 같은 모양을 만들어줍니다.

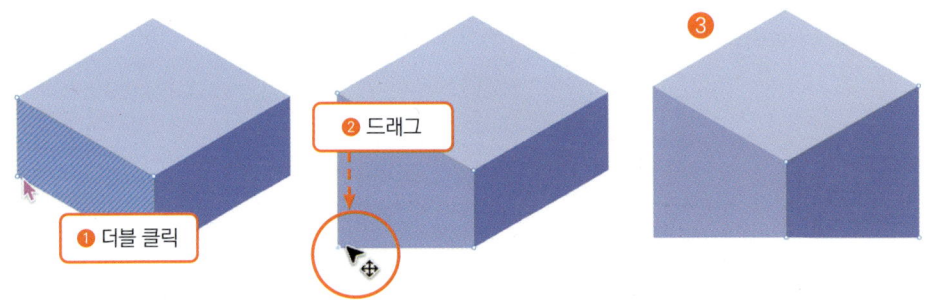

04 ❶ 가운데 도형을 복사해 아래로 옮긴 후 ❷ 같은 색상의 사각형을 가로에 맞춰 그립니다. ❸
이 두 도형을 선택하고 오른쪽 패널에서 [Union selection] 적용 후 [Flatten selection]까지
적용해 하나의 레이어로 만듭니다.

05 이제 그라데이션을 넣어 디테일을 만들겠습니다. ❶ 왼쪽 봉투를 선택하고 다음과 같이 그라데이션을 넣어줍니다. 좌·우, 하단 영역에 같은 그라데이션을 넣고 위치를 조절해 모양을 다듬어줍니다. ❷의 디자인처럼 가장 뒤의 사각형을 그라데이션에서 쓴 짙은 색으로 설정하면 편지 봉투 디자인 완성입니다.

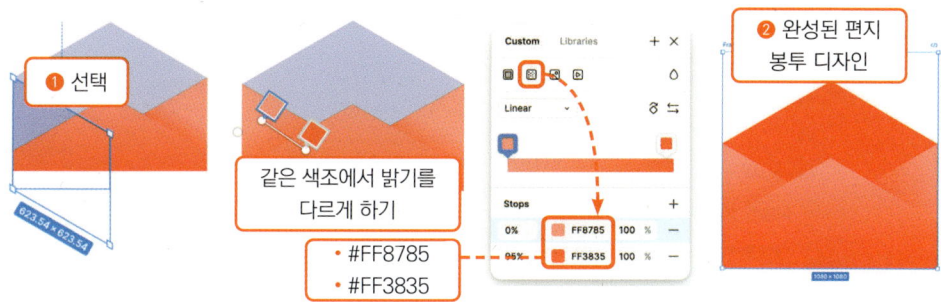

1분 꿀팁 같은 그라데이션을 적용하는 쉬운 방법은 없나요?

그라데이션도 스타일로 등록할 수 있습니다. ❶ 색상 팔레트에서 오른쪽 [+] 버튼을 클릭하고, ❷ 상단 [Style] 탭을 클릭한 후 스타일 이름을 지어주세요. ❸ [Create style] 버튼을 클릭하면 Fill 영역이 등록한 이름으로 변경됩니다.

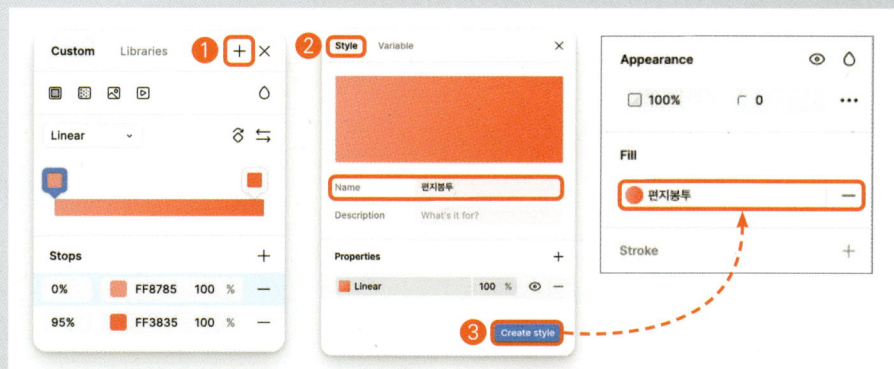

이렇게 하면 같은 색상의 그라데이션을 적용할 수 있습니다. 주의할 점은 그라데이션 각도도 똑같이 적용되므로 수정해야 합니다.

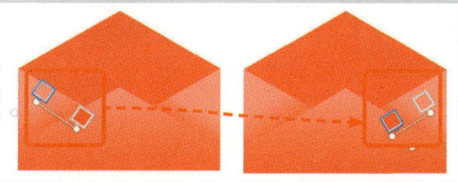

Chapter 20 실전에서 사용하는 다양한 배너 만들기

06 ❶ 프레임 배경을 연한 색으로 깔아줍니다. 실습에서는 #F5DEE6을 사용했습니다. ❷ 사각형으로 카드를 그린 후 `Alt` + `Ctrl` + `G` 단축키로 프레임으로 변경합니다. '봉투안편지'로 프레임 이름을 변경하고 위치를 top-face 레이어 위로 옮깁니다. ❸ '봉투안편지' 프레임에 그림자 효과를 더해 주어 봉투 안에서 나온 듯한 느낌을 더합니다.

07 다음과 같이 필요한 문구를 배치해주세요. 하트와 꽃 등의 요소를 만들고 그리고 오른쪽에 크기별로 예쁘게 나열해서 포인트를 더했습니다.

실전 14 타이포 디자인 배너 만들기

글자를 강조한 타이포그래피 디자인 배너는 핵심 메시지를 효과적으로 전달하고 문자만으로도 눈길을 끌 수 있습니다. 실습을 통해 만들어봅시다.

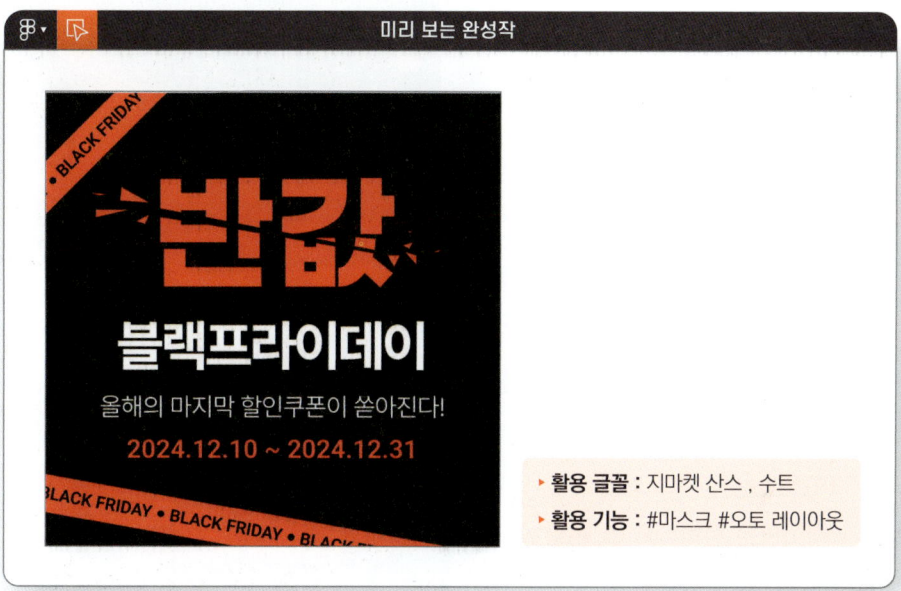

▶ 활용 글꼴 : 지마켓 산스 , 수트
▶ 활용 기능 : #마스크 #오토 레이아웃

01 1080 × 1080 크기의 프레임을 그리고 배경 색상을 #161616으로 채웁니다. '반값'이라는 문자를 입력하고 글꼴은 지마켓 Gmarket Sans으로, 색상은 #EC222B, 크기는 300px로 설정합니다.

- 지마켓 Gmarket Sans
- #EC222B
- 300px

Chapter 20 실전에서 사용하는 다양한 배너 만들기

02 ❶ 글씨 위에 사각형을 그리고 ❷ 더블 클릭해 편집 모드에서 오른쪽 하단 앵커 포인트를 아래로 끌어 다음과 같은 모양을 만듭니다.

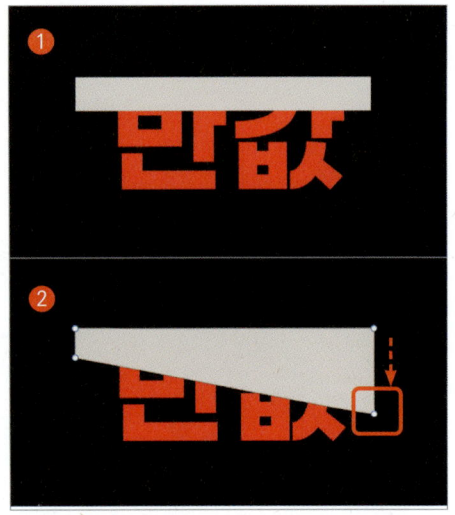

03 글씨 레이어를 사각형 위로 옮기고 사각형과 글씨를 모두 선택해 ❶ [Use as mask]로 마스크를 적용합니다. 마스크를 씌운 사각형과 글자 레이어를 선택하고 ❷ Ctrl + G 를 눌러 그룹으로 묶고 그룹명을 '윗부분'으로 변경합니다.

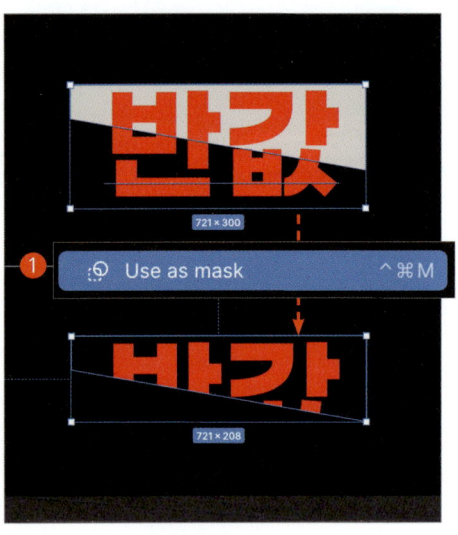

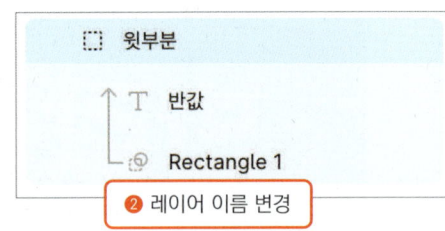

04 ❶ Ctrl + D 로 '윗부분' 그룹을 복사해 '아랫부분'으로 그룹 이름을 변경합니다. ❷ '아랫부분'의 마스크 도형 레이어를 선택하고 상하, 좌우 반전해 아래로 옮깁니다. 단축키는 Shift + H , Shift + V 입니다. ❸ 마스크를 클릭하고 Enter 를 눌러 편집 모드로 들어가 모양을 변경할 수 있습니다.

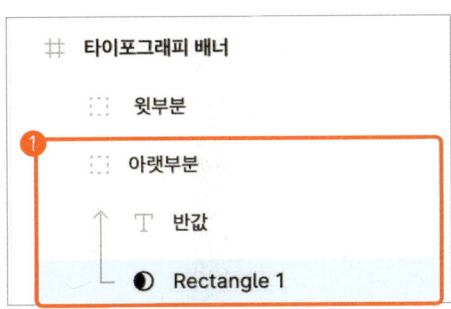
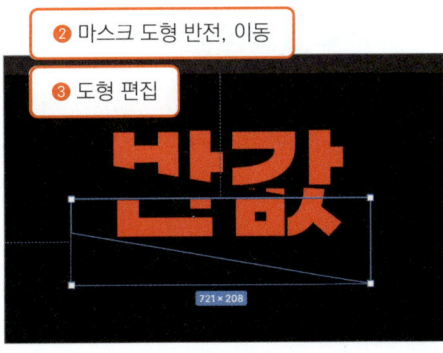

05 ❶ 다양한 크기와 모양의 삼각형을 그려 쪼개진 느낌이 날 수 있도록 나열해줍니다. ❷ 이벤트 내용에 맞는 글자를 입력합니다.

06 1000 × 80 크기의 긴 프레임을 그리고 배경 색상을 #EC222B로, 글자 색상을 #161616로 적용합니다. 오토 레이아웃을 적용해 반복되는 글씨와 중간 원을 넣어 모양을 만들고 회전하여 테두리에 배치합니다. 이 디자인은 다양한 방법으로 재사용할 수 있습니다. 지금 만든 디자인의 '반값' 글자를 변경하고 색상을 조정해 응용해보세요.

Chapter 20 실전에서 사용하는 다양한 배너 만들기

 효율성 업그레이드 배너 만들기

디자인은 같고 크기만 다른 배너 디자인을 한 번에 제작해 광고 배너 작업의 효율을 높이는 실습을 진행하겠습니다. 구글에서 권장하는 배너 크기 중 하나인 900 × 1600px(세로형)을 기준으로, 오토 레이아웃 기능을 활용해 서로 다른 두 가지 크기의 배너를 만들어볼 것입니다. 오토 레이아웃을 사용하면 요소의 크기 조정과 정렬이 자동으로 이루어져 다양한 크기의 배너를 빠르게 제작할 수 있습니다.

01 900 × 1600 크기의 프레임을 그립니다. ❶ 프레임 배경 색상을 #EBDACB로 채웁니다. 날짜를 써주고 ❷ 1px의 선을 그린 후 ❸ 둘 다 색상을 #AA6140으로 설정합니다.

02 날짜와 선을 묶어 ❶ 가로 방향으로 오토 레이아웃을 적용합니다. ❷ 가로 길이를 780px로 설정하고 ❸ 중앙 수평 정렬 후 ❹ 중간 여백을 24px로 설정합니다. ❺ 프레임 이름도 알기 쉬운 이름으로 변경해주세요. 여기서는 '상단라인'으로 지었습니다.

03 ❶ 배너에 사용할 글자를 입력하고 하나의 프레임으로 묶어줍니다. 이때 각 줄마다 따로 글자 레이어를 만들어주세요. 프레임 이름을 '텍스트'로 바꿉니다. ❷ 앞에서 만든 상단라인 프레임과 텍스트 프레임을 선택해 세로 방향 오토 레이아웃을 만들어주세요. 이름은 '상단'으로 바꾸고 가로 길이(W)를 780px로 고정합니다.

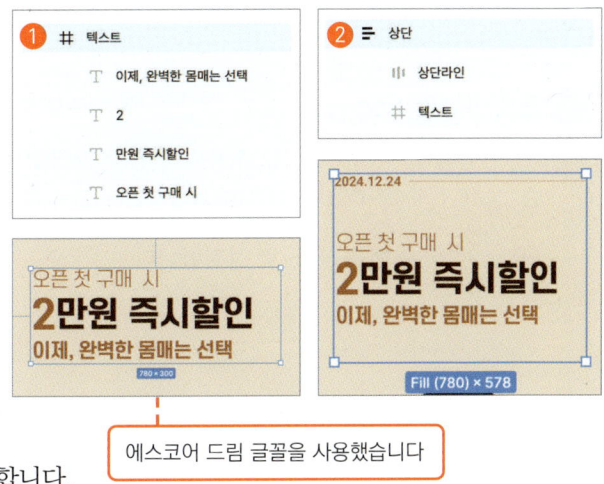

에스코어 드림 글꼴을 사용했습니다

04 프레임에 이미지를 넣고 ① 이미지의 가로 크기를 상단과 동일하게 780px로 지정합니다. ② 이미지와 상단 레이어가 포함된 전체 프레임에 오토 레이아웃을 적용합니다.

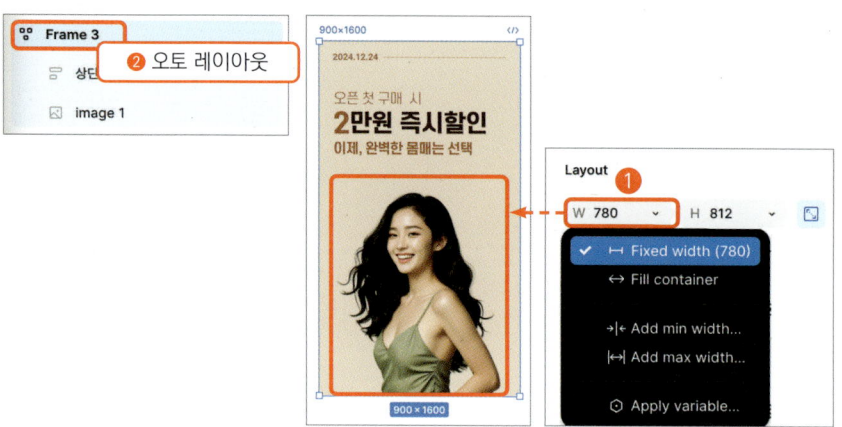

05 전체 프레임 오토 레이아웃의 방향을 ① 가로로 하고 ↵ 버튼을 클릭해 Wrap을 적용합니다. ② 배열은 상단 중앙으로 하고 ③ 사이 간격은 0, ④ 좌우 여백을 60px, 상하 여백을 48px로 설정합니다.

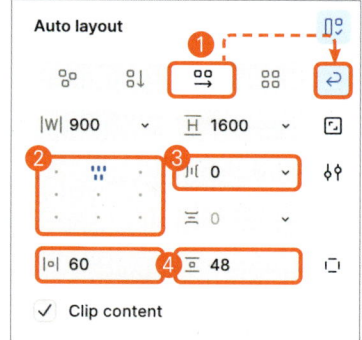

06 이제 프레임의 크기를 변경하면 내용이 맞춰질 겁니다. 2개 크기로 반응하는 배너를 만들기 위해 최대 크기와 최소 크기를 지정해줍니다. 가로 길이를 누르고 [Add min/max width]를 누르면 최대 크기와 최소 크기를 지정할 수 있습니다. 가로와 세로의 길이가 모두 최소 900, 최대 1600으로 입력해주세요.

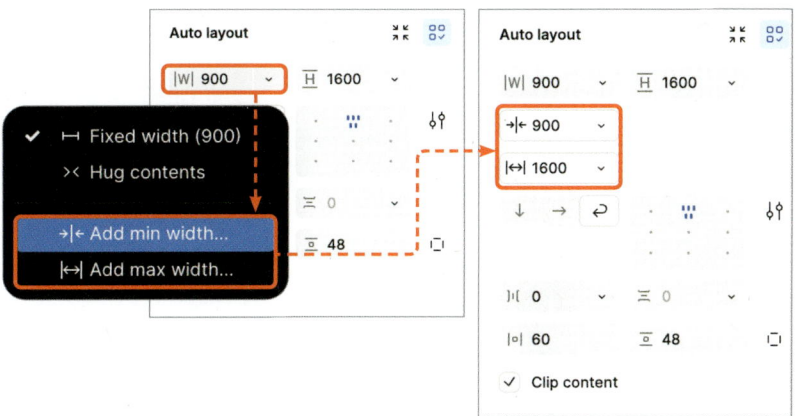

07 프레임을 세로로 길게, 또는 가로로 길게 변형해보세요. 이미지가 형태에 맞게 배치될 겁니다.

Chapter 20 실전에서 사용하는 다양한 배너 만들기 **277**

1분 꿀팁 필요에 맞는 크기를 지정하고 싶어요!

다양한 종류의 광고 배너 중 가장 많이 사용하는 구글의 1200 × 628 크기로 배너를 활용하고 싶다면 'Scale'을 사용합니다. ❶ 스케일 단축키 K를 누르고 가장자리의 점을 끌어 배너를 가로 1200px로 줄여줍니다. 드래그로 대략의 크기를 맞추고 정확한 크기는 ❷ Layout 메뉴의 W, H 값으로 조절합니다.

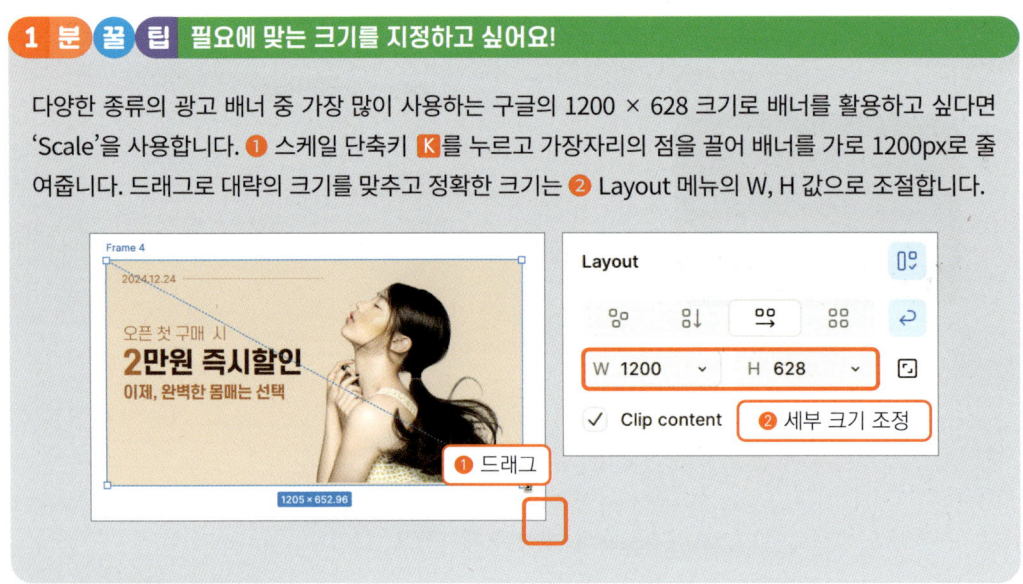

실전 16 스마트스토어 프로모션 배너 만들기

네이버 스마트스토어를 기준으로, 메인 상단에 노출되는 프로모션 배너의 가이드라인을 살펴보고 이를 바탕으로 실습을 진행하겠습니다.

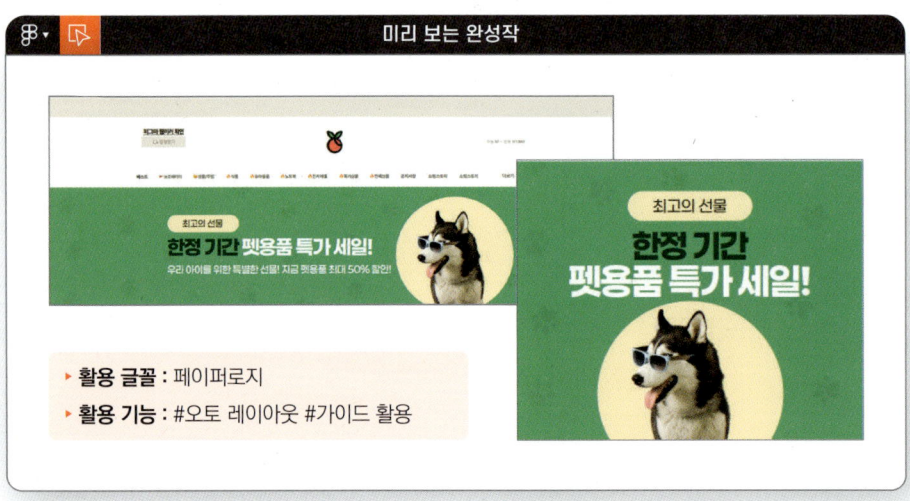

네이버 스마트스토어 배너 가이드 알아보기

네이버 스마트스토어의 배너 권장 크기는 1920 × 400px입니다. 스마트스토어 화면 테마마다 메뉴 위치가 다른데 이에 따라 배너에서 보이는 영역도 달라집니다. 예를 들면 다음과 같습니다.

- 좌측 메뉴형은 1020px 크기 영역만 보입니다.
- 상단 메뉴형은 해상도가 낮을 때 좌우가 안 보일 수 있으니 초록색 영역 안에 중요한 카피나 이미지를 배치합니다.

따라서 크기는 1920 × 400으로 만들고 내용은 1280 × 400 안에 배치하는 것이 테마에 상관없이 활용도 높은 배너를 만드는 방법입니다.

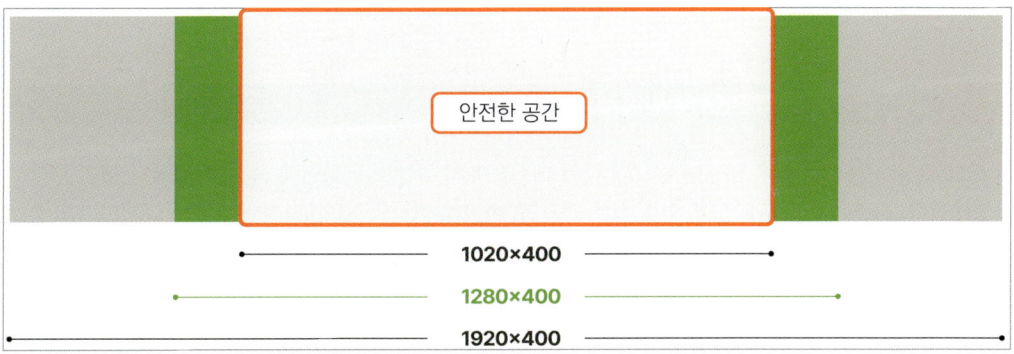

네이버 스마트스토어 PC, 모바일 배너 만들기

01 ① 1920 × 400 크기의 프레임을 그려 배경 색상을 #3DB083로 적용합니다. ② 콘텐츠 공간을 표시할 가이드를 만들기 위해 1280 × 400 크기의 사각형을 그리고 가운데 정렬 후 투명도를 낮춥니다. ③ 가이드 공간 안으로 60px 여백을 두고 글씨를 써줍니다. 순서대로 나열한 글꼴 설정값을 보고 설정합니다.

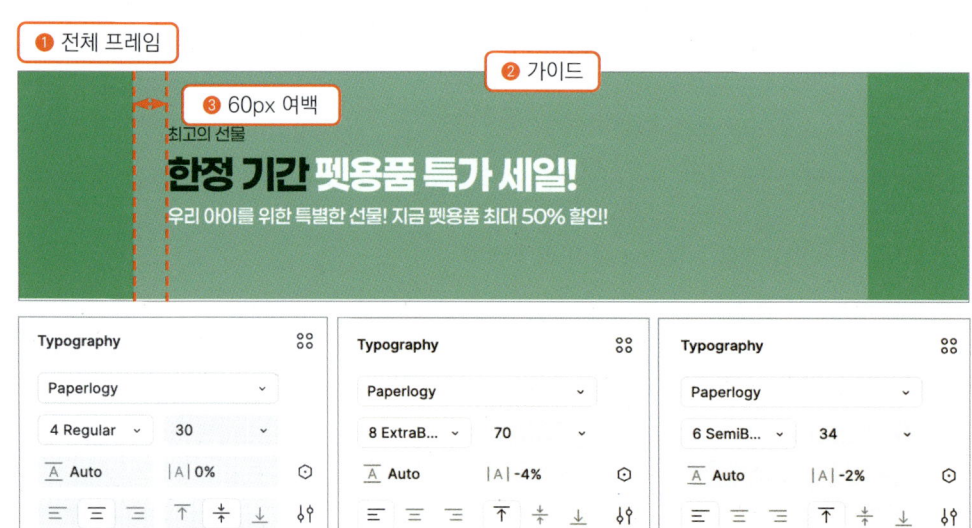

1분 꿀팁 왜 1280px에 딱 맞춰서 작업하지 않나요?

1280px을 기준으로 좌우 여백이 없으면 작은 해상도에서 콘텐츠가 화면에 꽉 차 가독성이 떨어질 수 있습니다. 다양한 해상도를 모두 맞출 수는 없지만, 가장 일반적인 1280px 해상도에서 디자인이 깔끔하고 정돈되게 보이도록 하기 위해 여백을 기억해주세요. 여기서는 좌우 여백을 예시로 했지만 상하로도 최소 20px의 여백을 주기 바랍니다.

02 상단의 '최고의 선물' 레이어에 오토 레이아웃을 적용해서 배경을 만들어봅시다. ❶ 오토 레이아웃 배경색에 #FFEBB8을 적용합니다. ❷ 가로 길이와 세로 길이는 내용에 맞춰 움직이도록 Hug로 적용하고 ❸ 상하좌우 가운데 배열합니다. ❹ 좌우 여백은 56px, 상하 여백은 12px로 합니다.

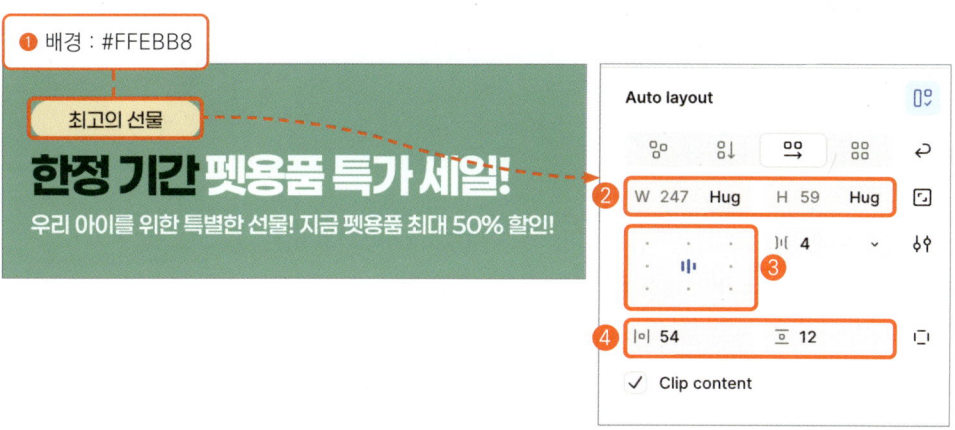

03 글자를 모두 선택하고 세로 방향 오토 레이아웃을 적용합니다. 세 줄 사이의 간격은 12px로 입력합니다.

04 400 × 400 크기의 프레임을 그리고 ❶ Corner radius에 큰 값을 입력해서 원형을 만듭니다. ❷ 원형 프레임의 색을 #FFEBB8로 채운 후 이미지를 넣어줍니다. ❸ 가이드로 그렸던 사각형의 눈을 끄고 확인합니다.

05 배경에 다음과 같은 패턴 이미지를 넣고 투명도를 10%로 입력하여 아주 연하게 깔아주겠습니다. 간단한 과정 하나만 더하면 디자인을 훨씬 더 다채롭게 만들 수 있습니다.

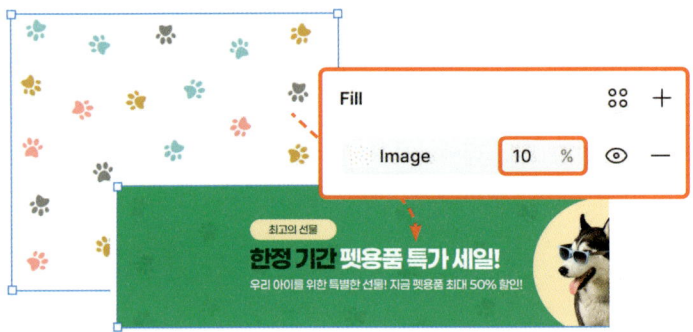

06 앞서 만든 배너를 모바일 버전으로도 수정해보세요. 모바일 권장 크기는 750 × 600입니다. 모바일 하단 영역은 최소 50px의 여백을 넣어주세요. 모바일 버전은 다음과 같이 적용되므로 배너의 주요 제목을 제외한 설명글은 삭제했습니다. 제공된 확인 프레임으로 적용된 화면을 확인할 수 있습니다.

Chapter 21
잘 만든 상세페이지 노하우 알아보기

피그마로 상세페이지를 만들면, 컴포넌트와 오토 레이아웃을 활용해 재사용이 가능한 디자인을할 수 있습니다. 이를 통해 디자인을 반복할 때 시간과 노력을 절약할 수 있으며, 변경 사항이 있을 때, 한 번 수정으로 모든 관련 페이지가 자동으로 업데이트됩니다. 이렇게 하면 일관된 디자인을 유지하면서도 작업 속도를 크게 높일 수 있습니다. 실습 파일은 '[part05] 필요에 따라 골라 쓰는 유형별 디자인.fig' 파일에서 'Ch21_잘 만든 상세페이지 노하우'를 활용하세요.

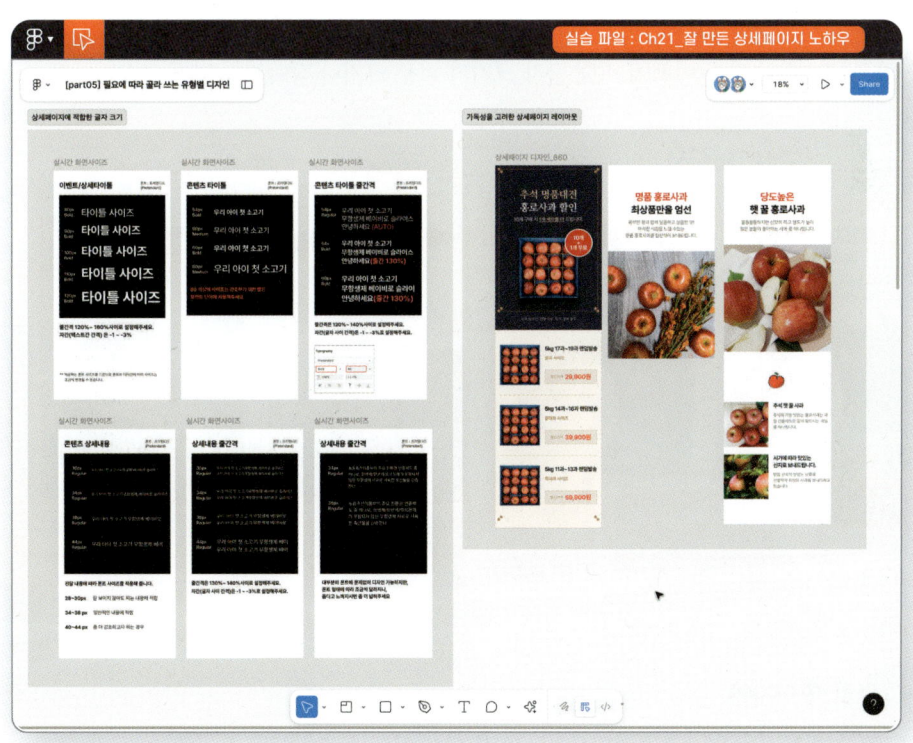

연습 상세페이지에 적합한 글자 크기

상세페이지 디자인에서 글꼴과 글자 크기는 사용자 경험을 좌우하는 중요한 요소입니다. 너무 작거나 큰 글씨는 가독성을 떨어뜨려 사용자를 불편하게 하고 구매에 영향을 줄 수 있습니다. 디자인의 완성도를 높이고, 필요한 정보를 빠르게 제공할 수 있는 글자 크기를 몇 가지 유형으로 나눠 알아보겠습니다.

제목이 2줄일 때 디자인

가장 기본이 되는 정렬로 좌우에 적당한 여백을 주어 내용을 한눈에 파악하기에 좋습니다. 다음은 프레임 너비 860px을 기준으로 했을 때 권장하는 글자 크기입니다. 줄 간격은 130~140%, 글자 간격은 -2%로 조금씩 붙여주면 가독성에 도움이 됩니다. 글꼴, 두께, 크기에 따라 달라지게 되니 이 수치를 기준으로 여백의 공간에 따라 크기를 줄이거나 키우면서 적당한 글자 크기를 찾아가면 됩니다. 하단의 '나쁜 예'와 같이 여백에 비해 글자 크기가 너무 크거나 작아지지 않게 조심하세요.

제목이 1줄일 때 디자인

제목이 1줄이면 2줄일 때보다 조금 더 큰 글자 크기를 사용해도 됩니다. 글자 크기만큼 중요한 점은 '여백'입니다. 글자 크기가 같아도 굵기, 상하, 좌우 여백이 가독성에 영향을 줍니다. 여백에 대한 감은 많이 보고 만들면서 익히는 것이 중요한데 처음이라면 여백이 없거나 좁은 것보다는 넓게 시작해서 조금씩 좁혀가며 적당한 여백을 찾는 것을 추천합니다.

콘텐츠별 맞춤 글자 크기 알아보기

콘텐츠별 적당한 글자 크기를 피그마 파일로 정리했으니 독자 실습 자료 링크의 'Ch21_잘 만든 상세페이지 노하우'에서 확인하세요. 대부분의 사용자가 모바일 기기로 내용을 확인하므로 피그마 파일을 휴대폰에 설치된 피그마 앱에서 열어 글자 크기를 확인하는 것이 좋습니다. 기본이 되는 형태의 글꼴과 크기를 사용했으니 가이드를 기반으로 글자 크기, 굵기, 색상 등에 따라 다양한 조합을 만들어보세요.

 ## 가독성을 고려한 상세페이지 레이아웃

미리캔버스, 캔바 등에서 제공하는 템플릿을 그대로 사용하다보면 가독성이 떨어질 때가 종종 있을 겁니다. 콘셉트에 맞는 상세페이지 디자인도 좋지만 단순하고 깔끔해도 사용자가 쉽게 알아볼 수 있도록 하는 것이 가장 중요합니다. 예제로 제공한 상세페이지를 분석해보며 상세페이지의 가독성을 높이기 위한 노하우를 알아보겠습니다. 예제 파일 중 'Ch21_잘 만든 상세페이지 노하우'를 참고하세요.

단순한 구조로 가독성 높이기

오른쪽 이미지는 사각형을 여러 겹 만들어 옵션을 표현한 경우이고, 왼쪽 이미지는 감싼 사각형을 최대한 줄인 구조로 디자인했습니다. 모바일로 두 디자인에서 실제 보이는 화면은 어떻게 다른지 비교해보세요. 사각형을 줄인 왼쪽의 제품 사진과 정보가 더 크고 명확하게 보이지 않나요? 오른쪽 이미지는 여러 박스가 겹쳐 답답하고 글자 크기가 작아져 읽기 불편할 수 있습니다. 제품이나 의도에 맞춰 불필요한 프레임이나 선을 최소화해보세요.

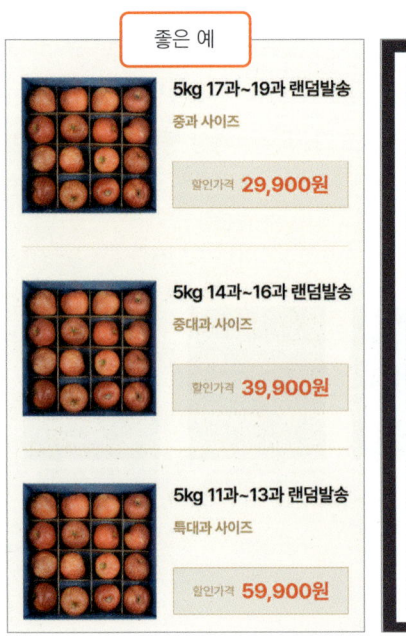
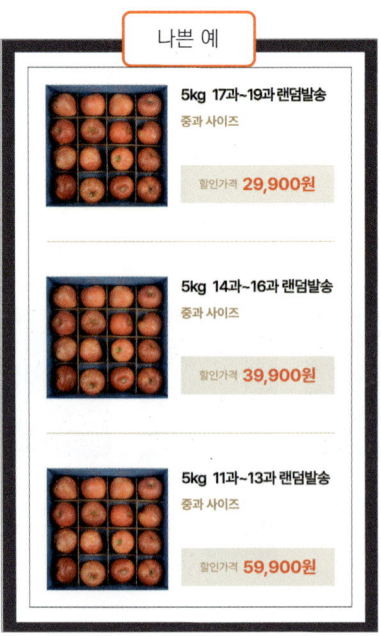

1분 꿀팁 업로드 후 화면도 고려하세요!

플랫폼에 따라 이미지를 업로드 하면 좌우에 흰색 여백이 생깁니다. 모든 디자인은 업로드했을 때 화면을 고려해 작업을 해야 합니다. 가려지는 부분은 없는지, 너무 많은 여백이 생기지는 않는지 고려하여 진행하는 것이 좋습니다.

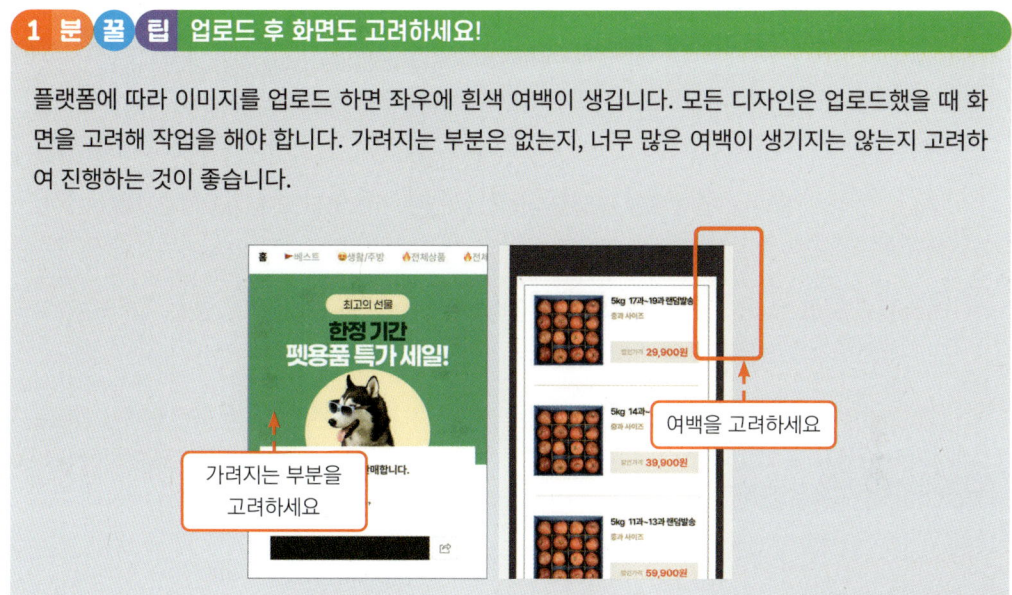

인포그래픽, 아이콘 등 시각적 요소 활용하기

제품 이미지를 활용하는 것도 중요하지만 간단한 아이콘을 활용하면 디자인을 더욱 다채롭게 만들 수 있습니다. 내용과 내용을 잇는 부분에 아이콘을 배치해보세요. 추석, 성탄절, 여름 휴가 등 콘셉트에 어울리는 시각적 요소를 활용하면 시선을 끌기 좋고, 복잡한 설명 대신 인포그래픽을 활용해 이해를 도울 수도 있습니다. 불필요한 글을 최소화하고 시각적으로 표현할 수 있는 부분이 있는지 고민해보세요.

> **1분 꿀팁** 도형, 아이콘, 패턴 활용을 위한 추천 플러그인

피그마는 플러그인과 커뮤니티를 통해 다양한 시각적 요소를 쉽게 사용할 수 있습니다. 유용한 플러그인을 몇 가지 추천합니다.

- **Shapter** : 하트, 물방울, 번개 모양 등 깔끔하게 쓸 수 있는 기본 벡터 도형을 쉽게 추가해 쓸 수 있습니다.
- **Shape Pattern Generator** : 도형을 반복 생성해 패턴을 만들 수 있는 플러그인입니다. 배경으로 깔 디자인 요소를 만들기 좋습니다.
- **Flaticon** : 다양한 아이콘을 사용할 수 있는 플러그인입니다. 아이콘은 벡터가 아닌 이미지 형태로 가져와 사용할 수 있습니다.

일관된 색상, 이미지 스타일 유지하기

상세페이지 전체에 일관된 색상과 콘셉트에 어울리는 글꼴 등 스타일을 유지하면 완성도가 올라가고 제품이나 브랜드의 신뢰도를 높일 수 있습니다. 고객이 자연스럽게 정보를 확인할 수 있기 때문에 가독성에도 도움을 줍니다. 예제에서는 사과 이미지를 많이 사용했기 때문에 빨간색을 메인 색상으로 하고 고급스러운 느낌을 주기 위해 남색과 금색을 보조 색상으로 사용했습니다.

활용 색상은 가능하면 3~4개를 넘지 않는 것이 좋습니다. 색상 조합이 고민된다면 Colorsinspo 과 같은 플러그인을 사용해보세요.

> **1분 꿀팁** 글꼴도 디자인의 일관성에 영향을 줘요

글꼴은 디자인의 분위기와 가독성에 큰 영향을 줍니다. 명조체(바탕체)와 고딕체(돋움체)는 한글 디자인에서 가장 기본이 되는 글꼴로, 각각 다른 분위기와 용도를 가지고 있습니다.

명조체는 가는 가로획과 굵은 세로획, 그리고 삐침(세리프)이라는 장식을 통해 전통적이고 감성적인 인상을 줍니다. 예제로 제공한 상세페이지 첫 부분에 명조체로 제목을 지정한 것도 고급스러운 느낌을 살리기 위함입니다. 긴 글을 읽기에 적합해 책이나 신문 등 인쇄물의 본문에 자주 사용합니다.

반면 **고딕체**는 획의 굵기가 일정하고 장식이 없어 깔끔하고 현대적인 느낌을 주며, 가독성이 높고 제목, 안내문구, 버튼 등에 자주 사용합니다. 특히 모바일용 디자인에 많이 사용됩니다.

 추가, 삭제, 재사용하기 편한 상세페이지 만들기

오토 레이아웃, 컴포넌트를 활용하면 추가, 삭제, 변경, 재사용하기 쉬운 상세페이지를 만들 수 있습니다. 앞서 분석했던 상세페이지를 계속 살펴보겠습니다.

오토 레이아웃으로 디자인 추가, 삭제, 위치 변경하기

예제 파일을 열면 완성된 상세페이지가 보입니다. ❶ 레이어를 확인하니 하나의 프레임이 3개의 오토 레이아웃으로 구성되어 있습니다. 이처럼 오토 레이아웃으로 전체 프레임의 간격과 위치를 정렬한 후 콘텐츠를 추가, 삭제하면 자동으로 여백과 정렬이 적용되어 번거로운 반복 작업을 하지

않아도 됩니다. 콘텐츠의 위치를 변경하고 싶을 때 레이어의 위치를 조정해 쉽게 순서를 변경할 수도 있죠. ❷ 지금은 필요 없지만 삭제하고 싶지 않은 콘텐츠가 있다면 레이어의 눈을 끄는 것만으로 영역을 숨길 수도 있습니다.

컴포넌트와 변수 기능으로 필요한 요소 선택적으로 사용하기

상세페이지 디자인의 각 구성을 컴포넌트로 만들면 다양한 방식으로 필요할 때 사용할 수 있습니다. 컴포넌트와 변수를 사용하면 포인트 또는 강조 요소를 필요에 따라 보여주거나 숨길 수도 있죠. 실습 예제를 보면서 자세히 이해해보겠습니다.

01 다음 컴포넌트에서 '01' 요소를 필요할 때만 사용하고 숨길 수 있도록 설정하겠습니다. 실습 파일의 'Ch21_추가, 삭제, 재사용 상세페이지 예제'를 활용하세요.

02 ❶ '숫자원형' 프레임을 선택하고 ❷ 추가 오른쪽 패널의 Appearance 메뉴에서 [⊗ Apply variable]을 클릭합니다.

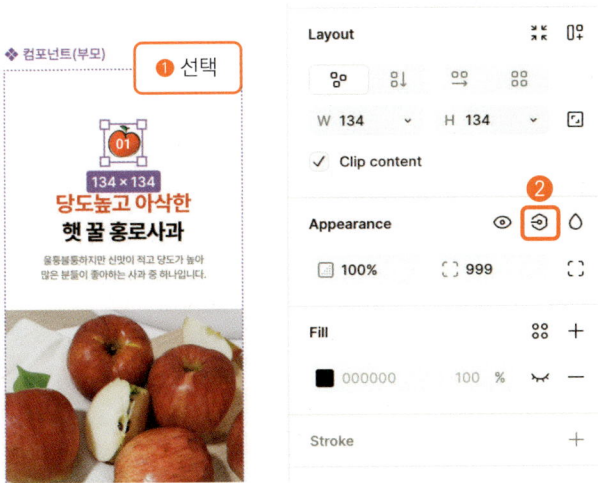

이름을 정하고 [Create property] 버튼을 클릭하면 속성이 적용된 표시가 나타납니다.

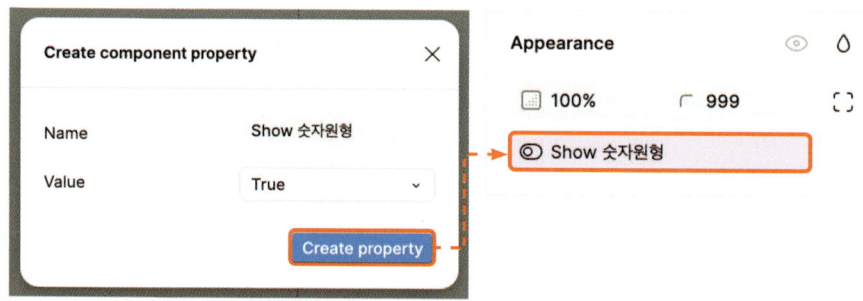

03 컴포넌트를 복사해 인스턴스를 만들고 오른쪽 상단에서 스위치를 클릭해 사용 여부를 설정할 수 있습니다. 이렇게 하나의 컴포넌트로 다양한 형식의 인스턴스를 만들어서 상세페이지를 만들어보세요.

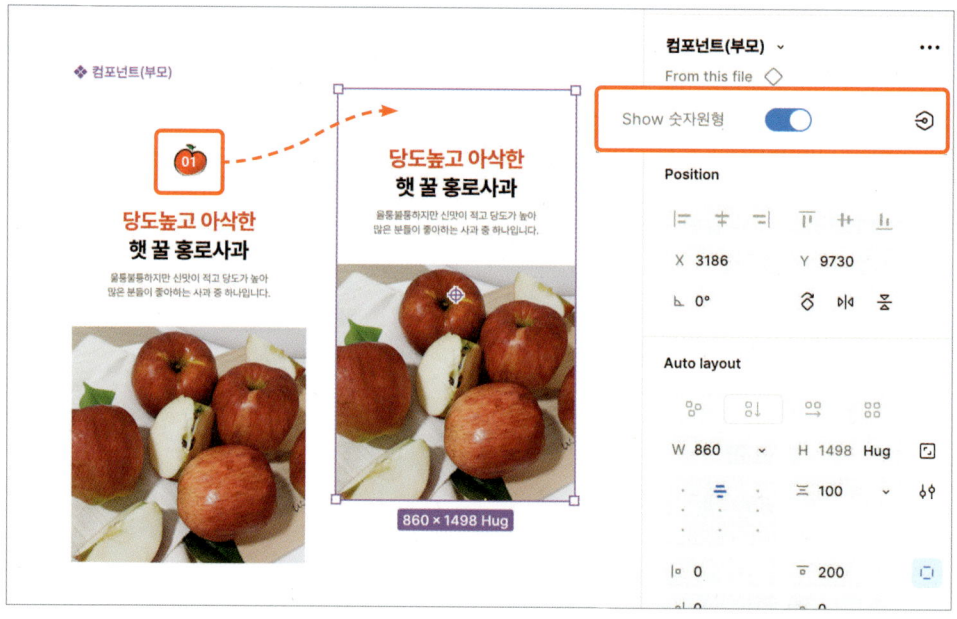

 ## 스타일은 유지한 채 주요 이미지만 AI로 변경하기

피그마 AI 기능을 활용하여 앞서 만든 컴포넌트에서 일러스트와 이미지를 다른 과일로 변경해보도록 하겠습니다. 실습 파일의 'Ch21_ 추가, 삭제, 재사용 상세페이지 예제'를 활용하세요.

01 컴포넌트를 복사해 3개의 인스턴스를 만듭니다.

02 숫자가 적힌 일러스트를 먼저 수정해봅시다. 해당 이미지 레이어를 선택하고 팔레트를 열어서 [Edit image] 버튼을 클릭합니다.

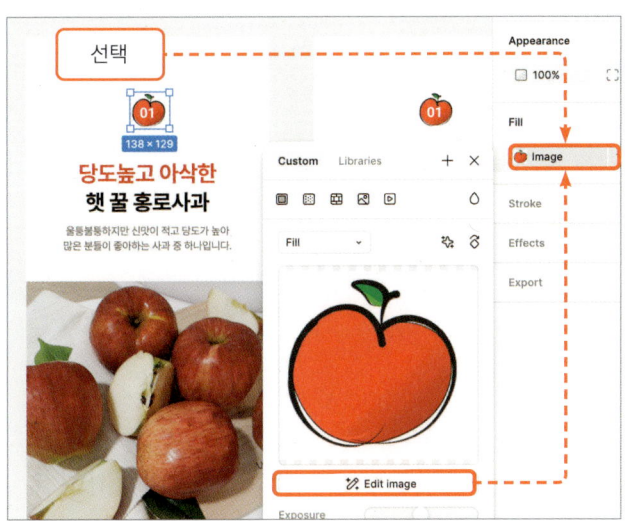

03 프롬프트 입력창이 뜨면 '일러스트 스타일을 유지한 채 바나나로 변경'이라고 프롬프트를 입력하고 기다립니다. 스타일이 유사하고 사과에서 바나나로 바뀐 일러스트가 생성되었습니다.

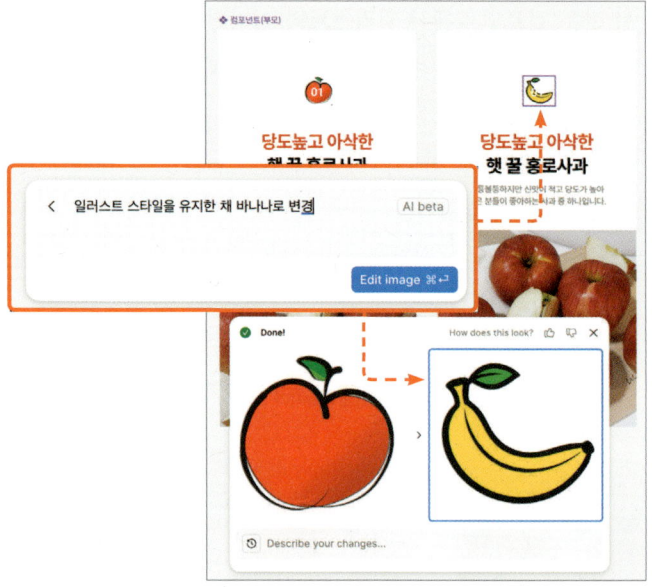

이렇게 프롬프트를 사용하면 일러스트를 유지한 채 빠르게 다양한 유형의 상세페이지를 만들 수 있습니다.

 **상품 옵션 오토 레이아웃 가이드**

앞서 `Chapter 17` **구글 시트로 디자인 자동화하기**에서 구글 시트와 피그마를 연동하는 방법을 배웠습니다. 이때 문장의 길이에 따라 디자인이 안정적으로 적용되려면 오토 레이아웃 설정이 미리 되어 있어야 합니다. 옵션 배너를 통해 오토 레이아웃을 어떻게 적용하는 것이 좋을지 이해해봅시다.

예시로 알아보기 1. 가로 크기 프레임 따라 늘리기

반응형 디자인이란 다양한 디바이스와 화면 크기에 맞춰 자동으로 레이아웃이 조절되는 웹 디자인 방법으로 우리가 만들 반응형 배너는 원하는 크기에 따라 자동으로 레이아웃이 변하는 배너를 의미합니다. 실습 자료 중 'Ch21_상품옵션 오토 레이아웃 가이드'의 실습용 프레임을 활용해서 반응형으로 변경하는 작업을 진행하겠습니다.

01 실습용 프레임의 가로를 늘려보세요. 안의 내용이 같이 따라오지 않죠? 이제 이 내용이 자동으로 맞춰지는 반응형 배너로 만들어봅시다.

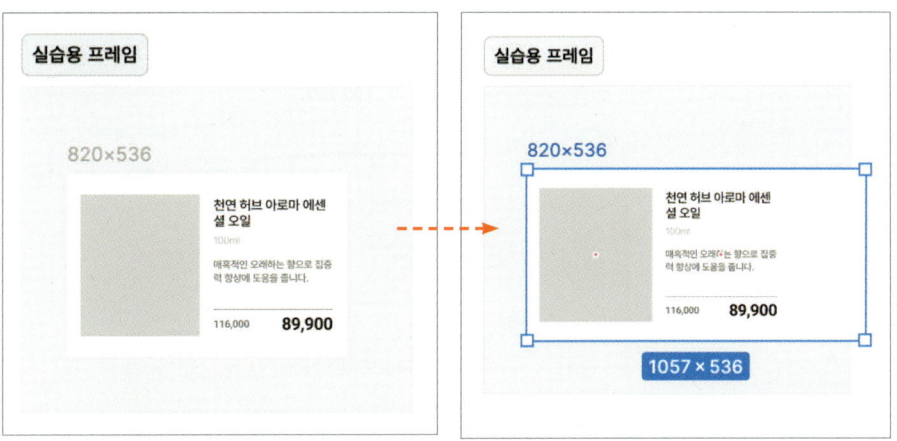

02 프레임이 겹겹이 싸여 있으므로 밖에서부터 보겠습니다. 배너 전체 프레임에 **[오토 레이아웃]** 아이콘을 클릭해 적용해줍니다.

03 'text' 프레임의 가로 길이를 [Fill container]로 조정하면 전체 프레임 가로가 변경될 때 'text' 프레임도 따라 변경됩니다.

04 '텍스트 전체' 프레임의 가로도 똑같이 [Fill container]로 설정해서 상위 레이어의 변경을 따라가도록 합니다. 이때 가로 길이가 변경되어도 '가격' 레이어와 같은 간격을 유지하고 싶다면 '텍스트 전체' 레이어의 세로길이는 [Fixed height]로 고정하면 됩니다.

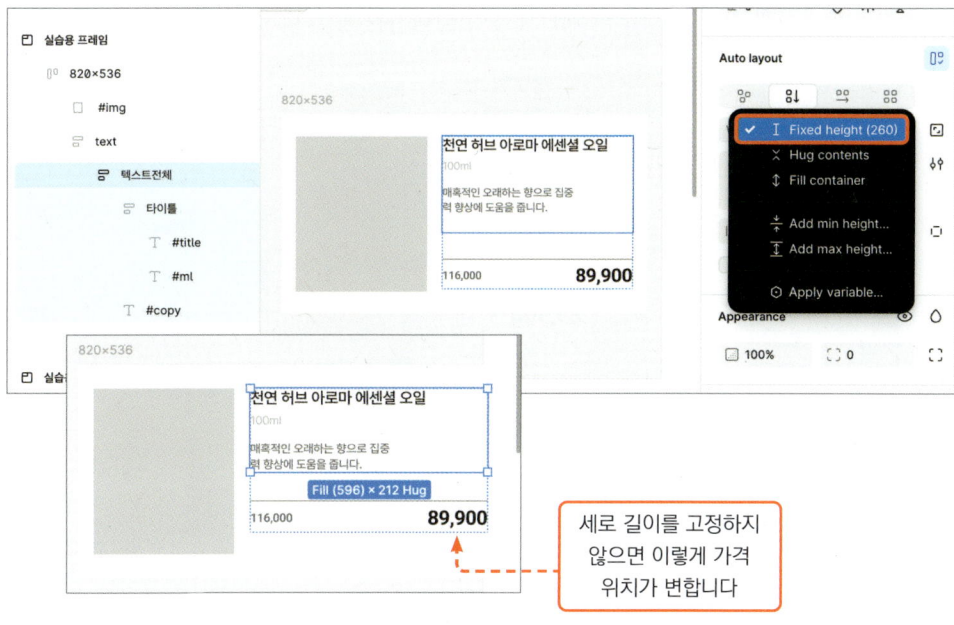

세로 길이를 고정하지 않으면 이렇게 가격 위치가 변합니다

- 최상위 프레임의 가로 길이를 변경했을 때 안에 있는 글자들이 같이 움직이지 않으면 각 글자 레이어의 가로 길이 설정이 [Fill container]가 되어 있는지 확인하세요.
- 이미지 레이어의 가로에도 [Fill container]를 설정하면 이미지와 내용이 같이 늘어납니다.

05 '가격' 레이어는 반응형으로 크기가 늘어날 때 왼쪽 정상 가격은 왼쪽을 기준으로, 오른쪽 할인 가격은 오른쪽을 기준으로 늘어날 수 있도록 다음과 같이 [Constraints]를 설정합니다.

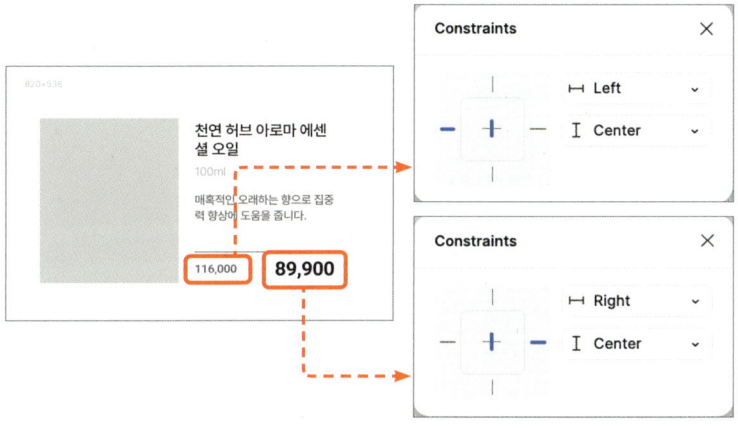

Chapter 21 잘 만든 상세페이지 노하우 알아보기 297

06 그러면 다음과 같이 크기가 변해도 내용이 맞춰지는 옵션 디자인이 만들어졌습니다.

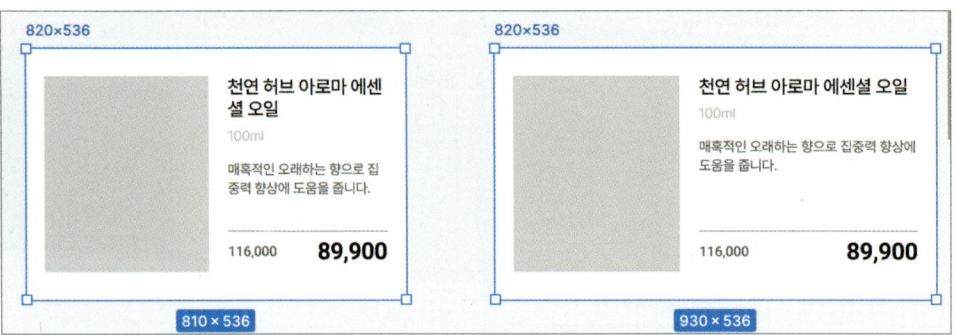

예시로 알아보기 2, 세로형 만들기

각 옵션에 대한 설명보다 예시를 통해 변화되는 현상을 직접 보고 실습하면서 빠르게 익히겠습니다. 변형되는 모습을 확인하면서 상세페이지 디자인에 맞는 반응형 옵션 배너를 만들어보시기 바랍니다.

01 이미지도 글자도 크기 변화 없이 전체 배너 영역을 세로로 변경하려면 오토 레이아웃의 옵션 중 [↩ Wrap] 아이콘을 클릭해줍니다. 영역이 가로 특정 너비 이하로 내려가면 레이아웃이 세로로 변경됩니다.

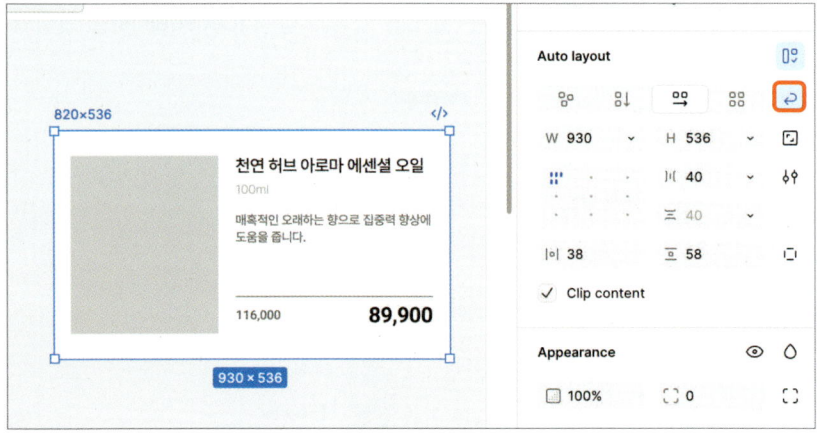

영역에 따라 정렬을 중앙으로 변경해줘도 좋습니다.

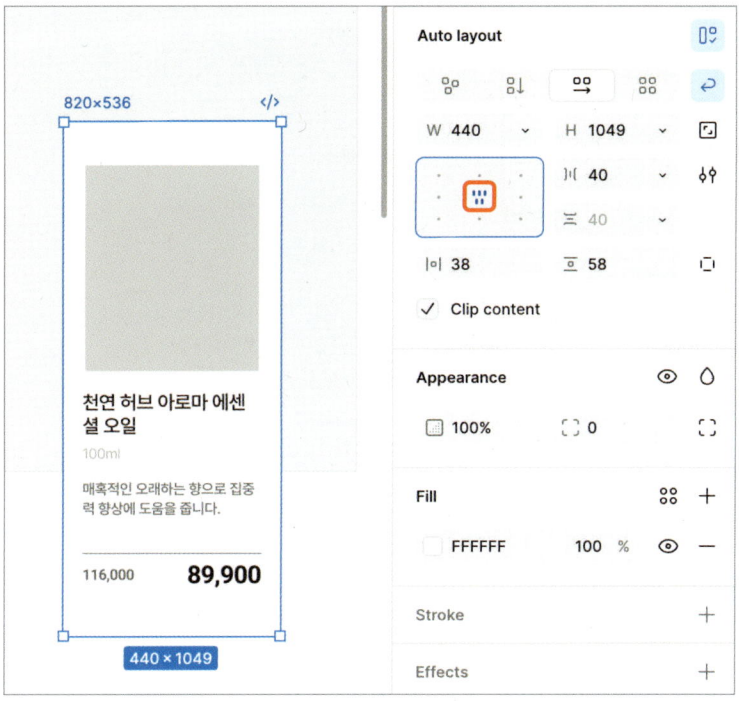

예시로 알아보기 3, 이미지와 내용 같이 늘리기

01 이미지와 내용 프레임을 모두 오토 레이아웃의 [Fill]로 변경해 같은 비율로 늘어날 수 있도록 합니다.

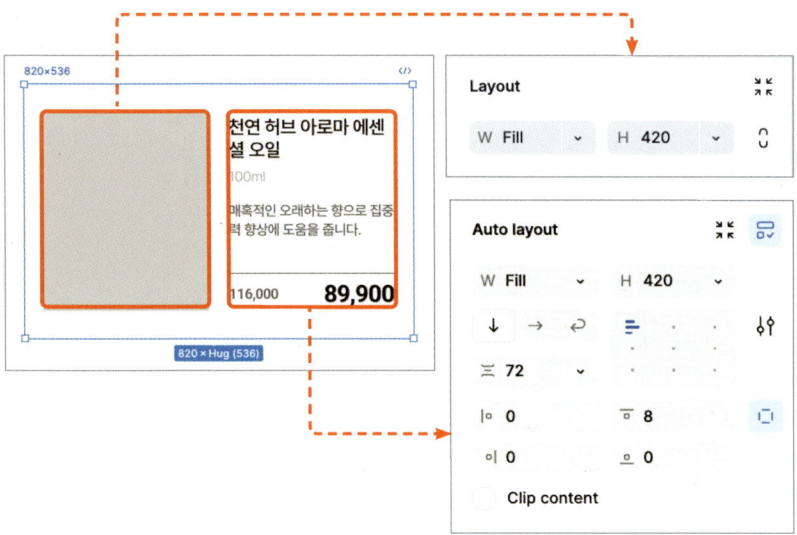

영역에 따라 정렬을 중앙으로 변경해줘도 좋습니다.

> **1분 꿀팁** 상세페이지에 어떤 방식으로 사용하는 게 효율적인가요?
>
> 다양한 상세페이지에서 여러 형태의 옵션 배너를 만들 때, 추천하는 반응형 형태는 '예시로 알아보기' 1번과 2번입니다. 이미지 또는 텍스트만 반응하도록 설정하고, 사용하고자 하는 상세페이지에 맞춰 추가로 필요한 부분을 수정하는 것을 권장드립니다. 이렇게 하면 하나의 배너를 여러 방식으로 다양하게 활용할 수 있습니다.

상세페이지 적용 예시

예시 1번을 컴포넌트로 만들어 적용하고, 가로와 세로 두 가지 형태로 적용한 모습입니다. 실습 파일의 '상페페이지 적용 예시'를 참고하세요.

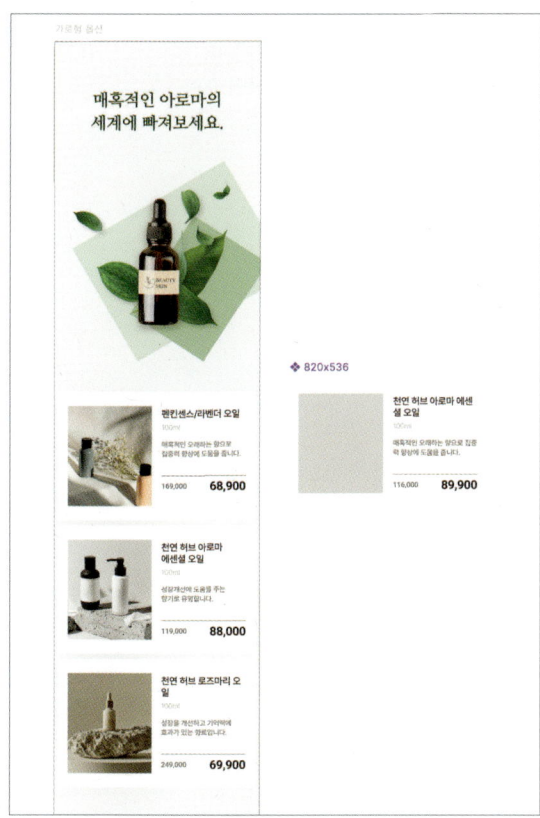

세로형 옵션을 만들기 위해 전체 프레임에서 좌우 여백을 제외한 가로 크기를 텍스트 프레임에 입력해줍니다. 연산이 되기 때문에 입력란에서 바로 계산할 수 있습니다.

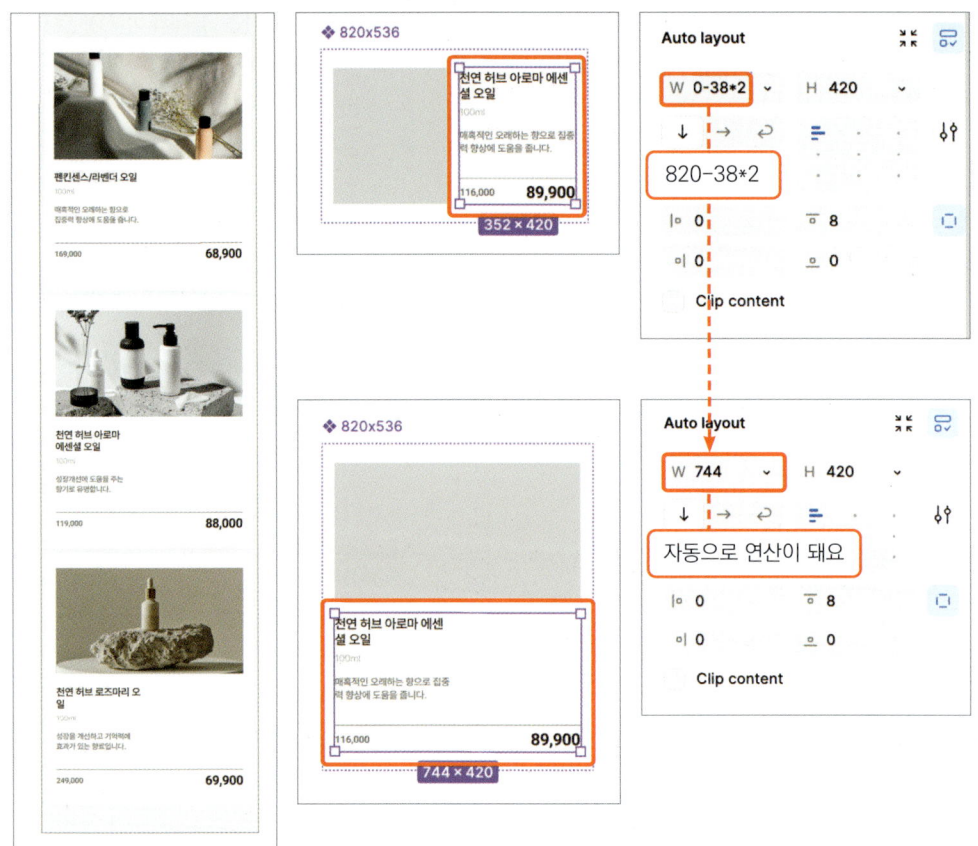

> 이 파트는 책으로도 충분히 익힐 수 있지만 조금 더 다양한 상세페이지 제작 과정이 궁금하다면 저자의 '피그마 상세페이지 온라인 강의'로 도움받을 수 있습니다.
> (강의 링크 : https://bit.ly/4jzlrTq)

Chapter 22
움직이는 GIF 이미지 만들기

피그마 프로토타입과 플러그인을 사용해 손쉽게 움직이는 GIF 이미지를 만드는 방법을 알아보겠습니다. 프로토타입으로 여러 화면을 연결해 애니메이션을 설정하고, 플러그인을 활용해 복잡한 설정 없이 클릭 몇 번으로 GIF를 완성할 수 있어 초보자도 쉽게 따라 할 수 있습니다. GIF 제작의 기본부터 플러그인을 활용한 간단한 제작법까지 실습하겠습니다. 실습 파일은 '[part05] 필요에 따라 골라 쓰는 유형별 디자인.fig' 파일에서 'Ch21_잘 만든 상세페이지 노하우'를 활용하세요.

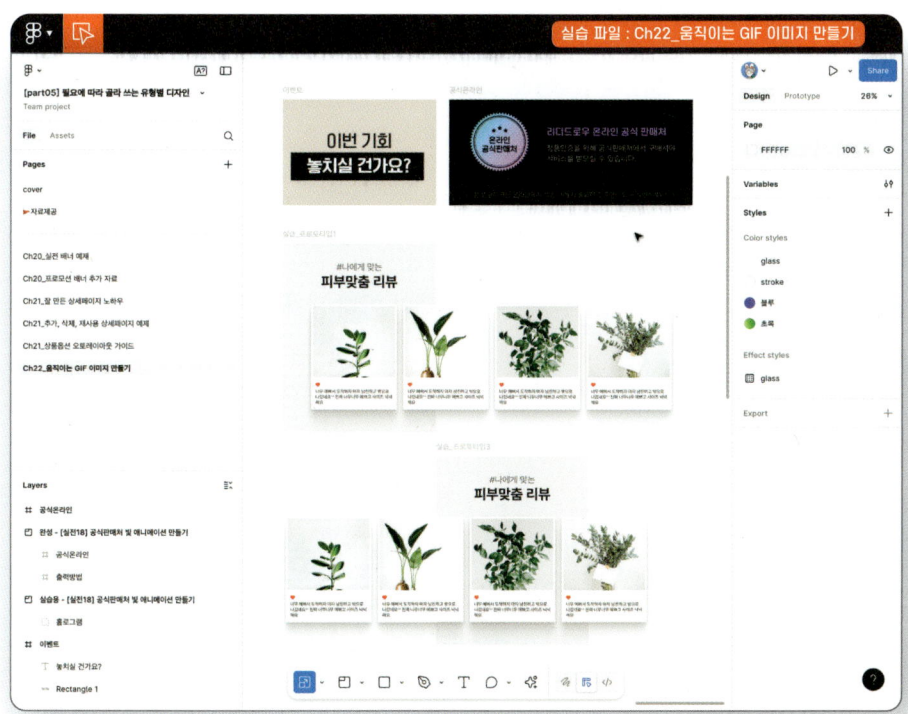

 **실전 17 제목 강조 애니메이션 만들기**

상세페이지에서 전달하고 싶은 소구점이나 강조하고 싶은 카피에 애니메이션을 추가하면 더 효과적으로 메시지를 전달할 수 있습니다. 가장 간단하면서도 많이 사용하는 문자 애니메이션을 만들어보겠습니다. LottieFiles 플러그인을 예시로 하였지만 Export to GIF/Video 플러그인도 높이 512px까지 무료로 쉽게 사용해 볼 수 있습니다.

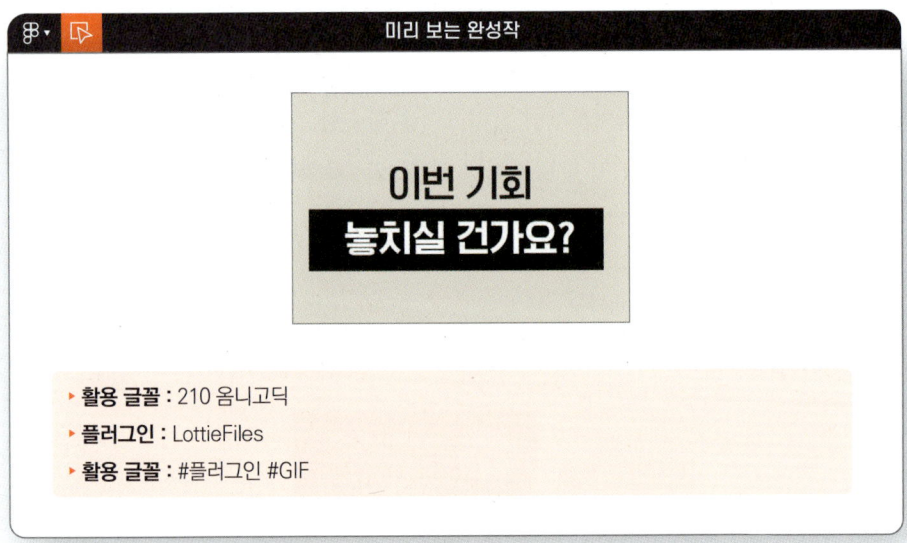

- 활용 글꼴 : 210 옴니고딕
- 플러그인 : LottieFiles
- 활용 글꼴 : #플러그인 #GIF

01 860 × 600 크기의 프레임에 글자를 써주세요. 위와 아래 글자를 각각의 레이어로 떼어서 만들어주세요.

배경 색상은 #E4DDD5입니다.

02 프레임을 복사해 아래 글자에 사각형으로 검정색 배경을(#000000) 넣고 글자를 흰색 (#FFFFFF)으로 바꿔 강조해줍니다.

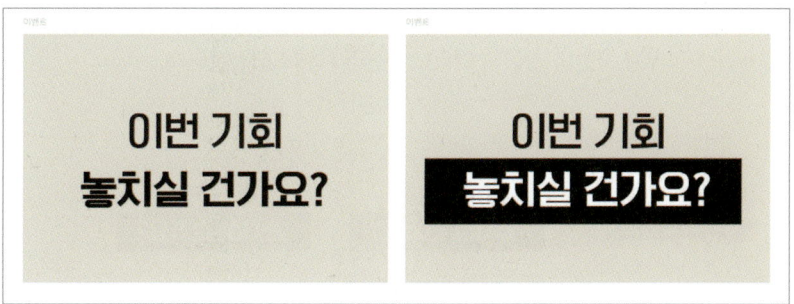

03 2개의 프레임을 선택하고 LottieFiles 플러그인을 실행합니다. ❶ [Export to Lottie] 버튼을 클릭하면 애니메이션이 적용된 화면이 나타납니다. ❷ [1x] 버튼을 눌러 속도를 바꿀 수 있습니다. ❷ 하단 [Insert as GIF] 버튼을 클릭해 내보내기합니다.

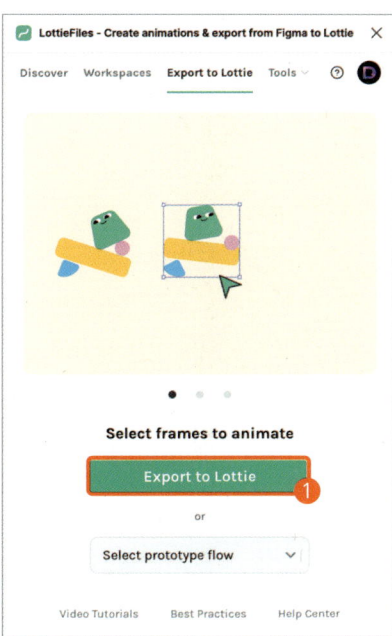 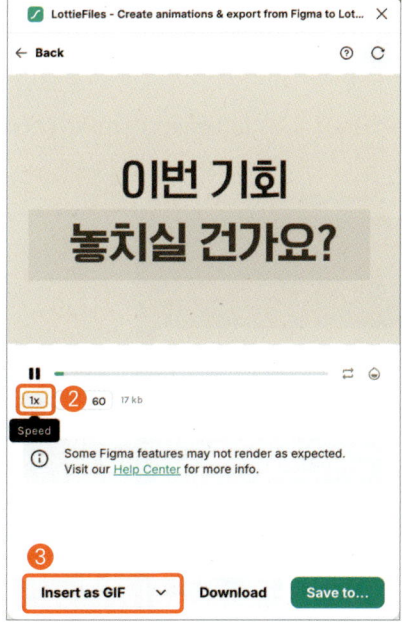

> **1분 꿀팁** 속도 조절을 해도 시작과 끝이 너무 빨라요
>
> 실습 자료를 보면 애니메이션 속도는 적절하지만 다시 시작하는 시점이 너무 빠르다는 점을 확인하셨을 겁니다. 시작하는 시간을 늦추고 싶다면, 두 번째 프레임을 하나 더 복사해 총 3개의 프레임으로 적용해보세요. 이렇게 하면 머무는 시간이 길어져 애니메이션이 자연스러워집니다.
>
>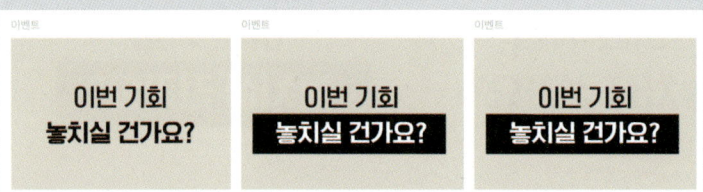
>
> 지금처럼 파일을 수정해 다시 애니메이션을 적용하고 싶을 때는 플러그인 상단에 있는 [Back] 버튼을 클릭해 이전 화면에서 다시 시작하면 적용됩니다.

04 무료 서비스로는 작은 크기의 이미지만 만들 수 있고 LottieFiles 요금제를 구독하면 다른 크기도 사용할 수 있습니다. ❶ [Insert GIF] 버튼을 클릭하면 GIF 이미지가 생깁니다. ❷ 애니메이션은 미리보기 창에서 확인할 수 있습니다.

- **LottieFiles 요금제** : lottiefiles.com/kr/pricing

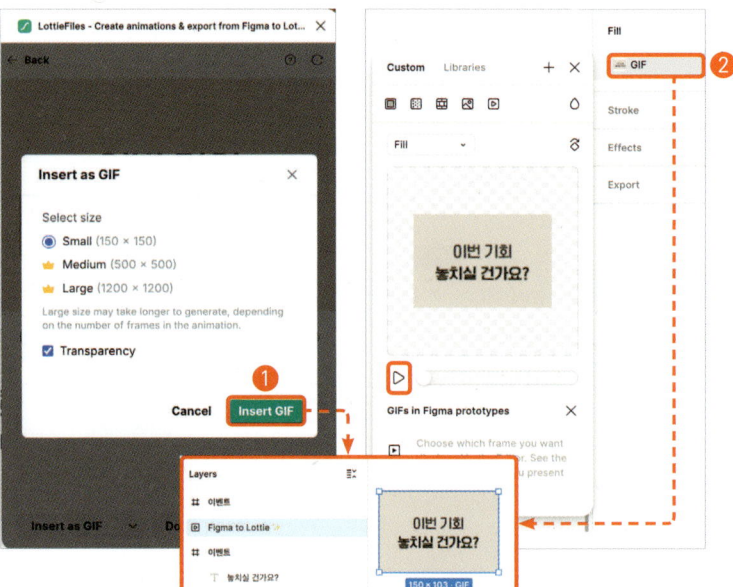

플러그인을 활용해 GIF 추출하기

플러그인에 따라 별도로 내보내기가 필요한 경우가 있습니다. 이렇게 만든 GIF 파일은 GIF Export 플러그인을 사용해 내보내기할 수 있습니다. GIF 이미지를 선택하고 GIF Export 플러그인을 실행 **[Run]** 버튼을 클릭해 **[Export gif]**를 클릭하면 내 컴퓨터로 저장할 수 있습니다.

이번 실습에서는 가장 간단한 방법으로 애니메이션을 만들 수 있는 플러그인을 사용해보았습니다. 다음 실습에서는 다른 플러그인을 사용해서 무료로 더 상세하게 조절할수 있는 애니메이션 만드는 과정을 실습해보겠습니다.

실전 18 공식 판매처 빛 애니메이션 만들기

로고나 엠블럼 등에 빛 애니메이션을 활용해 강조하는 경우가 많습니다. 실습을 통해 쉽게 이 애니메이션을 만들어보겠습니다. 공식 판매처나 홀로그램 마크가 필요한데 지금까지 배운 내용을 활용하여 직접 만들어보세요. 실습 자료 중 'Ch22_움직이는 GIF 이미지 만들기'의 실습용 도형을 활용해도 좋습니다.

- **활용 글꼴 :** 엘리스 디지털 배움체
- **플러그인 :** Motion – Animation for Figma
- **활용 글꼴 :** #플러그인 #GIF

01 홀로그램 레이어를 선택합니다.

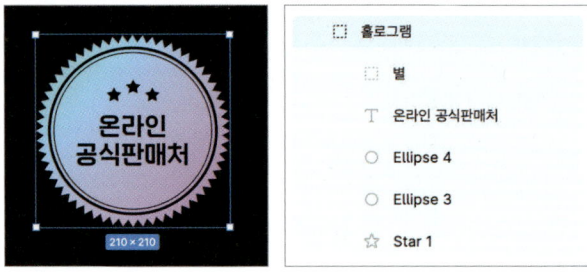

02 ❶ 직사각형을 그려 사선으로 돌려준 후 ❷ Effects 메뉴에서 **[Layer blur]** 효과를 적용합니다. 설정값은 30으로 합니다. ❸ Appearance 메뉴에서 블렌드 모드를 **[Overlay]** 바꿔줍니다.

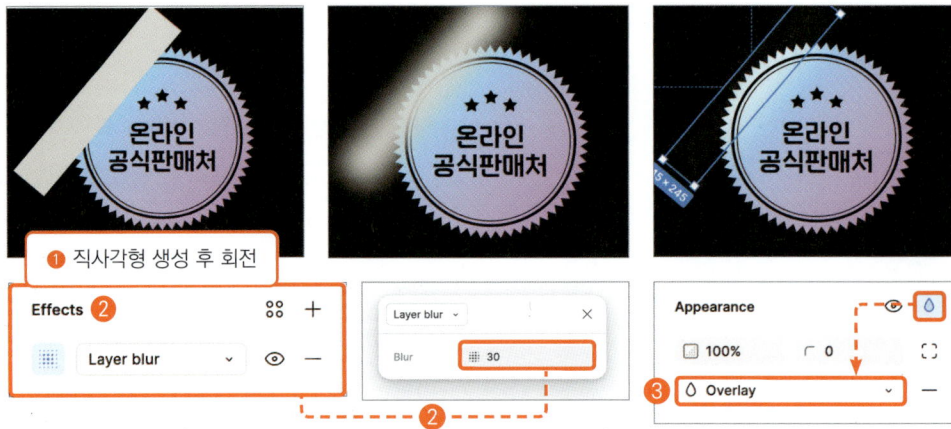

03 홀로그램을 선택하고 Motion 플러그인을 실행합니다. 좌표, 스케일, 회전, 투명도, 효과 등을 바꿔 무료로 애니메이션을 만들 수 있는 플러그인입니다. ❶ 플러그인 창이 뜨면 [Add animation] 버튼을 클릭합니다. 그러면 ❷와 같은 창이 나타납니다. 프레임을 확인할 수 있도록 창의 위치를 적당히 조절해주세요.

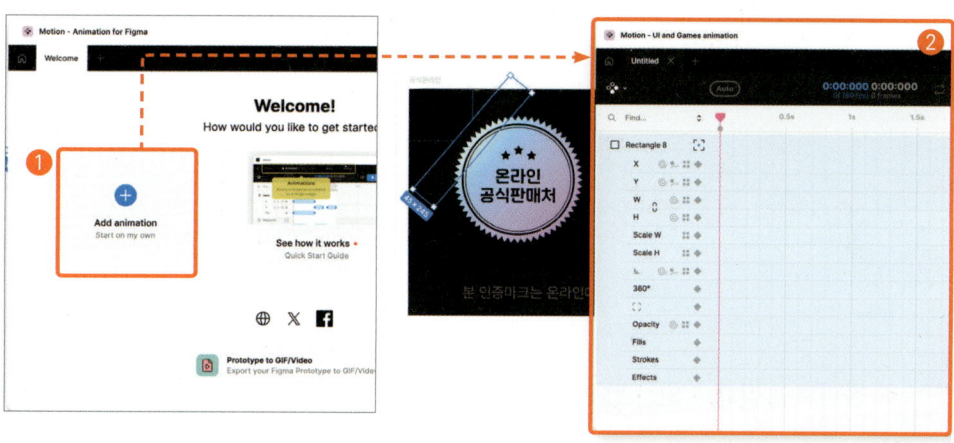

04 사각형 도형을 선택한 상태에서 ❶ X, Y, Effects 시작 부분에 ◆ 아이콘을 클릭해 현재 위치에 키프레임을 찍어줍니다. ❷ 분홍색 바를 0.5s로 옮긴 후 ❸ 사각형을 선택해 오른쪽 하단으로 옮겨줍니다. ❹ 0.5s 위치에 X, Y 부분 ◆ 버튼을 클릭하여 키프레임을 찍어줍니다.

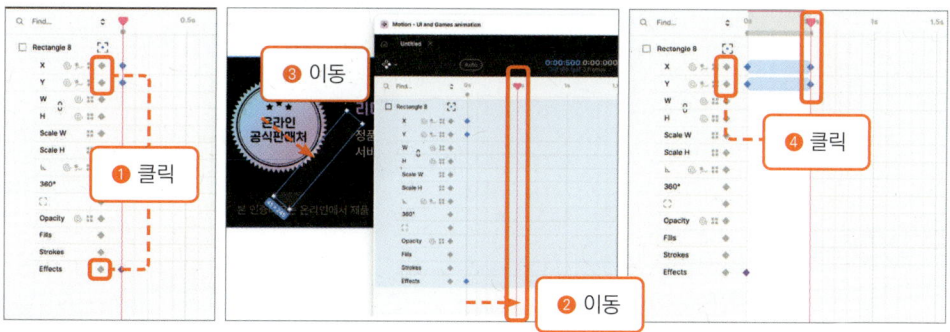

05 플러그인이 열려 있는 상태에서 진행해주세요. 빛 효과를 홀로그램 도형 안에만 적용하기 위해 가장 바깥의 별 레이어를 복사해주세요. 복사한 레이어를 빛 효과 레이어 아래 위치시

Chapter 22 움직이는 GIF 이미지 만들기 309

킨 후 오른쪽 마우스 클릭 후 [Use as mask]를 클릭해 마스크를 씌워줍니다.

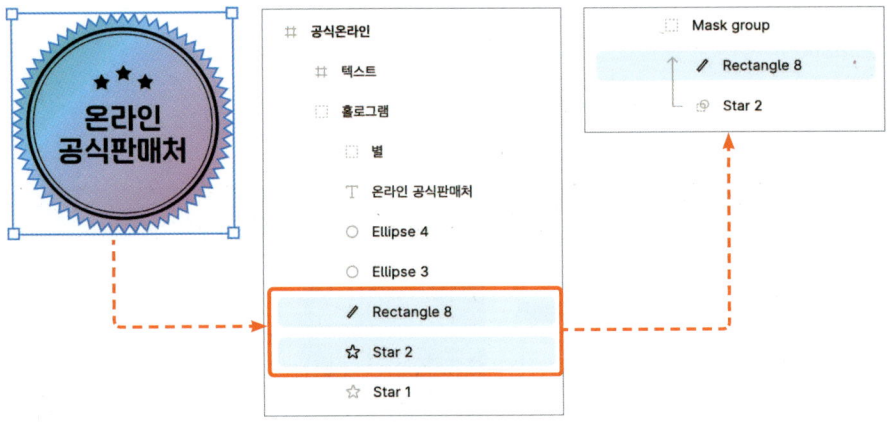

06 ① 플러그인 상단에 있는 ▶ 버튼을 클릭해 애니메이션을 확인할 수 있습니다. ② 내보내기는 플러그인 오른쪽 상단에 있는 [Export → GIF]를 클릭하면 됩니다. ③ [No repeat]을 [Repeat]으로 변경 후 [Export] 버튼을 클릭해 내보내기하면 내 컴퓨터에 다운로드할 수 있습니다.

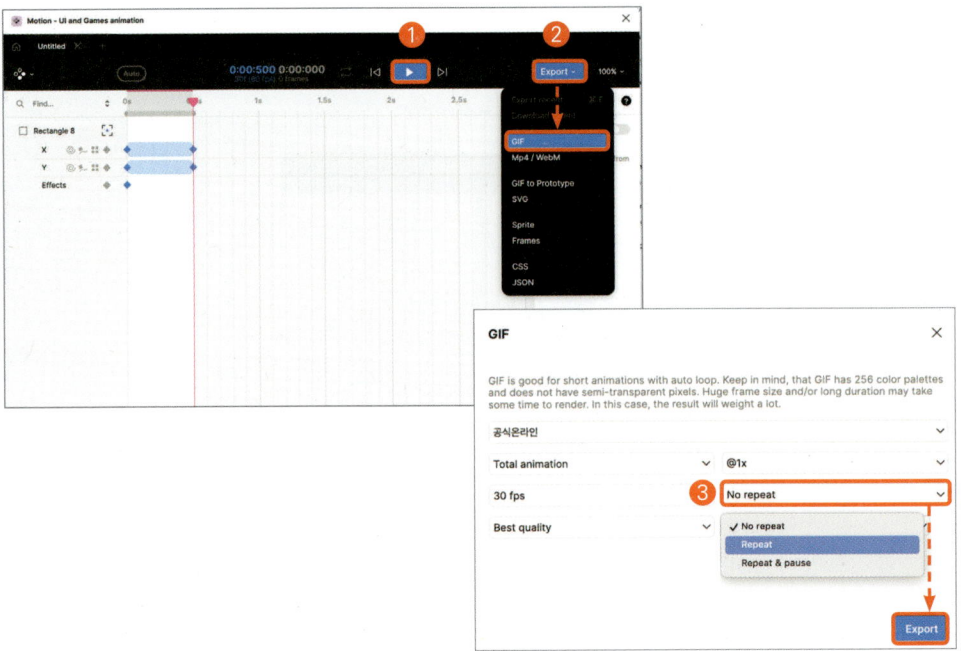

 **실전 19** 피그마 프로토타입을 활용한 GIF 만들기

이번에는 플러그인이 아닌 피그마의 프로토타입 기능을 활용해 애니메이션을 만드는 방법을 실습하겠습니다. 실습용 파일은 'Ch22_움직이는 GIF 이미지 만들기' 페이지에서 확인할 수 있습니다.

▶ 활용 글꼴 : 프리텐다드, Roboto
▶ 활용 기능 : #프로토타입

01 실습_프로토타입 프레임을 선택하고 오른쪽 패널에서 [Clip content] 버튼을 선택, 해제하면 이미지 목록을 확인할 수 있습니다.

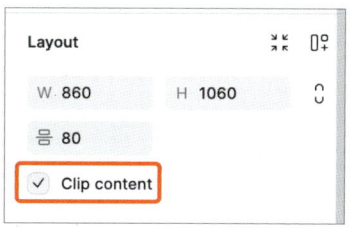

02 실습_프로토타입 프레임을 3개 더 복사한 후 ❶~❹와 같이 이미지 목록을 하나씩 다음 이미지로 옮깁니다.

03 ❶ 모든 프레임의 [Clip content]를 체크해 프레임 안쪽만 보이게 바꿔줍니다. ❷ 오른쪽 상단 [Prototype] 탭을 선택하면 프레임에 플로우 탭이 생성되며 ❸ 프레임에 마우스를 올리면 [+] 아이콘이 나타납니다. 드래그해 4개의 프레임을 순서대로 연결해주세요.

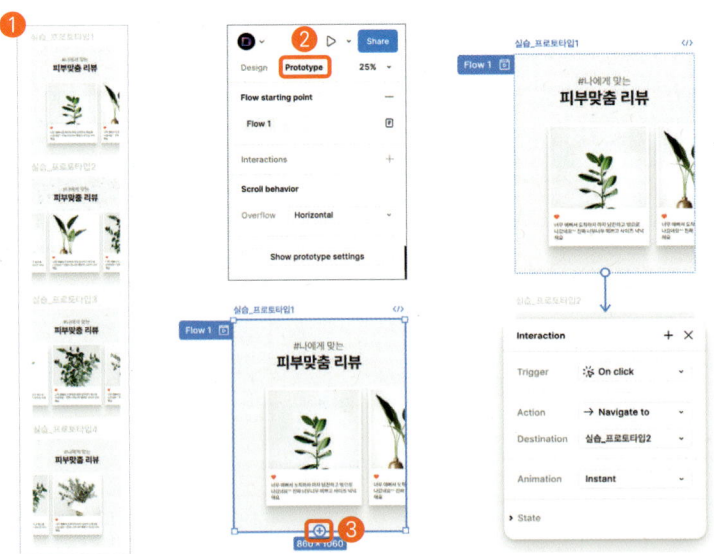

04 클릭하지 않고 자동으로 움직일 수 있도록 ❶ Trigger를 [After delay]로 변경하고 ❷ 애니메이션을 적용해 속도를 설정해줍니다. 2번째, 3번째 프레임도 같은 설정으로 변경해줍니다.

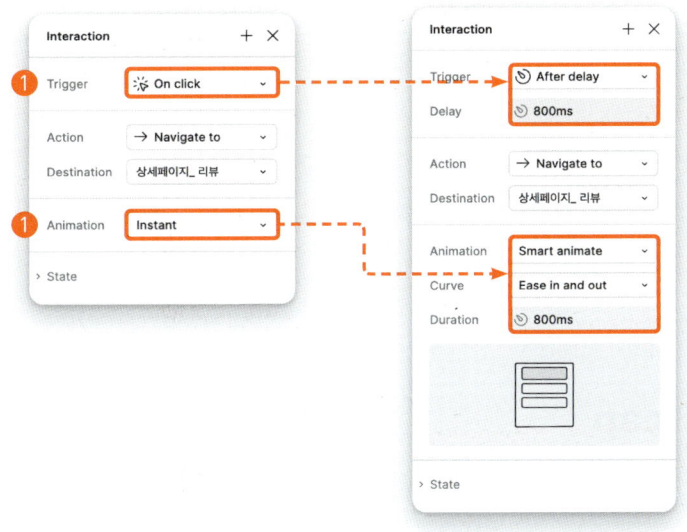

05 처음으로 돌아오도록 4번째 프레임을 1번째 프레임으로 연결한 후 커브 옵션을 [Ease in]으로 변경해줍니다. 이제 왼쪽 플로우 또는 오른쪽 상단 플레이 버튼을 클릭해 애니메이션을 확인해보세요.

웹사이트를 활용해 GIF 추출하기

피그마에서는 프로토타입을 활용한 애니메이션을 GIF로 내보낼 수 없습니다. 이렇게 프로토타입으로 만든 GIF를 추출하는 방법으로는 피그마에서 애니메이션을 플레이해 녹화하는 방법을 추천합니다.

01 가장 먼저 피그마에서 GIF로 내보낼 애니메이션을 재생하여 화면에 띄워줍니다. ❶ gifcap 웹사이트에 들어가 **[Start Recording]** 버튼을 클릭하고 ❷ **[창]** 탭을 선택해 피그마 화면을 선택한 후 ❸ **[공유]** 버튼을 클릭합니다.

- gifcap 링크 : gifcap.dev/

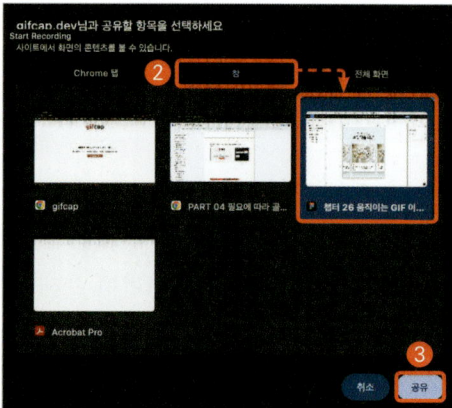

02 피그마 화면으로 전환되면 재생된 화면을 녹화합니다. 재생이 완료되면 피그마 하단의 ❶ **[공유 중지]** 버튼을 클릭하거나 gifcap에서 화면의 ❷ **[Stop Recording]** 버튼을 클릭합니다. 녹화된 영상이 화면에 나타나면 ❸ **[Render]** 버튼을 클릭합니다.

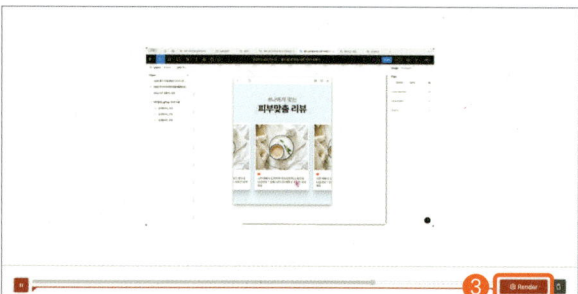

03 하단의 ❶ [Edit]버튼을 클릭해 ❷ 필요한 영역을 드래그해 지정한 후 ❸ 다시 [Render]버튼을 클릭합니다.

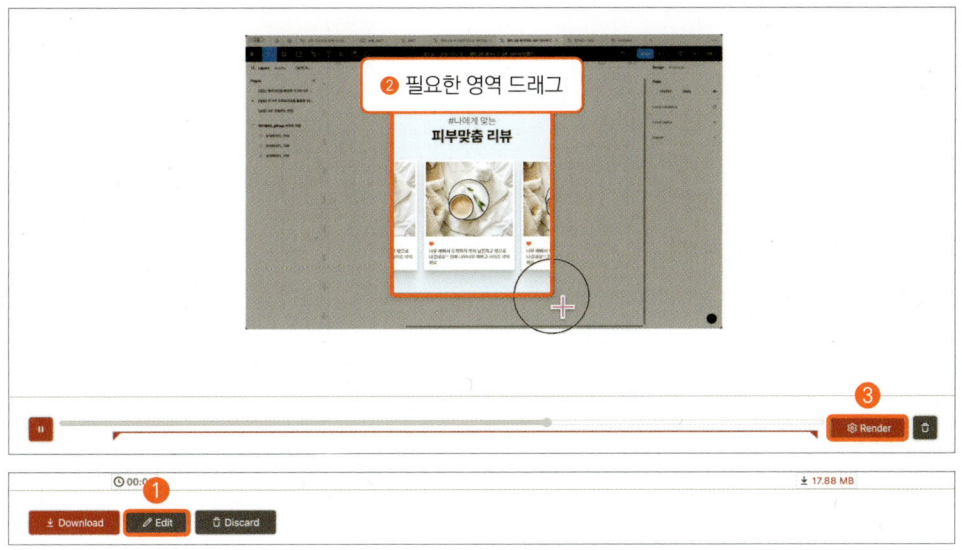

04 완료되었다면 하단 ❶ [파일 용량] 또는 ❷ [Download] 버튼을 클릭해 내 컴퓨터에 저장합니다.

> 이 파트는 책으로도 충분히 익힐 수 있지만 조금 더 다양한 GIF 생성 과정이 궁금하다면 저자의 '피그마 상세페이지 온라인 강의'로 도움받을 수 있습니다(강의 링크 : bit.ly/4jzIrTq).

Chapter 23
피그마로 만드는 인쇄용 디자인

웹에서 사용하는 디자인은 피그마에서 바로 내보내기해 사용할 수 있지만 인쇄용으로 디자인을 내보내기할 때에는 PDF로 내보내기해야 합니다. 피그마에서 기본 단위로 사용하는 픽셀(px)과 달리 인쇄용 디자인에서는 밀리미터(mm)를 사용하는 것도 유의해야 합니다. 피그마는 웹용 디자인에 특화된 도구이기는 하지만 다양한 플러그인을 사용하면 간단한 인쇄용 디자인을 만들 수 있습니다. 인쇄하는 곳에서 요청하는 확장자에 따라 변경이 필요할 수 있어 AI 파일을 요청하면 필요에 따라 일러스트에서 한 번 더 변환해야 할 수 있습니다. 실습 파일은 '[part05] 필요에 따라 골라 쓰는 유형별 디자인.fig' 파일에서 'Ch23_피그마로 만드는 인쇄용 디자인'을 활용하세요.

 **인쇄용 리플렛 만들기**

피그마는 px(픽셀)을 기본 단위로 사용하기 때문에 인쇄용 디자인을 할 때는 px이 아닌 mm(밀리미터)로 크기를 지정해야 적합합니다. px을 mm로 변환하는 DPI 2 Pixels 플러그인을 활용해서 인쇄용 작업선을 만들겠습니다.

▶ 활용 글꼴 : Ribeye
▶ 플러그인 : Millimeters, DPI 2 Pixels

01 먼저 DPI 2 Pixels 플러그인을 실행해 DPI에 300, Unit에 mm를 지정합니다. Width에 100, Height에 180을 입력하고 **[Create]** 버튼을 클릭해 프레임을 생성합니다. 양면의 리플렛을 만들기 위해 복사해서 양쪽으로 배치합니다.

Chapter 23 피그마로 만드는 인쇄용 디자인

02 ❶ 상하좌우 오차 범위 3mm를 더해 작업 크기 206mm × 186mm 크기의 프레임을 생성하고 정렬을 맞춰줍니다. ❷ 작업 범위를 파악하기 쉽도록 작업 크기 프레임과 같은 크기로 슬라이스 툴을 그려줍니다.

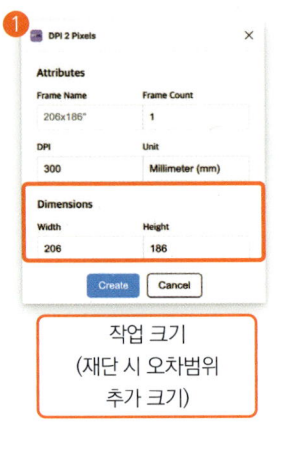

작업 크기
(재단 시 오차범위 추가 크기)

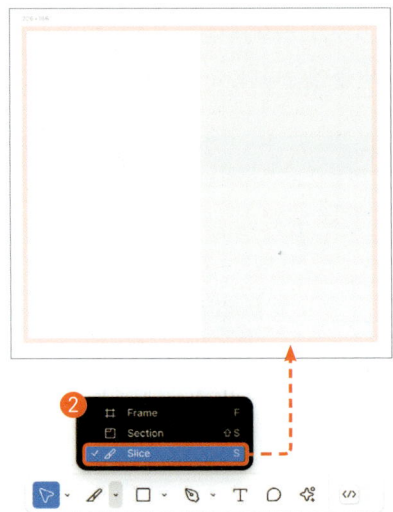

03 원하는 디자인을 추가해주세요. 이때 이미지나 색상을 채울 때 재단 시 오차 범위를 고려해 작업 영역 밖 재단선까지 그려줘야 합니다.

콘텐츠 내용 또한 잘려나갈 수 있기 때문에 재단선에 너무 가깝지 않도록 여백을 두고 작업해야 합니다.

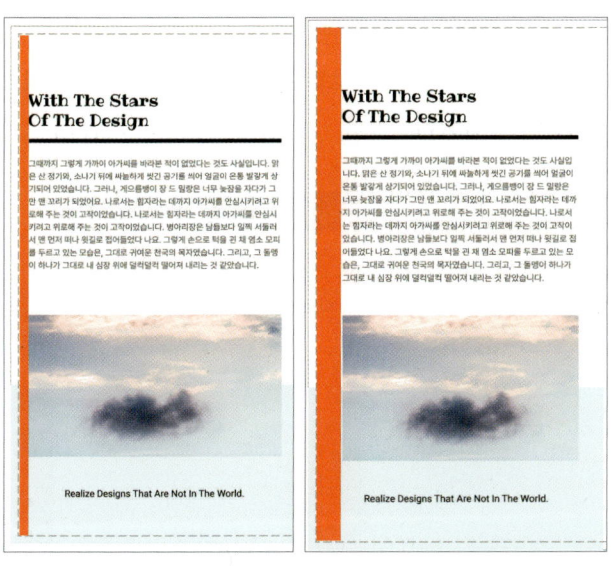

1분 꿀팁   재단 크기와 작업 크기 뭐가 다른건가요?

재단 크기는 실제 출력을 원하는 디자인 크기이고 작업 크기는 재단 시 생길 수 있는 오차 범위를 고려해 더 크게 기본 3mm를 사방으로 추가해 만드는 크기를 말합니다. 인쇄를 하는 곳에 따라 요청 사항이 조금씩 달라 어떤곳은 작업 크기와 재단 크기만 있어도 인쇄가 가능한 곳이 있고 재단선이 있어야 가능한 곳이 있습니다.

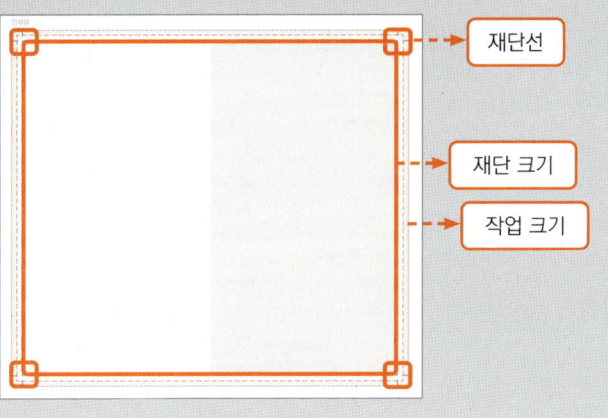

 **내 상품 태그 만들기**

상품마다 필요한 다양한 태그들이 있습니다. 상표를 나타내는 태그부터 가격, 제품 정보 또는 특별한 이벤트를 태그로 만들기도 합니다. 태그 크기는 지정되어 있는 것이 아니기 때문에 태그의 모양과 사용 범위에 따라 맞춰 작업하기 바랍니다.

▶ **활용 글꼴** : 프리텐다드, 나눔명조
▶ **플러그인** : DPI 2 Pixels

01 DPI 2 Pixels 플러그인을 실행해 세로형 20mm × 63mm 크기 프레임을 만듭니다. 슬라이스 툴을 이용해 같은 크기로 영역을 그려줍니다. 소수점까지 동일하게 맞춰줍니다.

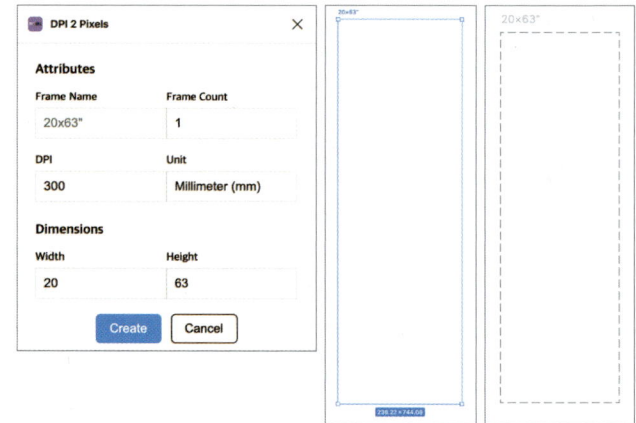

02 재단선용 프레임을 만들어보겠습니다. 6mm 여백을 px로 변경하면 70.86px입니다. 가로, 세로 70.86px을 더해 재단 크기 프레임을 만들고 배경 색상에 #FAF7F2을 적용합니다.

03 글자를 쓰고 [Outline stroke]를 적용해 벡터로 만들어줍니다. 인쇄소에 작업물을 넘길 때는 글꼴 관련 문제가 생기지 않도록 이 과정이 꼭 필요합니다. 단 벡터로 변경하고 나면 내용 수정이 어렵습니다.

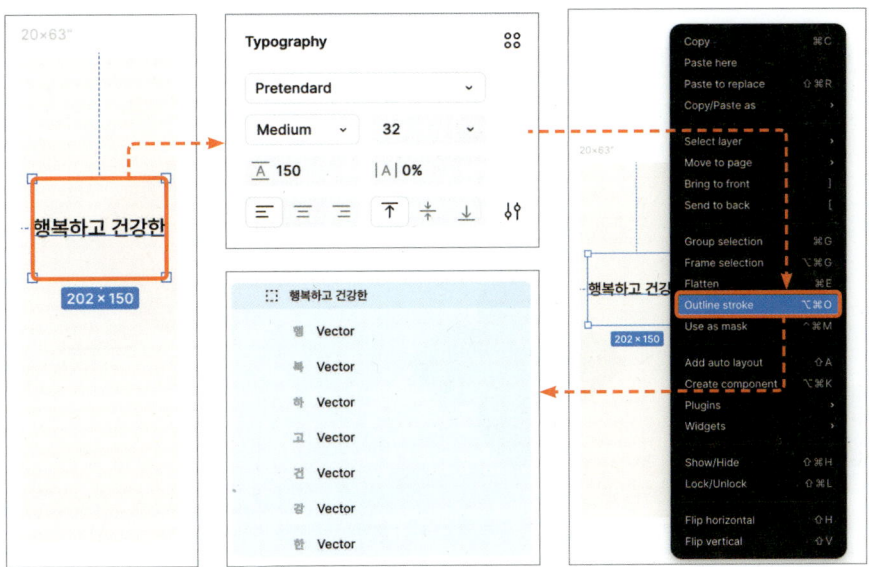

04 ❶ '추석' 글자도 입력하고 과정 03처럼 벡터화한 후 각각 오토 레이아웃을 적용합니다. 글자 간격을 다음과 같이 조절한 후 ❷ 하나의 프레임으로 정리해주세요.

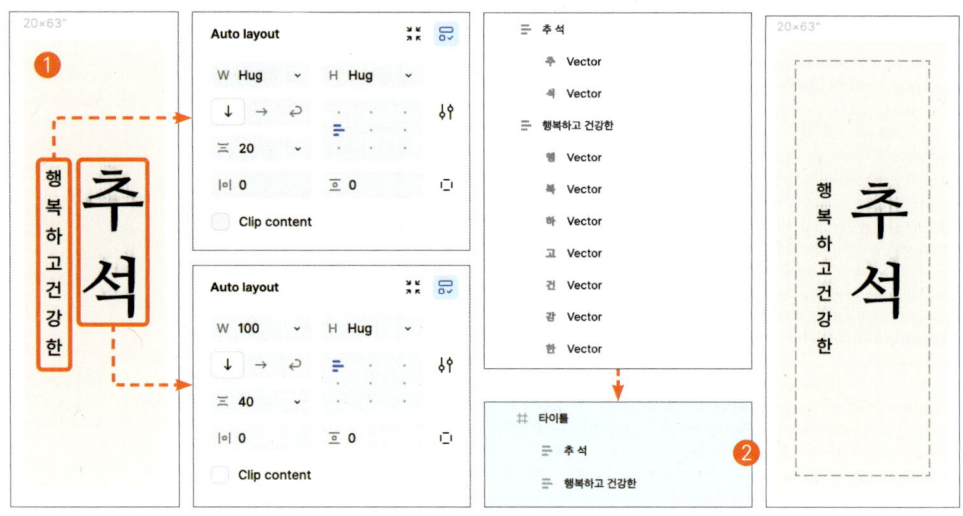

05 하단에 색상을 넣어주고 감을 그려줍니다. 색은 꼭 작업 영역까지 채워주세요.

06 다음과 같이 필요한 요소들을 더해 완성해주세요. 이때 끈이 들어갈 공간 같은 구멍이 필요하다면 ❶과 같이 인쇄용 이미지에 그려서는 안 됩니다. ❷와 같이 별도의 도안을 그려 이 영역에 구멍이 생겨야 한다는 것을 표시해 인쇄 시 함께 전달해주세요.

PDF 내보내기

피그마에서 기본 PDF로 내보내기를 할 수 있지만 용량이 크기도 하고 인쇄용 CMYK, DPI 설정을 할 수 없습니다. 그럴 때는 Tinyimage Compressor 플러그인을 활용해보세요. 플러그인을 실행하고 설정 값을 ❶ 300DPI와 ❷ CMYK로 변경한 후 ❸ [Export PDF] 버튼을 클릭하면 원하는 설정으로 내보내기할 수 있습니다.

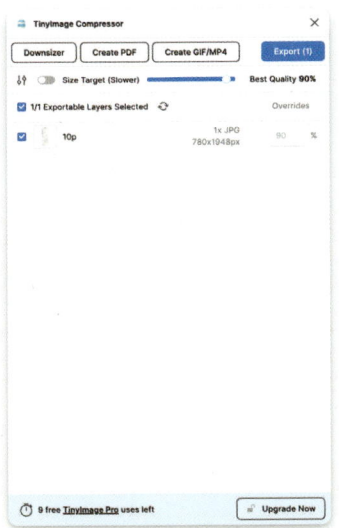
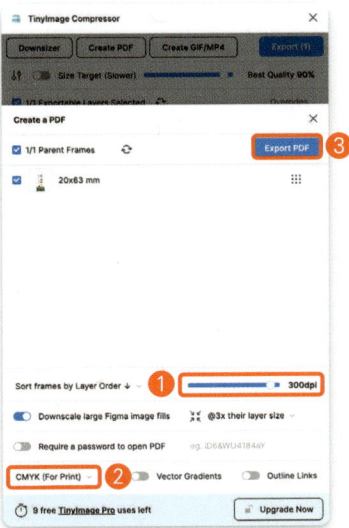

1분 꿀팁 Print for Figma 플러그인도 많이 사용하던데요?

네 맞습니다. Print for Figma 플러그인을 사용하면 칼선, 마진, 크기까지 모두 지정해 사용할 수 있습니다. 그러나 무료 횟수 제한이 있고 7일 후 리필이 되기 때문에 당장 필요할 때 없으면 당황할 수 있습니다. 그래서 여기서는 직접 만들어 사용할 수 있는 방법을 소개했습니다. 이 기능이 자주 필요하다면 유료 플러그인을 사용하는 것도 추천합니다.

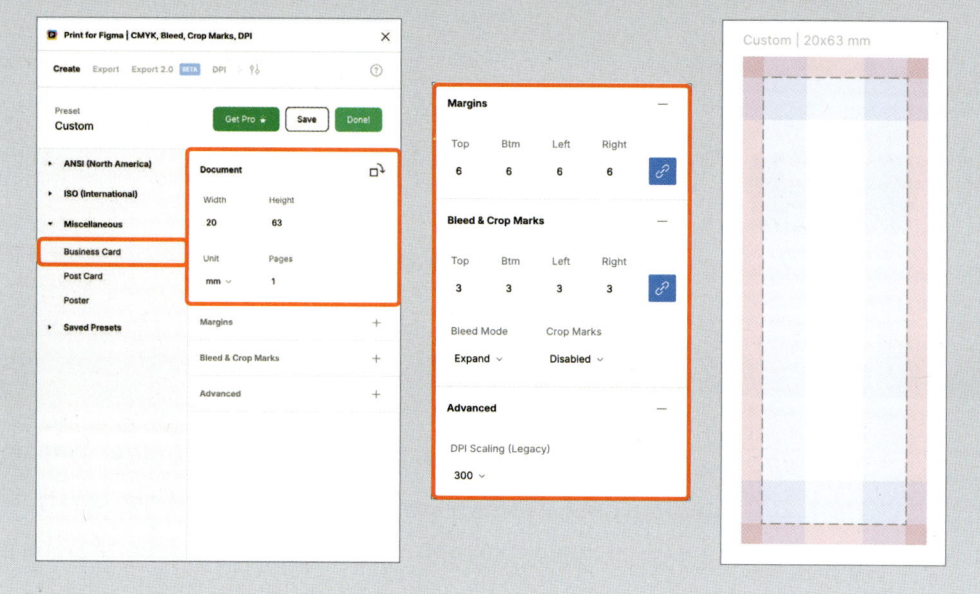

찾아보기

ㄱ

가변형 글꼴 117
개체 52
게시 241
고딕체 289
곡선 도구 79
곱하기 131
광도 129
교차 81
구글 드라이브 31
구글 시트 216
그라데이션 91
그리드 146
그리드뷰 233
글래스모피즘 122
글자간격 105

ㄴ

내보내기 43

ㄷ

다각형 62
다이나믹 75
다크 모드 49
단축키 30, 166
데브모드 21
데스크톱 26
도형 병합 64

도형 생성기 79
드래프트 36

ㄹ

라이트 모드 49
레이아웃 42
레이아웃 가이드 43
레이어 40
레이어 흐림 효과 121
로고 21

ㅁ

마스크 125
메이크 21
명조체 289
모서리 반경 60
모양 42
목업 189
미리캔버스 231

ㅂ

배경 흐림 효과 121
배경색 213
배너 21
베리언트 159
베이글팻 107
베이직 75
베타 26

벡터 77
벡터화 169
변수 150
별 59
블렌딩 198
비트맵 77
빼기 81

ㅅ

사이트 21
삼각형 59
상세페이지 21
상호 작용 43
색조 129
섹션 45
속성 50
손도구 44
스마트스토어 279
스케치 31
스크롤 동작 43
스크린 131
스타일 150
스프레드시트 216
슬라이드 21
슬라이스 45

ㅇ

아이콘 21

아트보드   207
안드로이드   27
알림   35
애니메이션   314
앵커 포인트   63
에셋   40
에셋 뷰   233
오버레이   131
오토 레이아웃   139
오픈 마켓   56
외곽선   43
왼쪽 패널   38
유리   123
이동   44
이미지 생성   22
인스턴스   155
인터페이스   22
인포그래픽   287
일괄 만들기   244
일러스트   74
일러스트레이터   78

ㅈ

자간   105
자동 정렬   51
전경색   231
정사각형   59
제약 위치   147

제외   81
줄 간격   105
중첩   50
지마켓   105
질감   125

ㅊ

최근 작업   35

ㅋ

캔바   231
캔버스   59
커뮤니티   22
커서챗   23
컴포넌트   155
콘텐츠   37
콘텐츠 편집   244
크기 조정   44
클라우드   30

ㅌ

타이포그래피   271
탐색바   232
툴바   177
팀   36
팀 프로젝트   36

ㅍ

파일커버   165
팝업창   31
패널 최소화   38
패스파인더   83
패턴   97
페이지   39
페인트   79
포토샵   78
포토피아   204
프레임   45
프레젠테이션   95
프로젝트   37
프로토타입   21
프로필   35
프롬프트   100
프리뷰   95
프리텐다드   105
플랫폼   22
플러그인   117
피그마   20
피그마 홈   35
피그잼   21

ㅎ

합치기   80
해상도   22
핸들   62
행간   105

협업　23
홀로그램　308
화살표　60
효과　43

A

Appearance　42
Arrange　39
Arrow　45
Auto layout　52

B

Beautiful Shadows　200
Bend tool　79
BlendingMe　196

C

Clip content　52
CMYK　323
Comment　46
Confetti Generator　185
Count　62
Crop　102

D

DPI　323
DPI 2 Pixels　320

E

Edit　39
Effects　43
Ellipse　45
Exclude　81
Export　43
Export to GIF/Video　304

F

Figma　27
File　39
Fill　42
Fit　102
Frame　45

G

GIF　21
gifcap　314
Glass　123
Glow　200
Google fonts　177
Google Sheets Sync　216

H

Hand tool　44
Help and account　39
Hue　129

I

Individual corners　60
Interactions　43
Intersect　81
Invite　114
iOS　27

J

JPG　111

L

Layout　42
Layout guide　43
Libraries　39
Line　45
LottieFiles　304
Luminosity　129

M

Mockup Plugin　189
Move　44

O

Object　39
Outline stroke　73

콘텐츠 디자인은 피그마 with AI

마케팅, 기획을 위한 올인원 디자인 플랫폼!
기초 사용법, 플러그인, 인공지능 기능부터
배너, 카드 뉴스 템플릿, 상세페이지 자동화까지

초판 1쇄 발행 2025년 8월 15일

지은이 리디드로우(김선영)

펴낸이 최현우 · **기획** 김성경 · **편집** 박현규, 김성경, 박우현, 윤신원, 차진우, 최혜민

디자인 Nu:n, 안유경 · **조판** 안유경

마케팅 오힘찬 · **피플** 최순주

펴낸곳 골든래빗(주)

등록 2020년 7월 7일 제 2020-000183호

주소 서울 마포구 양화로 186 LC타워 4층 449호

전화 0505-398-0505 · **팩스** 0505-537-0505

이메일 ask@goldenrabbit.co.kr

SNS facebook.com/goldenrabbit2020

홈페이지 goldenrabbit.co.kr

ISBN 979-11-94383-39-0   93000

* 파본은 구입한 서점에서 바꿔드립니다.

우리는 가치가 성장하는 시간을 만듭니다.

골든래빗은 가치가 성장하는 도서를 함께 만드실 저자님을 찾고 있습니다.
내가 할 수 있을까 망설이는 대신, 용기 내어 골든래빗의 문을 두드려보세요.
apply@goldenrabbit.co.kr

이 책은 대한민국 저작권법의 보호를 받습니다.
일부를 인용 또는 재사용하려면 반드시 저자와 골든래빗(주)의 동의를 구해야 합니다.

골든래빗
바로가기